DEMOCRACIA Y PERIODISMO: CONTRA LA DESCONFIANZA POLÍTICA II

césar ramírez caralvá

Opinión Diario Co Latino 2010 2015

Índice

Introducción

El esfuerzo de reseñar mis opiniones tiene como objetivo elevar el nivel de discusión sociológica, antropológica o cultural de nuestra vida republicana.

El aporte es valioso si la realidad coincide con mis tesis conceptuales, de lo contrario es también apreciado porque la Historia nos ilustra sobre nuestros errores.

Usualmente el saldo es positivo, la democracia se impone y el debate académico se nutre con esta experiencia, en mi caso desde el ejercicio periodístico he expuesto a la opinión pública mis aportes, el resultado es notable, he anticipado los acontecimientos sociales y las páginas impresas son prueba de ello.

Al momento de exponer mis opiniones en Diario Co Latino, demuestro la libertad de expresión, la independencia periodística, de igual forma mi propuesta a los desafíos democráticos, convirtiendo las opiniones en debates públicos que contribuyen a la educación política nacional.

Unidad ante el crimen organizado

¿Qué pretenden los criminales que ejecutan a ciudadanos indefensos? Acaso enviar el mensaje que tienen el poder en sus manos, que pueden hacer lo que deseen impunemente o son dueños de las ciudades y todas las personas, pues de ser así están equivocados.
Si su objetivo es demostrar que no existe gobernabilidad y sus fechorías quedarán impunes están totalmente errados, lo único que propiciarán será elevar la gobernabilidad porque la república concentrará las decisiones bajo niveles superiores de seguridad nacional y en ese momento no existirán leyes que cubran delitos de sospechosos.
Tal vez el estado conservador de nuestra sociedad se deba a los niveles de horror presenciados durante la guerra civil, pero de la misma manera la república en conjunto puede reaccionar reclamando justicia y aplicándola a su favor, al elevar los niveles de Seguridad Pública se eliminarán algunos derechos ciudadanos por mucho tiempo, el tiempo suficiente para controlar la violencia.
Las acciones terroristas pueden contrarrestarse bajo diversos mecanismos democráticos, si estos fallan, la historia demuestra los niveles de algunos Estados que no les tiembla la mano para demostrar su poder con toda la crudeza necesaria para disuadir a los opositores, pero eso no es deseable.
En nuestro caso, luego de los sucesos de mejicanos del pasado domingo 20 y superado el estado de estupor por la matanza, recobramos conceptos que pueden salvar a nuestra nación de esta agresión del crimen organizado, primero: la unidad nacional en identificar un enemigo común, esos enemigos son los que se amparan en las asociaciones ilícitas; un segundo punto a impulsar debe ser el abandono de banderas ideológicas ante tan grave amenaza; tercero calificar estos horrendos crímenes como terroristas de igual forma que sus organizaciones, iniciando un largo proceso de conjugación con fuerzas nacionales e internacionales para impedir el avance de estos delitos terroristas.
La unidad Nacional debe dar muestras visibles en la clase política, eso constituirá las bases de la nueva estabilidad indispensable en momentos tan trascendentales, donde la seguridad nacional esta a prueba.
Es sorprendente y patético que en medio de la tragedia algunos políticos acusen a los adversarios de la tragedia, ya sabemos a que sitio conducen las interminables discusiones, solo nos llevan a la parálisis de acción hacia los intereses nacionales, por esta razón al menos en este caso de terrorismo, la unidad nacional debe ser manifiesta.
Finalmente las acciones terroristas deben ser perseguidas hasta los autores intelectuales, se debe llegar a los principales responsables de esta barbarie.
No podemos cambiar la tragedia, quizás solo alentar la esperanza ciudadana que no vuelva a suceder, si la unidad nacional se concreta de inmediato.
27JUN010

Mesa permanente de Seguridad

Al menos en medio de tanta tragedia, la decisión de crear este organismo envía un mensaje correcto al pueblo salvadoreño, manifiesta un magnífico signo de voluntad política en un tema que no puede postergarse más.

La clase política muestra su altura al coincidir en un tema trascendental para la nación: la seguridad pública.

Es alentador este encuentro de la clase política y al tema de Seguridad deberá seguir otros de igual magnitud, pero al menos se construye el diálogo con acciones que generan confianza hacia sus partidos, al menos se escuchan las razones de las fuerzas políticas y se valoran acciones que reclama la ciudadanía.

Es responsabilidad de la clase política contribuir al diálogo con aportes responsables que marquen un alto definitivo a tantos crímenes atribuidos a las asociaciones ilícitas, puesto que cada acción de los delincuentes cobra vidas de inocentes trabajadores.

En este punto de coincidencias el gran desafío parece ser el marco jurídico de la república, en este punto las reformas deben ser a todo nivel y con la urgencia debida, puesto que cada día que pasa lamentamos la pérdida de valiosas vidas de compatriotas que acuden a sus trabajos y no regresan más.

La mesa permanente de seguridad al coincidir en este tema crucial fortalecerá el sistema de partidos políticos y con las reformas propuestas modernizará en su conjunto a las instituciones que velan por este decisivo rubro social.

La inseguridad provocada por las asociaciones ilícitas con distintas denominaciones, ha demostrado en otras naciones como México su poder desestabilizador en diversas regiones de esa nación; en nuestro caso no dudamos que estos elementos sean réplicas del mismo fenómeno, lo cual nos indica el carácter complejo de una solución local, que por el momento impulsará reformas jurídicas, modernización de instituciones de seguridad y a futuro la cooperación internacional para el tratamiento de estos ilícitos.

Existe otro elemento unido a este tema de las asociaciones ilícitas: el narcotráfico, que provoca la adicción de los jóvenes a estos químicos. Es alarmante el crecimiento de las drogas en diversos sectores sociales, principalmente en los colegios de secundaria.

Por las razones anteriores es acertado iniciar un diálogo permanente con las fuerzas políticas, puesto que el complejo problema de las asociaciones ilícitas es proporcional al número de asesinatos que a diario se cometen contra los trabajadores y la mayoría queda en la impunidad.

La Mesa permanente de Seguridad es un prometedor inicio para enfrentar un conjunto de problemas, entre estas soluciones se encuentran: leyes drásticas contra acciones terroristas, propuestas de la sociedad civil para la rehabilitación de los menores, acciones para la prevención de la violencia y las drogas, modelos educativos hacia la excelencia.. etc.

Este grave problema no tiene soluciones fáciles, apenas es el inicio de un largo proceso de reforma que llevará años de trabajo y esfuerzo ciudadano, incluyendo una férrea unidad nacional con los gobernantes, el tiempo aproximado quizás una generación de salvadoreños.

01JUL010

http://www.cesarramirezcaralva.com/
Asamblea (de Dios) Legislativa

Con la aprobación del decreto de fecha 1 de julio de la Asamblea Legislativa, la lectura obligatoria de la Biblia en todos los centros educativos por lo menos durante siete minutos previos a las actividades académicas, se fragmentan las fronteras de separación entre Estado e Iglesia. Si la Asamblea Legislativa aprueba estas acciones de lectura obligatoria se coloca en la extraña posición que ha sido denunciada históricamente por diversos credos, como bien ha dicho Alí al Fadil en el siglo XII de nuestra era: *"cuando un hombre es obligado, su religión (islámica, cristiana, budista, judáica) no es válida jurídicamente"*, de tal forma que los jóvenes estudiantes serán educados en un absurdo que recuerda las persecuciones religiosas de siglos pasados.

Bajo esa extraña visión de nuestros legisladores ellos como primer órgano del Estado deberían entonces llamar a la Iglesia para regir sus actos políticos y jurar obediencia a quien corresponda según su creencia, inaugurando un Estado Teocrático o Fundamentalista, que parece ser el sueño de algunos señores diputados.

Desde aquellas lejanas épocas existen indicios de la separación Iglesia-Estado, puesto que el grado de pensamiento social asiste a diversas visiones políticas que favorecen la división entre poder eclesiástico y poder civil, sin que exista dependencia ni superioridad entre las partes.

En una nación que recién descubre el privilegio de la libertad democrática como conquista social, resulta que la desafortunada iniciativa proclama dar marcha atrás al reloj de la historia, obligando a los jóvenes estudiantes a optar por una lectura sin orientación alguna y no se trata del temor a leer, sino a la imposición que niega que todos somos iguales ante la Ley, pero las religiones nos dividen puesto que la Biblia no es el único libro sagrado entre la sociedad salvadoreña, ¿qué tal con las personas que pertenecen a otros credos: Mormones, Budistas, Musulmanes, Judíos, etc? entonces resulta que no somos iguales ante Dios, pero esta diferencia no termina ahí, es apenas el inicio de notables diferencias entre grupos ciudadanos, algunos de los cuales se insinúan entre iglesias con diferentes contenidos de la Biblia y diferentes interpretaciones sobre los mismos temas.

Pero el fondo de la discusión es la privación de conceptos de libertad, puesto que sociedad democrática no es lo mismo que sociedad teocrática, en esta última sociedad los principios religiosos están sobre los derechos ciudadanos, condición que olvida todas las revoluciones de los siglos XVIII, XIX y XX que connotan a la sociedad moderna, los límites de las religiones y la expansión de las libertades sociales.

Si en realidad se desea combatir al mal, algunos de estos falsos líderes espirituales deberían de abandonar la idolatría del "oro", deberían abandonar el culto al "becerro de oro", esa condición que considera que el dinero puede solucionar todo, deberían ser consecuentes con el mandato de "adorar a Dios sobre todas las cosas" principalmente sobre el dinero, el poder, la ambición de posesiones ilimitadas, etc., ese pecado social que impide reconocer al "otro" como hermano.

Si las autoridades legislativas desean combatir al mal, construyan una ley financiera que investigue el destino dinerario de todas las extorsiones, del narcotráfico disfrazado inversiones "para perder".. etc.. Dios se los agradecerá y el pueblo también.

08JUL010

http://www.cesarramirezcaralva.com/
Golpe de Estado en Honduras y el demonio

El costo de aquella acción ha dejado grandes enseñanzas para todos, tanto dentro o fuera de la nación centroamericana.

Hace un año Honduras vivía en una sociedad dividida, asesinatos de jóvenes hondureños, ruptura constitucional y el acto militar se convertía en el mensaje principal para el resto de América Latina: los golpes del Estado no eran cosas del pasado.

Las generaciones de salvadoreños y latinoamericanos que vivimos aquellos lejanos años setentas y ochentas sabemos perfectamente el significado de los Golpes de Estado y los tristes acontecimientos para grandes sectores de la sociedad; aunque pequeños grupos poderosos aún aplauden tales acciones, la tragedia es inevitable.

A un año de aquella conjunción siniestra contra la democracia, recordemos que las fuerzas golpistas mintieron en todo, establecieron el Estado de Sitio, el ejército patrulló las calles reprimiendo al pueblo y encarceló a sus ciudadanos; sus acciones eslabonaron una larga serie de ilícitos.

Los argumentos divulgados por las fuerzas golpistas se resumían en: "salvar a la patria", "contener al comunismo internacional", "ruptura constitucional", "ilegalidades en el orden institucional" y proclamaron su odio contra los intelectuales que defendían la democracia.

En pleno desarrollo del acontecimiento golpista el repudio internacional fue unánime: desde la ONU hasta la OEA, desde la Unión Europea hasta la Organización de Naciones No Alineados, etc., en pocas ocasiones un evento centroamericano ha logrado unir a tantas organizaciones internacionales, en tan poco tiempo.

También cabe destacar que el clamor de muchas naciones hacia poderosos árbitros internacionales no fue escuchado, tampoco instituciones dentro de la República de Honduras se pronunciaron contra el golpe, estas acciones se constituyeron en un mal mensaje para la posteridad y la democracia… el modelo educativo de un golpe militar es igual al pasado, la democracia en nuestras naciones es débil y las leyes no defienden a los pueblos de las arbitrariedades de los grupos conspiradores que tienen como primera opción el golpe militar, a pesar que pudieron resolver cualquier problema bajo las mismas leyes de la república, optaron por acciones ilegales.

El penoso retorno a la democracia, creó un marco de resistencia popular en todas sus formas al estilo de los años setentas en Latinoamérica, a un año de los acontecimientos aún existen resabios dolorosos de dicho evento.

Después de la tragedia, un nuevo gobierno fue electo bajo el modelo democrático, el pueblo hondureño se pronunció por sus nuevos gobernantes, la reconstrucción del tejido social será un largo proceso entre hermanos hondureños.

La restauración de la democracia en Honduras al menos es una buena noticia para todos, no obstante la enseñanza del Golpe de Estado deja latente el temor de una nueva tragedia en toda América Latina y más aún cuando el Señor Roberto Micheletti se pasea por las calles de San Salvador afirmando que en nuestra nación: "no existen condiciones para un Golpe de Estado"… el demonio con buenos consejos y en misa con sus amigos locales.

15JUL010

Fenómeno de la Niña en El Salvador

Con las lluvias que provocan tantos daños, es necesario considerar un cambio en los objetivos anuales de nuestra sociedad en muchos rubros.

Las tormentas afectan nuestros productos agrícolas, las zonas costeras, daños en sitios urbanos, carreteras, aumentan las epidemias, daños los vehículos, accidentes, las zonas habitacionales populares sufren con las cárcavas etc. en general el golpe de la naturaleza afecta a toda la sociedad.

La vulnerabilidad de nuestra infraestructura hace visibles zonas urbanas que ahora pueden considerarse áreas inhabitables, con las consecuencias dramáticas para muchas familias pobres, de tal forma que la reorientación de recursos hacia la atención de esos ciudadanos afectará el presupuesto nacional.

El desafío es enorme para la nación, tanto que los cálculos de inversiones en infraestructura, desarrollo humano, reconstrucción etc., implica muchos meses para recuperar el nivel previo de este fenómeno lluvioso, pero a lo mejor es el momento para unir a la nación ante tanta calamidad pública.

La solidaridad es un recurso que unifica a la nación, es el momento de concretarla en toda la escala social; así como se unen los criterios para enfrentar a la delincuencia, así debemos enfrentar estos fenómenos naturales.

La solidaridad también puede ser multisectorial puesto que debemos adaptarnos a los cambios climáticos bajo nuevas formas culturales, estos cambios deberán ser en las formas agrícolas para producir cultivos factibles de alta humedad o innovaciones tecnológicas para prevenir accidentes.

Tal parece que los cambios que se necesitan con estas calamidades son de ayuda humanitaria a costa del desarrollo local.

Este fenómeno natural obliga a considerar los daños permanentes y estructurar soluciones posibles, nos impone una Racionalidad Pública novedosa por los efectos masivos en las poblaciones urbanas, pero apenas estamos en el mes de julio y la época lluviosa termina en noviembre, lo cual aún es un largo camino por recorrer.

Así que adaptarnos a este nuevo elemento será un nuevo factor para evitar que el subdesarrollo se profundice.

Debería considerarse el trabajo domiciliar como potencial sustituto para áreas educativas y la implementación de enseñanza a distancia para salvar a los alumnos de tanta exposición con las lluvias, de igual forma a ciertos sectores profesionales que puedan realizar sus labores por medio de envío de datos desde sus residencias.

Este fenómeno nos impone un cambio cultural, adaptarnos en toda la línea de producción quizás evite mayores consecuencias económicas.

También en estos momentos se requiere un pacto de la clase política para coincidir que los cambios de rubros presupuestarios son necesarios y a lo mejor las metas anuales no se lograrán.

El panorama no es alentador, las lluvias beneficiosas en otros tiempos ahora provocan más pobreza y la famosa "causalidad circular", donde la pobreza esclaviza a las poblaciones desde sus propias áreas habitacionales riesgosas, lo cual por el momento no tiene salida.

29JUL010

http://www.cesarramirezcaralva.com/

Negros e indios: próceres en 1811

La documentación primaria: "Procesos por infidencia contra los próceres salvadoreños…", destacan la participación popular. *Entre los próceres más eximios de la nacionalidad salvadoreña se hallan negros e indios que la historia oficial ignora y nos enseña a olvidar....* En San Salvador se precipitan los eventos entre el 5 y 12 de noviembre de 1811, según las actas: " .. y Don Manuel José Arce su sobrino que estaba ahí dijo al declarante que cuando llegó por el pasaporte dándole en los hombros unas palmadas estas palabras ¡"si quinientos negros hubiera de la calidad tuya, ah negro"! que luego salió y **se dirigió para Santa Ana...** y al párrafo quince fs veinte y seis dijo: "que como tres o cuatro días antes de la revolución del año de once, siendo el Alcalde Bernardo Torres , citó a los de su barrio, para que viniesen a custodiar al Pe. Cura y Dr. D. José Matías Delgado, diciendo que los Europeos lo querían matar, y en efecto vinieron los mismos que destinaba Torres" (SS 21OCT815 Agustín Cisneros DHE M.A. García). Esas actividades de participación popular pronto tuvieron eco en Santa Ana los días entre 16 y 18 de noviembre de 1811. En la noche del 16 de noviembre de 1811 Gerardo Jaco dijo: " Había un gran motín o molote de pardos a cuya noticia salió en compañía de Casimiro Sabaleta a buscar donde era la tal junta o molote; y aunque anduvieron mucho no pudieron encontrarlos hasta que en una calle encontraron a Joaquín Solorsano y este les dijo que se volviesen a sus casas que ya todo estaba sosegado que hasta otro día por la mañana que ocirria (ocurriría) a la Casa de Yrene Aragon en donde encontró muchos mulatos del Barrio de abajo y a quienes cabeseaban o capitaneaban el Negro Franco Reyna, Juan de Dios Jaco y Tiburcio Moran, con quien habló el que declara… llamando este al Negro Franco le dixo que fueran aveer a los Yndios si acaso estaban por la cita qe. la noche antror. Les havian echo; pero qe. havian de ir todos juntos y persuadiéndoles el qe. declara qe. aquello era tumulto o lebantamto. Qe. con uno o dos qe. fuese estaba todo echo; aque. le contestaron ambos qe. no qe. todos havian de ir unidos y ya se salieron con la mayor parte de los qe. estaban unidos y saliendo por la puerta dela calle… **(sus peticiones)** diciendo que lo qe. querian era qe. se quitasen el fondo de Pardos; qe. se quitasen los Estanquillos de Aguardiente; qe. se quitasen las Alcabalas; y qe. aunque no se quitase enteramente el tabaco; pero qe. se moderase el precio segn. Se vendía antiguamente y la misma rebaja en las alcabalas; que saliesen todos los españoles forasteros…" (Santa Ana 17DIC811 – Menendes- Telles- et al DHE M.A.García). Por su parte: "Matías Segura Yndio Govor. De este pueblo (Santa Ana) Día Dom. (18 de noviembre 1811) … como en numo.(número) De ciento o doscientos y con vozes alteradas llegaron diciendole qe. en qe. quedaban si estaban, con ellos unidos o no como se lo habian propuesto la Noche anterior; pero les respondio qe. no estaban sus Principales y qe. amas de esto acababan de oir en la Yglecia la Excomunion qe. se acaba de Publicar, en cuyo acto esforsando las voces Lucas Moran Patrocinio y los demas les decian qe. aquello qe. ejecutaban era provecho de todos.." Santa Ana 28NOV811 Ut. Supra. –Menendes- et al DHE M.A. García).
Y en medio de la vorágine de estos eventos Juan Maximo Ortis: "… se leyó enla Yglesia la excomunión contra los Ynsurgentes llego a casa de aquel diciendole qe. lla veian lo qe. se

havia leido en la Yglesia y le contesto este qe. no havia mas Ley ni mejor qe. la qe. seguían los Franceses pr. qe. estos llebaban a debido efecto la igualdad de las personas." Santa Ana 17DIC811–Menendes- et al. DHE M.A. García.
Así negros e indios fueron insurgentes en 1811.
12AGO011

http://www.cesarramirezcaralva.com/

Reformas Constitucionales permanentes

Las reformas constitucionales posibles para ahora y mañana pueden ser: justicia (igualdad, defensa de las etnias, defensa del consumidor, separación Iglesia-Estado); seguridad (derechos ciudadanos, autonomía municipal); democracia (representación, organismo electorales, proporcionalidad); soberanía…
El tema de las candidaturas independientes para diputados tiene un componente legal constitucional y otros que refieren a la gobernabilidad junto a la participación ciudadana.
El cambio constitucional es saludable para todas las democracias, puesto que implica progresar y evolucionar, implica la vocación de las naciones de igual forma las regulaciones del Estado, así como los derechos ciudadanos junto a su participación.
No en pocas ocasiones, la demanda social de participación ha rebasado a los partidos políticos, entre ellos las decisiones inconsultas a sus propios electores tanto para el nombramiento de los candidatos, como para sus futuros planes legislativos; además una vez concluido el evento electoral, los ciudadanos observan en la distancia las decisiones que les incumben, de nuevo los partidos políticos no les piden a los electores ninguna opinión y menos rinden cuentas por el accionar de sus diputados.
Bajo el esquema tradicional del ejercicio partidario, parece que los candidatos a diputados son seleccionados por normas de obediencia en lugar de iniciativas ciudadanas, bajo ese esquema se ha formado un abismo entre partidos políticos y ciudadanos. La separación entre ciudadanos y los partidos tradicionales tiene panoramas desalentadores en las grandes decisiones nacionales, en ocasiones las acciones políticas bajo esquemas rígidos de ideología impiden optar por opciones prudentes para la nación, situaciones que se ubican más allá de una administración como: salud, educación, economía, agricultura etc, que requieren continuidad en lugar de rupturas en cada administración.
El tema es el funcionamiento de la democracia y evitar cualquier asomo de Golpe de Estado bajo la excusa de violaciones constitucionales, el caso de Honduras no debe olvidarse en ningún momento.
Es patética la defensa de algunos partidos políticos para no admitir la participación de candidatos independientes como también la multitud de aspirantes a diputados, en nuestras condiciones salvadoreñas las desigualdades son tan abismales, que cualquier candidatura independiente por humilde que sea deberá contar con una partida económica nada despreciable, considerando que cada diputado al menos debe contar con 30 mil votos válidos (sobre una base de cinco millones de electores) y si le concedemos un valor económico a cada voto de unos $5, la suma sería de $ 150,000 nada mal para nadie, en una nación tan pobre.

¿Quién quiere ser diputado? Es la interrogación para millones de salvadoreños (hombres y mujeres) honrados, la respuesta es similar a la búsqueda en Atenas de Diógenes con su lámpara a mediodía; quizás recorreremos las calles de las ciudades con la pregunta indicada y cuando afirmen que la nación esta llena de ciudadanos que desean ser diputados, responderemos que necesitamos a un diputado de verdad, que viva por si mismo y trabaje para todos, incluso sin salario… conste que esto no es ni por asomo comunismo o socialismo de ningún siglo, Diógenes nació en el año 413 a.c.

19AGO010

Fuerzas populares salvadoreñas: africanos e indios en 1811

El autor Paul Lokken: Transforming Mulatto Identity in Colonial Guatemala and El Salvador; 1670-1720, refiere el largo olvido de la presencia africana en la región, esa condición se debe a estudios racistas del siglo XIX, que contribuyeron a ignorar la presencia africana durante el proceso colonial español.

Durante este período (1670-1720), los grupos subordinados al imperio español fueron los indios mayoritariamente y los africanos minoritariamente, pero algunos grupos coexistieron en forma libre y esclavizada, condición que posteriormente forjó una nueva identidad a través de matrimonios, servicios militares, migraciones laborales etc.

Paul Lokken indica que el producto de estas uniones transformó la identidad hacia formas denominadas ladinas que minimizó la identidad africana en Guatemala y El Salvador.

En nuestra nación se niega la existencia africana e incluso la existencia de nuestras propias etnias, pero un importante artículo de Carlos Loucel, « Negros y mulatos de San Geronymo Nejapa en el siglo XVIII », Boletín AFEHC N°21, publicado el 04 junio 2006, demuestra que entre los años de 1752- 1790 en San Jerónimo Nexapa se realizaron 222 matrimonios entre mulatos, 3 de indios, 82 de ladinos, 6 entre mulatos e indios, 2 mulatos y españoles con un total de 330.

Estas condiciones de acuerdo con Loucel indican que existen registros parroquiales de matrimonios mulatos en: "Opico, San Vicente, Olocuilta, San Salvador, Apopa, Paxnal, Quezaltepeque, Suchitoto, Chalchuapa, San Miguel, valle del Guayabal, Tacachico, Sonsonate, Chalatenango, Cojutepeque, Caluco, ciudad de Guatemala, Tejutla, Ocotepeque, Apastepeque, Texixtepeque, Talpa, Tenancingo, Santa Ana, Tejutla, Guazapa, valle del Paisnal. "

Ambos autores connotan nuestra pluralidad étnica la cual se confirma en los datos de la independencia de El Salvador de 1811, condición referida en las crónicas del proceso de infidencia a los próceres salvadoreños, " Que un día qe. el declarante fue abuscar a Dn. Rafael Aguilar a casa de Arce, y estando en la ventana pasó un Europeo, y quitándose el sombrero le dijo a Dn. Manuel Jose, Amigo aquí tenemos sena, aque contestándole el exponente, como asi le insinuo aquel; por que quando los Europeos se quitan el sombrero tenemos noticias malas y quando las tienen buenas no se lo tocan: sabe Ud. Como Renteria Ofrecio en un almuerzo la cabeza del Pe. Cura Delgado, y de cuia noticia los mulatos ocurren a resguardarlo, y tememos una desgracia. " pág 63..

En acontecimientos posteriores en el pueblo de Metapán, con fecha 24 de noviembre de 1811 del citado documento: "Que ahora a las seis de la tarde se ha declarado sublevado este Pueblo: qe. la parcialidad de Yndios, unida con alguna parte de la de Ladinos formaron un escandaloso tumulto, que unos armados con piedras y otros con hierros, acometían furiosamente, proponiéndose por objeto de su indignación despojar violentamente a Dn. Jorge Guillen de Ubico de la segunda Vara de Alcalde Ond. de este Partido, únicamente por ser Europeo…" pág 385.

Y esta conjugación de fuerzas populares, envió al agonizante imperio español la señal de independencia, que se iniciaba a lo largo del continente americano.

26AGO010

http://www.cesarramirezcaralva.com/

Un gobierno trans-regional para la emigración

Todo tiene un precio en cualquier sistema político, pero la emigración legal en América Latina hacia Estados Unidos de América, tiene un costo que los pobres usualmente no pueden pagar, entonces se aventuran por sus propios recursos a la intemperie de una zona de incertidumbre de todo tipo, desde los coyotes que arrecian sus palabras de fáciles destinos hasta las truculentas acciones de sofisticadas bandas que usan medios aéreos, marítimos o terrestres privados.

La emigración es un problema multinacional, puesto que no pocos gobiernos se ven involucrados en este fenómeno social y no solo en el grado de desinterés hacia sus ciudadanos, sino por el daño ocasionado con la muerte de cientos de emigrantes desconocidos a lo largo de la ruta del emigrante.

En otros tiempos, el movimiento de líneas fronterizas hacia límites infinitos se consideraba el mejor símbolo de poder, ahora les parece que militarizar las fronteras es la mejor respuesta a las emigraciones, donde millones de pobres periféricos tocan la puerta al primer mundo.

La fuerza de los acontecimientos en Tamaulipas México, obliga a reflexionar sobre la urgencia de un tratado del continente Americano en el concepto migratorio o establecer condiciones multinacionales para movimientos legales de trabajadores temporales en Norte América.

La tragedia de Tamaulipas México, también incluye el concepto de Soberanía puesto que las víctimas de ese desafortunado evento incluyen a múltiples naciones en territorio extranjero. El tránsito ilegal de estas poblaciones económicamente activas en un territorio extranjero no implica la renuncia a su ciudadanía original, de tal forma que cada emigrante involucra a gobiernos extranjeros dentro de un marco legal soberano de otra nación, pero la tragedia se encarga de teñir de sangre la bandera de la esperanza, sin distinguir soberanías locales.

Tratar de impedir la emigración en tiempos de crisis del capitalismo, es lo mismo que solucionar el problema del hambre en el mundo. Esta tragedia no impedirá el flujo migratorio de las poblaciones económicamente activas debido a las severas e infames condiciones de miles de trabajadores desempleados en el continente americano, producto del mayor fraude financiero en Estados Unidos que ha fabricado la depresión económica que vivimos. Desafortunadamente no existe límite de tiempo para impedir esta postración laboral que acelera la expulsión de los mejores ciudadanos hacia Norteamérica, puesto que regionalmente tampoco existe respuesta efectiva para emplear a los propios trabajadores.

Así debemos plantearnos la posibilidad de un gobierno transregional para este siglo XXI, que incluya estos millones de seres humanos en tránsito en terceras naciones hacia un destino laboral, puesto que a ellos no los mueve un sueño, sino el hambre. De igual forma estos millones de personas que más parecen poblaciones móviles generan derechos y servicios, en síntesis demandan un sentido de gobernabilidad inexistente por el momento. La tragedia nos une junto al dolor de los pobres.

Quizás esta condición multinacional también facilite acercarnos hacia un tratado de libre migración que permita el establecimiento de las poblaciones económicamente activas en regiones que necesiten de estos recursos.

02SEP010

http://www.cesarramirezcaralva.com/

El terrorismo hablando de derechos

El día 7 de septiembre de este año, observamos a miles de trabajadores dirigiéndose a sus rutinas laborales a pesar del paro al transporte colectivo, el cual fue motivado por supuestos miembros de pandillas solicitando diversas condiciones humanitarias en los centros penales y otras extraviadas peticiones.

Las amenazas terroristas de estos delincuentes deben tomarse en cuenta, pero no deben impedir nuestro desarrollo laboral, ni provocar temor alguno, ni llevarnos a paralizar nuestro modelo cultural o social. El modelo social que gozamos puede tener muchos defectos pero la democracia es perfectible, además muchas generaciones de salvadoreños han pagado un alto precio por las libertades que ahora disfrutamos.

Es tiempo de valorar el logro de nuestro modelo social, sus mecanismos de solución de problemas, la inclusión democrática, el respeto a la vida etc. también es tiempo de valorar las causas generadores de estas violencia y proceder a la defensa de nuestra democracia, porque el fondo de estas amenazas es destruir la República al intentar chantajear por medio de la violencia a la nación; estas organizaciones intentan eliminar nuestras creencias y cambiar nuestros principios, pero están absolutamente equivocados, tanto en sus demandas, como en sus argumentos porque el crimen no paga.

Con acciones de este tipo que llenan de incertidumbre a la sociedad, se crea mucho temor porque son conocidas sus violentas acciones indiscriminadas y desesperadas contra ciudadanos indefensos. No obstante estas estructuras denominadas: Maras, están propiciando el efecto contrario a sus demenciales propuestas, se están esforzando en crear un estado psicológico en la ciudadanía honrada de unidad en los principios nacionales hacia la defensa y ofensiva contra los enemigos de la patria.

Los delincuentes están equivocado al creer que por medio de amenazas y acciones desesperadas lograrán sus objetivos decadentes, lo único que lograrán será un estado superior de beligerancia que la historia ya ha registrado en el pasado, un estado en el cual el clamor popular reivindicará su vida dentro del modelo democrático y la nación triunfará sobre el chantaje terrorista que a hora nos habla de derecho. ¿y el derecho de los ciudadanos calcinados en un bus que clamaron por sus vidas?

Es impropio atender las demandas de terroristas, cuando durante años se les ha tendido la mano y por medio de personas maravillosas como Christian Poveda que intentó re-educarles, seres que por medio de llamados a la paz les invitaron al reencuentro con la sociedad, pero su respuesta fue el asesinato y la traición.

Si estas estructuras del crimen organizado amenazan, no debemos subestimarles, sabemos de las atrocidades que son capaces, pero también conocemos del valor, el coraje y honor de los salvadoreños, si la nación llama a filas contra estas bandas terroristas no lo duden que millones de cuscatlecos alzarán las banderas libertarias contra esta nueva opresión del crimen organizado.

El crimen no paga, ni la sociedad cederá ante demandas irracionales de estructuras ilegales, pero aún vivimos en una sociedad que muestra benevolencia para aquellos que reparan sus delitos a la sociedad y aspiran reformarse.

09SEP010

Independencia para el siglo XXI

En un mundo interrelacionado por la economía, tenemos la impresión que todo es dinero e intereses, que después de esa condición el último factor es el sentido humano, pero no olvidemos que bajo esa maraña del capitalismo, donde las naciones son representadas por su acumulación material y no por sus trabajadores, se mueve un submundo de ilegalidad e ilícitos representados por los grupos criminales internacionales.

Las naciones son agrupadas por sus grandes acumulaciones: científicas, tecnológicas, financieras, informáticas, deportivas, culturales etc., que delimitan fronteras de pobreza y marginación para regiones que no pueden acceder a los adelantos usuales en las metrópolis, pero bajo esta imagen de nuevo se encuentra los trabajadores de las naciones periféricas.

Estos eventos conocidos por muchos años tienden a potenciarse con el fenómeno del narcotráfico que trasciende nuestra región e implica al continente americano.

El orden mundial por su naturaleza excluye a millones de trabajadores de las naciones pobres, pero las poblaciones económicamente activas responden con la emigración hacia las naciones ricas; en nuestro caso Estados Unidos de América es el destino obligado y lo será durante muchos años más. Este factor de emigración de poblaciones económicamente activas entre estados vecinos independientes se debilita ante el surgimiento del crimen organizado internacional y nuestra postración económica.

Existen elementos en realidad muy preocupantes sobre el concepto anterior, los recientes fenómenos como: narcotráfico, delincuencia o las acciones de intervención para cometer actos ilegales de carácter regional, nos plantea severos problemas a corto plazo.

Las situaciones extremas de Tamaulipas-México, la matanza de trabajadores en Honduras, el paro al transporte colectivo en nuestra nación, comunican la grave condición que vivimos y obligan a plantearnos si la Independencia de las naciones debe reconsiderarse ante estos grupos delincuenciales internacionales.

El factor humano de estos eventos salta a la vista, puesto que no es un concepto social el que sufre el impacto de la regionalización delictiva sino los trabajadores, parece que están en primera línea del impacto criminal, por esta razón ¿no sería adecuado re-pensar si la independencia debe evolucionar hacia otros niveles de sociedad multinacional?

Si observamos el concepto clásico de Independencia: "Falta de dependencia. Libertad, Autonomía y especialmente la de un Estado que no depende de otro…" con el avance de los fenómenos citados, no queda más que aceptar que nuestros límites de "independencia" se reducen ante una ampliación de los intereses comunes a favor de las poblaciones de trabajadores que reclaman su seguridad más allá de los criterios de los límites de un Estado…

Necesitamos un nuevo modelo de sociedad mesoamericana en temas como la delincuencia internacional y otro sentido de independencia para el siglo XXI ante esta amenaza regional.

16SEP010
http://

La ley versus el crimen organizado

En estos momentos difíciles en todo el horizonte nacional, la Ley Antipandillas se convierte en un instrumento más del arsenal de la sociedad civil versus la acción constante de grupos dedicados a delinquir, acción aclamada por los ciudadanos honrados que poco tienen en su defensa ante la intemperie de esas agrupaciones del mal.

La Ley no es el final del camino, es apenas el inicio de un largo camino para reorientar a mucho jóvenes que transitan por el sendero equivocado y aunque las palabras "se las lleva el viento" la esperanza de la sociedad salvadoreña tiene más alcance que muchos discursos temporales, al igual que la férrea voluntad nacional de no ceder ante las amenazas delictivas.

La sociedad ha iniciado diversos proyectos durante años anteriores para cambiar esta amenaza las pandillas, esfuerzos auténticos de corregir el desvío de muchos jóvenes mal orientados, pero la realidad parece negar todo intento de re-educación ¿qué podemos hacer para cambiar el rumbo de esta condición? En realidad no existe respuesta única, sino un complejo de experiencias de otras naciones con modelos exitosos pero que han requerido de gran apoyo gubernamental, iniciativa privada, sociedad civil e instituciones humanitarias, participación ciudadana; además como si fuera poco los programas de cambio de alimentos por armas y otras especies han contribuido significativamente al avance de pacificar zonas urbanas en otras naciones.

El conjunto de las agrupaciones ilícitas parece nutrirse de un combustible exterior: las drogas y el narcotráfico, en este rubro la tendencias internacionales parecen coincidir en que no existe mejor tratamiento que construir una sociedad de naciones para unir esfuerzos que coincidan en el tratamiento de este flagelo, la gama de tratamientos es un mosaico de acciones que van desde apoyo logístico, hasta bases militares.

El conjunto de las anteriores acciones también se acompañaron de reintegración para exconvictos que demanda mucha especialización y prolongados modelos de vigilancia, no obstante han logrado significativos avances en aquellas sociedades de primer mundo.

Nuestro caso sobre el tratamiento de este fenómeno social, tiene el defecto de considerarse político, casi un tema electoral, cuando en realidad el combustible inicial de este cáncer excede los intereses de los partidos políticos, silenciosamente la presencia de las drogas se convierte en una experiencia cotidiana, de ahí parte la descomposición de los jóvenes.

Nuestra sociedad no lucha contra los jóvenes, nuestra democracia tampoco tiene como objetivo incrementar la violencia en todos los niveles, mucho menos cerrar los espacios de reintegración de sus miembros, prácticamente las leyes responden al modelo delictivo, pero también pueden en su momento proponer modelos de promoción social.

Así las leyes son un componente del conjunto social y no únicamente el sector gubernamental, implican a los sectores sociales estratégicos principalmente y la Iniciativa Privada, puesto que el objetivo no debe confundirse con el triunfo o fracaso de una administración, sino como el avance nacional hacia el desarrollo y la democracia, de esta forma unimos a la nación sobre cualquier amenaza interna o externa.

23SEP010

La Historia en democracia

Recientemente la publicación de un documental de la guerra civil salvadoreña, ha detonado una serie de críticas de parte de sectores que participaron en el conflicto de los años ochentas que cuestionan la divulgación de esos materiales históricos.

La Historia en su conjunto será la piedra que edificará nuestra sociedad para los siguientes 100 años, Historia que debe ser herramienta de estudio y la vocación nacional en su proyección, pero si es negada también puede ser la generadora de nuevos conflictos, puesto que cada sector optará por la defensa de sus intereses y no por la interpretación que originó tal evento.

La Historia Nacional nunca ha sido cuestionada porque siempre ha existido una política oficial para interpretar cada evento, de tal forma que la divulgación de los acontecimientos ha colocado a los actores principales como: Héroes y Villanos, buenos y malos, los defensores de la libertad y los arquetipos de la esclavitud... etc.

Esta concepción ha sido producto de la concepción capitalista versus el comunismo, en El Salvador se origina en el siglo pasado que califica a partir de los años 30 de comunistas a todo opositor, así iniciamos una historia ideológica que ha dividido profundamente a los salvadoreños entre comunistas y anticomunistas o si lo prefieren entre amigos y enemigos, un lenguaje que tuvo su máxima expresión en los años ochenta en el esplendor de la guerra fría entre las potencias nucleares.

Pero la historia en ese sentido no solo es impulsada por la derecha, también la izquierda ha optado por divulgar su propia historia desde los años treinta. No existe una concepción única de la Historia sino varias, al menos dos en franca oposición, que como hermanos gemelos enemigos coinciden por su forma ideológica contrapuesta.

Ambas lecturas de la historia se excluyen y combaten de tal forma que discutir de historia es una exhibición de esgrima entre lineamientos ideológicos y filiaciones partidarias, porque a cada paso de la historia actual existen errores y aciertos; en nuestra nación existe monumentos que levantan hasta el cielo obeliscos de anticomunistas y en otros nombres comunistas célebres; en cada monumento se efectúan actos memoriales según la ocasión, pero nos señala la profunda división de visión histórica en la postguerra y en democracia. Existen casos donde la condición de héroe y villano se intercambia según el tiempo de la guerra, al igual que el giro político de las estructuras partidarias.

Pero en tiempos democráticos y postguerra, elevar la condición de la Historia hacia la comprensión de los eventos y no como instrumentos de aniquilación de enemigos debe ser el objetivo, necesitamos una Historia Nacional que rescate a nuestra etnia calificada desde los años 30 de comunista, necesitamos comprender que los sangrientos eventos de la guerra civil no concluyeron en victorias o derrotas, sino en el Acuerdo de Paz que construye un nuevo modelo de legalidad, tolerancia y respeto por las opiniones de los adversarios.

La construcción de la Historia no puede continuar repitiendo leyendas de la guerra fría entre comunistas y anticomunistas, por esa razón debemos avanzar hacia una nueva historia democrática entre ciudadanos.

Abrir un debate nacional sobre la sociedad de preguerra, guerra y postguerra eliminando los signos ideológicos para enfrentar los problemas que lo motivaron es el camino hacia nuestra comprensión de nación en paz.

30SEP010

Sociedad y estado en crisis del capitalismo

Los conceptos clásicos de Sociedad la definen como un conjunto de individuos que comparten una cultura, evidentemente existen múltiples escuelas con diversos criterios a partir de ello y Estado un concepto político: refiere una forma de organización social y política… etc.

La crisis del capitalismo afecta a la Sociedad y Estado salvadoreño en múltiples áreas, principalmente por las proyecciones individuales e institucionales generando incertidumbre en diferentes sectores.

La verdadera prueba de nuestra Sociedad y Estado en un momento como este, es la participación multisectorial a favor de sus legítimas aspiraciones logren el objetivo de estabilidad en la mayoría de sus demandas: seguridad, economía, salud, educación, empleo etc., bajo la premisa que se necesitan reformas en los próximos meses. Reformas sociales en ocasiones son sinónimas de modernizar al Estado, debido a que muchas condiciones administrativas requieren innovaciones jurídicas con implicaciones sociales; no obstante de no impulsar estas iniciativas el avance social podrá tener resultados muy pobres.

Es posible que los efectos de la crisis se visualicen en las áreas rurales debido a la extraña combinación de eventos climáticos y desempleo, de tal forma que la pérdida de cosechas sumado a las difíciles condiciones de las familias rurales propicie descontentos focalizados, para este evento desafortunado la ayuda a las municipalidades puede adelantar propuestas de soluciones adecuadas a cada región geográfica que bajo investigaciones sociológicas y antropológicas propongan cambios culturales. En esta situación la herramienta fundamental es el fortalecimiento de las municipalidades por la cercanía con los ciudadanos en coordinación con los poderes del Estado, evento que enviaría el mensaje correcto hacia el fortalecimiento democrático y ampliaría las relaciones Estado-municipio-ciudadanos.

Estado y Sociedad deben coincidir en el encuentro de múltiples interlocutores válidos que abandonen las prácticas disidentes en este difícil momento a favor de soluciones nacionales, también debe incluir a interlocutores que represente a las clases privilegiadas puesto que no pueden permanecer al margen de este fenómeno de graves repercusiones nacionales.

Construir el tejido social que permita soluciones posibles a la crisis capitalista, será la mejor respuesta de nuestra sociedad democrática y posiblemente su seguro de vida para los próximos años.

07OCT010

http://www.cesarramirezcaralva.com/

Mítico rescate en Chile

El rescate de 33 mineros atrapados en la entrañas de la tierra desde el 5 de agosto hasta el 13 de octubre con un total de 69 días, recuerda aquellas historias griegas de héroes que vencen las tinieblas. El reino de Hades tiene varios vencedores: Orfeo de los argonautas, Teseo y Heracles que nos relatan historias de seres mitológicos capaces de enfrentar a las penumbras y salir airosos.

Heracles es el héroe por excelencia, desciende al infierno en busca de Cerbero, perro guardián a la entrada del tenebroso sitio… de igual forma en Chile el rescate de los mineros nos recuerdan esos desiguales combates contra el infortunio; ahora la historia no tiene precedente en tiempos modernos, pero estos mineros no son seres míticos sino hombres de carne y hueso, dueños de una condición vulnerable; no obstante la unión de voluntades, así como la unidad provocada en defensa de la vida, ha convertido a la mina de Copiapó en el centro de la atención mundial a favor de los trabajadores chilenos.

Es notable destacar en esta acción la experiencia de minería del pueblo chileno, existe tradición y cultura sobre el tema, cuando el rescatista Manuel González ingresa a la cápsula rumbo a las profundidades de la tierra, podemos adivinar la intensidad de aquellos viajes míticos que los griegos narraron con sus héroes, esa emoción es la misma para millones de televidentes en el siglo XXI al observar el rescate de los trabajadores y el camino hacia la oscuridad. Ese viaje transcurre en 20 minutos, bajo esa condición el tiempo total para rescatar a los atrapados en el fondo de la tierra será de 48 horas.

Iniciado el trayecto de la vida hacia la vida, al igual que aquellos seres míticos, la misión es retornar vivos del reino de Hades. La mitología griega considera que los seres humanos viven entre los dominios de dos hermanos: Hipnos (el sueño) y Tánato (La muerte), cuando este último triunfa el infortunado es trasladado al Hades.

En Copiapó el descenso de la cápsula Fénix duró 16 minutos, presenciar ese momento evoca una gran hazaña de la humanidad y el triunfo de la vida sobre Tánato... en la mina San José 33 mineros son arrebatados del submundo de la oscuridad por otros héroes humanos que recuerdan a los griegos.

El primer minero rescatado: Florencio Ávalos inicia su salida del Hades 35 minutos después, mientras millones de televidentes acompañamos en la distancia al pueblo chileno en sus esperanzas y compartimos el encuentro con la vida con sus trabajadores.

El cronómetro del rescate marca 51:40.. el retorno de Florencia hacia la superficie demoró 17 minutos.

5 continentes se unen para presenciar el histórico rescate que acompaña el procedimiento con sus oraciones de diversas religiones, el presidente de Chile Sebastián Piñera espera junto a familiares y luego se funden en un amplio abrazo que celebra la vida, las calles de las ciudades con sus campanas al vuelo celebran el parto de la tierra de 33 mineros.

Heracles, Orfeo, Teseo deben esbozar una leve sonrisa de complicidad ante tan magno evento, a fin de cuentas esto no acontece todos los días.

El desierto de Atacama y la ciudad de Copiapó podrán ser citados a partir de ahora como el lugar convergente de historias míticas y humanas, puesto que salir del Hades no ocurre todos los días. Cerbero el perro guardián que deja entrar a todos, pero no deja salir a nadie, de nuevo ha sido vencido en la mina de San José. La humanidad celebra la victoria sobre el Hades.

14SEP010

Pagar la cuota capitalista

El avance de nuestra nación se encuentra unido a dos poderosos elementos: desarrollo y democracia, estos se unen por su caracterización en historia, institucionalidad, legalidad, convergencia de fuerzas sociales etc.

Es tan recurrente el tema desarrollo y democracia que la nación debería racionalizar este objetivo cada cinco o diez años, con esta acción al menos coincidiríamos en temas cruciales que inciden en la ciudadanía.

El tema del transporte nacional es uno de esos temas, elemento de coincidencia con aspectos sociales, privados, estatales, seguridad nacional, estratégico etc. el subsidio es un tema esencialmente político, de igual manera la seguridad de los transportistas que merecen respeto por su vida, pero la herencia negativa de nuestra nación impide solucionar este tema por simples mecanismos administrativos.

Las soluciones en tiempos de una dictadura serían drásticas e inmediatas, pero en democracia el procedimiento exige agotar todo procedimiento constitucional, el cual no es de corto plazo. Bajo el esquema de largo plazo debemos asumir que la voz de la ciudadanía debe ser escuchada, porque son los primeros afectados cualquiera que sea la negociación, pero al final la ciudadanía termina pagando los platos rotos.

Al igual que el transporte, la seguridad nacional, el enfoque agrícola, el desarrollo local, el empleo, educación y salud entre otros, afectan directamente a miles de personas que no puede dejarse solo a los personajes del gobierno de turno, sino a la primera línea de los afectados: la ciudadanía en general, la cual no es consultada ni directa ni indirectamente, este es el vacío que existe en nuestra sociedad, se debe construir un puente de comunicación de los políticos con los ciudadanos en tiempos no electorales, para al menos poseer un criterio de opinión sobre tal o cual acción.

En el caso del desarrollo social hace muchos años se tomó una decisión equivocada de abandonar el agro, así se perdió una cultura de cultivos porque era más barato comprar los granos básicos que cultivarlos, nadie fue consultado sobre el tema, ahora retornar a la cultura del cultivo parece fuera de lugar, aunque es lo único que puede salvarnos de la hambruna.

El modelo capitalista somete a la nación a presiones internas y externas, de tal forma que la nación no tiene otro remedio que adaptarse, por esta razón la ciudadanía debe tener claro que muchos elementos como el transporte, el desarrollo, la tecnología en todos sus niveles acompañan a la democracia y bajo ese criterio encontrar criterios de coincidencia entre los sectores involucrados es la solución más moderada, quizás la única que puede evitar enfrentamientos sociales.

El caso del transporte nacional amenaza con un aumento en su tarifa a los usuarios alegando vivir en el capitalismo, nadie escapa a esa realidad, por ello debemos comprender que: desarrollo y democracia no puede separarse de los intereses de la ciudadanía, los sectores privados y el Estado. Los sacrificios ya no pueden pedirse únicamente a los ciudadanos, es un buen momento para compartir la crisis pagando cada quién la cuota apropiada.

21OCT010
http://

Marihuana podría ser negocio legal

En el Estado de California Estados Unidos de América, el mes de enero de 2010, La Comisión de Seguridad Pública de la Asamblea del Estado votó 4-3 a favor de la medida que crearía impuestos y regularía la marihuana. Los legisladores de dicho proyecto añaden que la marihuana será controlada de la misma manera que el alcohol.

La dimensión de esta iniciativa contiene factores que provocan estupor en América Latina, puesto que el problema de las drogas implica al menos: la producción, transporte y consumo de dicha droga.

El sitio oficial de la Voz de América, www.voanews.com reseña: "California convoca a sus ciudadanos a tomar una decisión sobre si desean legalizar tanto el cultivo como la venta y el consumo de marihuana como una posible solución para atajar el grave problema de narcotráfico que atraviesa la región. El mismo día de las elecciones legislativas, el 2 de noviembre (2010), la población de este estado decidirá lo que supone un primer paso que podría ser seguido por otros estados."

El tema de la marihuana es popular en nuestra nación desde los años 60, impulsada por la generación hippie de esa década. En El Salvador existió cierta etapa de relajamiento y tolerancia al libre comercio de esa substancia, pero eso no duró mucho tiempo, puesto que se persiguió a los peludos-marihuaneros con la misma intensidad que el mundo que proclamaban, pronto las cárceles se llenaron de jóvenes que no solo eran rapados, sino que sus fotos exhibidas en los periódicos como símbolos del mal. Algunos casos fueron demasiado lejos, algunos jóvenes rockeros fueron acusados de "The Pusher" como las películas de Easy Rider con música de Steppenwof, pero en realidad esos jóvenes no eran más que consumidores mientras los grandes negociantes jamás fueron atrapados. Si las iniciativas de legalizar la droga prosperan el próximo 2 de noviembre, la historia se coloca en una paradoja que implica nuestra cultura; si Estados Unidos promueve una acción legal sobre la Marihuana ¿por qué Latinoamérica considerará delincuentes a los ciudadanos que la posean?, a lo mejor el continente puede hacer lo mismo: producir, consumir y además cobrar impuestos. ¿Es cuestión de negocios entonces?.

El tema es tan revolucionario como el café en el siglo XVI en Oriente y el siglo XVII en Europa, debido a que la bebida promueve el carácter asociativo en sitios para su consumo entre grupos sociales o negociantes, a lo mejor legalizar la marihuana provoca sitios parecidos a: cannabis-place o Marihuana-bar, incluso gourment al estilo té con cannabis bebible como en Suiza. Aún no sabemos el resultado de las plazas-cannabis, puesto que los café en otros tiempos fueron sitios populares y promovieron la democracia.

El tema apenas se inicia pero en el caso citado las autoridades norteamericanas consideran recaudar impuestos estatales en el orden de los 1.400 millones de dólares, anuales.

Pero la contraparte latinoamericana también responde con las palabras del presidente Felipe Calderón: una votación en California que busca legalizar el consumo de marihuana refleja una ``terrible inconsistencia" en la guerra antidrogas de Estados Unidos.

28OCT010

http://www.cesarramirezcaralva.com/

Eficiencia policial en día de difuntos

Autos en interminable filas… paciencia ante el acalorado ritmo al avanzar a "vuelta de rueda".

El día sin nubes y cielo azul transcurrió sin la angustia del reloj salarial, es feriado nacional día de visita al cementerio.

Música con trovadores diurnos errantes, flores que adornan el prado del Campo Santo, cientos de personas ante las tumbas con recuerdos extensivos, voces infantiles, adultos mayores, jóvenes y sus coloridos atuendos andróginos, chicos y chicas con cortes de cabellos orientales; un día memorial donde la muerte asocia el pluralismo cultural con rituales multinacionales, por breves horas asistimos a una fiesta de victoria por la vida.

Estamos unidos en el cementerio por ese nexo de los antepasados. En el lugar: ricos y pobres no distinguen diferencias, la memoria se impone sobre el prado.

Jóvenes acompañan a las familias desde el estacionamiento. A propósito encontrar lugar para estacionar el auto es una lotería.

Así la visita de varias tumbas en el viaje alrededor del tiempo, es respirar nostalgia por la transparencia de imágenes familiares, entonces puedes escuchar: "¡ahí está mi hermano!... ¿dónde está el abuelo?, ¡vamos a ver al tío!, ¡mi madre está ahí!, ¡vamos a ver a mi papá!...." el viento trae y lleva susurros de voces, mientras cipotes ofrecen limpiar las placas que tienen el respectivo nombre, fecha de nacimiento y fallecimiento calzadas con celestiales citas bíblicas, pero una placa llamó mi atención que decía después sus datos generales: "querido viejo gordito de mi…. Corazón" confirmando la alegre visión entre las familias a pesar de la muerte…

Debimos almorzar después, pero circunstancias involuntarias hicieron que cambiáramos de planes. Mientras me dirigía a diligencias para comprar comida rápida en un restaurante ubicado sobre el Boulevard de los Héroes, el auto fue dañado y abierto por una banda de robacarros que en pocos minutos desvalijó documentos, casetera, tarjetas de crédito etc.. Conmocionado por el hurto bloquee las cuentas y llamé a la policía reportando el incidente.

En forma simultánea esta banda realizaba un barrido de autos estacionados en diversos puntos de la ciudad, en otro sitio otros ciudadanos habían sufrido el mismo hurto, pero cometieron el error de robar un auto y conducirlo, sin percatarse que el dueño les observaba en sigilo a corta distancia, que ni lerdo ni perezoso reportó el hurto… los maleantes fueron atrapados infraganti: "con la manos en el auto".

Al regresar a casa una hora después, la Policía Nacional había llegado a casa.

La presencia policial no deja de impresionar, creí que únicamente confirmaban la denuncia, pero no era el caso, me informaron que encontraron mis documentos en manos de unos sujetos y tenían todo, excepto mis tarjetas de crédito… así que debía realizar el proceso legal… lo demás es trámite. Al menos 4 ciudadanos y las familias perjudicadas podemos agradecer la eficiencia de la Policía Nacional Civil en el día de los difuntos, porque como dicen los viejitos: "de lo perdido lo que se encuentre"…

04NOV010

www.cesarramirezcaralva

El martinato sin Martínez (1955)

Julio de 1955 nadie sospechó que de pronto sin previo aviso la figura del ex dictador Maximiliano Hernández Martínez regresaría a El Salvador, después de los sucesos de abril de 1944.

Los acontecimientos posteriores a la salida de dictador fueron: Un gobierno dirigido por el general Andrés Ignacio Menéndez (1944) que convocó a elecciones "libres" pero fue derrocado el 21 de octubre de 1944, luego asumió la presidencia otro coronel: Osmín Aguirre y Salinas quién convocó elecciones para 1945, la oposición afirmó ganar con el candidato Miguel Tomás Molina, pero los militares proclamaron el triunfo del general Salvador Castaneda Castro que gobernó hasta 1948, fecha en la cual de nuevo fue derrocado por sectores del ejército que instalaron un Consejo de Gobierno Revolucionario y en 1950 se redactó una nueva constitución bajo la tutela del teniente coronel Oscar Osorio 1950-1956… La visita del General Maximiliano Hernández Martínez causó indignación en los sectores intelectuales y otros de la sociedad civil, pero también cierta felicidad inocultable en grupos nostálgicos que aplaudieron el retorno del dictador. Al conocerse la llegada del Ex Dictador, la reacción fue inmediata en los sectores estudiantiles agrupados en AGEUS, así como los sectores profesionales de la Universidad de El Salvador, además del repudio de familiares de militares fusilados. Los estudiantes inmediatamente convocaron a asambleas estudiantiles, movilizaciones e izaron una bandera negra en contra de la visita "incómoda" en la democracia aparente.

Mientras el ex dictador era recibido en pleno por el Alto Mando Militar de igual forma que se recibe a un activo Comandante General de la Fuerza Armada, los periódicos locales reseñaron a los Jefes Militares y todos las armas del Ejército en reunión con el ex dictador, aquello parecía una reunión familiar y antiguos camaradas que sin "rencor" departían el anecdotario de los 10 años posteriores al martinato ¿o sería que nada habría cambiado? ¿Acaso era un Martinato sin Martínez? De esa forma el esquema implantado desde los años treinta estaba intacto: expresión cultural (instaurando modelos de cultura oficial como el regionalismo liderado por Salarrué), sus relaciones exteriores (algunos intelectuales fueron embajadores de los golpistas), las fuerzas armadas, el modelo económico,.. etc.. La sociedad civil pide juzgar al Gral. Martínez y el 14 de julio de 1955 que nombre su defensor… No obstante el sector estudiantil aglutinado en AGEUS convoca a movilizaciones de repudio (14 JUL955), mientras sectores conservadores comandados por "apellidos" defensores de la "democracia dictatorial" hacen lo propio (20JUL955), aquello termina en una batalla campal: "a pedrada limpia" que provoca desórdenes callejeros, mientras el ambiente calienta, los familiares de los "fusilados" del Estado Mayor insurrecto en abril de 1944, presentan demandas contra el ex dictador, entre ellos Juan Manuel Baños Rodríguez, hermano del Teniente Alfonso Baños fusilado por Martínez y el mismo condenado a 16 años de prisión (21JUL955). Los alzados militares del 2 de abril de 1944 fueron comandados por Adolfo Marroquín y Tito Calvo quienes fueron fusilados sin juicio al siguiente día. Mientras el ánimo polariza la sociedad, el ex dictador decide su salida hacia Miami (23JUL955) y es despedido por el Estado Mayor en pleno de igual forma que a un Jefe Militar. ¿Aquello fue la muestra de una dictadura sin dictador? el legado del martinato parece que aún llega hasta nosotros, disfrazado de viejos modelos culturales y los nostálgicos de las dictaduras…

11NOV010

Meditación de Ignacio Ellacuría*

A propósito de la Juventud Militar: Mena Sandoval, Cruz, Fiallos, S. Brenes, realmente vinieron a la UCA, ahí discutimos la proclama, el programa económico y a su pedido les dimos orientación política.
Pero les hablaré también de la llamada telefónica que salvó mi vida.
Aquella mañana del 27 de noviembre de 1980, habían secuestrado a los dirigentes del FDR, a cierta hora de la mañana recibí una llamada telefónica, el autor de esa llamada era un miembro de la Juventud Militar, el Capitán Alejandro Fiallos.
En los aparatos de inteligencia del Ejército se manejaban los nombres de los dirigentes que se liquidarían, uno de ellos vio mi nombre junto a los del FDR, la comunicación efectiva entre ellos y su oportuno aviso me salvaron.

Concretamente, una anunciación de esa naturaleza debe tomarse en cuenta en toda su dimensión, eso explica porque salí del país por ese tiempo a España.

Hay que dar testimonio de vida.

La Juventud Militar fue un movimiento pro democracia que derrocó al Gobierno y planeó un programa de acción económica social y política satisfactorio, también expulsó del Ejército al Mando y a más de cuarenta oficiales, los más señalados en la represión y la corrupción.

Ha transcurrido 10 años ¿cómo se rejuvenecen las tesis correctas? Lo esencial es que las tesis permanecen vigentes a pesar del tiempo, sin embargo, el tener la razón es una verdadera piedra filosofal.

Los autores de ese Golpe de Estado fueron los jóvenes militares, ellos lograron aunar a casi la totalidad de la oficialidad en un proyecto reformista, que reconocía la calamitosa situación del país y la urgencia de abandonar un proyecto oligárquico, para colocarse a favor de los intereses populares.

Esto podrá ser retórica, excepto que este testimonio necesitó de la vida misma de aquellos jóvenes oficiales, que creyeron dar una oportuna respuesta a la situación del país.

Hay tantos hechos sociales para dar testimonio.

Desearía que llegaran los Coroneles que planearon mi muerte, los mismos que reunidos en un Hotel de esta ciudad, se preguntaban porque si hay represión, no se detienen las manifestaciones, alguien habría dicho que lo mejor era proceder contra las raíces y los troncos, uno de esos troncos era yo.

En fin, el esquema de la exposición está listo.

De todos modos espero que la ponencia no se confunda con una misa.

La misa tiene su lugar, mucho más cerca del corazón del hombre que una conferencia.

Esta por amanecer, es extraordinario vivir, mucho más si nuestras palabras recrean la vida.

Hay en esta atmósfera, diferentes argumentos para la paz, para todo lo que significa vida, para el compartir un esfuerzo por este pueblo que día a día debe ir a una tienda a estirar sus monedas, a pesar que su dignidad sea del tamaño del sol y ello sea un pequeño eclipse en sus bolsillos.

Total, ya sabemos cómo mueren los hombres que predican el evangelio, por eso nosotros los miembros de la Compañía de Jesús… lo predicamos a medias…

* Fragmento de la novela: La primavera salvadoreña, recuerda España
16NOV010
http://www.cesarramirezcaralva.com/

Salvaciones solubles con ayuda inmediata

Perdemos cada día la capacidad del asombro ante tanta barbarie delincuencial, con esta última palabra encerramos muchos de los aspectos criminales que a diario son noticias negativas de cualquier rango posible; nuestra sociedad hace mucho abandonó el concepto de vivir en paz y donde quiera que estemos es ineludible tomar nota de todo movimiento anormal, inclusive en nuestras propias áreas residenciales.

Existe una verdadera migración interna hacia zonas consideradas seguras, cuando es posible el movimiento interno, cuando no lo es, las familias se aferran a sus propiedades y resisten casi todos los males, puesto que las normas de convivencia entre vecinos no son las mismas, existen condiciones anormales entre vecinos, todo tipo de perturbaciones es soportada bajo la condición de vivir en paz. Pero en ocasiones las felonías atentan contra la seguridad de las personas: tirar piedras, ruidos de altoparlantes, dañar vehículos, vehículos abandonados por meses, uso de estacionamientos por camiones de carga en zonas residenciales, conducción en alta velocidad cuando hay niños que juegan en la calles, etc., las condiciones de peligro escalan hacia acciones que fácilmente finalizan en daños personales y acciones jurídicas de diversos niveles.

Este elemento de seguridad ciudadana ya no reside en la defensa de la democracia, sino en el momento de encuentro entre vecinos con sus agresores a la mitad de una calle, una iglesia, un restaurante etc.. Incontables sitios en todo nivel, casi parece que somos dibujados en mapas de temor, extorsión y toda la espiral ascendente de la fragilidad individual.

Esta herencia podría ser el legado histórico de nuestra cultura deforme y excluyente, que camina hacia el cinismo social al observar con naturalidad las diferencias sociales sin tomar adecuadas prevenciones, tarde hemos comprendido que al condenar a sectores sociales a la marginación, esta acción significa para nosotros la misma receta morbosa.

Si existe voluntad para solucionar esta postración social, debemos incluirla en una agenda para varias administraciones gubernamentales, debido a que la delincuencia ha fermentado en no menos de 15 años y además debemos considerar las derivaciones de estructuras mayores como el narcotráfico o el crimen organizado.

Escuchamos tantas soluciones, asistimos a tantas propuestas que a cada paso nos venden salvaciones solubles con alivio inmediato, pero nada más lejano a la realidad, si la población de reclusos sobrepasa los veinte mil, esa cifra podría significar otro número igual ó 3 veces mayor sin capturar; me parece que debemos abandonar soluciones fáciles y optar por el largo camino de "re-educar" a los "otros" que deseen cambiar su vida delictiva y este acontecimiento es posible si construimos un nuevo modelo educativo de largo plazo para las personas que delinquen. Es lamentable que menores de edad cometan delitos que antes eran patrimonio de los adultos, puesto que su vida entra en punto de colisión con las leyes sociales y aunque suene ingenuo, a los menores de edad por su inmadurez en todo sentido, debería otorgárseles una pequeña ventana de oportunidad legal, enviándoles a centros de re-educación laborales, que permitan su reincorporación productiva. Pero a cada paso propuesto la "anti-utopía" emerge, en este caso, nuestra sociedad no tiene más que el proceso científico: "prueba y error", hasta que un día encontremos la fórmula menos traumática para liberar a los jóvenes de esa enfermedad, a la luz de: más inteligencia, más prevención anti delictiva y más presupuesto para la seguridad nacional.

25NOV010

Tántalo en el desarrollo del siglo XXI

Tántalo, en la mitología griega se menciona como Rey de Frigia, hijo de Zeus. Los dioses le condenaron al Tártaro. Estaba en el infierno metido en un laguito cuyas aguas descendían cuando intentaba beber.

Acompañando a los movimientos sociales desde el siglo pasado, cada organización social de cualquier denominación ha construido una ideología y una teoría del desarrollo.

Así el cuerpo del discurso cobra coherencia puesto que se construye la nueva sociedad con menor grado desigual. Un breve balance de las teorías de los años sesentas, setentas etc. nos orientan a considerar que este concepto o condición material en América Latina tiene en su interior grandes contrastes puesto que no solo es un criterio sino varios: keynesiano, liberal, marxista, humanista, individual-anarquista… una serie de elementos teóricos de todo tipo, en realidad pasa por toda la academia universitaria y post-universitaria como: Samir Amin, Giovanni Arrighi, Christopher Chase-Dun, Robert W. Cox, Andre Gunder Frank, John N. Gray, Davir Harvey, David Held, Andre Korotayev, Susan Strange, Immanuel Wallerstein, Michel Chossudovsky con propuestas que en el tiempo son "derrotas históricas" y otras como "sistemas mundiales vigentes", puesto que bajo cada teoría existía una acción nacional o internacional en su apoyo temporal.

En nuestra realidad salvadoreña, el modelo de desarrollo tiende a fusionar los siguientes elementos: geografía, tecnología, población, economía, desarrollo humano (individual o social) y un elemento no considerado por los clásicos teóricos el narco-desarrollo, condición que asoma como "anti-sistema" a pesar que genere enormes ingresos económicos a sectores sociales.

Si consideramos la tendencia global bajo estas interpretaciones desde la Revolución Francesa pasando por la Revolución Rusa (que gira hacia el capitalismo) o la Revolución China que concilia al proletariado con el capitalismo, el desarrollo (salvadoreño) se convierte en la meta inalcanzable para nosotros que carecemos de tecnología, ciencia, capital financiero internacional y debemos seguir las tendencias de los polos hegemónicos, bajo este criterio surge el castigo de Tántalo en el desarrollo local; mientras creemos acercamos a la materialidad del desarrollo del primer mundo más lejos estamos de nuestra realidad social, esto ha llevado a graves errores educativos, sociales, políticos, religiosos e incluso de otras revoluciones sociales. Observar como la revolución rusa giró hacia el capitalismo es un signo del siglo XXI, mientras la revolución china la tenemos ya en nuestras ciudades con productos tecnológicos además en entidades bancarias.

¿ La incomprensión de la teoría del desarrollo local será la causa?, de ser esto posible debemos impulsar la educación masiva del idioma inglés, unificar nuestra historia nacional, propiciar la alianza social hacia el concepto del desarrollo multilateral, combatir a los grupos anti-sistema, ampliar la democracia representativa, etc. considerando que la crisis económica durará al menos unos 3 o 4 años más y en este momento existe un 40% desempleo(PNUD), al menos buscar un salvavidas financiero, tecnológico o educativo debe ser la meta nacional y liberarnos del castigo de Tántalo en el desarrollo local.

02DIC010

Hacia una nueva política exterior

Con mucho agrado recibimos la noticia del cambio de objetivos en las relaciones exteriores en nuestra nación, puesto que ese rubro olvidado no en pocas ocasiones ha humillado a amplios sectores democráticos. Las antiguas relaciones internacionales contienen acciones que en tiempo y espacio no son defendibles. Entre esas perlas de acciones diplomáticas ejecutadas hace algunos años tenemos: el apresurado reconocimiento a los golpistas en la República Bolivariana de Venezuela (11 de abril 2002), la notable ausencia de nuestro primer ciudadano en el funeral del Papa Juan Pablo II (2 de abril 2005), nuestro alineamiento a favor de la guerra de Iraq (Julio 2003), la ausencia de una política institucional a favor de los emigrantes (1980-2009), la persistente negación a establecer relaciones diplomáticas con muchas naciones con las cuales ya se tenían acciones comerciales, las acciones de algunos representantes internacionales realizando política partidaria en naciones amigas y otros ejemplos divulgados por la prensa internacional asociados a ilícitos conocidos por la opinión pública. Al final de estas actividades se encuentra la historia nacional y la geopolítica asociada a regímenes autoritarios y otros tan conservadores que no ocultaban su apoyo incondicional a esquemas reñidos con la democracia, no es fácil cambiar una imagen en tan pocos años, menos cuando la historia nacional no es un símbolo de unidad.

La historia de las naciones refleja su concepción de política exterior.

Unido a la historia se encuentra el nexo comercial, la condición geográfica, la identidad, las guerras internacionales, las poblaciones económicamente activas y recientemente el narcotráfico. Si la nueva política exterior incluye el comercio, turismo, inversión, cultura y cooperación (Diario CoLatino 7 Dic. 2010) no debe omitirse el valor significativo de esta etapa democrática que permite por primera ocasión en la realidad salvadoreña un gobierno de izquierda con apertura internacional y la oportunidad de consolidar una nueva imagen de estabilidad interna.

Es oportuno proclamar que nuestra nación debería orientar su política exterior por principios históricos y no por tendencias partidarias.

Los principios en política exterior deberían ser parte de nuestra unidad nacional en franca coincidencia entre los partidos políticos, desafortunadamente si retrocedemos en el tiempo el legado del autoritarismo, junto a la ruptura democrática además de la guerra civil, deja como saldo muchas dudas respecto a las desviaciones de nuestras relaciones internacionales.

La vocación de las naciones hacia la autodeterminación, cooperación, igualdad jurídica y otros, terminan en la conjunción de nuestros intereses hacia la reciprocidad en la acción.

A pesar que existen nuevos factores a considerar como el narcotráfico o las estrategias dinámicas y realistas de la emigración salvadoreña, los elementos de diálogo y respeto entre las naciones deberán prevalecer, debido al carácter multinacional de estos dos elementos.

La defensa de los intereses nacionales en todos los planos internacionales es el gran desafío de las relaciones internacionales, condición que bajo los nuevos signos de apertura democrática permitirán construir la nueva imagen de nuestra nación en paz social.

Es un momento oportuno para construir un nuevo rostro de relaciones internacionales, diferente a los últimos 20 años de gobiernos conservadores.
09DIC010

Postwileaks El Salvador

Cualquiera que sean las revelaciones de Wikileaks en la nación solo serán significativas si alguna de ellas genera un proceso legal que implique a personas o instituciones, de otra forma son esquemas rutinarios de informaciones y apreciaciones que impactarán en las charlas sociales, pero no en el fondo de las relaciones internacionales entre Estados Unidos y El Salvador.

Como afirmamos en el artículo anterior, la nación necesita un cambio profundo en el carácter de la proyección nacional para el resto del mundo, con principios democráticos y objetivos demostrables en el proceso de paz, pero esencialmente una nueva imagen pluricultural y pluriétnica fundamentada en nuestra historia, con valores incluyentes y estrategias precisas en materia de cooperación, seguridad, soberanía etc.

Si wikileaks hubiese publicado estos documentos en la década de la guerra fría o en los cruentos años ochenta en la nación, seguro el curso de los acontecimientos hubiese sido diferente, esta condición habría acelerado los procesos legales que hemos conocido 10 o 15 años después, desafortunadamente muy tarde para salvar la vida de miles de inocentes.

En la misma dirección si existen evidencias de ilícitos que impliquen acciones de narcotráfico o corrupción u otros delitos, los procesos de oficio de investigación o seguridad deberían llegar a fondo, de otra forma solo será materia decorativa en las sobremesas de funcionarios y pueblo en general. Quizás bajo el mismo criterio, algunas informaciones cruciales pueden salvar la vida de inocentes.

Algunos aspectos de wikileaks ayudan a comprender los procedimientos de la diplomacia actual: ¿cómo actúan los representantes de las naciones?, las acciones de las embajadas, puesto que sus informes están cargados de conversaciones con representantes oficiales y extraoficiales, valoraciones subjetivas, apreciaciones y calificaciones insólitas, algunas con mucho desprecio para América Latina que evidencia modelos ofensivos para dignatarios y legítimos representantes de los pueblos que reciben a las embajadas extranjeras.

Hace algunos años, en una empresa corporativa demandada en su momento por otro par, un alto ejecutivo decía: actúa como espía, asiste a todos los eventos de los rivales, se muy cortés en encuentros sociales, pregunta con mucho cuidado temas sensibles Ramirectamente para conocer las debilidades y virtudes de los oponentes. Esto es usual en las empresas corporativas y ahora wikileaks, destaca acciones muy parecidas pero con la diferencia que los actores no son ejecutivos de grandes empresas transnacionales.

Existe una nueva realidad postwikileaks: es la democratización de informes que confirman muchas sospechas y versiones extraoficiales, pero con este recurso el grado de certeza confirma muchos secretos a voces sobre nuestra nación, en realidad muchos informes sobre la nación ya eran del dominio público excepto que desconocíamos la opinión de funcionarios extranjeros sobre las mismas.

Algunas acciones descritas en los informes wikileaks son muy parecidas a las practicadas por Talleyrand (Ministro de Relaciones Exteriores de Napoleón Bonaparte) con mucha habilidad para manejar los hilos ocultos del poder.

Wikileaks abre una nueva historia de la información y la diplomacia, democratizando la opinión pública mundial.

16DIC010

Navidad: Tiempo de reconstruir la esperanza

" A desear la sabiduría inmortal" es una expresión de Aurelius Agustinus mejor conocido como San Agustín, este joven se refiere al libro de Cicerón: Hortensio, anotado en Confesiones.

En el Siglo XXI donde la materialidad impera como moneda cotidiana, la sabiduría (del ser) ha perdido mucho terreno mutando hacia la externalidad del humana, olvidando no en pocas ocasiones su unidad interna: lo verdadero. En este encuentro entre la materialidad y la sabiduría, las multitudes pierden su consciencia bajo la completa enajenación del modelo capitalista que no tiene más sentido que la producción, de esta forma la naturaleza humana se convierte en un "valor de cambio" en un modelo utilitario.

El autor José Luis López-Aranguren afirma que modernidad implica: "la contraposición del hombre interior a la vida habitualmente desparramada en la mundanidad, el descubrimiento del yo la conciencia". Aunque esta conciencia no logre la unidad de todas las corrientes filosóficas o religiosas, conciencia a fin de cuentas se reduce al silencio interior de cada persona que reclama su unidad inalienable, su voz interna, su reivindicación vital para enfrentar los desafíos exteriores.

La obra de Aranguren clama por la solidaridad, el humanismo e incluso la lírica ante la sociedad tecnocrática e informática… la espiritualidad parece estar en retirada general del planeta… y solo en fechas ocasionales la sociedad recuerda la interioridad como espacio de (dis)cordialidad entre el mundo material y su conciencia.

En referencia a este lirismo proclamado por Aranguren, el autor mexicano Jaime Sabines, proclama por un mundo que no se limita a la autoconciencia pacifista, sino a la poesía que tiene la capacidad de respuesta solidaria ante el infortunio de tanta pobreza espiritual, de esta manera el arte responde al mundo con su creación cotidiana. Un ejemplo de Jaime Sabines es un fragmento de su Diario Semanario: Al lado de los viejos, que andan en busca de su memoria, y de las señoras pensando en el próximo embarazo, ellas disfrutan su libertad provisional y poseen el mundo, orgullosas de sus zapatos, de su vestido bonito y de su cabellera que brilla más que otras. (¡Dános, Señor, la fe en el domingo, la confianza en las grasas para el pelo, y la limpieza de alma necesaria para mirar con alegría los días que vienen!).

Puesto que somos parte de esta sociedad, cualquiera que sea nuestra vocación pertenecemos a esta cultura aferrada a sobrevivir ante cualquier intemperie interna o externa, por esta razón reflexionar sobre el nacimiento de la esperanza en la Navidad de cada año es "mirar con alegría los días que vienen".

Externo es el consumo de tantas tecnologías que no logran apagar la sed de conocimiento interior. Externa es la sed de posesión desmedida de objetos materiales que siempre terminan superados por otros en corto tiempo y mejor presentación, elementos "aspiracionales" que no apagan la vanidad de sus propietarios y por esta razón debemos construir una vida más modesta para ver al mundo, así podemos visualizar el nacimiento de un niño en un establo, donde una mujer a solas dio a luz una esperanza de millones de personas. Quizás es tiempo de reconstruir nuestra visión interna, bajo esa esperanza y "desear la sabiduría inmortal"

23DIC010

2010:crisis económica y democracia

Solo tenemos este presente, esta condición de fragmento que nos une a la vida, la fuerza de nuestra consciencia reside en este instante, sin más razón que la responsabilidad de constituirnos en arquitectos de este momento.

Hace muchos años Plotino haciendo referencia a Platón dijo: "el tiempo es la imagen inmóvil de la eternidad". Así el año que finaliza nos deja grandes legados con enormes enseñanzas de vida y memorias… con desafíos constantes.

Algunos nombres de amigos y amigas parecen grabados en imágenes permanentes, puesto que adelantaron su camino hacia su horizonte de eternidad; como todo en este mundo un día estaremos junto a ellos en silencio y sin prisas.

Es costumbre realizar un balance de buenas y malas noticias, pero la relatoría mediática en ocasiones riñe con la vida cotidiana de los ciudadanos, más preocupados por sobrevivir que por enterarse de las naciones que entran en recesión económica; Estados que arrastran a miles de ciudadanos hacia otras realidades materiales.

De no ser por el maravilloso rescate de los mineros en Chile que demostró la solidaridad hacia los seres queridos, poco podría retornarnos la alegría de vivir en este planeta.

Mientras observamos la recurrencia de temas en el presente, nuestros ciudadanos claman por la transparencia en la administración pública, elemento decisivo a pesar de la herencia negativa que no se puede solucionar en unos cuantos meses.

Existen conceptos recurrentes en el año 2010, que probablemente serán temas constantes en los siguientes años, por ejemplo: violencia (crimen organizado, narcotráfico, delincuencia común), estabilidad democrática, reformas constitucionales, migración, política exterior, gobierno transregional, relaciones Estados Unidos-El Salvador, wikileaks… el conjunto de estos temas está subordinado a la crisis económica internacional que no superaremos hasta el 2013 según los expertos; pero nos recuerda aquellas otras historias de crisis financieras de los años treinta, setentas y ochentas del siglo XX que provocaron golpes de estado, insurrecciones, protestas públicas , sin olvidar la ruptura constitucional en Honduras en junio de 2008 que puede repetirse en cualquier nación latinoamericana.

Como quiera que observemos nuestra realidad, la economía está en primer plano para impulsar a los ciudadanos a la acción social, esta iniciativa apremiante se observa dramáticamente en las migraciones latinoamericanas hacia Estados Unidos y continuará a pesar de todo, puesto que no tenemos solución a corto plazo. Nuestros pueblos son obligados a emigrar por los desajustes económicos, el crimen organizado, el desempleo y las antiguas políticas agrarias que arruinaron muchas economías de subsistencia familiar.

El baluarte que ha soportado esta crisis es la democracia en nuestra nación, el cambio de administración gubernamental ha permitido oxigenar al sistema en muchas áreas, así ha retornado a los amplios sectores populares la percepción positiva en la movilización social, la racionalización o la credibilidad en políticas de administración pública.

Es la democracia y el funcionamiento institucional la que permite la estabilidad actual, al menos es un buen concepto: "creer en instituciones y no en líderes partidarios".

Este año ha permitido la unidad nacional en temas como la seguridad nacional, pero la clase política está en deuda cuando prefiere introducir criterios ideológicos en lugar de realidades históricas, a pesar de todo el 2010 aún nos permite ser optimista.

30DIC010

http://www.cesarramirezcaralva.com/

2011 Bicentenarios y otras fecha

El Bicentenario de nuestro primer moviendo social a favor de la Independencia de España, tiene diversas connotaciones, sus lecturas son diversas pero debemos reconocer que las interpretaciones han sido utilizadas como instrumentos de lecturas del poder, de esta forma durante el siglo XX no se reconoció la existencia de nuestra etnia en los eventos del 4 y 5 de noviembre de 1811, de igual forma la participación de africanos en esas justas libertarias. En la nueva administración gubernamental de izquierda, esta fecha debe ser un encuentro de opiniones entre diversos sectores sociales. El tema histórico es un buen ejemplo para propuestas de investigación, por esta razón hablar de historia documentada connotará la riqueza cultural que poseemos; recordar que mucho antes de la colonización española, en nuestra tierras ya existían pueblos organizados con su propia historia, lengua e identidad.

En la nación aún se preserva el náhuat y existen valiosos estudios no divulgados por diversas razones, pero pronto instituciones de educación superior impulsarán el redescubrimiento de mitos, tradiciones y excepcionales legados de la riqueza de nuestros pueblos originarios. La fecha es un signo oportuno para las diversas propuestas de investigaciones, en especial el año de 1811 que inicia el movimiento social que culmina en 1821. Centroamérica esta unida en estas efemérides junto a la República de Paraguay, Venezuela, Colombia, anotando que este año coincide con el 75 aniversario del Golpe Militar en España que termina en la guerra civil. Podríamos afirmar que la efemérides solo son palabras y no significan nada, que podrán pasar otros doscientos años e igual, pero no podemos olvidar que esos movimientos sociales significan en este momento parte de la identidad de millones de salvadoreños, que conforman una nación plurietnica, pluricultural y con lenguas originales anteriores a la colonización española, por lo cual debemos sentirnos orgullosos, nuestros grupos étnicos dieron origen a pueblos y ciudades entre nosotros. Al menos el Bicentenario potenciará la exposición de diversas temáticas olvidadas, así como las propuestas históricas sobre: composición étnica, motivos del movimiento independentista, estructuras coloniales, descomposición del imperio español, influencia francesa, vecindad del movimiento insurgente en México y otros que pueden cambiar nuestra visión tradicional por nuevos aportes de las ciencias sociales.

Estas fechas cargadas emotividad, no deben cegarnos para la comprensión que necesitamos sobre acciones precisas de aquel movimiento del 4 y 5 de noviembre de 1811, si los acontecimientos han sido idealizados o si es preciso re-escribirlos debe realizarse el ejercicio pertinente. Estas fechas marcan el aporte popular y su legado para Centroamérica.

El Bicentenario será un bueno motivo para celebrar la amistad entre las naciones, puesto que comprender aquellos movimientos sociales es pronunciarse por nuestra vocación de pueblo en la historia y nuestra voluntad por una patria mejor en democracia.

06ENE011
http://www.cesarramirezcaralva.com/

De la ofensiva de 1981

… ¿puede una bala atravesar el vértice del pulmón izquierdo sin dañar un solo vaso, ni arteria, ni nada? Si, el dueño de esa herida puede darte fe de ello, con un voto de confianza a Dios –desde su propia vida pública- también algunos de nuestros hombres fueron heridos por balas "amigas"; combates desde los tejados que atrapan balas entre los polines y que al avanzar sobre el techo, éste se derrumba con todo y los horcones que salvan la vida del combatiente, puesto que segundos después ráfagas de ametralladora 6.0 vuelan lo que queda en pie o de Dinora que atrapada entre los vehículos blindados se dispone a morir arrodillada, al momento de la ráfaga que golpea su fusil con tal fuerza que la tira y la creen muerta... sí, el muerto fue el fusil; Dinora sigue siendo muy viva, pero ella sabe que si sobrevivió a una ráfaga de G-3 del ejército, algo de sangre inmortal debe correr en sus arterias.. Por la tarde de aquel día unidades comenzaron a retirarse a sus antiguos campamentos, allende las barrancas y ríos. Después de la ofensiva de 1981 llegaron periodistas franceses y otros de la Revista Newsweek; los franceses filmaron todo, uno de ellos a Iris, dijo llamarse: Christiam Poveda y si llegábamos a París, fuéramos a su casa o la agencia Atelier; si ir a París como ir a Soyapango… algún día.

La tarde en que llegó Filiberto al campamento lloramos, cuando nos contó su historia:

- ¡Achis! Gumer, ¿honde´stas pue? – le deciya-

- Nomeoyes vos, pue...

- ¡Adio!, el talegueyo jué juerte, todo el jusileyo ese, luechamos todos p´alante pue, ahí divisamos el vergo de melitares, agazapados y prendidos de sus fusiles en la apretazón de las oscuranas, ellos nos atizaban con todo pue, nosotros les dimos primero, pero ellos eran un chumazo de pelones, disparando sus fierros, tan chuñas como nosotros, pero con tanto arresto como nosotros, que por vida suya, esa tronazón era recia y los montes y los guarumales, así como los chiribiscales pue, se torcían en la tumbazón de los plomos.

-Mire veya, que por vida suya peliamos pue, con el mesmo herbor del café de olla, juerte, muy juerte, en el diya del asalto al cuartel. Tendidos como huixquiles maduros, nuestro pelotón teniya como invite el punto poniente del cuartel, 'tonces nos juimos de noche por los montes con ese deseyo loco de que nuestros críos no sufrieran nuestros mesmos males. Lueguito del talegaseyo, nos fuimos por los montes, yibamos por el magueyal de doña Clara, juntito del Madrecacao y por donde están los maquilishuat, cuando nos salen unos patrulleros, nos atrancamos de balazos, mataron a Gumer, a Jacinto yami mihirieron en la pata, pero ellos también se jueron al juraco, pero a mi, me dejaron renco, les quite los fusiles y los enterré.

No creya compa, me he tardado 3 diyas en el jalón del regre..., porque me vine díarrastras, es que estoy renco, un pata miaquedado engarrapatada, no la puedo mover... pero miacuerdo que cuando terminó el molote:
- ¡Achís! Gumer, Jacinto, ¿honde´stas pue?- les deciya-
Nomeoyes vos, pue... y ellos yistaban muertos...
Ahora en mi habitación Dinora está lista para sobrevivir a otra ráfaga de amor, pero eso es otro El Salvador, perdón, otro suspiro. Los compas no sabían que nos contaban la Historia.
(Fragmento: La primavera salvadoreña, recuerda España)
13ENE011
http://www.cesarramirezcaralva.com/

La sociedad y su modelo económico en el siglo XXI

Durante el siglo XX nuestra sociedad sufrió cambios económicos que afectaron la vida de miles de ciudadanos, todos estos cambios dentro del modelo capitalista o las modas imperantes en cada época. La nación sufre su más significativo cambio a partir de 1932 cuando acontece la ruptura constitucional que afectará los siguientes cincuenta años, al instaurarse el autoritarismo y los golpes de estado.
A partir de 1992 el Acuerdo de Paz, inicia una nueva época que intenta consolidar la democracia hacia el siglo XXI, pero existen diversas modalidades que pueden ser el detonante de nuevas fricciones nacionales, entre ellas las reformas constitucionales, la elección independiente de sus representantes o la reelección del presidente de la República. La historia del siglo XX nos muestra la democracia latinoamericana con altibajos de todo tipo, pero al menos dos naciones permanecen estables: México y Costa Rica, naciones que nos muestran signos de notables avances sociales, tanto en la movilidad social, como en la solución de sus conflictos internos. Desafortunadamente el surgimiento del fenómeno del narcotráfico amenaza con abrir un nuevo escenario a considerarse en las expresiones de gobernabilidad y por lo tanto en el modelo democrático, puesto que el poder del dinero compra la voluntad de algunos políticos o servidores públicos.
El caso de la opción democrática en El Salvador, ya no solo debería residir en la clase política que toma decisiones a nombre de los ciudadanos por la delegación constitucional, sino por el pueblo en general, que se ve afectado directamente con las tendencias de los organismos internacionales, así como por factores internos de emigración, desempleo, seguridad, narcotráfico, crimen organizado etc. que inciden en las familias de los trabajadores. El verdadero nudo democrático reside en que los funcionarios públicos rindan

informes a sus electores y los electores estén representados en la decisiones de los funcionario públicos durante los períodos legales de sus mandatos constitucionales, tanto para alcaldes, diputados o poder ejecutivo; este vacío constitucional es el divorcio de las realidades entre la clase política y sus electores.

La tragedia de nuestra nación es que cada sector o grupo social tiene su particular criterio democrático, así en el siglo XX prevaleció la democracia al estilo militar, en ciertos momentos la democracia cafetalera, industrial o financiera, posteriormente se instauró un modelo neoliberal que agotó la agricultura e impulsó la modernización del Estado, todos estos grandes eventos no pasaron por la decisión de las multitudes, porque solo fue decidido en las cúpulas de la clase política. La propuesta entonces para los siguientes años debe ser que el concepto democrático y sus efectos económicos estén incluidos en la racionalidad pública más allá de una administración de cualquier partido político y definir con exactitud en la constitución que la propiedad privada no se opone al criterio social, pero si se opone al criterio colectivo.

Cuando se aplicó un concepto democrático y su desarrollo económico, nadie protestó por ello, porque solo son visibles sus efectos, ahí están los márgenes de distribución de la riqueza y nadie se extraña por los niños de la calle o los emigrantes ¿acaso es mucho pedir una definición del modelo democrático y la economía? ¿Acaso la ciudadanía no es la que pagará por las deudas de sus funcionarios o sus erróneos modelos económicos?

20ENE011

http://www.cesarramirezcaralva.com/

En (contra la) Democracia

Un estado democrático permite la libertad de expresión en sus diversas modalidades, la mejor prueba de estas condiciones se puede observar en los medios de comunicación, donde consta ese racimo de multimedios que los ciudadanos tienen a disposición para sus expresiones.

La libertad además esta asociada a la propiedad privada, puesto que indiscutiblemente vivimos dentro del modelo capitalista, el cual permite esquemas de realización bajo leyes nacionales e internacionales.

Esta situación capitalista entre propiedad privada y libertad irradia todo el quehacer social. Efectivamente poseemos enormes redes sociales con medios informáticos, pero estas continúan siendo ajenas, en otras palabras la revolución de comunicaciones es una revolución de medios privados, que se deben tomar en cuenta mientras disfrutemos de la democracia bajo el concepto que el arte de la política significa el rigor de la sociedad posible, no la nación soñada en nuestras mentes y bajo condición que la democracia dure al menos cuatro generaciones.

Las redes sociales, las telecomunicaciones, la disponibilidad de sitios de reunión, la libre circulación por el territorio nacional, la correspondencia, la libertad de asociación ciudadana son algunas de las instancias que cualquier ciudadano tiene a su disposición para hacer visibles sus opiniones personales o civiles.

No obstante algunos sectores de nuestra sociedad no comprenden el momento histórico y privilegiado que vive la nación, parece que las huelgas son el primer recurso sindical y las acciones violentas son el primer punto de agenda para solucionar las diferencias entre trabajadores y empresas, o dentro de los modelos institucionales, sin percibir que el daño a terceras personas al paralizar labores como medida de presión es innecesario y delictivo.

El punto de las huelgas no es si son justas o no, puesto que serán evaluadas como correctas o incorrectas en su momento histórico, un ejemplo reseñado en La Revista: La Universidad No. 6, de 1971, el artículo: La crisis de 1929 y sus consecuencias en los años posteriores, año 1931 en la administración del Ingeniero Enrique Araujo: "el Partido (Liberal) que llevó al poder al ingeniero Araujo, no dispensa, por ahora, tal simpatía ni tal acatamiento a la política del actual gobierno" su propio partido organizó manifestaciones en su contra debilitando su apoyo social y facilitando el Golpe de Estado en diciembre de 1931; más recientemente en la historia nacional algunos movimientos populares también cometieron errores al precipitar acontecimientos en lugar de consolidar la democracia, ejemplo en 1979 con el Golpe de Estado efectuado por la Juventud Militar e instalación de la primera Junta de Gobierno, aquella primera oportunidad de solución política fracasó y precipitó la guerra civil en los siguientes 12 años.

Las huelgas en democracia tienen carácter saludable porque humanizan el capitalismo, estas huelgas se cuidan de dañar a terceros, mientras las huelgas que están contra del modelo confunden los movimientos sociales con fuerzas de intervención contra la democracia y propician el retorno al autoritarismo.

El momento histórico otorga la oportunidad de construir la democracia, donde el presidente de la República es el generador de consensos nacionales, su partido es el encargado de apoyar estos eventos, mientras las instituciones funcionan plenamente.

27ENE011
http://www.cesarramirezcaralva.com/

Alternancia política en Asamblea Legislativa

Cada paso de nuestra sociedad hacia la consolidación democrática encierra un profundo modelo educativo, condición que crea en diversos sectores una panorámica de la sociedad posible salvadoreña.

Al menos la democracia significa por el momento: ausencia de dictadura, respeto constitucional, participación de partidos políticos y funcionamiento institucional que consolida la gobernabilidad en sus diversas expresiones..

El elemento constante es la paz social, bajo el nuevo contrato nacional del Acuerdo de Paz de 1992, condición sin precedente en la historia de la Patria.

A partir de esta fecha la nación parece recorrer zonas diversas, con un mosaico de propuestas entre ellas el neoliberalismo, el social capitalismo, el liberalismo progresista, modelos conservadores, el capitalismo asistencial y paternalista etc. en realidad a pesar que las multitudes no conocen muchos conceptos sociológicos, si viven las políticas económicas y las directrices de sus gobiernos, así cada fase de los últimos años ha repercutido en grandes grupos sociales delimitando su vida y sus condiciones familiares, de ahí que los últimos veinte años han constituido un modelo educativo para millones de ciudadanos. ¿Dónde estábamos hace 22 años? ¿Fue posible visualizar nuestra realidad en aquél momento? ¿Qué factor ha cambiado?, esta condición la podemos concretar a nivel familiar o en el entorno de cientos de familias bajo sus manifestaciones visibles, por ejemplo: el nivel de ingresos, integración o desintegración, emigración, movilidad social, justicia o insuficiencia del modelo judicial puesto que no solo el modelo económico o social educa, también la aplicación de la justicia.

¿Es posible que en cada cambio de administración gubernamental volvamos al punto de inicio? ¿o nuestro camino hacia la democracia ha despegado definitivamente hacia nuevos horizontes democráticos?, al menos en los pocos meses de una nueva administración el modelo democrático es el verdadero ganador, con acciones sin precedente como la separación del Poder Ejecutivo del Partido Mayoritario, situación que antes era Poder Ejecutivo igual a Partido en el Gobierno; las alianzas y protocolos legislativos entre partido mayoritario y oposición política, que antes era pacto de partidos minoritarios con mayoría legislativa, esta última acción hace realidad que el primer órgano del Estado posea a partir del 1 de febrero un presidente de izquierda.

Esta es la realidad democrática, el ejercicio de la alternancia de partidos políticos con la naturalidad del funcionamiento institucional.

A pesar que este avance es contundente, aún debemos construir los instrumentos de solidaridad y justicia hacia los grandes sectores populares, sin demagogias.

La democracia debemos construirla todos, bajo un mismo cielo salvadoreño, donde la alternancia política parece exclamar: "Todos los nunca se llegan".

Aún nos falta mucho camino por recorrer, quizás el concepto debe ser: construir una sociedad democrática justa y que funcione, no obstante para llegar a esa meta necesitaremos que la democracia no se interrumpa al menos en los siguientes 100 años.

03FEB011

1811 Los patriotas olvidados: Indios, africanos, mulatos, pardos, bermejos, la ínfima plebe.

En 1811 éramos parte del Reino de Guatemala y conformábamos la provincia de San Salvador, nuestra dispersión geográfica era compensada por varios elementos que encerraban el embrión de la futura República de El Salvador.

Entre las características diferenciales de nuestra futura nación se encontraba el idioma náhuat-pipil, el cual era hablado en las siguientes regiones: desde Ahuachapán hasta Apaneca, Nahuizalco, Sonsonate, Caluco, Izalco, Norte de Sonsonate Cuisnahuat, Ateos, zona de mexicanos (Aculhuacan, San Sebastian, Ayutuxtepeque), Apopa, Nejapa, San Jacinto, Huizúcar, etc..

Las distribuciones eclesiales seguían a la administración política-administrativa colonial, bajo esta condición los pueblos eran comprendidos junto a diversas haciendas que englobaban el modelo de producción agrícola, pero con marcados abusos impositivos de por vida para indios y africanos, con una horrorosa ausencia de justicia.

Existen al menos tres etnias diferenciadas en coexistencia: blancos (europeos y americanos), Africanos (libertos y esclavos) y pueblos originarios (en diversos grados de organización social), con una mezcla en los pueblos que coincidía con el poder económico en ciudades como: San Salvador, Santa Ana (en aquel momento pueblo), Sonsonate etc..

Paradójicamente el poder aglutinador colonial esta fragmentado desde España. En 1807 el tratado de Fontainebleau, permite la invasión de Portugal por tropas francesas y españolas, pero Francia con tropas estacionadas en territorio español se convierte en ejército de ocupación. La resistencia de los españoles contra los franceses es modelo educativo para el continente americano.

Son momentos de crisis en España, algunos autores citan el momento como "implosión del imperio", condición que alienta a los españoles americanos hacia su independencia administrativa bajo una condición detonante: ¿Qué fin tienen los impuestos coloniales en este período?.

Otro elemento en el contexto es la creación el 27 de mayo de 1810 en el reino de Guatemala del Tribunal de Fidelidad, que tenía por objetivo vigilar y castigar en este territorio a quienes mostraran simpatía con la insurgencia independentista, así el citado tribunal fue organizado por tres magistrados peninsulares, no obstante los americanos españoles se opusieron a dicho acontecimiento puesto que implicaba un claro mensaje de desconfianza hacia su lealtad.

De esta forma: Idioma, distribución político-administrativa y eclesial, identidad étnica, ausencia de justicia, corrupción, y la férrea voluntad de superar aquella postración social une a los diversos sectores nacionales hacia aquella primera gesta de independencia el 4 y 5 de noviembre de 1811 en San Salvador y posteriormente en otros pueblos de la futura República de El Salvador, incluyendo a León en Nicaragua.

1811 no es la declaración de independencia, pero es el inicio de un movimiento nacional con rasgos de espontaneidad heroicos (Usulután, Santa Ana, Metapán, San Salvador) bajo el signo de africanos, indios, mulatos y americanos-españoles que solicitan una nueva forma de administración y posteriormente la Independencia.

La historia es generosa y no olvida, otorga a cada quien su lugar.

10FEB011

Estados Unidos de Norteamérica y El Salvador: 1822

El 15 de septiembre de 1821 es declarada la independencia absoluta de Centroamérica.
El 30 de marzo de 1822, La Junta de Gobierno de la Provincia de El Salvador, exige el
Obispado de San Salvador y designa para Obispo al Doctor José Matías Delgado…El
Ayuntamiento de San Salvador se dirige al Capitán General Brigadier Gabino Gainza, y le
dice: Que el Gobierno de Guatemala decretó pertenecer al Imperio Mexicano, sin haber
oído a miles de hombres siquiera por ceremonia, y para que no pudiera decirse que se
atropellaba con el Derecho de Gentes..pág. 328 DHE Miguel A. García
3 de junio de 1822, al mando del Coronel Manuel Arzú tropas guatemaltecas imperiales,
que se llamaba "Columna Imperial", fue derrotada en San Salvador. Dr. Francisco
Monterrey, Hist. ES. DHE M.A. García Pág 329.
El 10 de septiembre de 1822 se firmó en esta capital un tratado entre El Salvador y
Guatemala con el fin de transigir desavenencias, pero el 28 del mismo mes, no fue
aprobada, sino con ciertas restricciones.
El 9 de noviembre de 1822 se trasladó a esta capital el Congreso Provincial para resolver
sobre la unión al Imperio Mexicano. Así mismo cesó a la Junta Gubernativa y continuó con
el Gobierno de la Provincia el Prócer don Matías Delgado.
El 2 de diciembre de 1822 declaró el Congreso Provincial de San Salvador en esta Capital
unirse a los Estados Unidos de Norte América, antes que hacerlo al Imperio Mexicano, y el
5 del mismo mes acordó suspender sus sesiones. (Efemérides por Miguel A. García). P.
331. DHE
Muchas opiniones de historiadores han sido expresadas sobre este tema, pero cualquiera
que fuere el caso, existe una concepción republicana y democrática sobre el destino de El
Salvador.
La conjugación de Independencia, Federación Centroamericana (al estilo de la Unión
Norteamericana) o Centroamericana unión de provincias, comenzó a dividir a los líderes de
opinión regional.
Algunos puntos sobre el tema en el año de 1824: "Los próceres no creían que las funciones
del ciudadano comienzan en el momento de ejercer el sufragio. Creían que esas funciones
comienzan antes del acto del voto. Que la opinión se forma por el estudio y que el sufragio
es una forma de opinión. Y la opinión manifestada en los más grandes asuntos del Estado.
Por tanto legislar sobre ese estudio que debe preparar la opinión. El ciudadano elector era
para ellos un funcionario. Abría juicio sobre los intereses nacionales, los analizaba, pesaba
el pro y el contra, oía todos los intereses y a los interesados, preparaba su propio fallo…
firmaba una resolución, que era el sufragio. Todo este trabajo que precedía al voto era para
él tan importante como el voto mismo. Por consiguiente, todo ese trabajo previo debía
estar, no fuera, sino dentro de la ley. Había en efecto una Ley para preparar el voto". DHE
M.A.G 261-262
De esta forma, podríamos aportar las profundas diferencias sobre la concepción
democrática que derivó en Centroamérica a partir de la independencia.
Debemos anotar que las fuerzas salvadoreñas capitularon ante las fuerzas invasoras el 21 de
febrero de 1823. Pero ya era tarde para el imperio mexicano que había dejado de existir el 1
de febrero de 1823, por el Plan de Casa Mata liderado por Antonio López de Santa Anna.

Así la unión de El Salvador a Estados Unidos bajo tan extrema condición, nos llama a reflexión en momentos de la futura visita del Presidente Barack Obama.
17FEB011

Relación Económica Social

El desempleo en la nación es una constante en los últimos años, solo el año 2010, el ISSS reporta 10 mil empleos perdidos, este fenómeno se repite a escala mundial, pero recuerda a una nación como España que el último trimestre del 2010 alcanzó una tasa del 20.3% , la peor en los últimos 13 años, según agencias internacionales.
Con las enormes diferencias entre España y El Salvador, una situación particular llama la atención sobre el proyecto de la reforma al sistema de pensiones que prevé un retraso en la edad de jubilaciones desde los 65 a los 67 años. Según los cables internacionales: "El proyecto qué deberá ser ratificado por las cámaras legislativas, contó con el acuerdo de los sindicatos mayoritarios, de izquierdas y la patronal de empresarios tras casi tres meses de arduas negociaciones".
Desempleo, negociaciones, parlamento ¿por qué no podemos hacer lo mismo? Cualquiera que sean las variables por ejemplo: generar asocios públicos-privados, reducir endeudamiento, incentivo a las exportaciones, reducción de la delincuencia etc.
La discusión de cualquier problema y su solución es parte del juego capitalista, quizás el elemento estratégico pase por la modernización del Estado y los modelos económicos, condición que resulta un poco complicada por las potenciales opciones a seguir en los próximos años, pero cualquiera que sea el caso, la modernización es un camino sin fin, es una inmensa carretera que apunta hacia la internacionalización económica y la integración regional tanto en el esfuerzo productivo como la concertación permanente de los sectores nacionales.
Pero la modernización también se refiere a las empresas, puesto que ellas adquieren nuevas formas administrativas, tecnológicas e innovaciones. El sector privado no debe autoexcluirse en la construcción de las relaciones estratégicas hacia la armonía entre los trabajadores y la administración gubernamental.
Bajo estas premisas el enorme desafío para nuestra sociedad es crear empleos con mayor remuneración e incorporar a la economía a los crecientes sectores informales.
Quizás el futuro hable de alianzas en lugar de batallas solitarias contra dragones imaginarios.
De tal forma que participar en alianzas hacia el desarrollo nacional, sea la guía de coincidencia hacia objetivos coincidentes en nuestra nación.
En América Latina en los últimos 40 años, los gobiernos regionales han cambiado sus formas económicas con opciones de derecha e izquierda, pero cualquiera que sea el caso, el modelo capitalista ha demostrado ser más fuerte que las posiciones ideológicas, nosotros no somos la excepción y nadie puede negar la posibilidad que en las próximas elecciones presidenciales, la izquierda repita su triunfo con igual o superior margen de electores.
Bajo estas formas de realidad, los puntos de coincidencia entre el sector privado, el sector

de los trabajadores y el sector gubernamental deben ser potenciados antes que las diferencias. ¿Existirán puntos de encuentro entre el sector privado y la actual administración gubernamental? Ocupando la fórmula anterior; por ejemplo: "impuestos, negociación, parlamento"… en realidad han existido problemas mayores, pero la nación ha salido adelante.

Alianza económica social, podría ser una buena plataforma de encuentro entre la iniciativa privada y el poder ejecutivo, puesto que el desafío regional e internacional avanza más rápido que las diferencias entre sectores nacionales.

24FEB011

http://www.cesarramirezcaralva.com/

Guillermo Ungo: la democracia es revolucionaria

"En El Salvador la democracia es revolucionaria"… esas palabras pronunciadas en los años sesentas o setentas resumían una aspiración ciudadana en plena era de la dictadura militar. En tiempo de la guerra civil, significó para muchos la insignia del diálogo-negociación, condición poco comprendida y combatida por los sectores militaristas, pero que se abrió paso en el transcurso del tiempo para convertirse en realidad… muchos años después.

Durante los tiempos de posguerra se convirtió en la construcción de la participación ciudadana en la nueva legalidad nacional, junto a modelos de organizaciones electorales, civiles, organismos no gubernamentales, estructuras comerciales, académicas, financieras, relaciones internacionales etc.

Finalmente bajo una nueva administración y en el siglo XXI, quizás convoque a movilizar a los ciudadanos hacia los límites de la institucionalidad por una sociedad incluyente y participativa, la cual necesita al menos 100 años de estabilidad política.

Pronunciadas por Guillermo Manuel Ungo, a lo largo de mucho tiempo significó una bandera que identificó a cientos de ciudadanos en la cotidianeidad de los fraudes electorales, la solución política a la guerra y la construcción de la participación ciudadana en eventos electorales.

Así como esa frase nos comunica una visión del mundo, así continúa la vigencia bajo nuevos criterios en el camino de la construcción de una nueva nación, puesto que nuestro horizonte de ejercicio democrático es realmente novedoso, si lo comparamos con otras naciones y su envidiable estabilidad y no como la nuestra que se desequilibra en cada evento electoral o crisis institucional. En realidad durante los próximos años la única revolución vigente será la democracia a condición de la institucionalidad de la República.

Esas palabras por modestas que parezcan pueden considerarse un legado de la Revolución Francesa, es notable que Isabelle Albaret en 1798 refiere 418 palabras nacidas al amparo de ese magno acontecimiento social, entre ellas: "Demócrata (el que estaba –a diferencia de los aristócratas- a favor de la Revolución".

Aquella frase pronunciadas durante años por Guillermo Manuel Ungo en diversos foros nacionales, resumía un criterio de política teórica y práctica destinado al pueblo en el mejor estilo de los clásicos: Voltaire, Erasmo, Gracian.. etc.

De igual forma en El Salvador recibía la aclamación del pueblo en las plazas de: ¡VIVA! Similar a otras como: oligarquía, imperialismo, dictadura y algunos nombre propios etc… con lo opuesto.

Me parece que la palabra más pronunciada durante el siglo XX y probablemente durante el siglo XXI en nuestra nación es: Democracia… condición que implica un largo trayecto hacia modelos de naciones o humanidades, que son realidades: económicas, sociales, institucionales que nos inspiran hacia el futuro.

La vida de Guillermo Ungo es un complejo de interacciones sociales en tiempo y espacio, destacar una frase en realidad es un ejerció modesto para tan magno ejemplo político, pero afortunadamente existen otras personas que han destacado sus valiosos aportes en otros rubros.

Y si al transcurrir el tiempo en las plazas o en las redes sociales observamos la frase: "En El Salvador la democracia es revolucionaria", podremos recordarle, junto a la vigencia de la realidad posible.

03MAR011
http://www.cesarramirezcaralva.com/

Bienvenido presidente Barack Obama

Quizás es tiempo de ver al mundo sin guerras ideológicas o sin la intervención militar que predominó durante el siglo XX en el planeta. De ser así, bajo la óptica del mundo sin conflagraciones mundiales, poseemos un mundo desnudo con grandes diferencias capitalistas, plagado de problemas que pueden resumirse en: pobreza de todos los tipos.´

Nuestra nación puede no ser importante en el concierto internacional, pero aspira después de la guerra civil a una paz social que jamás existió en su vida republicana, puesto que los actores políticos gozan del reconocimiento legal en toda la línea y los otrora "insurgentes" son los legítimos gobernantes constitucionales.

La fantástica reunión entre el presidente de los Estados Unidos de América y los opositores políticos hace algunas décadas, era un chiste y malo por cierto; no obstante, ahora en pocos días, veremos una escena surrealista que haría levitar de emoción a no pocos incrédulos, un gobierno de izquierda que recibe con honores al presidente Barack Obama.

Pero la guía de nuestra realidad en el evento político del año, debe considerarse bajo la óptica de nuestra historia, condición que nos permite medir realidades y no esquemas idealistas.

La historia nacional nos muestra que la cercanía de Estados Unidos y su presencia en nuestra nación, tiene una variedad de opciones: desde tratados de amistad hasta políticas de apoyo militar a las dictaduras de la segunda mitad del siglo XX, pasando por políticas de desarrollo local, tratado de libre comercio, trabajos temporales para emigrantes salvadoreños etc. de igual manera el entrenamiento de fuerzas militares especiales que reprimieron a opositores demócratas en los años setentas y ochentas.

Generaciones de salvadoreños gritaron en las plazas públicas: "Muera el imperialismo yanky" o "Viva Vietnam", "Gringo Go Home".. y otras. No obstante, existió un notable presidente llamado James Carter que impulsó la política de los Derechos Humanos en el continente americano, aquella condición novedosa cambió la perspectiva de muchos latinoamericanos y en nuestra nación propició el giro hacia la democracia; pero desafortunadamente no fue reelecto y con la administración de Ronald Reagan la opción militar fue el pan de todos los días. La presencia de las siguientes administraciones norteamericanas no motivo mayores expectativas, excepto una que silenciosamente propició el desarrollo local, el Fondo Iniciativa de las Américas para El Salvador (FIAES) en los años noventa, un fideicomiso de $50 millones destinado a los proyectos de organizaciones no gubernamentales, el cual ha significa un verdadero avance en muchos niveles, los cuales son medibles a casi dos décadas de su inicio. En este rubro también FOMILENIO El Salvador es la acción que puede marcar la diferencia nacional en los siguientes veinte años.

En pocas palabras, Estados Unidos tiene una historia de fuerza militar e intervenciones locales durante muchos años, pero también es el factor decisivo en el desarrollo y estabilidad democrática nacional. Solicitar que Estados Unidos no apoye los golpes militares puede ser un objetivo específico y que la democracia se prolongue unos 100 años es nuestro mejor sueño…Presidente Barack Obama bienvenido, acá hay buen café, con gusto le invitaré, una mañana que usted considere oportuno…de no ser posible será en su próximo viaje para celebrar su reelección.
10MAR011

http://www.cesarramirezcaralva.com/

El presidente Barack Obama y la primavera de la democracia salvadoreña

Existe una feliz coincidencia entre el equinoccio de la Tierra a partir del 21 de marzo de cada año y la llegada del presidente Barack Obama, puesto que parece ser un saludo estelar y humano a la primavera de la democracia salvadoreña con esta visita trascendental.
La luz solar cae por igual en ambos hemisferios y equinoccio viene del latin aequinoctium que significa "noche igual", de tal manera que el arribo del presidente de los Estados Unidos de América a nuestra nación esta programada para los días 22 y 23 de marzo.
Otro evento memorial acontecerá el 24 de marzo con los homenajes a Monseñor Oscar Arnulfo Romero.
La historia del siglo XXI nos muestra extraños caminos insospechados hace algunas décadas, pero asistimos a un cambio cultural donde la democracia es posible y el camino

hacia el desarrollo de las naciones no tiene banderas ideológicas.

Nuestra nación celebra el cambio extraordinario de la política exterior norteamericana, que otorga con esta visita un reconocimiento a la democracia salvadoreña bajo una administración gubernamental diferente a las últimas dos décadas, pero no porque sea de izquierda, sino porque la nación ha logrado una altura política que consolida la institucionalidad en términos de paz social y alternancia política, condición que significó no menos de 50 años y una guerra civil.

Cuando el presidente Barack Obama visite San Salvador y llegue a Catedral Metropolitana, quizás recuerde a los mártires del siglo XX de aquella otra Abadía de Westminster en Inglaterra, ahí se encuentra la estatua del Monseñor Romero, junto a la Madre Isabel de Rusia, Martín Luther King Jr. y el Pastor Dietrich Bonheffer. Ahí también se encuentra Tomás Becket Arzobispo de Canterbury.

Tomás Becket vivió en 1170 siendo Arzobispo de Canterbury y fue abatido por cuatro caballeros al servicio del rey Enrique II, cuando estaba rezando la oración de la víspera en la catedral, entre las capillas de Santa María y San Benito. El arzobispo al momento de ser rematado, exclamó: "muero gustoso por el nombre de Jesús y en defensa de la Iglesia Católica.

Después de leer la vida de ese hombre la imagen de Oscar Arnulfo Romero Arzobispo de San Salvador es un pensamiento obligado puesto que fue asesinado en plena misa por un escuadrón de la muerte. Ellos parecen una misma persona bajo diferentes naciones y una distancia de ocho siglos como si el tiempo no contara.

Cuando el 44 presidente de Estados Unidos de América se encuentre en las calles de la ciudad, en el año que celebramos el bicentenario del primer grito de independencia, la ciudadanía podrá saludar al pueblo norteamericano en la persona de Barack Obama, y podrá abrazar a los ciudadanos norteamericanos que contribuyeron a nuestra realidad posible, que nunca dejaron de apoyar la fraternidad entre pueblos hermanos.

Agradecer el saludo de Estados Unidos a la primavera de la democracia salvadoreña es lo mismo que celebrar la amistad entre nuestras naciones.

17MAR011

Barack Obama y Monseñor Romero para la Historia

La Historia precede las relaciones de amistad entre las naciones, esta condición orienta la vocación de los pueblo junto a sus gobernantes. Entre Estados Unidos de América y El Salvador la memoria de amistad del siglo XX parecía una montaña rusa, hasta que finalizó la guerra civil. A partir de 1992 el panorama ya no fue de sobresaltos, sino de un nuevo horizonte hacia la apertura democrática.

La visita del Presidente Barack Obama a nuestra nación inaugura un nuevo modelo de relaciones de amistad entre nuestras naciones, debido a una nueva visión que surge a partir de los anuncios oficiales para los próximos años.

El concepto de Socios para el desarrollo implica a la región centroamericana, es una situación anhelada durante décadas, pero esta es la primera ocasión que dicho concepto puede materializarse bajo un amplio sentido de unidad entre nuestros pueblos. Este importante concepto conduce a pensar que un nuevo mapa de desarrollo comienza a gestarse donde la geografía política regional, será determinante para indicar que algunas zonas de pobreza se transformen en zonas de oportunidades, a partir del mes de junio de 2011.

La propuesta implica un nuevo mapa en Centroamérica que olvide la geografía como elemento generador de la desigualdad y considere nuevos valores sociales para el siglo XXI, esta concepción puede ser la frontera regional contra el narcotráfico, el terrorismo, la pobreza y nos permita construir el futuro a partir de nuestras comunidades y no a expensas de la exportación de emigrantes.

Socios para el desarrollo quizás implique que no podemos vernos sin la región, son tiempos que a pesar de las diferencias y pobrezas, Centroamérica necesita la unión para sobrevivir o este condenada a la fragmentación por la corrupción de diversa naturaleza y la debilidad perpetua de 5 pequeñas naciones.

La Unión del siglo XXI contra la pobreza, el terrorismo, el narcotráfico, debe ser ahora la mejor bandera de unidad, porque el nuevo mapa regional no determina sus fronteras por límites geográficos sino una amplia líneas de cooperación entre los pueblos y sus gobernantes.

Configurar un nuevo mapa del desarrollo, como unir criterios regionales donde cada nación proponga hacia donde orientar los esfuerzos, en lugar de recibir órdenes de inversión en materia de seguridad parece el objetivo principal, quizás el tiempo nos ilustre las bondades de esta gran iniciativa.

Cuando el presidente de los Estados Unidos de América Barack Obama promueve grandes iniciativas para la nación y recorre con su familia la ciudad, nos recuerda que vivimos en un mundo más unido por las personas que separado por las diferencias políticas.

Después de la visita de Obama, sobrevivirá el mensaje del primer presidente norteamericano que rindió homenaje a Monseñor Romero en su sitio memorial, este es el reconocimiento que la palabra de paz es más fuerte que la acción violenta, es la respuesta de reconocimiento de la posteridad al salvadoreño más universal del siglo XX.

Este día 24 de marzo, recordamos a Monseñor Romero por su triunfo, su memoria, su éxito contra la muerte y su legado vibrante por un mundo mejor. El presidente Barack Obama lo dijo mejor: "Tuve la oportunidad de visitar la Catedral y visitar a Monseñor Romero que inspira a mucha gente alrededor del mundo"

24MAR011
http://www.cesarramirezcaralva.com/

Nueva reforma electoral

El objetivo es darle cumplimiento a las disposiciones de la sentencia dictada por la Sala Constitucional de la Corte Suprema de Justicia.

Si el caso es el concepto de representatividad para la Asamblea Legislativa tenemos dos casos extremos: partidos políticos cerrados para designar diputados a su imagen y semejanza obedientes a la dirigencia pero no a los intereses de la nación o ciudadanos que solo representen sus motivos sin partido político, atados a órdenes extrañas.

Existe un poderoso factor en la clase política sobre el tema: la desconfianza de unos contra otros y de todos contra cualquiera que no pertenezca a su partido.

Acontece que los Partidos Políticos históricamente tienen poca evolución en la formación de ciudadanos con cultura democrática, los partidos políticos en el siglo pasado eran apéndices del Gobierno y cuando existía un Golpe de Estado creaban sus propios partidos políticos, posteriormente en plena dictadura los opositores sufrían persecución, exilio, asesinatos, de tal forma que ser miembro de un partido de gobierno era entrar al olimpo de las oportunidades, mientras como opositor era repetir la inestabilidad y marginalidad toda la vida.

La guerra civil demostró no solo la crisis del modelo representativo, sino también el desprecio por cualquier expresión política por inofensiva que fuera, la guerra convocó a la sociedad salvadoreña a una lucha a muerte griega, tan sangrienta como cualquiera y con tan enorme costo que pasaremos muchos años para superar ese traumático evento.

Es la guerra la que provoca la fundación de las mayores fuerzas políticas de la actualidad: FMLN y ARENA, nacen por esta condición, se alimentan del pasado ideológico, viven en mundos opuestos tan asimétricos como el agua y el aceite. Sus fundadores no recuerdan las oraciones humildes de San Francisco de Asís, sino discursos incendiarios que solicitan quemar París porque es su mejor tradición, etc.

La pregunta del ciudadano común puede ser: ¿viviremos en guerra los siguientes 50 años? ¿ a quién representa un ciudadano en la Asamblea Legislativa? ¿la desconfianza política es superable en la nación?.

Por esta razón la Reforma Electoral con sus muchas variables, es necesaria para construir la confianza política entre sectores que aún piensan en los términos de la guerra fría, a pesar que el muro de Berlín cayó en 1989.

La democracia es perfectible y esta discusión de representatividad recuerda aquella de los derechos ciudadanos versus los límites de los partidos políticos, en la cual el árbitro es la democracia. De ahí que la sentencia dictada por la Sala Constitucional de la Corte Suprema de Justicia, debe cumplirse sin reservas y el veto presidencial esta de acuerdo con el mejor espíritu de la misma.

Las candidaturas independientes no pueden ser un peligro para ningún partido político, de todas maneras es más fácil una Nueva Reforma Electoral, que superar el veto presidencial.

Recordemos que un candidato independiente fue electo diputado del pueblo el 5 de noviembre de 1811, su nombre: Manuel José Arce en aquellos grandes acontecimientos que dieron origen al primer gobierno insurgente en la provincia de San Salvador.

07ABR011

No existen soluciones mágicas

En este momento en la sociedad salvadoreña, dos mundos discuten su futuro, el primero de la clase política con temas sobre candidaturas independientes, cambios al interior del Tribunal Supremo electoral, vetos presidenciales, alianzas pre-electorales etc. mientras el mundo de los trabajadores se enfrenta a la delincuencia, el costo de la vida, los dramáticos precios de la gasolina, el desempleo, etc., parece que vivimos en mundos diferentes, uno tienen sus problemas económicos resueltos, mientras Juan Pueblo en las multitudes lucha por resolver elementales condiciones de subsistencia.

Pero podríamos pronunciarnos punto por punto: las candidaturas independientes no se oponen al ejercicio democrático, son un ideal de representación, el problema reside en que no existen normas para su selección, tampoco compromisos a cumplir. Una figura alternativa podría ser los observadores independientes ciudadanos llamados ombudsman que se han impulsado en otras naciones similares a jueces de opinión ciudadana que se pronuncian sobre temas políticos y gozan de credibilidad, su valor reside en su criterio no político. Esta figura no solo se aplica a eventos electorales sino a todos los elementos sociales donde se requiere opiniones imparciales.

El Tribunal Supremo Electoral, la ciudadanía desea una composición pluralista, con equilibrio entre la autonomía y el control, esta situación debería discutirse no solo por la clase política, puesto que implica a terceros, recordar la evolución de esta institución nos llama a reflexión, al igual que su historia posterior a los acuerdos de paz.

Vetos presidenciales a discreción, buen ejercicio de independencia de poderes, puesto que gobernar es un arte masivo.

Los derechos ciudadanos son la base fundamental en el ejercicio de la democracia, incluso dentro de los partidos políticos, donde usualmente no se ejercen de la misma manera que se proclaman para toda la sociedad.

Control y autonomía, son parte de nuestra vida institucional, de ahí que en ocasiones como en los casos anteriores existan diferencias entre: "lo bueno y lo mejor".

Las alianzas pre-electorales legislativas son instrumentos tácticos con objetivos inmediatos, son el pan diario entre partidos políticos, de ahí los decretos con leyes que auxilian a la gobernabilidad, estos elementos son vigilados por el poder ejecutivo y la Corte Suprema de Justicia, siempre es posible observar a las leyes.

Mientras estas condiciones de opinión pública son el plato fuerte de las estructuras mediáticas, la población navega con dificultades económicas apremiantes, las cuales no son percepciones sensoriales de gustos por colores, son monedas en los bolsillos, presupuesto familiar, deudas, etc, que no permiten expandir la economía familiar. El desafío de la economía familiar es la estabilidad entre ingresos y egresos de su presupuesto mensual sin necesidad de créditos, pero los desajustes de los últimos días colocan a la defensiva a grandes sectores de la población, que no tiene incrementos similares a los cambios dramáticos de los productos básicos.

En el caso de la distribución del gas propano, más parece un problema de cambio cultural y

educativo que la ausencia de este producto, es tal el efecto que el incremento se ha trasladado a los ciudadanos que consumen todos los productos alimenticios sin control alguno, causando un verdadero trastorno de precios… no existen soluciones mágicas, solo un camino, llegar a un acuerdo social sin demagogias.
14ABR011

Amenazas a muerte

Vivimos tiempos difíciles, bajo condiciones precarias de seguridad que no respetan a ninguna persona, desde los más humildes ciudadanos sin distinción de edad sexo o condición humana, los asesinatos tienen una secuencia de sangre que es visible a lo largo de la nación.

Las precarias condiciones de exposición en materia de seguridad tocan a la puerta de todos, ya no vivimos tiempos de guerra, pero ahora sin el conflicto armado, el aumento de los antisociales ahoga las esperanzas de construcción de nuevos modelos de convivencia y movilidad social.

Distintos foros, gremios, asociaciones e instituciones luchan con sus medios para tratar cambiar el curso decadente de las relaciones sociales y su antiguo sistema de valores. En realidad no es un solo modelo de sociedad el que se discute sino varias propuestas en este momento, una de ella es la democracia y fortaleza de sus instituciones, otra la condición emergente de grupos antisistema armados agrupados en pandillas con ramificaciones al narcotráfico con el control de territorios, existe otra esfera la cual es la internacionalización de este nuevo conflicto y el tratamiento que debe proponerse.

Complejas circunstancias con denominadores comunes. La democracia no funciona si existe una legalidad débil, con esa aparente apatía institucional de proteger a los agresores. La cantidad de jueces demandados por ciudadano afectados es tan desproporcionada que recuerda solo la injusticia de la aplicación de las leyes, es mal ejemplo y peor mensaje a la ciudadanía, los resultados son desastrosos.

La otra vertiente la emergencia del fenómeno de antisociales agrupados en pandillas es tan complejo que ni naciones tan poderosas como Estados Unidos posee el control absoluto de estas bandas delincuenciales, no obstante nuevos programas innovadores de acciones preventivas comienzan a dar resultados con el retorno al rescate del barrio, el capitalismo se humaniza cuando aparece la autodestrucción capitalista, y este elemento del olvido del barrio es simplemente el surgimiento del capitalismo sucio y decadente engendrado por el narcotráfico con todo su modelo antisistema.

La otra esfera de la internacionalización de este fenómeno la observamos en naciones como México, Guatemala, Colombia, Honduras, El Salvador que dibuja el mapa del tráfico de ilícitos hacia Estados Unidos, de manera que el complejo de solución excede nuestras fronteras y mientras más se retrace una solución interestatal más sufrirán las naciones el flagelo del narcotráfico.

Este cuadro tiene un polo a tierra en los ciudadanos con las extorsiones, secuestros, amenazas a muerte, que ya no solo es esgrimida contra los pobres más pobres, porque ha escalado niveles en toda la escala social y ahora es el turno de: militares, periodistas, médicos, religiosos, comerciantes y clase política.

El asesinato de ciudadanos honrados es un acto repugnante, la ira e impotencia acompaña a las familias y a la nación, aún es tiempo de reaccionar con métodos democráticos.

Mientras esto acontece, ninguna amenaza a muerte debe dejarse sin la respectiva denuncia, ningún ciudadano debe guardar silencio ante esta intimidación, debemos actuar y terminar con la impunidad, al menos el registro ante la Fiscalía General de la República crea un precedente, con ello se avanza en una cultura que ubicará a los potenciales autores de estos crímenes.
La denuncia ciudadana es un gran recurso para la construcción de la paz social.
28ABR011

La sorprendente Sala de lo Constitucional

El pasado 29 de abril 2011, una sentencia de la Corte Suprema ordena al Tribunal Supremo Electoral (TSE) proceder contra el PCN y PDC, al declarar inconstitucional el decreto del Salvataje que permitía a dichos institutos permanecer vigentes como fuerzas políticas.
En el año 2004 de haberse cumplido la Ley dichos institutos que no alcanzaron el 3% de los votos requeridos para continuar vigentes debieron desaparecer.
El escenario de aquél momento fue diferente, se echó mano de un Decreto llamado Salvataje que permitía a dichas instituciones continuar activos políticamente. De tal forma que 7 años después con la multitud de eventos y acciones de ambas instituciones hasta la fecha, algunas de las interrogantes son: ¿continúan vigentes los cargos a nombre de dichas instituciones? ¿de igual forma si en este momento es legal lo actuado en estos años? quizás tendrá vigencia hasta que el diario oficial lo publique, pero no obstante ¿qué sucede en estos días de limbo jurídico?, cualquiera que sea el procedimiento el precedente es que existe una sala constitucional vigilante de la ley, que advierte a partidos políticos sobre decretos irregulares.
La situación nos llama a mucha reflexión, puesto que el origen de esta situación fue el

incumplimiento de un mandato de hace 7 años, ahora observaremos las consecuencias de diversas naturalezas.

En realidad que dos instituciones dejen de existir no beneficia a nadie, puesto que son representaciones ciudadanas, lograr una representación ciudadana es un trabajo de mucha paciencia y esfuerzo, de tal forma que tendrán que renovarse o morir.

Lo más extraordinario es hacer cumplir la Ley en una nación como la nuestra, donde por: maniobras, artificios, madrugones, acuerdos subterráneos y toda clase de artimañas, algunas instituciones han cometido series de acciones reñidas con la legalidad e institucionalidad, tantas que la misma ilegalidad ha llegado a considerarse legal.

La historia de la nación pudiera ser otra si la ley se hubiese cumplido durante el siglo XX, donde la ilegalidad propició muchos acontecimientos trágicos.

El mensaje debe acatarse, de esta manera el PDC y PCN no tienen más que iniciar un nuevo proceso de inscripción partidaria.

Asistimos a un proceso educativo en todos los niveles que iniciará con la respuesta oficial de estas instituciones, su nuevo modelo de organización, el calendario electoral para 2012, el destino de sus miembros o correligionarios que opten por otro partido en el caso que no logren inscripción en el período indicado.

El mapa político se transforma, pero también se pierde un referente histórico, en el caso que dejen de existir, su migración hacia otras instituciones eliminará las diferencias secundarias y sumará un solo bloque de derecha, no habrá matices al menos sobre el papel.

El turno del Tribunal Supremo Electoral es similar a un verdugo que en plaza pública ejecutará la orden y en este caso es constitucional.

05MAY011
http://www.cesarramirezcaralva.com/

Desalojos de ventas callejeras en San Salvador

Los incidentes del pasado fin de semana, culminaron en vandalismo desatado contra el Teatro y Palacio Nacional.

Los daños son incalculables, no solo por el daño físico sino por estos graves antecedentes contra la imagen del Centro Histórico.

El origen de este acontecimiento es la ilegalidad de usurpar espacio públicos por personas particulares, esta acción se estableció hace 30 años, porque alguna alcaldía decidió convertir el Centro de San Salvador en pasajes peatonales, esta acción incongruente y absolutamente errónea con el paso del tiempo creó un problema mayor, debido al asentamiento ilegal de pequeños comerciantes que veían la oportunidad de posesionarse de espacio "libres" día tras día, así el crecimiento rápido no reconocía límites. Aquella decisión política en tiempos de guerra fue defendida para "ganar base social" contra la insurgencia de los años ochenta, las ingenuas autoridades de aquél tiempo pensaron que podrían ordenar y controlar aquella fuerza comercial dentro de su partido, no sabían que aquellas personas no eran políticos sino mercenarios comerciales sin ideología, aquellos iniciales comerciantes poco a poco se fueron transformando en mercaderes de extraños productos, desde imitaciones hasta verdaderas fuentes piratas de todo tipo, fueron creciendo con tal fuerza que los comercios lícitos poco a poco fueron estrangulados desde su base; cercado el acceso a sus clientes fueron sitiados por ventas ilegales, pero no contentos con ello, surgió una verdadera organización ilegal que vendía prácticamente sitios públicos legalmente… en otras palabras se creó y fomentó durante años un gobierno comercial paralelo a la administración municipal, los resultados de ese experimento fallido los tenemos a la vista: la emigración de los negocios legales del Centro Histórico, ausencia de gobierno municipal en sitios públicos, ilegalidades cotidianas en toda la línea comercial, etc. el destino de tanta piratería alimenta el narcotráfico según fuentes diplomáticas y muchos comercios internacionales reclaman el uso de sus patentes.

De las soluciones posibles: 1 gobernar la ilegalidad, 2 recuperar aquellas calles que estrangulan a la ciudad desde su Centro Histórico, 3 Proponer una solución a los involucrados con visión nacional.

Estos breves elementos no deben tener color político, puesto que usualmente cada acción en el Centro Histórico es anotada como evento pre-electoral, me parece que es tiempo de abandonar esa idea, para dar paso a los intereses nacionales, si bien no es posible un desalojo de un día para otro, buscar soluciones debe ser una propuesta de fuerzas políticas, sociales y empresariales, religiosas etc. ninguna nación permite dos gobiernos en su seno, ese es el elemento crucial, no pueden existir dos legalidades en un territorio de administración municipal y de la República, pero como el fenómeno no es nuevo, la solución debe ser escalonada y con metas posibles, para ello adoptar un plan de reordenamiento debe ser objetivo nacional.

Si un plan nacional sobre el tema no es aceptado, los siguientes 30 años son predecibles en el Centro Histórico. El Centro Histórico en los siguientes años no tiene buen pronóstico, gobierne la alcaldía o el partido a la nación de cualquier bandera e intereses, lo preocupante es: ¿qué esperamos para comprender en profundidad ese fenómeno? El retorno a la legalidad no debe dejarse a las futuras generaciones, el daño puede ser irreversible.

12MAY011

Nuevas leyes y más facultades al ejército

Los recientes informes de masacres en: Guatemala, México, El Salvador y Honduras nos dejan la incertidumbre de un complejo de situaciones que por momentos parecen estar fuera de control de las fuerzas institucionales.

Las poblaciones económicamente activas en su desesperada búsqueda de la realización económica generacional, no detienen su flujo hacia Estados Unidos, al igual que el tráfico de drogas que se realiza de Sur a Norte, pero ahora existe una fuerza extraña que parece llegar de Norte a Sur, estas son poderosas bandas armadas que corrompen los débiles lazos de legalidad-justicia-gobernación y se apoderan de corredores estratégicos para sus acciones delictivas; es notable el aumento de homicidios en áreas rurales y puntos fronterizos, parece que estas bandas organizadas tienen prioridades en puntos específicos de mar y tierra, puesto que en esos sitios acontecen hallazgos de drogas , armas y tráfico de personas en volúmenes sorprendentes.

Recientes noticias del involucramiento de personalidades en ilícitos de estupefacientes con nexos policiales y judiciales, nos recuerdan el esquema que han vivido ciudades de Colombia y México, con resultados dramáticos por las delicadas soluciones posibles, además del largo proceso de pacificación y violentos eventos donde no existen ganadores visibles. ¿Asistimos a un nuevo modelo social colmado de dinero sucio? Podríamos afirmar que vivimos ¿el narco-capitalismo? A lo mejor estas afirmaciones son exageradas y sin fundamento, pero no debemos engañarnos, la necesidad de una entidad regional con poderes supranacionales y capacidad de ayuda a gobiernos locales es urgente, porque nuestras instituciones no fueron diseñadas para una guerra especial del tipo que observamos a diario. No existe capacidad de respuesta - por el momento- al dinero sucio, ni a sus armas. Por esa razón en las calles de la ciudad se incrementa el comercio ilegal, el tráfico de estupefacientes, crímenes contra estudiantes, etc. Perdemos esta guerra. Necesitamos nuevas leyes, más facultades al ejército, restricciones legales a notorios delincuentes y la renovación de instituciones inoperantes. Cooperación internacional o formación de un nuevo gobierno trans-regional es mejor que lamentarnos a futuro.

Nuevas leyes y facultades para la defensa de la democracia son ahora nuestro desafío, el dolor de tantas familias afectadas clama por la justicia.

19MAY011

http://www.cesarramirezcaralva.com/

Ahora sin agua

El fin del mundo programado para el sábado 21 de mayo no se ejecutó por motivos de "fuerza mayor", ¡que vaina!, algunos vecinos estaban preparados para irse al cielo, puesto que el viernes hicieron una fiesta con música, música y más música con puros coros celestiales, aquella fiesta fue memorable, tan alegres estaban que agotaron sus tarjetas de crédito y no contentos aún, empeñaron algunas pertenencias y decidieron: "tirar el mundo por la ventana"… y esperaron… y esperaron…

Mis vecinos, el domingo guardaron un silencio de duelo tan profundo como si hubiese perdido su partido político la presidencia de la República o su equipo la final del campeonato, que vaina.

Aquél domingo 22 el cielo saludó a la ciudad con dos soles y arco iris, maravilloso fenómeno, visible para todo el que pudo levantar su vista hacia el sol. Creo que mis vecinos no pudieron verlo porque toda la noche pasaron pidiendo por la salvación de los justos y su casa permaneció en silencio todo el domingo.

Cuando les encontré de nuevo esta semana y pregunté por la suspensión del fatal evento, me comunicaron que: "Dios misericordioso había reprogramado su sistema apocalíptico para una nueva fecha", que no me confesaron. ¡Aleluya!: pensé... y se fue con su sonrisa de triunfo porque solo ellos saben la nueva fecha.

Pero esta semana sin aviso, no había agua, pensamos que solo era cuestión técnica, como el fallido evento de la semana pasada, excepto que ahora si iba en serio, la falta del líquido "terrenal", después de 24 horas y luego 48 horas nadie está para juegos, había que conseguir agua, donde la encontráramos.

Entonces hemos observado el infierno de las familias por conseguir agua: los niños no asisten a la Escuela, los alimentos se contaminan, tampoco hay agua para el aseo personal y comprar agua es una competencia sin reglas.

Los afectados no somos pocos, los medios informativos dicen un millón, en realidad esa condición no alivia en nada la sed que tenemos.

Aseguran las autoridades que fueron unos malacates que dañaron las tuberías, les vieron acompañados de hombres armados en la zona. ¿A quién se le ocurre robar unos tornillos y hierro en un acueducto de tal magnitud?

El caso es que mientras averiguan seguiremos de arriba para abajo con los tambitos donde nos vendan agua, al precio que sea, mala onda.

En realidad, esto del agua parece una fiesta cívica en los sitios de venta, parece que no existen diferencias entre ricos y pobres, altos o bajos, creyentes o ateos, fanáticos del Real Madrid o del Barcelona todos iguales, bajo el signo de la sed.

Nos salvamos del fin del mundo "falsamente profetizado", pero no de delincuentes que destruyeron una tubería que nutre la ciudad.

¿A quién favorece este acontecimiento?

¿Qué clase de desierto desean implantar en San Salvador?

Hace algunos años la ausencia de agua en muchas áreas urbanas se debió a severos actos de corrupción conocidos nacional e internacionalmente, ahora parece que los motivos son diferentes, pero con resultados parecidos, un millón de ciudadanos sin agua. Nos salvamos del fin del mundo, pero no de la sed que tiene medio mundo en la ciudad…¡Que vaina!

26MAY011

http://www.cesarramirezcaralva.com/

De percepciones y realidades a un optimismo razonable

Existen percepciones individuales y colectivas, al igual que realidades sociales que implican los diversos sectores de nuestra sociedad, un ejemplo de percepción es: ¿cómo conciben los ciudadanos al nuevo gobierno de izquierda, dos años después?... la realidad a esta pregunta es de acuerdo a los ingresos que los ciudadanos obtengan y si en este tiempo es beneficiario social, directa o indirectamente.

La realidad de muchos acontecimientos es la herencia de los 20 años anteriores, la historia no se puede cambiar de la noche a la mañana, pero la percepción de algunas personas es diversa. La inseguridad ciudadana es una herencia negativa del pasado.

Así podemos recorrer muchos aspectos de opinión de diferentes medios sociales, pero algo ha cambiado la realidad de este nuevo gobierno, estos elementos son las iniciativas en: Educación, Salud, Obras Públicas, Vivienda, Cultura, Relaciones Internacionales y el apoyo a la economía popular con el subsidio al gas. Este último elemento parece ser el genio de la lámpara de Aladino, porque no solo ha movilizado a la población, sino también la chispa de la discordia entre algunos sectores ciudadanos.

Existen niveles sociales que se niegan a aceptar los mandatos electorales que la población envió hace 2 años, parece que en este país, solo existe un partido que tiene capacidad de gobernar perpetuamente y todos los demás son incapaces, que solo ellos tienen las llaves mágicas de todos los cofres que encierran los tesoros escondidos del financiamiento local e internacional y que además nadie más que ellos son los líderes designados por Dios para gobernar este pueblo… esta condición de acuerdo con sus divulgaciones propagandísticas más que de sector los colocan en posiciones políticas y no en iniciativas gremiales. Pero afortunadamente este es un país democrático.

Es un país libre para escuchar esas ideas, incluso para distinguir a personajes que recibieron sueldos partidarios y se disfrazan de voceros gremiales, fantástico.

La nación realiza grandes esfuerzos para avanzar hacia nuevos rumbos económicos, aún con el lastre de poderosos grupos que se niegan a aceptar el liderazgo de un nuevo gobierno, pero la realidad es que la institucionalidad prevalece.

En las últimas semanas han sucedido acciones que dañan masivamente a la población como el caso del corte del servicio de agua potable, la aparición de aceite en las carreteras, el atentado contra daños patrimoniales, manifestantes de un partido que se disfrazan con colores de otro, con tal sincronía de ejecución que parecen una orquestación política. Su divisa parecería ser: "su desastre es nuestra fortuna", de tal forma que si no funciona nada, si el país es ingobernable, sino existe inversión, etc. "su desastre es nuestra fortuna" porque todo era mejor hace 20 años y solo será mejor si en los próximos 20 años si regresamos al pasado; con esa lógica si podemos entender el comportamiento de algunos sectores…no aceptan la realidad de los nuevos tiempos.

El Poder Ejecutivo no puede ser espectador de la historia.

Los mayores logros visibles son la estabilidad institucional, los grandes esfuerzos por la paz social y la gobernabilidad. Mientras en relaciones internacionales la defensa del emigrante y el fortalecimiento de la amistad con Estados Unidos de América, son firmes y con muchos logros.

Debemos pasar de las percepciones a las realidades con un optimismo razonado y razonable, los cambios entonces serán acumulativos y progresivos.

02JUN011

Sala de lo constitucional versus los poderes del Estado

¿Por qué nos sorprenden los fallos de la Sala de lo Constitucional? ¿Por qué si algunas resoluciones tenían varios años de retrazo? ¿Quiénes son los afectados? ¿Quiénes son los buenos y quienes los malos? ¿ A qué le tiramos?.

Cada ciudadano puede responder desde su criterio pero debemos ser justos, la democracia funciona y esto no son buenas noticias para todos, de ahí las severas diferencias entre ganadores y perdedores. La facilidad de los calificativos sobre los magistrados de la Corte Suprema de Justicia pasa de héroes a villanos en cuestión de horas, los tres poderes del

Estado entran en franca diferencia de opiniones y de pronto las fronteras de derecha o izquierda parecen cambiar de carril, entonces llueven las acusaciones de traiciones de acá para allá y viceversa, un poco más y esto es un carnaval de máscaras donde nadie sabe quién es quién.

La situación ha sido originada porque la democracia funciona. Porque la ilegalidad es insostenible, condición que no debe confundirse con una posición ideológica.

La politización del tema nos limita a partidos políticos en contienda electoral, este esquema esta muy alejado del concepto principal que emite los fallos de la Corte de lo Constitucional.

Bajo este show mediático de pronto aparecen los fantasmas de futuros fallos pendientes: TLC, dolarización, Amnistía etc. los cuales según la Sala han fenecido.

Aún fresca la acción del ruidoso fallo sobre la ilegalidad de dos partidos políticos: PCN y PDC, el drama tiene un punto culminante con el decreto 743 que obliga a los magistrados a resolver con 5 miembros en forma unánime y no con cuatro, lo cual tiene una respuesta contundente de la Sala de lo Constitucional al declararlo: Inaplicable.

El panorama tiene soluciones, una de las cuales es la rectificación de la Asamblea Legislativa ante el fallo de inaplicable, otra que no se acate tal resolución, además es posible llamar a suplentes para completar 5 magistrados etc.

Preocupa el tono de las discusiones mediáticas que parecen haber perdido el rumbo. Cada quién opina según el color de su ideología, otros lo consideran un acto maquiavélico de gobiernos extranjeros, algunos incluso adelantan potenciales peligros que arrasarán a la nación de frontera a frontera y de ahí en adelante solo desastres. Algunos hablan de absolutismo, mientras otros hablan de remoción de los cuatro magistrados, antejuicios, llamados a la Asamblea a no acatar nada etc.

Esto es democracia en funcionamiento.

Todo tiene solución, aceptar las resoluciones de la Sala de lo Constitucional es la mejor medicina para la nación, si los fallos son conflictivos existen mecanismos para resolverlos. En otras naciones los fallos de la Corte Suprema de Justicia son letras sagradas, infunden tal respeto que su cumplimiento es inapelable, acá parece aún no llegamos a esos niveles. No habrá parálisis de los poderes del Estado, ni caos, ni fin del mundo, nada de eso, la democracia es así, discusiones, avances y retrocesos, la historia no es una línea ascendente al infinito, si nos apegamos a la Constitución de la República esta debe funcionar, es nuestro máximo contrato social, es la vocación de la nación, si no estamos de acuerdo, la legalidad no estará de nuestro lado. La Constitución de la República no tiene ideología, ni partido político.

09JUN011

http://www.cesarramirezcaralva.com/

Decreto 743: soluciones

El convulsionado panorama sobre el famoso Decreto 743: aprobado, sancionado y publicado en cuestión de horas, no deja nada claro en el horizonte democrático nacional. A lo sumo deja un estado crispado de los espíritus de los partidos políticos, sus opciones sobre la realidad y los temores que mueven profundos resortes que en su momento se consideraron superados.

La situación demuestra la fragilidad de nuestra condición republicana, puesto que amparados en el máximo contrato social de nuestra Constitución Política, el ejercicio de la independencia de poderes resulta similar a los artistas del trapecio, con una serie de evoluciones y saltos al vacío sin red de protección… es un momento crucial.

Del estado actual del decreto se plantean las siguientes posiciones: derogación del decreto, negación a derogarlo e inaplicable en toda la línea.

Esta crisis es la evolución natural de la democracia, puesto que me parece que no tiene precedente, antes los poderes del Estado simplemente no entraban en contradicciones, es más la Sala de lo Constitucional no era visible ni tenía la presencia que ahora destaca en sus dictámenes.

Si realizamos un acto quirúrgico de intereses particulares por el bien de la nación, no queda más que aceptar: "que la democracia es un acuerdo político entre todos los ciudadanos", es nuestra máxima condición de legitimidad, la minoría se somete a la mayoría, pero esta minoría se prepara para convertirse en mayoría en su debido momento: electoral, parlamentario o constitucional, esta acción permite la alternancia política y supera los antiguos momentos de rupturas del orden establecido. Pero acá existe la cultura de la ruptura constitucional como argumento final que impide comprendernos como nación, esta cultura de la violencia nos divide en "amigos y enemigos" vieja fórmula de la guerra fría que se convierte en amenaza permanente, generando la desconfianza política que solo tiene resultados negativos para todos.

Desafortunadamente durante muchos años, generaciones de salvadoreños no vivieron estos momentos porque no existía este criterio, nunca existió hasta ahora donde la democracia con sus reglas y normativas intentan llevar a la nación hacia la justicia social.

Recordemos que hablar de Derechos, Justicia Social, Pluralidad, Constitución, etc ha sido considerado como un discurso comunista y todos sus defensores de igual forma, bajo esos argumentos repetiremos la historia, nadie ganará con otro conflicto en el largo plazo.

La antigua clase política debe comprender que el mundo ha cambiado, la historia demuestra que las reformas constitucionales deben ser permanentes, que aquellas obsoletas fórmulas del temor e irrespeto ya no funcionan, que el capitalismo es más fuerte que cualquier sistema político y lo mejor que podemos hacer es modernizar esos resabios del pasado al aceptar los caminos de la institucionalidad.

Mucho ha llovido por el decreto 743, pero no debemos olvidar que el Presidente de la República esta llamado a formar consensos y construir las alianzas por el futuro de la democracia, los partidos políticos son los primeros que deberían comprender su lugar en esta gran nación a la cual debemos aportar con lo mejor de nuestros esfuerzos. La nación demanda soluciones.

16JUN011

http://www.cesarramirezcaralva.com/

Revolución o incertidumbre institucional

Nuestro máximo contrato social es la Constitución de la República y esta hace dos décadas hace referencia al Acuerdo de Paz.

En estos momentos las reformas para el momento electoral del año 2012 hacen crisis en las instituciones, puesto que no existe el hilo conductor supremo que ilumine los pasos que seguiremos en los próximos meses, mientras cada poder del Estado se atribuya el predominio sobre el otro.

Mientras los poderes del Estado discutan las leyes, cada cual bajo su óptica e intereses el pronóstico que obtendremos será el de la incertidumbre democrática, esta condición no es nueva y la hemos vivido en otros momentos pero nunca bajo el esquema democrático.

El punto central de la discusión es la condición de nuestra realidad en camino de una revolución institucional democrática donde prevalezca el derecho o por el contrario viviremos los próximos años una incertidumbre permanente sin posibilidad de reformas electorales o constitucionales.

Debemos anotar que nuestra vida institucional es breve, la independencia de poderes casi una ficción, el ejercicio de la justicia muy pobre, etc. bajo estas circunstancias de pronto surgen: la iniciativa de candidaturas independientes, la inconstitucionalidad de los partidos políticos PDC y PCN, el Decreto 743, y ahora en las papeletas electorales la introducción de las banderas de los partidos políticos, los candidatos sin bandera, y las fotografías con nombres y sus respectivas banderas partidarias, cada elemento con su propia dinámica.

El conjunto de estos elementos nuestra la inexperiencia institucional, también la falta de madurez de la clase política al promover un decreto que riñe con todo, incluyendo con sus principios democráticos a los cuales juran defender, pero el daño esta consumado, puesto que incluso se llama a la Fiscalía General por un falso decreto, etc. ¿es un error de la antigua clase política? ¿o acaso el agotamiento de sus añejas tesis inaplicables en tiempos democráticos?

Si pensamos en un momento propositivo, las candidaturas independientes oxigenan las rígidas estructuras de la representación ciudadana que de otra forma solo perpetuaría la delegación de las decisiones en los institutos políticos, mientras los partidos PDC y PCN son forzados a renovarse acción que bien orientada será positiva si abandonan su pasado irregular; mientras el Decreto 743 tiene los días contados y será sustituido por otro que permita flexibilizar las actuales tensiones entre los poderes del Estado.

En las últimas semanas las alianzas políticas en la Asamblea Legislativa son visibles a través de los nuevos acuerdos y sus autoridades, todos bajo el signo de sustituir a quienes se consideraron en su momento insustituibles.

En este panorama parece que nos enfilamos hacia una revolución institucional y no hacia una incertidumbre permanente en la vida política ciudadana.

Nuestra mejor actitud propositiva será participar en la toma de las decisiones defendiendo la democracia en todo su alcance, trabajando por la justicia social y apoyando las reformas electorales.

El aporte constructivo ciudadano debe ir orientado hacia consolidar la democracia, promoviendo las reformas necesarias, apenas se inicia la era de la participación ciudadana en esta nueva era de respeto constitucional.
232JUN011

Reformas políticas

Con tantas opiniones sobre el caso de los poderes del Estado enfrentados con decretos e inaplicaciones, con leyes que son interpretadas de acuerdo al poder del Estado que las respalde, lo mejor sería guardar un respetuoso silencio y escuchar la voz de los involucrados.

Lo mejor podría ser enviar propuestas por escrito, para que el registro de las propuestas quede impreso para la posteridad. La discusión esta agotada. El resultado es que la Constitución debe prevalecer sobre cualquier otra instancia, los otros poderes deben acatar estas disposiciones. Al menos este es el marco ideal.

En perspectiva el tema de los conflictos entre: Asamblea Legislativa, Corte Suprema de Justicia con su Sala de lo Constitucional y el Poder Ejecutivo, ha develado un panorama insospechado sobre nuestro presente político: ¿qué reformas políticas son posibles? ¿qué democracia podemos esperar? ¿quién asume el liderazgo nacional en estos casos? En su origen parece que todo se inició por las candidaturas independientes, luego la ilegalidad del PCN y PDC, posteriormente el decreto 743, en general todas son reformas política que surgieron precipitadamente, su inercia en lugar de ser controlada ha perdido la dirección y no parece tener fin; puede parecernos superficial pero discutimos también la democracia para los siguientes años, puesto que las candidatura independientes son un verdadero detonante en muchos ciudadanos que desean involucrarse bajo esas perspectivas y finalmente la persona investida para crear consenso nacional es el presidente de la República.

Si realizamos un acto quirúrgico de la ideología sobre esos temas, es posible que los actuales problemas reflejen la urgente necesidad de modernizar al sistema democrático, que hace mucho tiempo no realiza reformas en profundidad, por esta razón las mínimas acciones nos conducen a este nivel de crisis institucional.

Necesitamos mucha imaginación y voluntad para construir un marco de entendimiento para la nación, por ello sería adecuado cerrar la discusión e iniciar una ronda de propuestas entre los involucrados.

La política tiene como último fin hacer el bien, no convertir sus acciones en poder.

De ahí que el bienestar de la población se debe orientar hacia la concreción de un estado democrático donde ganemos todos, de lo contrario si la clase política solo tiene como objetivo el poder la discusión actual no terminará en nada, excepto en una severa distorsión de las próximas elecciones.

Pero debemos ser optimistas, con cierta dosis de racionalidad, este momento es educativo, existe la posibilidad de unir a la nación hacia el objetivo que las próximas elecciones se

realicen exitosamente, pero si no logramos coincidir, puede ser el precedente para descarrilar el tren de la democracia en nuestra nación donde todos perderemos.
Es posible que no exista un acuerdo nacional entorno al tema de las reformas electorales, como tampoco en la modernización de la democracia, pero ese desafío puede unir a la nación en coincidencias que permitan una salida al actual momento.
La democracia significa: reformas, participación, diálogo, pactos sociales permanentes, etc., de esta forma el actual momento puede convertirse en un aporte para el futuro si consideramos que esta nación en democracia puede unirnos a todos y sin demagogias.
30JUN011

http://www.cesarramirezcaralva.com/

Gobierno y sociedad salvadoreña

Si funciona la institucionalidad, parece que todo es ganancia, pero que sucede si el ritmo de la legalidad no coincide con las demandas ciudadanas, el resultado es un desastre.
Me parece que el momento que vivimos con diferencias profundas entre los poderes del Estado, son el resultado del retrazo de las reformas que debieron aplicarse hace muchos años, por esta razón el momento es traumático.
Las Reformas Políticas usualmente surgen del Poder Ejecutivo, en realidad los cambios para modernizar las relaciones de la sociedad con sus gobiernos no deberían ser motivo de preocupación para nadie, pero entre nosotros en lugar de prevalecer el criterio académico o nacional, se impulsa el factor ideológico que provoca la división de la sociedad entre sectores irreconciliables, bajo ese argumento no existe coincidencia posible.
¿Cómo podemos sumar esfuerzos para solucionar este problema?
¿Cómo responder a las demandas de una nación que proclama la seguridad como bandera nacional?
De esa forma podríamos llenar un catálogo completo de situaciones apremiantes. Existe una pregunta ineludible para muchos: ¿qué nuevo acuerdo político debe abordar la nación para encontrar el camino de la unidad?
Al margen de las muchas opiniones, las soluciones no deben sufrir más retrasos, por supuesto apegadas a la Constitución de la República.
El fondo del momento actual no es un cambio de partidos políticos o las elecciones, el verdadero factor que revoluciona nuestro modelo es la urgencia de las reformas políticas y la conducción de este cambio.
El cambio no es un concepto abstracto y lejano, es la reforma que permita acercar a los ciudadanos con sus gobernantes, donde los diputados rindan cuentas a sus electores por las decisiones que incumben a todos, lo mismo que los alcaldes y demás funcionarios.
Un cambio que facilite la representación proporcional de los partidos políticos en las diferentes unidades políticas.
Muchos temas en realidad parecen ficciones, muchos otras sueños infantiles en nuestra nación, tenemos un largo lastre de autoritarismo que no lo podemos superar en una administración, pero otras naciones han logrado grandes avances y sus ejemplos son notables.

Al inicio de la nueva administración algunos académicos mencionaron que las reformas políticas deberían ir acompañadas del combate a la corrupción y que con solo controlar a los evasores de impuestos, la nación podría salir adelante, al menos en alguna parte esta anotada esta sugerencia.

Las reformas políticas, económicas o sociales son necesarias e indispensables en todos los tiempos, puesto que la democracia es perfectible, pero este momento es educativo,, al menos nos permite visualizar que el funcionamiento institucional construye nuevas realidades, conduce a la legalidad, permite la pluralidad, abre nuevos caminos para la vida de la nación.

Es el funcionamiento institucional el que marcará el ritmo de los cambios que la nación requiere, pero las reformas políticas y las iniciativas ciudadanas deben coincidir en una nueva forma de relación entre gobierno y sociedad.

07JUL011

Facundo Cabral: canto inmortal

La noticia de la muerte de Facundo Cabral pretende asesinar al canto y poesía de nuestros pueblos. El autor de canciones generacionales acompañó a las juventudes latinoamericanas desde sus propios ritmos tradicionales, de esta forma unió al continente con una mezcla de protesta alegre, con vibrante diálogos, unión de humor intelectual que fusionaba realidades con esperanzas.

Un 24 de agosto de 1991 visitó nuestra nación, se presentó en el Teatro Presidente. El afiche con su fotografía tenía por título: Facundo Cabral el poeta de América en El Salvador; aquél fue un momento decisivo en el camino hacia la paz, quizás fue uno de los seres privilegiados que adelantó el momento que vivimos, pero casi 20 años después aconteció la tragedia. Entonó la música de Atahualpa Yupanki con la guitarra en las manos, con su sensibilidad expansiva. Una canción de Atahualpa titulada: Los Hermanos parece describir sus vidas "Yo tengo tantos hermanos/ que no los puedo contar/ en el valle, la montaña/ en la pampa y en el mar/ cada cual con su trabajo/ con sus sueños cada cual/ con la esperanza delante/ con los recuerdos atrás,/ yo tengo tanto hermanos/ que no los puedo contar.. " Y de aquellas lejanas tierras de la pampa, la vida de estos cantores une a los pueblos que siempre son los mismos, sin diferencias. Ya habría escrito Antonio Machado: "se canta lo que se pierde".

Su vida, su obra, acompañado de una guitarra, ese instrumento popular que parece un miembro de las familias latinoamericanas, le identifica como cantor de esperanzas nuevas. La guitarra en nuestra nación es parte de las vivencias juveniles y de muchas anécdotas de abuelos, con las referidas de: rondas, serenatas, mañanitas, charangos, rancheras que con el tiempo se fueron transformando, pero no murieron, se convirtieron en trovas, boleros, baladas y sonidos rock, pero la asociación canto-guitarra-grupos identifica no solo un momento histórico, sino que fotografía el alma de los tiempos, de ahí que la imagen del artista con su guitarra une memoria con el llamado realismo mágico de nuestras Américas.

Y bajo esa condición de poesía que invadía su canto y vida, Facundo Cabral une desde Argentina hasta México al continente, unas palabras de Roberto Juarróz son oportunas: "creo cada vez más, que la poesía es el mayor realismo posible que no está en la manera idealista, ni en los periódicos, ni en la televisión; el mayor realismo posible está en el lenguaje que abre todas las posibilidades, que abre todas las puertas que no tiene miedo de entrar por ninguna, en realidad el elemento que más se repite es la muerte, no hay vida sin la muerte, por eso Octavio Paz dice en alguna parte: "que no hay gran poesía que no se encuentre con la muerte y que no dé, alguna respuesta con el asunto de la muerte; y yo que no creo en las respuestas, creo en la primera parte, creo que el encuentro con la muerte es inevitable, que el ser humano no se encuentre con la idea de la muerte no como una cosa negativa, no como un pesa que lo oprime, no como un granito que lo hunde, sino como algo real que está ahí en cualquier instante y que va afectando a cada uno de los que amamos, y de los que no amamos, que va afectando a todos los hombres, quien no hace eso vive en la fracción, vive en la evasión, viven en la cobardía. Pero en cambio la actitud que la poesía exige es otra, es el dar, es hacer frente a las cosas, por eso dijo Alberte Degan: no hay más gente que lee poesía, por que la gente le tiene miedo a la poesía. ¿Por qué le tiene miedo a la poesía? Uno se queda desnudo ante la poesía.
14JUL011

http://www.cesarramirezcaralva.com/

Síntomas democráticos positivos

Desde que se firmó el Acuerdo de Paz el modelo democrático no fue exigido en su totalidad hasta este momento, antes de la nueva administración no existió una severa contradicción entre los poderes del Estado, no existía ninguna condición que alterara el orden constitucional, ni la Asamblea Legislativa ni el Poder Ejecutivo entraba en la línea de colisión con nada, todo era paz y tranquilidad, pero existían elementos que comenzaban a causar ruido a pesar de la quietud aparente como: la criminalidad, el narcotráfico, así como la ineficiencia en la administración de justicia que provoca tanta incertidumbre en la ciudadanía y envía mensajes equivocados a la nación.
Pero resulta que de un tiempo para acá, el lenguaje de la Sala de lo Constitucional altera todo precedente de la vida democrática nacional, el caso no significa la destrucción de los valores del modelo, sino la reivindicación legal de la vida de un organismo olvidado en el tiempo, ahora la sola mención de un concepto provoca temor en muchos grupos acomodados en sus sillones ilegales, provoca estampidas de pánico en otros que nunca pensaron que un dictamen constitucional acabaría con años de complacencia y manoseos extraños a los procedimientos establecidos en la República, así los acontecimientos el adelanto democrático reside en acatar los fallos constitucionales, obedecer las normas de los magistrados, de la misma forma que aceptar la interpretación de sus honorables miembros, este parece ser el camino hacia la paz social.
La democracia despierta nuevos esquemas de valores del ciudadano que pide ampliar sus derechos versus el Estado que los limita, por ejemplo: las candidaturas independientes, las

reformas a los modelos electorales o las reformas constitucionales y otros no menos conflictivos como: la dolarización, el sistema de pensiones, leyes de seguridad pública. La democracia a la salvadoreña a duras penas comienza el zodíaco de su camino hacia la consolidación de la paz, estas discusiones son esencialmente positivas, porque nos remiten al modelo constitucional, nadie habla de rupturas constitucionales y menos de amparos a la insurrección en nombre de violaciones a la Carta Magna.

No obstante el avance democrático, algunas personas sin derechos constitucionales hacen ruido como si fuesen instrumentos políticos contra el sistema legal. La ciudadanía observa como los custodios y la policía nacional es sometida a severas agresiones que ponen en peligros sus vidas; divulgado en los noticiarios nacionales estos incidentes, en otros tiempos el resultado habría sido pavoroso, en los actuales momentos es la democracia a prueba. Parece que la violencia de algunas agrupaciones antisociales busca destruir el modelo que vivimos y esto es preocupante, puesto que no se pueden separar eventos sociales y acciones políticas. Aún recordamos un paro al transporte decretado por antisociales con voceros extraños y prevenciones a la nación, aún recordamos a las víctimas de un autobús calcinadas en su interior por terroristas, en todos estos casos tanto los soldados, policías y ciudadanos tienen derechos que se olvidan mencionar algunos interesados y se debe recordar que la legítima defensa es oportuna tanto como la defensa de la democracia.

El conjunto de estos elementos muestran que la democracia se fortalece, es la institucionalidad la que pasa la prueba, es nuestra convicción de respetar la constitución con un resultado hasta el momento positivo.

21JUL011

http://www.cesarramirezcaralva.com/

Transformar el decreto 743

Retorno al principio, parece ser una de las salidas más sensatas a las diferencias entre los poderes del Estado.

Si bien es una vuelta al inicio de las condiciones originales, estas contendrán puntos esenciales para solucionar este conflicto, tal como ha sido la propuesta del poder ejecutivo, entre ellas: derogar o transformar el decreto 743, límites a la Sala de lo Constitucional y observaciones referentes a la inaplicabilidad de un decreto legislativo, etc.

Si el decreto 743 es el inicio de muchas diferencias, transformarlo no significa una victoria de nadie, acaso significará una nueva lectura de la realidad que vivimos, con la diferencia que el camino recorrido ha dejado grandes lecciones para todos los actores políticos. El tema no es una cuestión de honor para los poderes del Estado, con el tiempo transcurrido es oportuno valorar si es saludable dar por finalizado el evento y considerar soluciones posibles entre las partes involucradas.

Transformar el decreto 743 sin salidas extremas como la unanimidad de los votos de los magistrados o coincidir en la solución apegadas a derecho, podría ser el camino deseado.

De no encontrar solución a esta polémica, en unos cuantos días cumpliremos 2 meses de discusiones, con sumatorias a favor y en contra de las partes en conflicto, parece que encontrar el punto medio puede contener una propuesta hábil.

La resultante de este decreto es la voluntad del diálogo entre las partes involucradas, condición que durante décadas perdió su valor original, pero con un signo conductor tomados por todas las partes bajo la Constitución de la República. Un producto colateral de este decreto ha sido la amplia participación ciudadana, en diversos aspectos mediáticos, en pocas ocasiones la ciudadanía se ha pronunciado con tanta pasión sobre un tema, afortunadamente la mayoría dentro del marco institucional.

Transformar el 743 quizás signifique el precedente para los siguientes años de la seguridad jurídica, la cual otorgará la confianza a todos, sin amenazas potenciales que apresuren decretos contra otros órganos del Estado, al menos teóricamente este podría ser el marco ideal.

Al avanzar en formas propositivas, se desactiva el temor de amenazas potenciales de unos sobre otros, acumulando experiencia política para cada parte en el caso que se presente de nuevo otra condición similar. Esta situación llama a todos a la modernización del modelo político, pide instaurar puentes o espacios nuevos de diálogo entre los órganos del Estado, puesto que las reformas constitucionales o reformas políticas deben ser usuales y no la excepción en un sistema democrático.

Es probable que en la próxima sesión legislativa el decreto 743 sea historia, pero también deberá comprobarse si es la misma historia para otros poderes del Estado, puesto que aún quedan pendientes otros temas que motivaron este problema, entre ellos la Amnistía, las disposiciones electorales etc.

Al menos estas discusiones muestran signos del crecimiento democrático, junto a la vitalidad de la participación ciudadana.

La nación debe distinguir entre un presidencialismo fuerte, junto a una Asamblea Legislativa propositiva más una Corte Suprema vigilante del modelo constitucional, en el marco del desarrollo democrático armonioso, que es al final de ser la vocación de la República.

28JUL011

http://www.cesarramirezcaralva.com/

Caso jesuita: justicia y democracia

El destino tiene caminos extraños, de pronto el pasado impone su lugar y clama justicia ante el asesinato del Consejo Superior de la Universidad Centroamericana de 1989 conformado por seis sacerdotes jesuitas.

La justicia se solicita desde el Reino de España, bajo procedimientos de investigación propios de aquella lejana nación, a petición de las familias afectadas.

Desafortunadamente nuestra nación tiene esa larga tradición de impunidad, terror y corrupción que durante décadas se perpetuó conformando una cultura de irrespeto a los derechos humanos, la vida, la institucionalidad, etc., por esa razón las esperanzas de justicia para las víctimas aún en estos tiempos de paz son mínimas, los reclamos nacionales e internacionales por la aplicación de justicia en El Salvador llegan hasta el cielo y no bajan a la tierra, allá reposan por los siglos de los siglos.

Bajo estas premisas, la orden de alerta roja para capturar a los militares involucrados en aquél asesinado es de pronóstico conocido, no existirán sorpresas de la justicia local, menos aún en la supuesta extradición hacia el Reino de España.

Es una cuestión dolorosa el acontecimiento de la guerra, acá todos fuimos afectados, la guerra no celebra la vida, nada se gana de la tragedia y aunque esta situación abra un precedente mañana otras familias podrían demandar el mismo trato para la contraparte militar. La guerra nos colocó en el mismo nivel de cualquier nación que ha sufrido los horrores de tantos crímenes, las armas al final no matan, son las personas las que disparan contra otras bajo el signo del odio sin límites o en estos tiempos por diversas situaciones propias de los seres humanos degradados a sicarios.

Aún ahora, el panorama es desolador, los crímenes, la corrupción, las extorsiones son el pan de cada día, las víctimas claman justicia y sus peticiones terminan como siempre, en el olvido.

Este no es el primer caso de un juicio contra militares que las víctimas interponen fuera de la nación, en Estados Unidos de América se han procesado y condenado a otros exmilitares por delitos de violaciones a los derechos humanos, esto significa que para encontrar justicia se debe recurrir a terceros países, quizás es el único camino por el momento.

A lo mejor no es revancha, ni odio, ni venganza el símbolo que la sociedad ofendida reclama, a lo mejor es solo el símbolo de un hombre y otro hombre, o una mujer y otra mujer hasta llegar a miles y miles de salvadoreños representados en Monseñor Oscar Arnulfo Romero o los sacerdotes jesuitas asesinados bajo la acusación de ser comunistas, quizás lo único que alienta es la memoria y es todo.

El verdadero ejercicio al final, no es la aplicación de la justicia, el verdadero examen es si esta apertura democrática puede sobrevivir a este desafío que pronto puede llegar a consecuencias insospechadas por las implicaciones internacionales.

En esencia es un proceso judicial, pero las fronteras políticas y de relaciones internaciones internacionales son tan permeables, que recuerdan otros procesos en diversas naciones; es un momento crucial puesto que exigirá de nuevo el pronunciamiento de los poderes del Estado: Asamblea Legislativa, Corte Suprema y Poder Ejecutivo.

Al final cualquier respuesta a estos eventos debe ampararse en dos pilares estratégicos: la justicia y la democracia.

11AGO011

Pipiles de Izalco

A propósito del Bicentenario del primer grito de independencia de 1811, la presentación del libro: Mitos en la lengua materna de los pipiles de Izalco en El Salvador de Leonard Schultze Jena, traducido por Rafael Lara Martínez, evoca la voces indígenas que precisan nuestra identidad étnica negada por mucho tiempo.

En enero de 2011, fue presentado oficialmente bajo el sello editorial de la Universidad Don Bosco y el pasado lunes 15 de Agosto se realizó una conferencia sobre este tema en la Universidad de El Salvador.

La importancia de un texto como el referido, es el criterio de unidad nacional que proyecta el sentido étnico y los conceptos de inclusión en nuestro contexto social, puesto que la investigación completa fue realizada por Schultze Jena entre agosto de 1929 y marzo de 1931. Durante el año de 1930 el investigador alemán realizó tres viajes al pie de volcán Izalco.

"En 1935 se publicó INDIANA II MYTHENIN DER MUTTERSPRACHE DER PIPIL VON IZALCO IN EL SALVADOR en Jena por Gustav Fischer. Se trata del ciclo mitológico más completo en lengua náhuat, también conocida como pipil. Aún no existe una traducción directa de ese ciclo mitológico al español, ni una interpretación adecuada de su contenido. Acaso resultaría una de las paradojas de la antropología salvadoreña actual que el creciente interés por explicar los sucesos de 1932 no genere una inclinación intelectual semejante por comprender la mentalidad indígena afectada por los hechos ".

Este valioso documento se divide en dos secciones: I auto-reportajes sobre la vida y pensamiento pipiles II La lengua de los pipiles de Izalco.

El maravilloso conocimiento de nuestra etnia nos permite explorar un universo olvidado, pero acaso muy cerca de nuestra condición salvadoreña, es bajo este sentido que el pasado nos proporciona un continente memorial que explica la realidad desde el punto de vista pipil.

Los indicadores generales connotan: las plantas, la tierra, el agua, la vía láctea, los puntos cardinales, etc.

La aritmética náhuat es un hallazgo: "a partir de los dedos de una mano y su totalidad, en manos y pies, se generan dos sistemas paralelos de conteo (púal, puwal) que denominamos quintesimal (5) y vigesimal (20)".

El conjunto de esta obra, nos permite ampliar la realidad sobre el pensamiento pipil, que a pesar del grave olvido, la fuerza de su universo retorna a esta época enajenante de ordenadores personales, interacciones multimedia, comunicaciones globales etc., con el peso del cuerpo humano que nos une a la tierra, al universo y a la vida.

La comprensión de los pueblo originales y el agradecimiento de la nación debe ser el punto culminante de la celebración del bicentenario, es la etnia la que ha originado a muchos pueblos, es la riqueza de nuestra nación clamando por la vocación de ese pasado que da sentido a nuestra historia, sin ellos no podría existir nuestra actual sociedad.

18AGO011

http://www.cesarramirezcaralva.com/

¿Por qué la juventud es el futuro de la nación?

Hace unos meses, en una conferencia cultural, un joven me lanzó esta pregunta ante un foro universitario de unos 200 alumnos.

Aquella iniciativa me provocó diversas reacciones y en cuestión de segundos recorría mis años universitarios donde el centro de gravedad era la lucha contra la dictadura militar y la cantidad de injusticias sociales etc.

Influidos por diversos movimientos humanistas y revolucionarios, muchos no preguntamos por el futuro, sabíamos que no lo teníamos en absoluto, que al contrario de anteriores generaciones debíamos construirlo en dos grandes líneas generales: una la formación profesional y otra el curso del cambio hacia la democracia. Si esta condición era ingenua pronto comprendimos que nuestra sociedad exigía más y más para el cambio anhelado. La sociedad de aquellos años no admitía opción, el autoritarismo forzó la revolución armada, pero aquellos que defendían el antiguo modelo antidemocrático hicieron lo mismo, al final fue arma contra arma, el costo fue dramático.

Desde esos años el futuro era un espacio inalcanzable, lo sabíamos no por un año, ni una década, prácticamente envejecimos sin futuro, excepto que alimentados por una concreción del presente, nos aferramos a diversas opciones que combinaron guerra, exilio, lucha democrática, construcción de movimientos sociales, realización profesional, familia, todo en concordancia con las precarias posibilidades que la sociedad nos brindó y esto no fue nada fácil.

En determinado momento el capitalismo nos exigió una certera conciencia de integración, pero unido a ello conservamos nuestros ideales por la democracia por esa sociedad integral que soñamos hace mucho. Pronto comprendimos que el futuro no reposa en la edad, puesto que muchos de nosotros ya no teníamos edad para nada.

Algunos de nuestros contemporáneos parecían viejos autócratas, no pensaron, ni creyeron, ni siquiera soñaron con modificar un solo centímetro de la sociedad autoritaria. Años después su presente es un desastre. En nuestro caso soñar y luchar por la democracia tampoco fue un seguro de vida para lograr el "éxito social", excepto que nosotros no desistimos, a lo mejor ahora ellos sueñan con el regreso a la dictadura.

Hace años comprendimos que si no teníamos futuro solo teníamos el presente, sabíamos que en cuestión de horas podíamos ser cadáveres y no era "paja", así que combinamos las penurias del estudio a toda costa, aún en situaciones extremas y robamos tiempo a todo. Debo anotar la vieja leyenda de AGEUS: estudio y lucha, resume no solo la vida, también la muerte. Como el capitalismo no perdona a nadie y la democracia es una cultura en construcción, los jóvenes deben estudiar y luchar por la democracia en todo: trabajo, estudio, movilidad social, reconocimiento, organización política, seguridad ciudadana, participación civil etc. La democracia entonces es el cambio permanente, más democracia y mejor sociedad, evidentemente algunos pueden estar en completo desacuerdo, no obstante ¿qué joven no desea una estabilidad social para los siguientes 100 años? ¿quién se opone a libertad y los derechos ciudadanos? de esa forma exigir a la democracia más democracia es el desafío, nadie será viejo con esa bandera y los jóvenes pueden envejecer con esa utopía. Exactamente como nosotros.
25AGO011

http://www.cesarramirezcaralva.com/

La felicidad del siglo XXI

La felicidad… ¿Qué palabra es esa?. Felicidad es sinónimo de: "satisfacción, agrado, alegría, júbilo, placer, gusto, delicia, contento, euforia, éxtasis, placidez, optimismo, bienestar, fortuna, suerte, auge, su antónimo: desgracia, desencanto, fracaso."
En cierto modo asusta hasta los más ortodoxos, se supone que debemos estar tristes por todo y si no lo estamos debemos buscar un motivo para ser prisioneros de ella, parece que además de ser pecado es una condición delictiva. Sucede que la felicidad esta asociada en el siglo XXI al dinero y la realización material que este vehículo provee, de tal manera que ser feliz y ser pobre es una aberración absoluta. Podemos agregar que pobre por naturaleza es el inverso de la felicidad, puesto que es un fracaso, un desafortunado, etc. dentro del capitalismo. En el socialismo no hay "fortunatos".
Existen muchos personajes que se ganan la vida vendiendo felicidad de todo tipo, por eso el mundo ama a los payasos, porque en cierto modo su sinceridad transparente no miente, además porque inofensiva "hace olvidar" las preocupaciones que vivimos, existen en ese rango cientos de variantes evasivas que no son inofensivas sino mortales, pero conducen a la felicidad fácil, de tal forma que el agrado se convierte en comercial cuando las multitudes pagan por ese estímulo accesible.
La venta de la felicidad puede ser política, religiosa, científica, tecnológica, financiera, etc. esta asociada a ese nivel aspiracional que mueve a los apostadores a correr riesgos, juran que bajo ese nivel ganarán, esa es la solución a todos los problemas económicos, similares y conexos.
La felicidad tiene cierto margen de legalidad social, de acuerdo a la época que vivamos. No obstante usted puede ser feliz después de muerto, bueno no pocos creyentes están dispuestos a luchar "vivos" hasta las últimas consecuencias por esta premisa, en diferentes culturas existen "promesas a cumplirse en la otra vida", ella ha sido el eslabón que permite lograr un palco de lujo en el otro mundo y por supuesto ver el paraíso en primera fila.
En el siglo XIX en el antiguo Reino de Guatemala, la promesa de felicidad era un arma a favor de la independencia: véase carta del 08 de noviembre de 1811 de Manuel José Arce a las provincias y gobiernos locales, pero no solo los insurgentes salvadoreños usaron ese argumento, también Napoleón Bonaparte la usó como concepto para todas las Américas, bajo el nuevo signo de la igualdad, fraternidad y libertad, por esta razón la Iglesia predicó contra "la falsa felicidad". Usualmente las revoluciones tienen ese concepto porque nada es más feliz que un esclavo liberto, de esa forma los soviéticos debieron ser los seres más felices del mundo y no era para menos, la cerveza no era considerada producto alcohólico sino comida hasta 2010, sin embargo para otros naciones capitalistas la URSS era el reino de la tristeza y no era nada eso de: "me lleva la tristeza" occidental, parece que existían otras tristezas más tristes –que recuerda un poema muy conocido-. De pronto en el siglo XXI la felicidad es su poder adquisitivo, su realización aspiracional, en otras palabras puede comprar un Rolex, poseer una o varias cuentas bancarias de siete dígitos, ser inmune a las leyes terrestres y divinas que no es poca cosa, si lo prefiere presidente un partido político y dueño de la nación. Se supone que vivimos en una democracia, en una nación feliz, que existe justicia, libertad, igualdad, que la religiones pueden predicar lo que quieran para vivos y muertos, ¿qué impide el encuentro con ese estado de ánimo?... no se preocupe

solo inicie una pequeña búsqueda de qué significa: Verdad, Bien y Ser... no necesitará más antiácidos.
01SEP011

http://www.cesarramirezcaralva.com/

Construcción de la solidaridad nacional

El derecho de los trabajadores a sus reivindicaciones por una vida digna en medio de las tempestades económicas es una función necesaria, los trabajadores no deben quedarse esperando su destino en la miseria de tanto despojo económico. Esta condición de lucha de los trabajadores no puede estar aislada de su entorno social, de ahí la conjunción del Estado y el Sector Privado.

Cuando la escala de los problemas no es solo nacional y las consecuencias de la recesión internacional toca la puerta de las familias pobres, se imponen mínimos acuerdos para salvarnos de la agresión externa.

A pesar del clamor por la justicia económica de los trabajadores durante años, esto no funciona, ni tampoco acuerdos intersectoriales, ni apoyo a la inversión interna, ni el diálogo para conformar mesas de aproximación con agenda de nación. De la misma forma durante estos años de nueva administración, el sector privado ha expresado su categórica oposición a cualquier iniciativa de los trabajadores y al nuevo gobierno en muchas situaciones su accionar es más parecido a un partido político que a un conglomerado capitalista, puesto que la función del capitalismo es la reproducción de sus activos sin importar la ideología: "negocios son negocios".

El juego del capitalismo es la plusvalía que puede llegar hasta los límites que permita la imaginación, mientras algunos poderosos sectores predican contra la nación a nombres de la inseguridad, la desconfianza, el temor a las reformas legales, etc., las excusas para no invertir son infinitas. No obstante varios sectores capitalistas exportan sus capitales fuera de la nación tal como lo han denunciado periódicos norteamericanos, el colmo es la afirmación de un expresidente: "solo un loco puede invertir en El Salvador"... así la crisis nos arrollará. ¿Qué debemos hacer?... debemos eliminar las diferencias y enfrentar la realidad de la calamitosa situación que nos rodea, todos conocemos nuestro entorno, es oportuna la pregunta: ¿cómo podemos sumar esfuerzos sin exclusiones, sin diferencias, sin límites entre afortunados y desafortunados? ¿Es posible superar este estado de desconfianza? Tal parece que la respuesta es negativa.

Deberíamos ser prudentes, recordar la historia nos ayuda a todos.

Hemos observado en otras naciones la tragedia del desempleo, la quiebra de corporaciones financieras, pérdida de montos de pensiones, inmobiliarias, aseguradoras, automotrices etc. las reacciones de los trabajadores lanzados a la calle no son deseables.

El verdadero peligro de estas condiciones de desconfianza es el potencial surgimiento de mesianismos de izquierda o derecha que impedirán el desarrollo de la democracia, con severas consecuencias para la vida institucional, los ejemplos están a la vista.

Aún es tiempo de impulsar una cultura de solidaridad nacional, con respuestas posibles a la pobreza estructural, construyendo confianza, combatiendo a los verdaderos enemigos antisistema como el narcotráfico, puesto que la construcción solidaria no puede limitarse a

una administración gubernamental, la nación es expuesta a estos severos eventos traumáticos que sin lugar a dudas acontecerán.
La historia en momentos como este reclama organización y unidad nacional, la construcción de una cultura de solidaridad será un signo de madurez política.
Es preferible construir una alternativa solidaria a no tener repuesta a la recesión.
08SEP011

http://www.cesarramirezcaralva.com/

5 de noviembre de 1811. El Salvador (I)

Sobre los acontecimientos de tan importante evento, escuchamos afirmaciones incorrectas de diversas personalidades e instituciones privadas.
El siguiente es un guión que puede ilustrar sobre estos aspectos.
El día 5 de noviembre de 1811, a las 06:00 horas, Mariano Fagoaga abre las ventanas y observa que las placeras y gente del mercado se agrupan en la plazuela de Santo Domingo. Sorprendido por aquella acción se acerca a dos de ellas. Ellas informan que los barrios populares fueron convocados a la plaza mayor desde a noche del 4 de noviembre.
A esa hora 06:00 El Corregidor emite **un decreto de prisión a todos los europeos**, por orden del pueblo. Miguel Delgado procede al desarme de los europeos por "orden del Gobierno" que residía en **Manuel Morales alcalde Primero**.
Poco tiempo después a las **07:30** Manuel José Arce, con veinte y un años de edad, lleva un sable desenvainado en la mano derecha y el capote terciado en la izquierda. Dirige a los grupos insurrectos por la ciudad ordena sacar de su tienda al español-europeo Felipe Cereso para llevarlo a casa del Cabildo. También llevan a Braulio Palacios y Gregorio Castriciones que se acogió a un Presbítero de Santo Domingo. Matero Fontela se refugia en casa de los Arce, mientras los grupos insurgentes entran y salen de esa casa, ahí Manuel José Arce previene a los insurrectos, para no cometer tropelías, al vocear desde una ventana:- "que se contuviesen, y que… que se diría de S. Salvador."
Entre las **08:00 y 10:00** se precipitan diversas acciones que tendrán repercusiones históricas, por el momento debemos precisar lo siguiente: Entre trescientos o cuatrocientos hombres se agolpan a la puerta de la casa del Intendente. Manuel José Arce acude a la misma con el objeto de sacar a la multitud de ese sitio, lo cual logró sin lamentar mayores daños, excepto romper un farol y la puerta del traspatio. **Toque de Campana y junta en Cabildo**. El pueblo reunido en el Cabildo arma una gran vocería, mientras Manuel José Arce proclama subido en una silla: **"No hay Rey, Alcabalas, Tributos, terrajes y demás justos Derechos".**En aquellas circunstancias el Intendente presidiendo el acto, no podía entender las solicitudes del pueblo que entre la confusión y trastorno de la vocería de muchos se hacían, habló al Pueblo para que nombrase uno que metódicamente le expusiese lo que pedía con desorden, así la multitud aclama a Manuel José Arce como diputado del pueblo. En su intervención como Diputado, Arce expresa claramente que el Intendente abandone el mando. El momento es el siguiente: "…siendo de cabildo ordinario, **incautamente se tocó aquella campana**, cuyo sonido reunió no más pocas gentes, como la noche anterior, sino todas las personas capaces de sostenerse en pié ¿qué rara? Los ánimos

indispuestos, el tumulto en movimiento, la potestad dudosa, nadie manda, nadie obedece, y solo el desorden reinaba, la confusión se esculpía en los habitantes de San Salvador. Pero reintegrados un tanto los espíritus de los españoles americanos, toman la voz para representar al Pueblo, que el movimiento tumultuario prometía grandes desastres, que hablase y pidiese lo que en justicia quería, y con este objeto, se congregó en las casas y corredores consistoriales"… etc. **En conclusión: el presbítero Dr. José Matías Delgado no tocó la campana de ninguna Iglesia, son las 10:00 a.m. hora exacta de aquél acontecimiento trascendental.** (Fuente: Procesos por Infidencia contra los próceres salvadoreños de la Independencia de Centroamérica desde 1811 a 1818/ Miguel Ángel García.)

15SEP011

http://www.cesarramirezcaralva.com/

5 de noviembre de 1811. El Salvador (II)

Entre las 10 a.m. y 12 m. de aquél día acontece el cabildo de San Salvador, bajo una tensa condición entre españoles americanos y peninsulares.
Momentos antes de elegir a las nuevas autoridades acontece una discusión entre José Matías Delgado y José Rosi (Teniente Coronel, Comandante del Escuadrón de Dragones) que mantiene una posición moderada y es consciente que no solo están en desventaja, sino peligran los españoles europeos en su integridad cuando afirma: "Yo constante dentro de ellos procurando sosegarlos". Sucede el despojo del mando militar, ordenado por José Matías Delgado: "que dejase el bastón que no quería que la plebe lo tuviese"… Rosi- (responde con una desvergüenzada y que)… "aquél bastón me lo había dado el Rey, y no lo largaría, solo que me quitasen el brazo" … (y me dejó)
Agrega: " yo mirando y reparando todos los excesos, y quienes eran".
Pero el cabildo logró sus frutos:
"…. en donde nombró Regidor a Don Bernardo Arce, de Alcalde de Primer Voto, concurrieron también el Sr. Intendente y todos los europeos ¿pero a qué? A exaltarse en odio público y el pueblo ya no hace peticiones, sino que clama contra ellos…"
Existe un clima de exaltación y el pueblo responde a los españoles europeos:
 "de forma que repartido en varios trozos asestan las casas de estos,"
Pero los europeos también claman la violencia: "y los que la noche antes les contuvieron toman empeño particular para reprimirle".
En estos álgidos momentos José Matías Delgado impone su sabiduría:
"La predicación de su cura y Vicario, la confianza de los españoles americanos y la obediencia al Alcalde nombrado fueron los ángeles tutelares de los europeos, de modo que la mayor gloria que se tiene es la conservación de sus vidas y caudales.
Aquietado algo (el pueblo) pide reformas y nombra un diputado que las promueva, pero la confrontación de unos y otros, no permitía que los espíritus se tranquilicen y se guardara el orden en las peticiones.

El fuego resucita y se tomó partido de conceder plenamente cuanto se pidiese, sin exigir unas que la conservación de sus vidas y haciendas de los europeos. Con esto se consiguió que se restituyesen el sosiego y al siguiente día (06 de noviembre de 1811) se formalizaron las peticiones por ese Orden".

El primer Gobierno Insurgente y Revolucionario de Centroamérica, jura lealtad al Rey Fernando Séptimo. Además se compromete a oponer fuerza a la fuerza, nombrando a Mariano Batres Intendente del Gobierno Insurgente… etc. presentes en dicha junta los reverendísimos Padres Prelados, regulares, Oficialía y todos los vecinos españoles y mulatos honrados que quisieron tomar parte.

Debemos señalar en este momento un error en la placa conmemorativa de nuestro máximo monumento al 5 de noviembre de 1811 en la Plaza Libertad de San Salvador. La placa referente al ciento cincuenta aniversario del Primer Grito de Independencia con fecha 5 de noviembre de 1961, al mencionar a los Regidores tiene el nombre de Francisco Vallesco, **cuando el nombre correcto es Francisco Valleso.**

Cuando celebremos el Bicentenario el próximo 5 de noviembre de 2011, debemos al menos escribir el nombre correcto de tan ilustre patriota.
Las autoridades correspondientes tienen la palabra.
22SEP011

http://www.cesarramirezcaralva.com/

5 de noviembre de 1811 (III)

Fuerzas populares salvadoreñas. Un día antes el 4 de noviembre de 1811. El Alcalde Bernardo Torres citó de nuevo a la gente de su Barrio y comenzaron las novedades, tomando prisionero a Bernardo Molina a quién se atribuyó parte de la conspiración para asesinar a José Matías Delgado, además de intentar capturar a otros sacerdotes convocando a sus partidarios en el Barrio de Candelaria, con lo cual precipitaron los acontecimientos…" acaloró al Pueblo hasta agolpársele al Sr. (Intendente) Gutiérrez pidiéndole la seguridad de las personas nombradas". Nicolás Aguilar conduce la multitud que prende preso a Molina. Los criollos (Bernardo Arce, Manuel José Arce, Mariano Fagoaga) forman anillos defensivos alrededor del Intendente Gutiérrez y de Matías Delgado. Aquella noche, Mariano Fagoaga contuvo a las personas que pretendían entrar a la casa de Gobierno, logrando se retirasen a sus barrios, luego regresó a dar parte de todo al Jefe de Provincia, con quién permaneció hasta el amanecer. Durante ese tiempo el grupo se encaminó a la casa del Intendente Gutiérrez; con Bernardo Arce y Manuel José Arce al frente, quienes posteriormente se fueron a dormir a casa de José Matías Delgado y el Alcalde para protegerle. En la residencia quienes formaban la primera línea de la defensa fueron los mulatos, bajo la latente amenaza atribuida a Rentería.

Simultáneamente durante la noche se realiza una convocatoria a los barrios de San Salvador, "por cordillera" *para que se desembarazasen en la Plaza Mayor el día 5 de noviembre. Por coincidencia ese día es fecha de Cabildo, donde se reúnen las autoridades.* Durante la madrugada del 5 de noviembre los alcaldes de los barrios conspiran y movilizan al pueblo. Son las 06:00 de la mañana, con la organización insurreccional en marcha la persona que dirige tan magno acontecimiento es **Manuel Morales** que emite un decreto de prisión a todos los europeos, por orden del pueblo. Miguel Delgado procede al desarme de los europeos por **"orden del Gobierno"** que residía en Manuel Morales alcalde Primero. Como puede observarse, los criollos son empujados hacia una acción política originada por las fuerzas populares salvadoreñas, que incluye: indios, africanos y criollos. Los españoles americanos (los criollos) con mentalidad conservadora tratan de proteger el antiguo orden de los peninsulares y al mismo tiempo impulsar su visión política como familias principales. Es significativo que Miguel Delgado obedece la orden del desarme de Europeos, no son los criollos los generadores del evento, ellos se unen a la fuerza de aquella primera orden insurreccional.

Mientras José Matías Delgado en su residencia, resguarda su seguridad con cuatro trabucos o piezas pequeñas de fuego, con un saquito de balas. Son las 08:00 a.m. hasta ahí se aboca Juan Miguel Bustamante abogado y asesor de la Intendencia de León Nicaragua quien en compañía del Contador José Mariano Batres, se encuentran en la ciudad de San Salvador. Bustamante dice: "y sorprendido con tal novedad, le pregunte que quien ordenó su prisión y me contestó que el Pueblo; le replique dónde estaba reunido y me dijo que en casa del Corregidor Morales añadiéndome que el decreto de prisión se extendía a todos los Europeos".

Morales es llamado por Matías Delgado y le dijo:

- Debe disuadir al pueblo

- Me expongo y no puedo remediarlo – dijo Morales –

22SEP011

http://www.cesarramirezcaralva.com/

5 de noviembre de 1811 (IV) Iglesia contrainsurgente

Al fallecer el Séptimo Arzobispo de Guatemala: Ramón de la Vara de la Madrid, su plaza es retomada por Ramón Casaus y Torres, su oscura presencia persigue a los eclesiásticos insurgentes salvadoreños durante la década revolucionaria de 1811-1821.

El Arzobispo del Reino de Guatemala Fr. Ramón Casus y Torres comete un mal procedimiento judicial, éste delito fue uno de los causantes directos del movimiento insurreccional en San Salvador, al tomar prisionero a Manuel Aguilar acto acontecido el 31 de octubre de 1811.

El Fiscal de Indias (España) afirmó (años después): "por si sólo, tomó conocimiento de un delito de traición; que siguió la causa y la sentenció o cortó precipitadamente en el mismo tiempo de alborotarse San Salvador, manifestando al público que la detención y llamamiento de los Aguilares no había tenido otro objeto que la averiguación de más noticias, que ya no era las providencias. Si esto fue así, como se infiere, si las providencias para el arresto de estos curas, en causa de traición, dimanaron **de una autoridad incompetente** cuando acababa de publicarse el decreto de las Cortes restituyendo a las Audiencias el fuero privativo de tales delitos que andaba desordenado; si el arresto se hizo sin tomar las precauciones necesarias con unos curas estimados del vecindario de San Salvador"…y como si esto fuera poco, agrega el Fiscal de Indias: "Y el silencio posterior de 1811 y sucesivos acompaña dichos eventos son lamentados posteriormente por el Fiscal de Indias: "A vista de todos estos antecedentes, no se puede dudar que las conmociones que han agitado a las capitales subalternas del reino de Guatemala no tengan el mismo carácter, más o menos graduado, que el de las demás provincias de América; el plan general de independencia y el odio al Gobierno de Europa también se descubre en los revoltosos de San Salvador; pero se ignora absolutamente el móvil, la ocasión inmediata de la primera sublevación en noviembre de 1811, por donde venir en conocimiento de la extensión y naturaleza del mal y de si los remedios que se han aplicado fueron los más oportunos. Ya el señor fiscal que era entonces del Consejo echó de menos, en su respuesta de 27 de abril de 1812, que no se dijese nada de ello". Sobre aquella Iglesia contrainsurgente Nicolás Aguilar afirmó: "las noticias que se publicaban en la Gazeta de Guatemala son falsas por que las contradicen unas con otras, y que el Padre Monameque que **era el Editor tenia licencia para mentir**". Ramón y Casaus nombra al Vicario provincial de San Salvador Pedro Iraheta, Juez eclesiástico para proceder con su asistencia en las causas de infidencia contra Mariano Lara, Nicolás, Vicente y Manuel Aguilar. Casaus y Torres había opinado en el Consejo de los Virreyes en México, que se colgase por lo menos a cinco cabecillas, y el mismo José Bustamante (Cap. Gral) creía que el mejor medio de extirpar el mal de la revoluciones contra los legítimos reyes era el hierro y el fuego. Ramón Casaus y Torres escribió en forma epistolar un periódico titulado Anti-Hidalgo (Hernández y Dávalor, 1985). "son 16 cartas publicadas por entregas, firmadas bajo el seudónimo de "Un doctos mexicano al Br. D. Miguel Hidalgo y Costilla, excura de Dolores, exsacerdote de Cristo, excristiano, exhombre, y Generalisimo capataz de salteadores y asesino (c.7ª.:p.647) "conversión de tu infeliz alma, degradación y horca", así comienza su primera carta.. Casaus y Torres al conocer el movimiento revolucionario del 5 de noviembre de 1811, hizo salir al recoleto Fray José Mariano Vidaurre y otros misioneros para que fueran a predicar contra los insurgentes.

06OCT011

http://www.cesarramirezcaralva.com/

5 de noviembre de 1811 (V)
Plan Insurgente Centroamericano

A partir de las 04:00 p.m. (05NOV811) el Gobierno Revolucionario Salvadoreño llama a la insurrección. El escribiente Francisco Lozano afirma que fue llamado por Manuel Juárez a casa de Don Bernardo Arce, para realizar la convocatoria que se hace a los Ayuntamientos de las Provincias para que auxiliasen al de esta ciudad en la conmoción popular. La orden de dicho documento fue de Manuel José Arce y Juan Manuel Rodríguez.
En declaraciones posteriores (18NOV815) el escribiente principal Juan Nepomuceno Cisneros afirmó: "y que estas convocatorias sabe se remitieron a los referidos Ayuntamientos y al de la ciudad de León (Nicaragua) por medio del Secretario Don Juan Manuel Rodríguez que los acompañó con oficios".
Ese mismo día por la noche, Pedro Alda afirmó: " (El) Presbítero Nicolás Aguilar llegó al convento de Santo Domingo y en la Celda del Padre Maestro Fr. José Cascon dijo: hablando de la Revolución que aquello no era mas que empezar, pues sino soltaban a su

hermano (Manuel Aguilar) irían a Guatemala cincuenta mil hombres, (en consecuencia) con lo demás que tiene dicho en su declaración lo cual le expresó al deponente Don Miguel Urruela que se halló presente y también le parece al testigo estuvieron entonces el Padre Fr. Francisco Aguilar, y el Padre Fr. Domingo Suja."

La importancia de tal evento connota un plan de las fuerzas insurgentes salvadoreñas, que tiene por objetivo irradiar a las provincias del Reino de Guatemala.

Son tiempos de conspiraciones entre ellas la insurrección del pueblo de Olocuilta, con mulatos correos y correspondencia de los alcaldes.

En días posteriores existen debates públicos, convocados por el gobierno insurgente y Miguel Delgado conductor de mil hombres hacia la defensa del nuevo gobierno, llama a la insurrección a pueblos vecinos entre ellos San Jacinto y anuncia que el Castillo de Acapulco había sido tomado por el Presbítero Morelos, aunque en realidad es el puerto de Acapulco donde se encuentra Morelos en octubre de 1811 (Veladero, 23 de octubre de 1811. TOMO III NÚMERO 98).

Miguel Delgado expone el Plan General Insurgente en el cuartel de los Dragones, (además) envió al emisario Joaquín Pino con cartas a Sonsonate.

Expone junto a Manuel Morales, Juan Manuel Rodríguez que debía conquistarse la Villa de San Vicente, y la Ciudad de San Miguel, (que) se encontrarían con los de León Nicaragua luego regresarían a tomar la Capital de Guatemala. Aquellas reuniones acontecieron en diversos sitios uno de ellos era la casa de los Presbíteros Aguilar, donde se planificó la fabrica de cañones y donde se propuso tomar el cobre de las campanas de las iglesias. Durante estos eventos públicos, se divulgó y leyó la carta en que se comunicaba la prisión del Presbítero Manuel Aguilar; aquellas reuniones populares terminaban con el llamado a la revolución: "Ca San Salvadoreños, que esperan que no acaban con todos estos chapetones".

De aquellos eventos Manuel Morales (Corregidor, Alcalde Primero y Jefe insurreccional, en quien reside el gobierno del pueblo) fue acusado de haberse "agavillado" junto otros y estar a la cabeza de 300 hombres para resistir a las tropas del Rey, además de haberse opuesto a la entrada del Coronel Aycinena, que vino a suceder al Intendente Antonio Gutiérrez y Ulloa.

13OCT011

http://www.cesarramirezcaralva.com/

5 de noviembre de 1811 (VI) La Nación.

El concepto nación surge en los siguientes 28 días del gobierno revolucionario, en la cual podemos encontrar la siguiente propuesta teórica. La nación: "unidad humana con homogeneidad cultural, histórica, política económica, plurilingüística, etc. Es necesario reconocer al menos tres momentos que identifican este objetivo: 1: la aparición de la idea de nación 2: el reforzamiento del poder real y la unidad de empresa, finalmente 3: la formación de nación(es)" (Dic.Enc.OUC). **Aporte criollo:** La idea de nación surge el 8 de noviembre de 1811 en la Carta Insurgente que fue enviada a los partidos de los ayuntamientos y partidos. Manuel José Arce consciente del momento y la trascendencia histórica indica conceptos de: "Felicidad. Defensa de los ciudadanos contra amenaza del

partido de los europeos, Derechos, Pueblo que procede con inspiración superior." …
elementos que recuerdan el preámbulo de la Constitución Norteamericana : "NOSOTROS
EL PUEBLO DE ESTADOS UNIDOS, a fin de formar una Unión, más perfecta, establecer
justicia, afirmar la tranquilidad interior, proveer la defensa común"…   Al respecto años
después el Capitán General José Bustamante y Guerra, anotó: "protesta idéntica a la que
hizo la Nueva Inglaterra cuando los Estados Unidos de América se preparaban para la
guerra de independencia". Debemos anotar que estos conceptos tenían cierta distorsión,
puesto que indios, africanos y criollos (no de las familias principales) aún recorrerían un
largo camino hacia su reconocimiento como ciudadanos, al igual que las mujeres. No
obstante este puede considerarse el legítimo instante de la idea de nación. Es una buen
aporte de los criollos (de las familias principales), no obstante existen otros aporte del
pueblo conformado por indios, africanos y criollos sobre este aspecto, los cuales acontecen
en a partir del 16 de noviembre de 1811 en Santa Ana, en esta región acontece un auténtico
movimiento popular conformado por africanos e indios que marcha unidos contra las
fuerzas españolas.
En ellas se destacan: Juan de Dios Jaco, Franco Reyna y Lucas Morán quienes visitan casa
por casa llamando a la insurrección (16,17, 18NOV811). Ellos llevan dos semanas de
conspiración. Con los acontecimientos de San Salvador las autoridades españolas han
encendido las alarmas por toda la provincia y realizan una búsqueda de emisarios franceses,
apresando a todos pasajeros que entran por los pueblos. Por la noche del 17 noviembre de
1811, Matías Segura Indio Gobernador recibe a los insurgentes y defiende que ese pueblo
no es de mulatos. Pero Antonio Méndez ofreció 400 mozos para unirse a la insurrección. El
movimiento crece con peticiones populares, se denuncian impuestos, controles de precios,
abusos de funcionarios, aquellas acciones llegan a oídos de la Iglesia (contrainsurgente) y
funcionarios, quienes alarmados convocan a una reunión, además esconden las campanas
de la Iglesia, pero los métodos tradicionales de paz no funcionan, los mediadores fracasan.
El descontento es general.
El 18 de noviembre acontece un grandioso tumulto con pardos e indios. Dos negros
capitanean a quinientos hombres y llaman a los indios. Durante la misa el pueblo
conformado por indios, africanos y criollos escucharon atónitos la excomunión para
quienes participaran en la revolución. **Aporte popular al concepto de nación**: Francisco
Reyna proclama defender los sacramentos y decide convocar a indios a la insurrección.
Timoteo Quinteros afirma: "no había más Ley ni mejor que la que los franceses seguían…"
el pueblo mira a Francisco Reyna como "Dios Tutelar" y éste al escuchar la excomunión
del P. Cura, afirmó: ladrón que roba ladrón, gana cien años de perdón.
20SEP011

http://www.cesarramirezcaralva.com/

5 de noviembre de 1811 (VII)
Pueblos insurgentes.

6 de noviembre el gobierno insurgente ejerce su jurisdicción ratificando los acuerdos del Cabildo del día anterior, ese día Texutla y Cojutepeque se insurreccionan, de la misma manera Antonio del Campo del Barrio de Candelaria y Eucevio Mena destacan en estos acontecimientos; este es además el segundo día del levantamiento étnico en San Pedro Grande. 7 de noviembre se envían **cartas** a los partidos de diversas localidades de la provincia de San Salvador y León Nicaragua. La carta enviada por los insurgentes a San Miguel tiene un destino en mejor estilo de la Inquisición: "**Carta quema en hoguera por verdugo**". San Miguel…el día 9, el ilustre Ayuntamiento acordó quemar los papeles sediciosos y se ejecutó en pública plaza por mano de verdugo.. acordó también, en unión con los jefes militares, que se alistasen las tropas de su escuadrón y al siguiente día 10, conformes todos, revolvieron que éste saliese formado, con cuantos voluntarios se les agregasen a situarse en paraje proporcionado en la altura de Apastepeque… Todo lo operado en San Miguel ha sido a consulta y a la dirección de su dignísimo Cura y Vicario provincial doctor don Miguel Barroeta.. 10 de noviembre el Ayuntamiento de Guatemala conoce detalles de la insurrección de San Salvador; 11 de noviembre: Los pueblos al interior de la provincia son comunicados de los eventos de San Salvador, ese día, los alcaldes de Zacatecoluca y San Vicente son enterados de las noticias y toman partido por los europeos y en defensa del viejo orden. No obstante la nota correspondiente informa de 6 pueblos indios insubordinados "temibles" que por esa circunstancia no pagan tributo son los indicios del alcance del momento insurreccional, las fuerzas populares: indios y afrosalvadoreños se activan a favor del levantamiento, en oposición de sus autoridades. 14 de noviembre la rebelión en Santiago Zacatecoluca es sofocada, la alianza popular: indios, afrosalvadoreños, criollos (de familias principales y no principales) alternan en la iniciativa política. La Iglesia Católica se encuentra mortalmente dividida, en Usulután se registran brotes rebeldes. 17 de noviembre, rebelión en Usulután, Chalatenango y Tejutla. El pueblo clama sus derechos con el lema: "mueran los chapetones y repartamos su bienes". Entre el 16 y 23 de noviembre Santa Ana muestra el signo del poder popular en busca de su libertad. En Metapán del 9 al 24 de noviembre acontecen memorables acontecimientos reseñados por las crónicas de la Real Sala del Crimen, donde se insurreccionan Mulatos e Indios, acompañador por criollos de las familias no principales. La Gazeta de Guatemala enfatiza su carácter contrainsurgente: "Gazeta extraordinaria de Guatemala, del jueves 28 de noviembre de 1811… "los alcaldes ordinarios de Chalatenango D. Dionisio Sáenz de Ungo y D. José García Machón, en unión de su Párroco D. Francisco Xavier Martínez, y de todo el vecindario, tomaron inmediatamente disposiciones activas y oportunas para preservarse del contagio de la sedición; de que han dado cuenta en 18 de este mes con muy vivas expresiones… Usulután, las guardias se situaron en los tránsitos con las primeras noticias, interceptaron los papeles subversivos que se dirigían a aquel partido y á la ciudad de S. Miguel.. En Tejutla también se ha conducido con buen celo…El subdelegado de Sensuntepeque D. José María Muños auxiliado eficazmente por su Párroco D. Manuel Vasconcelos, cumplió su oferta anunciada en la gazeta anterior. Luego que supo de la llegada de las tropas a S. Vicente, se fue a presentar a su comandante con gentes bien

dispuestas de a caballo y a pie, en número de 150 hombres, prometiendo más, y cuanto pueda subministrar el partido de armas y provisiones.
27OCT011

5 de noviembre de 1811 (VIII) Negociación Política

Según algunos Manuel José Arce fue herido en la oreja en el pueblo de Apastepeque, San Vicente, lo cual fue negado por él debido a encontrarse en su hacienda. Entre el 9 y 24 de noviembre acontece una brillante insurrección de mulatos e indios en Metapán. El **30 de noviembre Levantamiento en Cojutepeque. 2 Diciembre** Marure se hospeda en la casa cural de Nicolás Aguilar y el **3 de diciembre de 1811,** llega José Aycinena (Delegado de Guatemala) a San Salvador es recibido con honores… y en paz. Por esos días el Dr. Matías Delgado le celebra una cena en su casa. No hay más revolución en San Salvador. **Último intento de lucha** 03DIC811 Hora: 06:00 p.m. Marure llega a San Salvador y se reúne con el núcleo insurgente, quienes escuchan sus argumentos. Marure expone: - "qe. el les haria felices qe. no se Creyesen de los SS. Embiados y qe. habían llegado, pr. que no eran mas que unos… " **11:00 p.m.** Por orden del Alcalde Torres de su Barrio, se reunieron. Torres les dijo: - "qe. se iban a poner presos a dhos. SS. Aycinena y Peynado". Sentándose con los que había reunidos interin llegaban los demás.- Aguardo solamente la orden.. Que no llegó. Luego previno a la gente que se retirase, añadiendo en honor a la verdad qe. "supo no haberse tenido efecto el proyecto de las prisiones pr. haberse Opuesto a ello el Sr. Vicario Dn. José Matías Delgado"… Esta podría ser el último recurso insurgente, el asalto a la contrarevolución, pero optan por la prudencia, con el claro balance que las fuerzas militares no les acompañaron, como tampoco las fuerzas políticas (al interior) o religiosas. Días después de la llegada de las nuevas autoridades acontece el traslado de 300 fusiles de San Salvador, entregados por Miguel Delgado a las nuevas autoridades, acción que provocó el repudio popular. **8 de diciembre** El coronel José de Aycinena se hace reconocer Comandante de Armas en San Salvador.**10 de diciembre**Acontecen levantamientos populares en la ciudad de León Nicaragua. **20 de diciembre levantamiento en Sensutepeque. 22 de diciembre se pronuncia** el sermón del Dr. José Matías Delgado finalizando el movimiento insurgente, era la salida negociada entre autoridades españolas y los criollos, quienes marcan su diferencia con el movimiento popular. La negociación o pacto político fue una solución pacífica, bajo un acuerdo de indulto general a los criollos (principales) pero no se indultó a otros participantes indios, afrosalvadoreños, tampoco a granadinos. El discurso de Matías Delgado destaca su papel negociador: (ayudé) *á calmar vuestras inquietudes, consolar vuestras familias, y á comunicaros una paz y tranquilidad perpetuas"* y condena a los insurgentes: *"Hombres atrevidos os han deslumbrado, con falsas ideas de bienes aparentes y os conduxeron al precipicio."* La solución negociada se afianza en una diputación en el Congreso Nacional (España) sin represalias a las fuerzas revolucionarias locales.

Los acontecimientos continúan con graves conflictos entre españoles y criollos (de familias principales y secundarias) entre 1812 y 1814.

El proceso revolucionario comprendido entre 1811 y 1814 es una unidad de discurso de lucha de fuerzas en alianza por la independencia, estos eventos pueden comprenderse cuando los protagonistas relaten sus versiones, lo cual acontece hasta 1815 cuando se encarcelan a los criollos (de las familias principales y no principales), líderes populares y curas de la iglesia insurgente, mientras se implanta la represión imperial en la provincia de San Salvador entre 1815 y 1818 año en que finalmente acontece un indulto imperial español.

03NOV011

5 de noviembre de 1811 (Historia y olvido)

La sociedad civil colonial contiene elementos abiertos a discusión y estudio. La sociedad tiene como componentes principales las castas, con territorios definidos para cada grupo étnico los cuales son gobernados por sus propios alcaldes pedáneos, su modelo de producción aún es la encomienda bajo un naciente capitalismo implantado a sangre y religión, las haciendas son los instrumentos donde se genera el cambio hacia el capitalismo primitivo que produce modelos culturales serviles y feudales. En aquella sociedad que proclama la "limpieza de sangre" como signo estelar para el futuro de las familias y su acceso a diversos cargos, la exclusión es la norma; las figuras principales rotan entre autoridades peninsulares y las familias criollas con mayor arraigo, estas familias sanguíneas siguen el patrón feudal, los hijos son educados para cargos en la Iglesia, el Ejército, la Hacienda, las hijas se casan con otros principales para formar alianzas y reproducir su saga filial, pero no todas eran familias principales, también existían familias criollas marginales y funcionarios peninsulares de rangos menores, de manera que el mosaico de estos núcleos se irradia hacia todas las líneas políticas, administrativas y religiosas, por ejemplo: funcionarios peninsulares que son malos administradores, falsos curas, militares represores, alcaldes impuestos por los hacendados, contrabandistas, etc. en pocas palabras un mal gobierno. La historia colonial es un cruel recuento de muchas actividades sociales olvidadas a propósito, resulta insólito que no exista una mención oficial a los grupos étnicos que participaron en los eventos de noviembre de 1811, tampoco afrosalvadoreños, ni distingos entre la iglesia insurgente y la contrainsurgente, tampoco se hace referencia al papel de la mujer insurgente en las poderosas acciones de Metapán, Santa Ana, San Salvador etc. este concepto es parte del olvido. La ausencia del sector popular (indios, africanos y criollos (no principales) en la historia oficial desarticula la cohesión del concepto nación, su producto final es la pérdida de identidad junto a la distorsión de una casta dominante formada por familias-estados similar a una oligarquía, que nace primitiva

ante el avance capitalista de otras regiones. El olvido de la historia es una constante desde esas épocas de conquista española y luego colonial. Debemos solucionar esos olvidos, el desafío es re-escribir la historia desde nuestros pueblos originales y colocar cada concepto en su lugar, avanzar para proponer nuevas lecturas y los hallazgos históricos someterlos a la opinión pública y a las academias para integrar el conocimiento a la nación. "Recordar es conocer" decían los griegos, por esa razón en ocasiones la historia construye naciones, pero también las deforma, nuestro deber es re-escribir la historia, sin olvidar a nuestros pueblos originarios.
10NOV011
http://www.cesarramirezcaralva.com/

5 de noviembre de 1811 (X) Incendio provincial

Nuestro bicentenario puede memorar día por día aquella magnífica insurrección hasta el 3 de diciembre, de esa manera existiría una efemérides del mejor ejemplo épico de las fuerzas populares salvadoreñas, que unió a etnias, africanos y criollos (principales y secundarios), junto al clero insurgente. De esa manera el 11 de noviembre los afrosalvadoreños participan al lado de los criollos y espían a las tropas de Guatemala que amenazan a la insurgencia. En esa fecha se reseña la frase de Manuel José Arce: "si quinientos negros hubiera de la calidad tuya (Silvestre Anaya)…" situación que connota una leve desesperanza por la noticia que los alcaldes de Zacatecoluca y San Vicente no se unen a la insurrección. A pesar de ese percance, las etnias y los afrosalvadoreños se activan a favor de la insurgencia. Desafortunadamente el 14 de noviembre la rebelión en Zacatecoluca fue sofocada, hacia el 16 de noviembre el movimiento revolucionario no logra aglutinar a los pueblos de interior de la provincia, de tal forma que el Intendente informa a la Capitanía General: "existen voces que anuncian una pronta invasión de tropas de Usulután, San Vicente, con unos ciento cincuenta hombres: la Compañía de Usulután, el Escuadrón de San Miguel y el de Sonsonate con otros varios pueblos venían a invadir la ciudad" esta referencia es el signo de la preocupación del Intendente Gutiérrez y Ulloa de considerarse rehén en los futuros eventos.
Debates públicos…"sacudir el yugo del gobierno monárquico" Esta referencia es crucial porque implica consultas y asambleas populares entre los pueblos rebeldes convocados por el gobierno revolucionario, de esa forma Miguel Delgado conduce a mil hombres hacia la defensa del nuevo gobierno, llama a la insurrección en los pueblos vecinos entre ellos San Jacinto y anuncia que el Castillo de Acapulco había sido tomado por Morelos, -aunque en realidad es el Puerto de Acapulco donde se encuentra Morelos en Octubre de 1811-.
En este importante evento se reseña el **Plan General Insurgente (Centroamericano)**, en el Cuartel de los Dragones enviando además al emisario Joaquín Pino con cartas a Sonsonate. Miguel Delgado expone este junto a Manuel Morales y Juan Manuel Rodríguez que debía conquistarse la Villa de San Vicente y la Ciudad de San Miguel, se encontrarían con los de León Nicaragua luego regresarían a tomar la Capital de Guatemala, sin embargo en esos días se conoce el advenimiento de fuerzas invasoras, los insurgentes rechazan su

llegada y se preparan para los combates con las tropas del Rey. Esta histórica reseña implica la condición unida de las fuerzas populares provinciales en el Reino de Guatemala, no existen distinciones sobre territorios, ni diferencias nacionales, es categórica la afirmación de **"tomar la Capital de Guatemala"**, de esa forma se demuestra además el profundo nexo combativo junto a la insurgencia nicaragüense. La chispa revolucionaria de la Intendencia de San Salvador, fue incendiar a Nicaragua, con Fray Benito de Miguelena que combinó el movimiento popular en León el 13 de noviembre de 1811, la redacción de las peticiones de la junta de gobierno, y las relaciones de los revolucionarios entre Granada, Chontales y Segovia. Además depuso al Intendente don José Salvador, nombrando al Obispo Nicolás García Jerez, organizándose una junta de Gobierno en la que figuraban la mayor parte de las personas que habían participado en la conspiración. Se unió Masaya y Granada que fue ejemplar por su lucha independiente durante 5 meses.
17NOV011

http://www.cesarramirezcaralva.com/

Julio Cortázar Centroamérica

Pocos autores son tan notables en nuestra condición latinoamericana como Julio Cortázar, entre sus cartas póstumas leemos breves confidencias juveniles.
Unas citas nos hacen reflexionar sobre ello, bajo el signo de referencias salvadoreñas y centroamericanas que influyeron en aquellos lejanos años de formación creativa de tan significativo escritor.
"Tienes mucha razón, vivíamos en la feliz ignorancia (en el feliz disimulo, mejor) de que éramos latinoamericanos al igual que los guatemaltecos y salvadoreños; y que sólo una censura tan falsa como peligrosa mandaba al fondo los auténticos impulsos que un buen día iban a saltar como la lava. Yo hice de sismógrafo, o de gallina-testigo; no sé si sabes que las gallinas prevén los sismos. Cuando quieras erudición sobre eso, interroga a Toño Salazar, que pasó su infancia en un volcán. ¿No sabías? Tengo el relato por Carmela, su mujer. Toño se crió con unas tías en El Salvador, y al lado de la casa había un pequeño volcán, un volcancito de bolsillo. Las tías miraban el cráter, y si todo estaba en calma, metían allí a Toño para que jugara. De vez en cuando una de las tías mandaba: "Toñín, vente a casa que hoy el volcán tiene mal aspecto"… Uno comprende que a los veinticinco años Toño se entregara a la marihuana."
Y como muchas situaciones cotidianas, la poesía vive en todo: "El director de la biblioteca francesa de Firenze me recibió amabilísimamente, me decretó huésped gratuito (sic) de la casa, y me prestó libros a kilos. Dijo en seguida que admiraba mucho al gran poeta argentino Rubén Darío. Le dije que era nicaragüense. "Ah oui, bien sûr, mais enfin. Je veux dire quíl est de ce côté-là…" Ya ves que en materia de suficiencia, los franceses son únicos."
Las reuniones tienen sabor latino, incluso en Francia: "El domingo nos fuimos con Jorge, Toño Salazar y su mujer, a los bosques de Fontainebleau donde nos esperaba Andrée que tiene allá una casita encantadora en sociedad con una amiga. Vimos castillos, comimos en una auberge (que Borgoña!) y Naturalmente nos cansamos horriblemente como siempre que va uno a descansar al campo. Ayer hicimos el último paseo con Jorge, y a la noche lo despedimos melancólicamente. A esta hora debe andar paseando por la Vía della Maddalena en Génova.."

Así recibían las noticias latinoamericanas: "Anoche estuvimos con Susana Weil, que hizo una rejunta de cerebros esclarecidos, entre los que se contaban Caillois, Sadoun, Benichou, Toño Salazar, una pituca indescriptible que pinta y se llama -¡claro!- Zemboráin, y nosotros quietitos y más que hartos en un rincón. La reunión sirvió para dos cosas: para tomar inconmensurables de calvados, y para enterarnos de noticias argentinas. Me han dejado (las noticias, no las copas) con el desconcierto habitual frente a cosas que ya renuncio a entender".

Pero un día aquellas referencias lejanas cobran vida en Nicaragua: "Sólo el trabajo viene un poco en mi ayuda, y no me ha faltado en Nicaragua. Entre otras cosas estos locos tan queridos decidieron galardonarme con la Orden de Rubén Darío, lo que me emocionó mucho porque es la primera vez que la conceden a un extranjero." (Cartas a los Jonquières /Julio Cortázar 2010)
24NOV011

In memorian: dirigentes FDR

Aquél 27 de noviembre de 1980 hace 31 años la condición de la nación era sin precedente, campeaba la represión en escalas terribles, era un holocausto social donde la vida no valía nada.

No obstante comprendíamos desde diversos sectores sociales que el deber era contribuir a la democracia, puesto que las acciones de participación ciudadana legales estaban agotadas. Era un momento de transición después del fallido golpe de estado de 1979, que terminó con la esperanzas de un cambio pacífico; el deterioro de esa iniciativa propició el ascenso de las fuerzas represivas que desataron una ola sangrienta contra los sectores populares.

El fracaso de la primera junta de gobierno se debió a la incomprensión de los sectores de izquierda y derecha, que no comprendieron el alcance de la iniciativa de la Juventud Militar, aquél evento pudo cambiar el rumbo de la historia nacional.

Aconteció que el 27 de noviembre de 1980: Manuel Franco, Enrique Álvarez Córdova, Juan Chacón, Humberto Mendoza, Enrique Escobar Barrera y Doroteo Hernández, fueron asesinados por escuadrones de la muerte... aquellos dirigentes democráticos conformaban el inicial Frente Democrático Revolucionario, pero su iniciativa ciudadana no significó nada para quienes ejercían la represión en todo nivel.

Aquél evento cruel puede estar descrito por las palabras de Octavio Paz en su *Elegía Interrumpida*:
"Hoy recuerdo a los muertos de mi casa.
El pensamiento disipado, el acto
disipado, los nombres esparcidos
(lagunas, zonas nulas, hoyos
que escarba terca la memoria),
la dispersión de los encuentros,
el yo, su guiño abstracto, compartido
siempre por otro (el mismo) yo, las iras,
el deseo y sus máscaras, la víbora

enterrada, las lentas erosiones,
la espera, el miedo, el acto
y su reverso: en mí se obstinan,
piden comer el pan, la fruta, el cuerpo,
beber el agua que les fue negada."
La nación puede recordar, tiene derecho a recordar, "no olvidar" debe ser la bandera que cubra nuestros rostros las próximas décadas. De la misma forma debemos poseer un gran sentido memorial de aquella guerra civil que destruyó casi todo, menos la esperanza.
Los acontecimientos posteriores son conocidos, pero llaman a reflexión sobre el peso de las decisiones históricas en estos momentos que podríamos tener decisiones parecidas, con escenarios dramáticos por ejemplo: entre la recesión económica y la continuidad democrática, el retorno al autoritarismo o la institucionalidad democrática, derechos individuales o seguridad social de poblaciones, etc. Debemos ser conscientes de las decisiones sobre el futuro nacional, el mejor indicador del rumbo debe ser el Estado Democrático, con sus instituciones funcionando.
01DIC011

A la violencia social: métodos democráticos

De alguna manera legal esta situación irregular de violencia debe terminar. La percepción del incremento de la violencia es cotidiana, parece que la nación es una estadística de muertes y no existe nada más, en último plano se encuentran los éxitos culturales, educativos o desarrollo social.
Los componentes esenciales de solución a tanta violencia no puede estar aislada de la Clase Política en su conjunto, puesto que si el rumbo actual no cambia, en poco tiempo viviremos la pérdida de todo respeto a los valores democráticos, con una escalada de acciones irregulares que implicarán a diversos sectores sociales, ya no solo las clases populares. El deterioro del respeto a la vida humana, parece declinar rápidamente, este estado degradante es construido por grupos antisociales que no tienen respeto por ningún valor jurídico, su accionar es antisocial en toda su naturaleza, el daño provocado a la familia salvadoreña no tiene límites, los clamores de justicia no tienen respuesta efectiva.
El clima de irregularidad en la violencia como manifestación extrema - no la única - es de tal magnitud que poco falta para que a la fuerza ilegal se responda con la fuerza de la legalidad armada, pero esta condición extrema pasa por la abolición de leyes inoperantes en el actual modelo democrático.
En otras naciones esta precaria situación ha permitido el ascenso del populismo o caudillismo disfrazado de golpes de estado, abolición del parlamento, de las leyes, supresión de la carrera de abogados, todo el modelo constitucional con la implantación de naciones que bajo el acero sin ley ajusticiarán a todo implicado en dichas actividades ilícitas.
La historia recuerda a otros pueblos que han ejecutado dichas sangrías. Desde Roma hasta

las guerras de las naciones balcánicas, esta violencia es en una palabra el terror legal desatado.

Estas manifestaciones violentas podrían ser la mano de la espada vengadora de todas viudas y huérfanos, de todos los hermanos y hermanas, de las familias honradas que no se dejaron extorsionar, de todos los crímenes sin justicia que claman en los pueblos y cantones de la república sin una bandera que responda a tanto llanto.

¿Qué hacemos después de quejarnos? Proponemos soluciones desde nuestro nivel ciudadano, pero la clase política no responde al nivel requerido, las instituciones parecen atemorizadas, el grado de corrupción se expande a muchos niveles, algunos sectores poderosos se cruzan de brazos y esperan el desastre para obtener ganancias políticas... etc. Repetir los esquemas fallidos de otras naciones no es deseable y provocará luto y más luto. Ante este panorama la democracia es la mejor respuesta.

Hace siglos Jean-Jacques Rousseau escribió: "las leyes no son sino las condiciones de la asociación civil, y el pueblo sometido a las leyes, debe ser su autor", -lejano recuerdo que llama a la acción-.

"Se me preguntará si soy acaso un príncipe o un legislador, para escribir sobre política. Contestaré que no y que por eso mismo escribo sobre política. Si fuese un príncipe o un legislador no perdería mi tiempo diciendo lo que hay que hacer: lo haría o me callaría."
08DIC011
http://www.cesarramirezcaralva.com/

Héctor Silva memoria democrática

Cuando conocimos a Héctor, nuestra nación parecía que nunca saldría de la guerra y que jamás habría paz, tampoco muchas de las realidades que ahora parecen naturales, no era posible imaginarlas, aquella era la década de los años ochenta del siglo pasado.

En esos días vivíamos en el exilio, condición que no impedía trabajar por la democracia a pesar que era sinónimo de simpatizar con la derecha, afirmar que éramos partidarios del diálogo-negociación era lo mismo que entreguismo político, de la misma forma muchos de los argumentos en la política de alianza con fuerzas progresistas, no obstante poco a poco los tiempos fueron cambiando.

En esos momentos cada quién sobrevivía como podía, sin olvidar que el centro de gravedad era la lucha contra el autoritarismo, en realidad las fuerzas democráticas estaban representadas por el MPSC, el MNR, disidentes de la Democracia Cristiana, los sectores de la juventud militar, sectores de la iglesia, profesionales y gran número de salvadoreños en el exilio, aquello era la nación organizada desde el exterior. Había muchas reuniones e intercambios de iniciativa para el accionar del FDR que poco a poco se constituyó en el representante diplomático de la alianza FMLN-FDR.

Así transcurrió mucho tiempo y llegó el momento del retorno a pesar que la guerra continuaba, no obstante a partir de 1987 se decidió reingresar al país, no era exagerado afirmar que aquello era casi suicida para construir espacios políticos desde los partidos socialdemócratas, fue por el año de 1988 y 1989 que se fundó Convergencia Democrática, la cual participó en las elecciones presidenciales con el Dr. Guillermo Ungo.

Empeñados en construir espacios socialdemócratas, Héctor Silva y miembros del MNR organizan los iniciales núcleos de Convergencia Democrática en San Miguel y otras ciudades, eran tiempos extremos en 1989, poco antes de la ofensiva militar de noviembre, pero la iniciativa llegó a diversos sectores receptivos, incluso a célebres jefe militares de esa zona. Después de la ofensiva y la firma del Acuerdo de Paz, en los años 90 el panorama cambió radicalmente, pero construir la identidad política tampoco fue fácil, puesto que se inició una nueva visión de trabajo ante la nueva legalidad e incorporación del FMLN a la vida política. Héctor y sus equipos de trabajo avanzaron en la iniciativa social reflejada en la Fundación Maquilishuat, institución que comparte con las ONG salvadoreñas la difícil tarea de promover el desarrollo integral, novedosa condición que cambiaba el concepto de cooperación, voluntariado y solidaridad pueblo a pueblo. Aquél trabajo desde la iniciativa ciudadana un día cristalizaría en su presidencia del FISDL.

Así como muchos ciudadanos que han perseverado en el apoyo a las comunidades, Héctor perseveró en la promoción de los valores socialdemócratas con notables éxitos en la Asamblea Legislativa y la Alcaldía de San Salvador (1997-2000 y 2000-2003).

El largo camino nos permite compartir el fruto de aquellas iniciativas sociales, con todo y sus defectos, es esto 40 años después la nación en construcción, un conglomerado de ciudadanos con opiniones similares y otras distintas, afortunadamente una tan legítima como la otra, que no impide el trabajo por una realidad mejor. Así perseveramos en la memoria de este demócrata ejemplar para continuar su obra.

Cuando compartimos algunos éxitos, la historia también es nuestra, como la memoria de Héctor Silva y esta nación de todos.

15DIC011

http://www.cesarramirezcaralva.com/

Error político o ideología incorrecta

Las ideologías a fin de cuentas son: "las ideas que nos llaman a la acción", nos mueven bajo el carácter social, pero es el complemento de un programa político, de una serie de postulados sobre la visión del mundo, cualquiera que este sea, cada partido político tiene su programa, su nivel de acción, su organización, pero también las empresas, la iniciativa privada, las instituciones del Estado etc. estas puede coincidir con diversos modelos democráticos o antidemocráticos, de tal forma que los ciudadanos, empresas, agrupaciones civiles o denominaciones puede alinearse bajo esa bandera. En algunas naciones las grandes corporaciones no ocultan sus preferencias partidarias, en la nuestra sus acciones las delatan.

¿Una empresa tiene filosofía? ¿tiene ideología una institución privada? ¿un conglomerado de empresas tiene ideología?

A pesar que muchas empresas nieguen poseer una filosofía o una ideología, su accionar visible en nuestra sociedad demuestra que poseen un carácter que repercute en el conglomerado ciudadano, algunos de estos modelos pueden observarse en la Responsabilidad Social Empresarial que tiene al menos dos vertientes: una que niega que exista ese criterio porque una empresa no debe "retornar" nada a la sociedad de sus utilidades capitalistas y otra que considera que "reintegrar" parte de las utilidades materiales es una magnífica inversión en todos los niveles; esta situación al final es una filosofía, que implica una visión al interior de las empresas. Deberíamos observar si las empresas cumplen con este criterio de Responsabilidad Social o es solo un concepto desechable para otras, así podríamos configurar sus compromisos con las comunidades, entidades sociales, gobiernos locales etc, La RSE es una filosofía de empresa hacia las comunidades.

Asociado con estos criterios una empresa puede o no cumplir sus obligaciones fiscales con el Estado, puede eludir bajo diversas formas su contribución legal, esta condición ya tiene calificativos jurídicos, pero es a fin de cuentas una actitud hacia el Estado o la Nación.

¿Qué sucede si un conglomerado de empresas se pronuncia contra una iniciativa del Estado en materia de reformas tributarias? En una democracia cualquiera que sea su repuesta nos indica una situación ideológica, puesto que la decisión de reformas es aprobada por la Asamblea Legislativa, así aprobada por los representantes del pueblo es Ley, no obstante si las empresas no están de acuerdo y se pronuncian contra los diputados con tergiversaciones, la condición original ya no es ideología sino "opción partidaria".

Toda persona entonces tiene un signo ideológico que crea una cultura de acción, cambio, estabilidad, etc., por consiguiente liberal o conservador desarrolla un criterio que favorece o impide el avance de coincidencias sobre diversos factores sociales, al final cada acción de organización ciudadana repercute sobre el conglomerado que usualmente se llama sociedad civil.

El título es el negativo de "ideología correcta", en determinados momentos la ideología correcta "ayuda a la construcción de una sociedad mejor", puesto que existen conceptos como la Constitución de la República que están fuera de la ideología o un partido político. Si observamos sin ideología el conflicto empresas privadas versus el resto de la sociedad civil, el resultado es positivo para todos, la sociedad civil ha optado por la reforma a la ley de contribuciones. Quienes ganen más que paguen más, al final construye una Patria mejor para Todos.

22DIC011

http://www.cesarramirezcaralva.com/

Jorge Luis Borges Centroamérica

Mencionar a los grandes en los albores del siglo XX era casi un ritual entre amigos, pero el sentido del humor entre autores, como refiere JLB en ocasiones es desafortunado.

Un autor suramericano le hizo creer a un poeta amigo de Rubén Darío y de Carriego, Charles de Soussens, que había ganado no sé qué premio en Francia, y le organizó un banquete y todo. Después resultó que eso había sido una broma, una broma bastante cruel por supuesto.

Es un poco arrogante concebir un límite geográfico para una estatura universal como Borges, pero esta situación limitante puede evadirse bajo los signos literarios.

Cuando un autor hace referencia a otro, usualmente tiene connotaciones especiales, son verdaderas concepciones de escuelas literarias, incluso sin mencionarlo.
En 1962 Álvaro Menen Desleal inicia su libro: Cuentos breves y maravillosos: (Buenos Aires, 10 A.M.)… "Carta de Jorge Luis Borges. Mi querido Amigo: Al conocer sus Cuentos breves y maravillosos, pienso que no fue meramente accidental que Kafka escribiera La Muralla china: se repite en usted la nota de lo que Bioy Casares llamamos las antiguas y generosa fuentes orientales."… y en el epílogo Álvaro Menen Desleal escribe: "Querido maestro Borges: "Mi vanidad y mi nostalgia – me digo con sus palabras- han armado una escena imposible". De pronto despierto del sueño y tengo su carta en las manos, como la flor de Colridge..." No dudo que JLB habría afirmado: *pero bueno, la realidad es tan rara que hasta eso es posible"*.
El libro de Menen Desleal al menos ganó el segundo premio Republica de El Salvador VIII certamen nacional de cultura 1962.
En su momento JLB cita a Oscar Wilde: "Fulano de tal no tenía enemigos, pero sus amigos lo detestaban lo suficiente"... que recuerda la obra de Roque Dalton: *Un libro levemente odioso* Conversación tensa: "¿Qué hacer si sus peores enemigos/son infinitamente /mejores/que usted?... Lo peor es tener sólo enemigos./No. Lo peor es tener sólo amigos.." En alguna ocasión a JLB fue interrogado por su filiación política: "Si es cierto. Fue como una manera de asumir mi escepticismo, y, por qué no, mi aburrimiento. La política no me importa. De joven yo fui, como todo el mundo, socialista, fui también nacionalista."
Así el recorrido de su vida parece ser un constante descubrimiento, un viaje en autopista hacia el infinito, pero sin límites, sin fronteras autoimpuestas, por eso afirma: "yo no sé nada, no estoy seguro de nada.. Soy tan ignorante que ni siquiera sé la fecha de mi muerte."
El gran autor argentino se impuso la siguiente divisa: "tenemos la obligación de ser felices" condición que fue complemento de su famoso poema: He cometido el peor de los pecados/que un hombre puede cometer. No he sido/feliz. Que los glaciares del olvido/me arrastren y me pierdan, despiadados. Y más adelante el poema finaliza: Me legaron valor. No fui valiente./No me abandona. Siempre está a mi lado/La sombra de haber sido un desdichado.
Me parece que uno de los más preciados argumentos de la humanidad es ese propósito humilde, que es al final un punto de coincidencia entre diversas disciplinas cognoscitivas y artísticas. "Tenemos la obligación de ser felices".

29DIC011

La armonía de mi pueblo: Fernando Llort

Así se llamó la obra que decoraba la fachada de Catedral hasta la última semana de diciembre de 2011, pero de un día para otro fue destruido por una extraña decisión de la jerarquía católica. El título sugiere un destino venturoso, pero tal cual sucedieron las acciones, " *La armonía de mi pueblo"* sufrió una verdadera ruina, puesto que con cinceles y taladros fue destruida palmo a palmo, pero debemos agregar que existía mucha prisa para llegar a su final, fue injustamente destrozada en los últimos días del año, fechas festivas donde usualmente nadie fija su atención en los mosaicos de Catedral, pero los ciudadanos asombrados por el tropel de trabajadores y su febril actividad, denunciaron el evento y algunos medios de comunicación lograron captar la caída fragmentada de la exposición artística más importante de Fernando Llort.

El mosaico fue realizado en 1997 y desde ese año observamos esa magnífica obra que identificó muchos a los salvadoreños con el Centro Histórico de la ciudad.

No puedo dejar de pensar en el daño a la memoria de la nación, agresión significativa como otras a lo largo de nuestra historia, pero el pueblo salvadoreño estoicamente ha soportado otros atropellos en siglos pasados, algunos de ellos: la discriminación del idioma náhuat, las tradiciones pipiles, la muerte de los mitos ancestrales, el silencio cómplice de las matanzas étnicas en 1932 etc…

La obra de Fernando Llort tenía el significado de la semilla de la esperanza, las artesanías y la unión con Monseñor Romero, ahora como en tiempos bíblicos no dejaron piedra sobre piedra, pero debemos anteponer a toda nuestra tristeza un nuevo horizonte hacia de solidaridad nacional. Quizás es tiempo de recordar el segundo mandamiento del Nuevo Testamento, porque la jerarquía católica lo ha olvidado.

Sobre esa destrucción que ahora se trata de imponer, muchos poseemos fotografías, cuadros, videos, una constelación de anexos multimedia que nos impiden olvidar esa magnífica obra, su reproducción ahora puede ser nuestro nuevo símbolo de resistencia cultural, para no olvidar, para reproducirla.

Durante la Segunda Guerra mundial en Varsovia, los edificios símbolo fueron bombardeados por los nazis, más de 200 sinagogas fueron destruidas y los libros del Talmud fueron quemados para aniquilar la memoria de los polacos, después de la guerra aquél pueblo de Karol **Józef** Wojtyła (Juan Pablo II)reconstruyó metro por metro sus antiguos edificios; mientras en España de igual manera la Catedral de Barcelona fue bombardeada por los aliados fascistas de Franco; en nuestra nación los libros de la biblioteca universitaria fueron quemados en 1972, tal parece que la destrucción de la cultura o sus expresiones son un signo de agresión contra un pueblo, no contra un artista.

Durante la década de los años setenta del siglo pasado, la Iglesia Católica con Monseñor Romero dignificó la fe salvadoreña, ¿acaso aquella condición popular y auténtica en la defensa de los más pobres ahora causa vergüenza? No podemos pensar en una Iglesia aislada del pueblo, pero si podemos pensar en un pueblo con una Iglesia diferente, una Iglesia como la de Monseñor Romero, puesto que al final parece que el signo visible y contradictorio es erradicar la memoria del Obispo Mártir.

Pero si somos fieles al Nuevo Testamento, el segundo mandamiento deberíamos practicarlo, de tal forma que una solución es reconstruirlo en Catedral como auténtico símbolo de unidad, de otra forma el pueblo por sus propios medios lo construirá en un sitio memorable que recuerde nuestra historia y el orgullo nacional fortalecido.

05ENE012

http://www.cesarramirezcaralva.com/

En el vigésimo aniversario de Acuerdo de Paz

Si en este momento preguntáramos a la población: ¿cómo cree que serán los siguientes veinte años, bajo el Acuerdo de Paz?: las respuestas podrían alucinarnos por la crudeza de la realidad, por ejemplo: la justicia deteriorada, aumento de la delincuencia, el cambio climático catastrófico, la economía con severos extremos de riqueza y pobreza, la edad de jubilación aumentada, disminución de las prestaciones sociales etc. pero su contraparte podría ser: fácil acceso a la tecnología, masividad de las comunicaciones, reformas en los códigos penales y los menores de edad serán condenados como los adultos, aumento en los delitos cibernéticos, nuevas fuentes energéticas, transformación de los valores sociales incluyendo concepto del trabajo y tiempo laboral, además la salud evolucionará hacia cuidados dentro del hogar con supervisión a distancia.. etc. En nuestro caso al celebrar el vigésimo aniversario del acuerdo de paz, encontramos: avances tecnológicos, financieros y científicos que no existían masivamente, pero si existía la pobreza social, la desigualdad sectorial, bajos niveles educativos, enfermedades, delincuencia, etc, destaquemos que no existía el fenómeno del narcotráfico o el crimen organizado, aquello era un lejano modelo de las series de televisión norteamericana, pero su avance nos enfrenta a un temible poder destructor. A la narcoviolencia se le atribuyen la mayoría de las muertes en la nación. Es posible que este evento desborde nuestro nivel jurídico y obligue a la región mesoamericana a la unión intergubernamental, porque nuestra nación por si sola no puede combatir este flagelo internacional. Debemos anotar que tampoco existía la democracia dentro de los límites actuales, vivir este momento era pura ficción. Durante estos veinte años de paz, hemos observado extraños eventos de enriquecimiento inexplicable en algunas familias, en otros grupos sin nexos sanguíneos de "la nada" surge la riqueza y estos señores disfrutan su riqueza sin ninguna investigación financiera, de igual manera algunas instituciones sospechosamente han colapsado con quiebras de millones de dólares, mientras sus despojos son repartidos entre los accionistas, se debe resaltar los fraudes financieros que dañaron a cientos de personas y la débil justicia que no persigue la causa sino los efectos etc. El panorama de la democracia bajo estos desoladores indicadores puede necesitar de una reforma permanente, sin excluir fórmulas pétreas que en el siglo pasado fueron conceptos históricos, por ejemplo: el derecho social limitará los derechos individuales bajo el criterio de Seguridad del Estado, será normal intervenir llamadas telefónicas, controles digitales a los antisociales, reformas constitucionales que permitirán la reelección presidencial, prolongación de la gestión administrativa de diputados y alcaldes, nuevas leyes de reforma entre las Iglesias y el Estado, así como una creciente participación política de los salvadoreños en el exterior a tal punto que la creación de entidades financieras de salvadoreños en el exterior determinarán nuestra economía, además el cambio climático que impulsará una nueva política de desarrollo nacional, con áreas de migración obligada y reasentamientos en cada temporada. Un objetivo estratégico será la intervención internacional en las finanzas nacionales, tendencia obligada para la salud de las naciones. No existirán más donaciones sospechosas a ninguna entidad o personas. ¿Necesitamos un nuevo acuerdo de paz para preservar la nación de estos peligros? la respuesta es afirmativa. A lo mejor necesitamos una nueva clase política con "racionalidad" que piense más en la nación y menos en su beneficio personal.

12ENE012

Acuerdo de Paz: democracia, reforma, diálogo, modernización y capitalismo.

Estos conceptos encierran el espíritu de la nueva era democrática salvadoreña, donde aún existen matices de viejas estructuras en transformación, pero cada día es un logro para las nuevas generaciones en paz social.

Cada día es un logro, puesto que no se puede negar que alguna fracción nostálgica armada sueñe con el viejo Golpe Militar como en el vecino país de Honduras, alegando lo mismo: "violación a la Constitución" y destrozando el modelo creado con tanto esfuerzo…en Latinoamérica todo es posible.

En estos veinte años de vigencia del Acuerdo de Paz, la nueva legalidad permite solucionar por diversos mecanismos pacíficos los problemas que en épocas anteriores eran motivo de persecución política. Los desacuerdos políticos visibles en estos años, son expresiones de grupos de poder, que afortunadamente aún presenta soluciones viables y pacíficas dentro del marco constitucional, lo cual permite el diálogo permanente entre sectores.

Los partidos políticos han cobrado un nivel de ejercicio constitucional sin precedente por la conducción civil del Estado, ello permite que la aparente crisis social no llegue a niveles de represión como en el pasado, de tal forma que los sistemas de oxigenación del modelo democrático funcionen.

A pesar que existen grupos antisistema ligados a estructuras de crimen organizado y narcotráfico, estas no poseen expresiones políticas las cuales puedan desequilibrar el sistema legal, lo cual es muy afortunado para nuestra nación.

Entre los máximos logros de estos veinte años bajo el ejercicio de nueva legalidad, se destaca el rechazo a los métodos violentos por los partidos políticos, condición que favorece todos los planos de convivencia social.

La funcionalidad de los partidos políticos puede observarse en sus estructuras orgánicas, que son de un nivel superior a las antiguas instituciones emotivas y plagadas de voluntariado, ahora la capacidad orgánica no solo posee experiencia en la maquinaria electoral sino efectividad en acciones sociales, con promociones a jóvenes y potencial de relaciones internacionales, además con educación permanente para sus cuadros. Pero el lado oscuro es la imposición de la obediencia al partido que convierte a los miembros en servidores y no en cuadros políticos, con ese modelo los miembros no tienen capacidad propositiva ni de conducción.

El modelo de apertura democrática que disfruta nuestra nación, permite espacios para la reforma permanente de las leyes obsoletas, la herencia del pasado es agobiante, muchos rubros deben transformarse, especialmente en las áreas que involucran la problemática de los jóvenes y su incorporación a la sociedad productiva.

El diálogo debe ser permanente, pero algunos partidos políticos niegan esta posibilidad, de tal forma que la ciudadanía recibe el mensaje de dos modelos ideológicos que anteponen sus principios a los intereses del pueblo.

No todo es negativo, a pesar de las diferencias entre los partidos políticos, al menos el capitalismo no esta en discusión, más parece que el núcleo diferencial es la velocidad del

cambio para adaptar el modelo social a los siguientes desafíos de este sistema mundial. El capitalismo en crisis es un gran peligro para la democracia salvadoreña, incluso para el Acuerdo de Paz, pero estos veinte años sirven de experiencia y en ese nivel la lección ha sido plenamente comprendida.
19ENE012

http://www.cesarramirezcaralva.com/

La voz de los civiles

Debemos partir de la condición fundacional de 1992 con el Acuerdo de Paz, el Ejército Nacional es "Nuevo", no es un simple apellido a la institución castrense, esa diferencia connota un Viejo Ejército, para algunos el ejército es el mismo, su esencia, la caracterización educacional etc, la misma, pero la perspectiva estratégica desde ese año es diferente.

En el orden de los acontecimientos veinte años después de 1992, por primera ocasión en la historia nacional un presidente constitucional pide perdón por un suceso de treinta años de antigüedad como corresponde al Comandante General del Ejército Salvadoreño, este acto simbólico no pareció caer muy bien en el honor de los antiguos jefes militares que participaron en la guerra civil, justamente en horizontalidad ejecutiva de las acciones bélicas.

Al escuchar las declaraciones de un antiguo jefe militar en retiro, renegando de la orden de revisar la Historia y eliminar nombre de jefes vinculados con violaciones a los derechos humanos, negando incluso acatar una orden presidencial uno puede preguntarse si esto es real, si esta negación no encierra el pensamiento reprimido de volver al pasado y al viejo estilo al desobedecer la orden de su Jefe para continuar en el viejo orden; en nuestra nación incluso estas variables no serían nada extrañas después de vivir Golpes de Estado, asesinatos, fraudes, una guerra con todos los horrores imaginables etc. pero las irrespetuosas palabras del antiguo militar claman el retorno de las ventajas perdidas, en el clásico estilo de los "señores de la guerra", sus palabras no deben tomarse a la ligera, puesto que implican un concepto acuñado en la formación autoritaria: *"los civiles deben acostumbrarse a la voz de mando de los militares"*, ese es el principio de negación de autoridad constitucional.

En nuestra reciente educación democrática las declaraciones de un militar en retiro parecen desafíos personales, pero no es así, estas declaraciones y su accionar posterior pasa por revisar la historia nacional en conceptos fundacionales entre ellos: nación, república, derecho, democracia, etnia, Estado, Iglesia etc.. de pronto la Historia no es una, sino varias historias donde aún no existe Acuerdo de Paz, bajo esa mentalidad ellos aún viven: guerra, paz, amigo-enemigo, comunista-anticomunista, capitalismo-socialismo etc.

En el mismo orden revisar la Historia fue un tabú hasta el 16 de enero de 2012, antes de este momento no existe una sola historia, sino dos o tres historias en conflicto, así la política oficial sobre acontecimientos históricos incluso desde 1811 no esta unificada, ni siquiera promovida en conjunto, la causa de esta situación ha sido la lectura a favor del régimen dominante autoritario, o el régimen de derecha que considera a todo librepensador: comunista, de esa forma la historia solo tiene un rostro acuñado durante muchos años.

Cuando la voz del Primer Ciudadano de la República proclama una nueva historia, descubrimos el continente de muchos acontecimientos inéditos, en realidad es la otra historia, la historia negada por generaciones que muchos conocemos, no por leer textos proscritos, sino porque vivimos la guerra y somos testigos de tanta sangre derramada injustamente. Este es un signo de esperanza en el nombre de cientos de salvadoreños acusados de comunistas, solo por proclamar la democracia. La Historia es el corazón de la nación en democracia.

26ENE012

http://www.cesarramirezcaralva.com/

La Historia: punto de (des)encuentro

La Historia es inocultable después de la guerra civil con acciones horrorosas en los campos de batalla, en las ciudades y hasta en el Campus de la Universidad Centroamericana UCA. Estos elementos son tan evidentes que una historia interpretada con celebraciones de héroes anticomunistas versus villanos comunistas es absolutamente inaceptable para la inteligencia de los salvadoreños.

No se puede continuar con argumentos que oculten los motivos de la guerra: fraudes electorales, la incapacidad de las clases dominantes de modernizar el capitalismo, la formación de un movimiento popular en respuesta a estas tremendas realidades, un "viejo" ejército que se empeñó en mantener por la fuerza estructuras decadentes injustas e impopulares, ausencia del respeto a los derechos humanos, la incapacidad de reformas constitucionales, la intervención internacional etc..

Muchos de los elementos mencionados aún permanecen en el limbo de cultura oficial, puesto que los datos a través de las dolorosas décadas de los años setentas, ochentas y noventas son un punto de (des)encuentro, no existen criterios únicos, por el contrario en estos campos aún existe la guerra psicológica donde no existe un Acuerdo de Paz. Necesitamos una Historia que ilustre los eventos con al menos dos versiones opuestas, para que las futuras generaciones entiendan mejor la guerra civil. Quizás la historia no se pronuncie como un juez, pero pueden enriquecer los argumentos con los acontecimientos de esa época, de tal manera que la visión compartida ayudaría a profundizar la verdad en cada etapa.

Pero la Historia al igual que una tradición cultural ha sufrido una (des)información por los bandos en contienda, no solo entre grupos de poder, sino también por instituciones como: la justicia, los sectores conservadores, los partidos políticos etc. que interpretaron estos eventos a su manera, este punto es muy importante debido a que crea una Cultura Oficial que comunica masivamente la visión de las acciones en determinada época.

Un Consejo académico puede dejar abierto el panorama para que las futuras generaciones se pronuncien, de tal forma se construya una historia que documente a la nación.

Cuando algunos sectores del "viejo" ejército se pronuncian por no cambiar la historia eso indica el grado educacional en la formación de estas personas, "la defensa de sus Héroes es incuestionable", en realidad es más fácil reconstruir el Mural de Catedral que cambiar un esquema psicológico militar, pero este punto de vista es similar a sus opositores, de tal forma que al menos psicológicamente la ciudadanía vive entre dos armas mortales apuntando a su cerebro, el cual puede detonarse en cualquier momento.

Después de veinte años del Acuerdo de Paz entre las partes armadas en el plano material, en el plano psicológico la lucha sigue igual.

Un ejemplo que el conflicto no ha sido desactivado conscientemente son las declaraciones de un militar en retiro y el posterior pronunciamiento público de una institución de la misma naturaleza. La Historia no resolverá el problema cultural, debido a que por generaciones se perfiló una solo versión excluyente, pro-oligárquica, autoritaria y antidemocrática. Ahora al menos tenemos el primer paso en la dirección correcta.
02FEB012

http://www.cesarramirezcaralva.com/

Separación entre Gobierno de la República y Partido Político

Durante muchas décadas desde el siglo pasado era ciencia ficción separar el Poder Ejecutivo del Partido Oficial, de tal forma que el Partido era el gobierno, con toda la extensión de funciones, privilegios, distribución de cargos, etc. no existía diferencia alguna entre un funcionario público y su calidad de miembro de un partido político.

El simple ejercicio de la memoria nos permite identificar a los gobiernos con sus colores sin distingo alguno del partido en el gobierno, era Partido-Gobierno, no era Partido <u>Político</u> y Gobierno, el resultado de esta unión no distinguía entre aciertos y fallos, entre corrupción de funcionario y corrupción de Partido, de tal forma que todo el peso de esos tremendo erroeres con nombres y apellidos era firmado por el Partido en el poder, pero también existían extensiones de ese ejercicio erróneo, en años recientes varios presidentes del antiguo partido en el gobierno no distinguía entre hacer política oficial como Primer Ciudadano de la República y presidir asambleas partidarias, tampoco sus funciones eran diferenciales entre asistir a eventos con sectores de la nación y conjugar llamados a favor del voto partidario, no existían distingos entre pronunciarse contra sus adversarios políticos, etc. los miembros del gabinete de gobierno a su imagen y semejanza ejercían funciones similares, privilegiando a los miembros de su partido y condenando a todo adversario de cualquier aspiración laboral; el ejercicio de esta anormalidad permitió que muchos empleados gubernamentales bajo su calidad de miembros de un instituto político trabajaran a "discreción" durante años, si hacemos un breve repaso sobre dichos acontecimientos, nos alcanza para una enciclopedia, si dudan de ello podemos indicar las denuncias de algunos ministerios y las irregularidades encontradas.

La unión Gobierno-Partido también afectó la promoción de profesionales en cargos de dirección institucional, la simple sospecha eliminó la posibilidad de ascenso y frenó la movilidad social de amplios sectores muy valiosos, la irradiación de esa visión deforme también fue una política comercial, bajo el otorgamiento de contratos a empresas "amigas" y excluyendo a los enemigos o sospechosos, así entre compadres y miembros los negocios son muy favorables, la saga de muchos retrasos o proyectos fallidos puede encontrarse en proyectos con "pérdidas inexplicables".

Existe un rosario de nombres de funcionarios de gobiernos pasados, los cuales fueron acusados de corrupción pero nunca fueron juzgados por ningún delito, el daño a instituciones aún es lamentado por los actuales funcionarios.

En otros aspectos la unión de Partido-Gobierno fue de tal magnitud en el sistema financiero que algunas entidades terminaron en la quiebra, al igual que el enriquecimiento inexplicable de otras familias etc… todo fue perdonado por la calidad de miembro del partido bajo la complicidad del aparato del Estado, al final no existió separación alguna, la reincidencia y la corrupción fue tan visible, que después de décadas la ciudadanía se cobró en las urnas electorales aquellas ofensas a la inteligencia de la ciudadanía.

Ahora al menos la separación del Poder Ejecutivo y Partido Político tiene la virtud de diferenciar entre personas y miembros del partido, de tal forma que se puede distinguir entre Política de la República y política partidaria, se puede distinguir entre proyecto de la nación y propuestas partidarias para un quinquenio, al igual que toda la transparencia en el ejercicio público para otorgar proyectos. Este logro es una verdadera diferencia con el pasado.

09FEB012

http://www.cesarramirezcaralva.com/

Sin temor al futuro en 2020

Existe una avalancha del infortunio sobre el futuro de la nación, esta condición se perfila con intensidad durante los procesos electorales, este año no es la excepción, la condiciones objetivas de la realidad nacional a pesar de todo permite un optimismo moderado, no obstante la voz de los ciudadanos y su opinión es sustituida por las acciones en algunos medios de comunicación, así las realidades son distorsionadas durante las campañas electorales.

Los viejos profetas del infortunio en estos momentos deben estar bajo la mesa más oscura de un castillo olvidado en el tiempo, hace un par de años inundaron la nación con estribillos y cánticos que hacían pensar en un éxodo masivo de todos los miembros de las familias más adineradas, junto a los imitadores y aspirantes a oligarcas; afirmaron que en pocos meses el país sería un ruina completa, que un Golpe de Estado era posible, que las reservas internacionales serían saqueadas, con deportaciones masivas desde Estados Unidos, todo era cuestión de tiempo, además el dólar sería sustituido por el colón y un rosario de fatalidades peores que el Apocalipsis.

Estos profetas cuando se empeñan en vociferar el desastre nunca proponen soluciones, olvidan la historia de 20 años de un Partido-Gobierno, olvidan que la delincuencia no es un fenómeno reciente, que el contrabando de drogas era cínico y a la vista pública, recordemos que un alijo de droga fue descubierto en unas bodegas privadas pero curiosamente no hubo capturas, en las antiguas entidades financieras nunca se denunció las irregularidades de organizaciones sospechosas que luego provocaron un daño irreparable a cientos de familias salvadoreñas, en algunos casos provocaron la muerte de jubilados que perdieron los ahorros de su vida, el nepotismo en instituciones públicas, el reparto de becas destinadas a estudiantes pobres en el exterior.. etc. pero estos profetas del desastre callan la historia; "extraña memoria" que olvida a propósito y no recuerda a los afectados.

Los profetas del desastre en tiempos electorales están "enfiestados", todo está mal y vamos para peor, si esto no cambia simplemente el caos… ¿no piensan acaso que si sus augurios se cumplen no quedará nada? ¿No saben que si sus interpretaciones se realizan no ganará su partido, sino perderemos a la nación? ¿Por qué insistir en el desastre si después de esa catástrofe que ellos desean tan patrióticamente heredarán la ruina?.

Así al realizar afirmaciones irresponsables deberíamos de estudiar las circunstancias de nuestra nación, su historia, las estructuras legales, etc, todo el marco conceptual que nos permite como ciudadanos construir una nación para los siguientes años, necesitamos este ejercicio, con soluciones posibles para construir una racionalidad multisectorial, para encontrar puntos convergentes que no deben ser manipulados tendenciosamente, aspectos que nos involucran hacia una democracia posible como: seguridad, economía, energía, alimentos, migración, cultura etc. elementos que parecen unirnos más que separarnos…¿Quién no desea la seguridad de su familia? ¿Quién no desea una economía estable e integral? ¿Quién no aspira a productos energéticos a precios justos y accesibles? ¿Es extraviado solicitar los derechos de nuestros compatriotas en tierras extranjeras y en ese punto trabajo temporal o su protección migratoria?

En lugar de lanzarnos propuestas huecas y sin contenido, divulgar calumnias de un partido contra otro, la ciudadanía desea escuchar a los partidos una opción de acuerdos posibles, de una propuesta de unión a la nación ante el infortunio. El pueblo ya votó en ese caso y no temer al futuro es una realidad ahora.

16FEB012

http://www.cesarramirezcaralva.com/

Constitución española de 1812 y El Salvador 2012

Un poco de Historia: La Constitución fue decretada por las Cortes Generales de España en Cádiz el 19 de marzo de 1812. Aquella constitución influyó decisivamente en los posteriores movimientos insurreccionales del antiguo Reino de Guatemala, especialmente en la provincia de San Salvador, la cual recién había realizado el primer grito de independencia el 5 de noviembre de 1811.

Algunos artículos de aquella constitución son: Art. 1. La Nación española es la reunión de todos los españoles de ambos hemisferios. Art. 5. Son españoles -y explica ampliamente aspectos inclusivos-… Art. 18. Son ciudadanos aquellos españoles que por ambas líneas traen su origen de los dominios españoles de ambos hemisferios y están avecindados en cualquier pueblo de los mismos dominios. Art. 22. A los españoles que por cualquier línea son habidos y reputados por originarios del África… y Art. 29. Esta base es la población compuesta de los naturales que por ambas líneas sean originarios de los dominios españoles, y de aquellos que hayan obtenido en las Cortes Carta de Ciudadano, como también de los comprendidos en el artículo 21. Y el Art. 3. La soberanía reside esencialmente en la Nación, y por lo mismo pertenece a ésta exclusivamente el derecho de establecer sus leyes fundamentales… Derecho a secesión auténtico, viejo recuerdo francés y legado al cambio de un mal gobierno.

Esta breve reseña muestra un amplio panorama que une al imperio español en una comunidad internacional bajo una sola bandera, al leer cuidadosamente cada artículo sorprende el carácter incluso de la ciudadanía constitucional. Es en este marco de legalidad que se convoca a las primeras elecciones libres del continente por número de habitantes, puesto que antes de ello las autoridades se elegían por representación de los ayuntamientos. Es el Art. 3 que mencionamos bajo el cual se otorga la soberanía al pueblo, condición sin precedente en el imperio español.

16 de septiembre de 1812 se recibe en San Salvador la Constitución de la Monarquía Española del 19 de marzo, la Real Cédula de 18 de marzo y 23 de mayo, que mandan la publicación de la Constitución, y el indulto concedido a todos los reos que no hubieran cometido delitos atroces y un decreto de la Corte concediendo que fueran popularmente electos los Ayuntamientos de los pueblos, aunque no tuvieran mil habitantes. La elección de los Ayuntamientos Constitucionales por la acción directa del pueblo, les dio la representación de la soberanía popular. Como la ley ponía bajo la jurisdicción de los Ayuntamientos, la vigilancia de las cárceles de Corte y ciudades, fue de gran importancia para los insurgentes, porque las cárceles estaban subordinadas a las autoridades absolutistas, las que cometían toda clase de crueldades con los reos políticos.

Bajo ese signo el mapa continental conformado por cuatro virreinatos ha desaparecido, la Constitución de 1812 elimina: Nueva España, Perú, Nuevo Reino de Granada y Río de la Plata en su lugar proclama: "La nación española es la unión de todos los españoles de ambos hemisferios"… podemos imaginar esa nación constitucional.

Casi por coincidencia en nuestra nación realizaremos un evento electoral en unas cuantas semanas, a lo mejor celebraremos también ese bicentenario ejerciendo el voto directo y conmemorando las primeras elecciones libres en nuestra historia.

Es una coincidencia feliz de otro bicentenario bajo el signo de elecciones libres, puesto que a pesar de todo: "vamos por buen camino".

23FEB012
http://www.cesarramirezcaralva.com/

Voto diferencial y voto unitario

Las elecciones son una consulta necesaria para renovar a las autoridades de los gobiernos locales y a los legisladores, no es lo mismo votar por una alcaldía que votar por una fuerza que decide las leyes de la nación, puesto que acá según la tradición es lo mismo, lo cual lleva a lecturas políticas de riesgo para los próximos años e incluso incidir sobre el futuro de reformas profundas constitucionales; para algunos partidos políticos es lo mismo, para otros no, la diferencia reside en que la representación en la Asamblea Legislativa abre un abanico de posibilidades distintas que los gobiernos locales, entre ellas la política de alianzas, las comisiones legislativas o la Junta Directiva etc. la representación de diputados de las dos principales fuerzas no tendrán mayor cambio pero si habrán sorpresas con las otras fuerzas, según las encuestas.

La gran diferencia en esta situación puede ser *el voto unitario* el cual selecciona un solo partido para ambos niveles: alcaldes y diputados, pero puede existir también un *voto diferencial*, que otorgue un voto por un partido y la segunda opción por otro, de tal forma que la lectura no indicará una selección precisa sino que distorsione los resultados. *El voto diferencial* no significa que la decisión de los ciudadanos renuncien a su partido, sino que pueden elegir otro partido porque consideran que las opciones actuales no cumplen con sus aspiraciones ciudadanas, en otras naciones es usual, acá parece que todas las encuestas solo enfocan en un solo sentido el voto, como si no existiese opción de votar por diferentes partidos en las condiciones señaladas.

El voto diferencial es el de aquél ciudadano que dice: "yo soy de un partido", pero aclara, "en este caso votaré por otro", "según me convenga"... esta condición aplica para todos los partidos.

Parece una sutileza y un ocio improductivo hablar de esta condición de voto, no obstante debemos preguntarnos si acaso durante estos años algunos partidos mostraron serios errores y los corrigieron, mientras otros continúan en el error, han existido fallos en todos los partidos que fueron rechazados por sus propios simpatizantes, el fondo de estas faltas son la ausencia de comunicación permanente con los electores, debido a que pasado el evento electoral la ciudadanía descansa en paz, hasta el siguiente ciclo.

Existe un tercer factor que influye en estas decisiones, es el factor de la imagen de la forma de gobierno, la cual distorsiona positiva o negativamente el espectro electoral a pesar que no sean elecciones presidenciales, en el fondo es la pobreza de comunicación de algunos políticos, que no orientan a la opinión pública en los momentos de crisis, sino que sin racionalidad se dedican a desprestigiar a sus adversarios de tal forma que publicitan a su partido, pero se olvidan de los acuerdos posibles para la nación.

Estas condiciones nos indican el grado de pobreza que tenemos en este momento, diferir de algunas propuestas políticas de los partidos, no significa deslealtad a los principios democráticos, acá parece que esta posición es traición.

El panorama ideal de gobernabilidad es un poder ejecutivo fuerte que apoyado desde la Asamblea Legislativa impulse todas las reformas necesarias, ¿acaso el Estado no necesita reformase?, ¿Acaso la Constitución Política no debe reformarse para enfrentar el flagelo de la delincuencia y el narcotráfico? ¿Y los gobiernos locales acaso no deben contar con el recurso económico para su desarrollo?

A pesar de algunas diferencias, mi voto será unitario, para mi la Historia vale tanto como el futuro de la nación.

01MAR012

Después de las elecciones de 2012

La campaña electoral ha llegado a su fin, los electores ya tenemos una decisión firme sobre el partido a quién otorgaremos nuestro voto. Esta campaña se ha caracterizado por un enfrentamiento visceral del pasado con el presente, un esquema de realidades versus las promesas, mentira y verdad en desenfrenada contienda repitiendo cada quién a su modo una comparsa de sordos, es muy desafortunado este acontecimiento puesto que algunos partidos minimizan la inteligencia popular y la memoria no es un recurso vital para la clase política.

Hemos observado con preocupación durante este tiempo de campaña, que todo acto social fue enmarcado desde la óptica partidaria, acción que ha desenmascarado a entidades que en otro momento se denominaron "apolíticas"; pero todo es sospechoso en tiempos de elecciones a tal grado que bajo esta premisa nada escapa de esas fuerzas ocultas para obtener votos subterráneos, agazapados en sus trincheras neutrales gritan tropelías, pero son muy conscientes que ese golpe desesperado apela hacia la lealtad de sus electores perdidos, esa condición de la pérdida de fidelidad de otrora sectores conservadores se debe a una serie de errores que durante muchos años excluyeron a sus propios sectores aliados, de ahí la gran diferencia visible entre partidos ortodoxos. La campaña ha demostrado que los resabios de la guerra no han terminado, ha existido violencia de todo tipo, condición preocupante veinte años después del Acuerdo de Paz, quizás porque ambos partidos son hijos de la guerra, sus historias son producto de un concepto ideológico del siglo pasado, el cual no terminará hasta que se inaugure de la misma manera otros nuevos partidos productos de la era de paz, sin diferencias ideológicas bajo un nuevo acuerdo por la democracia. Si esto es considerado imposible, es oportuno estudiar el proceso democrático en Rusia o en México, con cambios trascendentales en beneficio de sus propias sociedades.

Desde la óptica ciudadana la seguridad es un tema apremiante, así como el desempleo, la pérdida del poder adquisitivo, la migración, la salud, las pensiones etc., realidades que golpean a los asalariados bajo el gobierno de cualquier bandera política y desafortunadamente está limitado por leyes en su mayoría desfasadas, sin modernización. Los ciudadanos estamos obligados a delegar nuestras decisiones políticas a la clase política, no hay otra alternativa, de ahí la responsabilidad de continuar la renovación o retornar al pasado. Podría parecer indiferente qué partido gobierne, si no cambia la condición económica, ni la exposición a delincuencia, ni se detengan los asesinatos de los trabajadores del transporte, pero estas circunstancias si nos afectan, por ello no podemos dejar de asistir al evento electoral, puesto que debemos cambiar esta herencia negativa y solucionarla, desde mi punto de vista acelerar los cambios es urgente, continuar con la renovación de la democracia es impostergable y avanzar hacia una nueva sociedad incluyente es la meta necesaria.

Necesitamos una clase política que visualice elementos fundamentales para la nación: Democracia y Desarrollo Social, de tal forma que las soluciones se conviertan en realidades y no solo promesas, necesitamos un parlamento fuerte con una mayoría que impulse la modernización del Estado y las reformas constitucionales, así las iniciativas legislativas podrán coincidir con una presidencia líder del cambio, acompañado por el poder municipal

junto a sus ciudadanos. Es un momento crucial, continuar el cambio es necesario. El balance político es positivo y pronto será mejor.
08MAR012

Elecciones 2012: novedades conocidas hace 40 años

La percepción que tenemos después de las elecciones es que el partido de la oligarquía ha triunfado sobre el partido de los proletarios, o el partido anticomunista triunfó sobre el partido de los marxistas-leninistas, condición miserable para una legítima democracia, ello provoca una falsa alegría o tristeza, puesto que las elecciones se transformaron en batallas con el saldo de militantes fallecidos, atentados terroristas (uso de granadas, esparcir químicos en la sede del partido rival con muchos intoxicados), desinformación, campañas negras, grises, rojas etc. ¿ésta es la democracia que queremos?; de nuevo escuchamos los cantos a voz de cuello que pidieron la muerte del adversario y la respuesta no fue menos contundente. Al finalizar el proceso electoral, la realidad muestra signos decadentes en los aspectos del ejercicio del voto, existen denuncias de fraudes, delitos electorales, llamados a no votar, coacción de electores en poblaciones, agresiones contra las residencias de los opositores, suplantación de miembros en juntas receptoras de votos, turbas que causan daños en centros de votación, además del abstencionismo que en el fondo beneficia el caos institucional y deteriora la credibilidad en el sistema democrático.

Hemos sostenido que la diferencia entre partido de gobierno y poder ejecutivo es un logro histórico, condición que es un cambio educativo trascendental, los errores cometidos por un partido se reflejan en sus contenidos programáticos o las propuestas de leyes, declaraciones, dirección interna etc, mientras en el gobierno los desaciertos se reflejan en algunas políticas administrativas que han causado daño en diversos sectores sociales, muchos sectores de clase media han perdido el inicial entusiasmo por una mejoría en el horizonte democrático, estos desaciertos no permiten la movilidad social. Pero también han existido notables éxitos, de tal forma que si buscamos culpables los encontraremos, si buscamos soluciones estas pasan por modernizar las formas de participación ciudadana.

Tenemos la percepción que un voto es igual a la democracia, condición muy pobre para las aspiraciones de muchos ciudadanos que después del 11 de marzo no tendrán ni voz, ni voto en las grandes decisiones hasta el año 2015, un poco triste puesto que hasta ahí llegó nuestro sentido de decisión política, a partir de ahora los ciudadanos que votaron por un diputado no tienen ningún mecanismos para influir en los depositarios de ésta representación, no recibirán información sobre su actuación, ni sus decisiones, menos si se convierte en tránsfugo a mitad de período. Nuestro momento político no debería terminar solo en el voto, pero al menos la institucionalidad funciona, la democracia se fortalece, ahora cada quién a ganarse la vida como pueda, a la realidad capitalista y el trabajo honrado. Desolador el panorama para los siguientes años y esto no cambiará nada a mediano plazo, excepto si surge el liderazgo para formar consensos nacionales desde el poder ejecutivo, junto a los partidos políticos hacia los objetivos que nos unen bajo una sola nación.
15MAR012

Bicentenario de la constitución española de 1812

La percepción que tenemos después de las elecciones es que el partido de la oligarquía ha triunfado sobre el partido de los proletarios, o el partido anticomunista triunfó sobre el partido de los marxistas-leninistas, condición miserable para una legítima democracia, ello provoca una falsa alegría o tristeza, puesto que las elecciones se transformaron en batallas con el saldo de militantes fallecidos, atentados terroristas (uso de granadas, esparcir químicos en la sede del partido rival con muchos intoxicados), desinformación, campañas negras, grises, rojas etc. ¿ésta es la democracia que queremos?; de nuevo escuchamos los cantos a voz de cuello que pidieron la muerte del adversario y la respuesta no fue menos contundente. Al finalizar el proceso electoral, la realidad muestra signos decadentes en los aspectos del ejercicio del voto, existen denuncias de fraudes, delitos electorales, llamados a no votar, coacción de electores en poblaciones, agresiones contra las residencias de los opositores, suplantación de miembros en juntas receptoras de votos, turbas que causan daños en centros de votación, además del abstencionismo que en el fondo beneficia el caos institucional y deteriora la credibilidad en el sistema democrático.

Hemos sostenido que la diferencia entre partido de gobierno y poder ejecutivo es un logro histórico, condición que es un cambio educativo trascendental, los errores cometidos por un partido se reflejan en sus contenidos programáticos o las propuestas de leyes, declaraciones, dirección interna etc, mientras en el gobierno los desaciertos se reflejan en algunas políticas administrativas que han causado daño en diversos sectores sociales, muchos sectores de clase media han perdido el inicial entusiasmo por una mejoría en el horizonte democrático, estos desaciertos no permiten la movilidad social. Pero también han existido notables éxitos, de tal forma que si buscamos culpables los encontraremos, si buscamos soluciones estas pasan por modernizar las formas de participación ciudadana.

Tenemos la percepción que un voto es igual a la democracia, condición muy pobre para las aspiraciones de muchos ciudadanos que después del 11 de marzo no tendrán ni voz, ni voto en las grandes decisiones hasta el año 2015, un poco triste puesto que hasta ahí llegó nuestro sentido de decisión política, a partir de ahora los ciudadanos que votaron por un diputado no tienen ningún mecanismos para influir en los depositarios de ésta representación, no recibirán información sobre su actuación, ni sus decisiones, menos si se convierte en tránsfugo a mitad de período. Nuestro momento político no debería terminar solo en el voto, pero al menos la institucionalidad funciona, la democracia se fortalece, ahora cada quién a ganarse la vida como pueda, a la realidad capitalista y el trabajo honrado. Desolador el panorama para los siguientes años y esto no cambiará nada a mediano plazo, excepto si surge el liderazgo para formar consensos nacionales desde el poder ejecutivo, junto a los partidos políticos hacia los objetivos que nos unen bajo una sola nación.

22MAR012

http://www.cesarramirezcaralva.com/

"Ni Dios lo quiera" la paz en la dictadura

Existen diferentes conceptos de Paz, estas refieren criterios de individuos, comunidades, sociedades, instituciones, naciones etc. bajo formas elementales puede referir "ausencia de la guerra", pero esta no es suficiente, puesto que a la paz se asocia usualmente la violencia. La violencia puede ser legal o ilegal, la primera es aquella que se esgrime como derecho, la otra es para luchar contra ese derecho, paradójico pero la violencia se transforma históricamente.

De esta manera podemos continuar agregando conceptos asociados a tan importante condición humana.

Para no reconstruir la historia en general fijemos algunos puntos trascendentales, uno de ellos es la Revolución Francesa al proclamar los Derechos del Hombre, que cambió la concepción de las antiguas sociedades absolutas al proclamar estos derechos también se recuerda a las personas que no tienen derechos, los pierden, el Estado los suprime y las instituciones también niegan a ciertos individuos esta calidad.

En nuestra nación la democracia tiene un largo camino que recorrer en el respeto a la vida humana, para no ir muy lejos la contabilidad de las muertes de ciudadanos a manos de los delincuentes es una estadística que mide la paz de la nación y además es un argumento político para alimentar la desinformación cotidiana de adversarios políticos.

En días recientes se informa a la población por medio de voceros de la Iglesia Católica de una tregua entre las principales pandillas de la nación, en otras palabras se inicia la otra paz que se concibe más o menos como el respeto a la vida entre ellos. Los alcances de este pacto son difusos, pero con resultados visibles, existe una dramática caída en las estadísticas de las muertes violentas, es un acontecimiento para reflexionar y proponer caminos a seguir, no para "legalizar" a organizaciones criminales sino para continuar en este esfuerzo que al menos proclama el respeto a la vida. El complejo surgimiento de las bandas criminales y sus ramificaciones en los últimos veinte años, no puede solucionarse de un día para otro; unido al surgimiento de estas estructuras está la violencia indiscriminada en todos los niveles, al igual que la corrupción de menores, inducción a cometer ilícitos, coacción, extorsiones y un rosario de actos que destruyen la paz democrática de la nación. Este infortunado evento no tiene solución fácil, ni siquiera en Estados Unidos de América, ni en México, ni en ningún otro país existe un antecedente donde una tregua entre pandillas elimine la violencia generada por intereses antagónicos entre sus miembros, usualmente por dominio de territorios para favorecer ilícitos de diversa naturaleza. Pero quizás nuestra incomprensión del alcance de este evento este propiciado por que desconocemos todo el árbol que une este tejido de acuerdos entre pandillas, así como desconocemos implicaciones que nos involucran como ciudadanos, sociedad o Estado.

La Paz de nuestra sociedad democrática es un acuerdo de nación, de historia, de cultura entre ciudadanos, esta paz se ilumina bajo los conceptos constitucionales. Acaso debemos ser prudentes ante esta iniciativa de la Iglesia Católica, pero eso es todo, la Iglesia asumirá compromisos bajo su jurisdicción que no implican compromisos con la sociedad salvadoreña en absoluto. *Ni Dios lo quiera* la paz de una dictadura, como en 1932, que por cierto también recibió la bendición a sus armas de la Iglesia Católica.

27MAR012

http://www.cesarramirezcaralva.com/

Del temor al cinismo

Aquella extrema crueldad de cientos de asesinatos a lo largo de la nación nos hizo reflexionar sobre el destino del pueblo salvadoreño, aún poseemos ese criterio intacto ante tanta maldad de estos años, pero recién unas semanas un acuerdo entre las pandillas ha dejado una sensación de cierto sentido de "paz" accesible, ¿pero qué sostiene esta plataforma entre facciones ilegales? En realidad no lo sabemos. Un documento que circula por diversas redes sociales no es suficiente, pero observamos acciones que van conformando un mapa de movimientos singulares: la movilización de líderes de estas bandas hacia penales de menor seguridad, un acuerdo entre ellos divulgado por diversos medios, el retiro del ejército de ciertas funciones de primera línea en los centros penales, mientras es notable la disminución el número de crímenes contra ciudadanos a nivel nacional; este escenario al menos comunica cierto optimismo puesto que un "alto" a los asesinatos es buena noticia, pero tiene un lado oscuro, la misma mano que ha dejado de apuntar hacia un sitio puede disparar hacia otro, del tiempo que dure este cese de fuego interpandillas no lo sabemos, pero la sociedad reclama conocer más, puesto que con la misma voluntad que se detuvo, un día puede iniciar de nuevo. Nuestra sociedad no puede moverse del temor al cinismo, como si nuestra nación aceptara unas reglas impuestas fuera del contexto constitucional. En realidad como ciudadanos debemos apoyar las grandes iniciativas hacia la unidad nacional para derrotar a la delincuencia, esa es la mejor bandera ahora y para la posteridad, en una palabra: las pandillas no deben existir más.

Junto al tema de la seguridad, existe el llamado del Primer Ciudadano de la República para unir a la nación contra la delincuencia, una acción oportuna, puesto que un solo sector no puede resolver esta problemática compleja, como lo es: el tejido del crimen organizado, narcotráfico, organizaciones de pandillas, asociaciones ilícitas etc. el resultado de ese llamado aún espera respuestas constructivas hacia la nación, de lo contrario si la iniciativa se convierte en banderas partidarias el resultado es tan pronosticable como la realidad que hemos vivido las últimas décadas, donde de la mano de la tristeza observamos el luto en la familia salvadoreña. ¿Por dónde empezar? la mejor respuesta es por la Clase Política Criolla, son ellos los llamado a mostrar el mejor signo ciudadano, de tal forma que después de las elecciones del 11 marzo de 2012, el escenario aritmético no es una figura determinante para encontrar las mejores soluciones entre los partidos políticos, puesto que se impone un acuerdo entre ARENA y FMLN para la elección de la futura Junta Directiva de la Asamblea Legislativa, además de la elección de personalidades para otras instancias. El llamado a la unión pasa por la Clase Política Criolla, debe demostrarnos su disposición a contribuir a la paz social, todo lo demás es adhesión de estos líderes sociales, ya veremos si nuestros votos cumplen su misión constitucional y ellos construyen "confianza" en nuestro futuro.

Construir confianza es compartir el liderazgo y la conducción en un proyecto, en nuestro caso de seguridad nacional.

12ABR012

http://www.cesarramirezcaralva.com/

EL templo destruido en tres días

Nuestra sociedad no tiene el hábito de la reflexión sobre su futuro, no existe ese ejercicio social que incluya los intereses nacionales con elementos propositivos, todo es cuestión de proyectos que terminan usualmente en nada, eso se debe a diversos cambios gubernamentales (o políticos), de esta forma cuando llegan los nuevos administradores parece que el templo es destruido en tres días y reconstruido en los siguientes tres años para iniciar de nuevo otro ciclo. De esa forma una y otra vez repetimos la historia conocida; la reflexión sobre logros, avances o retrocesos no existe, excepto en los hallazgos contables, pero en el desarrollo humano como educación, salud, integración económica, movilidad social, seguridad, el panorama se torna nebuloso. Si reflexionamos sobre nuestro futuro, deberíamos estar muy preocupados por el nivel de participación en los acontecimientos que nos agobian, entre estos aspectos: la administración de justicia, el uso de armas de fuego, la migración, la multiplicación de asociaciones ilícitas, etc. que nos perjudican a todos. El llamado natural a solucionar estos problemas es la clase política, pero ¿qué sucede si esta no responde?, al menos en nuestra nación no existe un mecanismo que demande nuestros intereses, vivimos en ese vacío marginal que puede catalogarse como: "abandono a nuestra suerte", después del momento electoral. Durante los años del autoritarismo la sociedad evolucionó en algunos niveles populares hacia la "auto-organización", pero con un sentido ideológico, los resultados fueron los actuales partidos políticos, pero en tiempos de posguerra, en tiempos de paz ¿Cómo nos defendemos ante la mala administración de justicia? ¿Cómo creamos un mecanismo civil que demande acciones acertadas a la clase política? ¿Cómo actuamos ante la corrupción de algunas autoridades? No existe ese derecho ciudadano, quizás sea el momento de crearlo, un derecho que nos proteja de algunas estafas políticas que sucedieron en el pasado, promesas incumplidas, enriquecimiento inexplicable. Vivimos la fragmentación de sectores sociales: los que viven en zonas con influencia de asociaciones ilegales y quienes están fuera, antes eran fenómenos focalizados, ahora son visibles por muchos puntos de la ciudad, ¿Cuántos lugares de la ciudad están libres de grafitis? Eso nos plantea la ausencia de un derecho ciudadano, porque parece que en los muros no hay gobernabilidad, ni control, ni siquiera protestas por la multitud de signos agresivos y territoriales. Debemos reflexionar y actuar, esto no solo refleja la debilidad institucional en muchas áreas y también la débil capacidad de respuesta de la sociedad civil, quizás porque durante décadas la ciudadanía fue educada para obedecer sin cuestionar nada, la represión era absoluta, pero ahora en tiempos democráticos la asociación civil debe imponerse más allá de un partido político, ¿acaso no podemos construir asociaciones civiles por la paz?.
Me parece que en algunas situaciones somos rehenes legales ante los acontecimientos políticos, donde solo la clase política tiene garantías, mientras los ciudadanos comunes no tenemos defensa ante la violencia ciega de los delincuentes; de ahí que nuevas formas asociativas defensivas deben considerarse porque la debilidad del Estado es notable, de ahí que tratar de impulsar nuevas organizaciones civiles más allá de una campaña electoral debe ser tomada en consideración por todos, antes que sea demasiado tarde.

19ABRO12

Tántalo salvadoreño

Vivimos en un estado de conmoción que toca nuestras puertas. Cada día es una sorpresa por la facilidad que algunos grupos de personas agreden a otras por mínimos motivos, parece que esta enfermedad es masiva y silenciosa, pero con niveles de pandemia en la República. Salimos de una guerra civil y entramos a otra contra la delincuencia, ahora es la asociación ilícita contra la sociedad trabajadora, las diferencias de estas guerras son la ausencia de humanismo, de derechos, de límites, es un desastre colectivo sufrir la impotencia de acción ciudadana para contener este flagelo.

El estado de paz ¿será posible un día?... El estado de paz por ahora parece ser el Tántalo salvadoreño, en el tártaro de nuestras áreas habitacionales. No obstante un día podríamos parafrasear a Catón el Viejo: «*Ceterum censeo Carthaginem esse delendam*» (lo que significa:« 'Por lo demás, opino que Cartago debe ser destruida'»).[

Hace unos días un vecino fue agredido por adolescentes, el motivo fue una disputa del ofendido para salvar la vida de su esposa porque los adolescentes realizaban "carreras de autos" en las estrechas calles del área residencial, así de un momento a otro, la discusión tomó tintes violentos y tres jóvenes agredieron al Señor, el cual sufrió fracturas con una conmoción general y fue conducido a un centro asistencial. La policía realizó la inspección y la acción penal está en curso.

No se tiene aún claridad sobre el caso, excepto que las agresiones son verificables. ¿Pero es justo tanta demostración de violencia? ¿Acaso puede suceder a cualquier otro ciudadano? El problema es tan complejo como fomentar valores de una sociedad en paz ante una mentalidad delictiva, parece que perdemos control en todos los niveles y estos valores de paz son sustituidos por acciones violentas que pretenden revolver cualquier conflicto a patadas, con lujo de violencia indiscriminada. Las bravuconerías de un grupo adolescente que agrede a un hombre desarmado, la matonería en la superioridad numérica que atropella a una persona, con un resultado insultante: la hospitalización de un ciudadano, con fracturas en el rostro y se teme por su vida. Las autoridades deben proceder de oficio, una familia agredida espera el retorno de su jefe de familia.

Si las condiciones de violencia son extremas, la impunidad es rampante a unas cuantas cuadras de áreas residenciales, ¿Qué podemos hacer como ciudadanos? Por el momento no existe una forma preventiva para impedir estas agresiones, no es posible que estas matonerías se repitan, mañana puede ser cualquiera, mañana un ciudadano puede morir a manos de estos delincuentes juveniles. No existen soluciones fáciles, al menos dentro de la legalidad existente, parece que desarmados provocamos risa en los jóvenes infractores. Deseamos soluciones democráticas, las autoridades tienen la palabra.

26ABR012

http://www.cesarramirezcaralva.com/

Desafíos de la Asamblea Legislativa 2012-2015

Existen múltiples visiones que podríamos citar para la novel Asamblea Legislativa instalada este primero de mayo, considerando: los planos políticos, la historia, su vida partidaria etc., pero también por el grado que afectan sus decisiones a la familia salvadoreña, donde algunas de sus pasadas decisiones no fueron acertadas. Desde mi óptica el principal elemento a considerar es la *seguridad ciudadana*, con asombro observamos la evolución de la contención de las organizaciones ilegales que pueden agruparse en el llamado "crimen organizado"; las instituciones que combaten a la delincuencia deben ser apoyadas en toda la línea legal, puesto que una situación es que se actúe con legítimo apego al derecho y otra es propiciar una ruptura constitucional, si la aplicación de la Ley es genuina, las leyes construirán día con día la anhelada paz social, de lo contrario la visión puede ser letal para nuestra democracia.

Otro elemento que aparece en el horizonte es la *estabilidad económica*, es oportuno indicar que el privilegio de recibir mes a mes un salario "estatal" no significa que el pueblo ignore que mes a mes se toman de sus salarios los respectivos *impuestos*, por cierto en sus deducciones no se le pregunta a los trabajadores (estatales o privados) si desean a no pagar estos tributos, simplemente se les descuentan e ipso facto su cheque ya aparece con el valor correspondiente, en otras palabras antes que llegue a manos del trabajador ya se cobró la deuda, de tal forma que los diputados deben estar conscientes que su estabilidad se la deben a la precaria condición asalariada de los trabajadores salvadoreños, así como a todos los funcionarios públicos, pero la estabilidad laboral de miles de trabajadores es frágil, existe mucho desempleo, existe mucha incertidumbre puesto que los salarios no crecen en proporción a la demanda social; además la crisis internacional acecha donde quiera que coloquemos nuestra vista, ese elemento no debe ser enmarcado como argumento político, si a un gobierno le va mal en la economía no son los funcionarios quienes sufren, si un gobierno fracasa en su política económica los primeros afectados son los núcleos familiares, la historia demuestra que estos factores: *inseguridad ciudadana y empobrecimiento general* llevan a estallidos sociales con resultados graves para el restablecimiento del orden público. Es necesario comprender que la Iniciativa Privada debe aportar a solucionar estos problemas, puesto que en estos años muchas empresas creyeron que despidiendo a los trabajadores solucionarían la crisis, se equivocaron porque enviar al "paro" a los trabajadores no sirve para nada, ¿acaso sus empresas han solucionado la crisis con tanto desempleo forzado? Claro que no. La salud, educación, las pensiones, las reformas constitucionales, debemos observarles para construir gobernabilidad. La guía del primer órgano del Estado debe ser la racionalidad pública, ¿qué es posible para la nación en los próximos tres años y la sociedad? Si piensan como Partido Político veremos la parálisis institucional, si existe voluntad para el cambio en breve tiempo veremos cambios positivos, pero conociendo a nuestra clase política donde priva la obediencia en lugar de la razón, el panorama no puede ser optimista.
03MAY012

http://www.cesarramirezcaralva.com/
Françoise Hollande horizonte solidario

La memorable proclama de la declaración Franco-Mexicana que reconocía al FMLN-FDR en un momento crucial en la historia de nuestra nación, aquél 28 de agosto de 1981, retorna con vigencia ante el triunfo del socialismo francés en las recientes elecciones de aquella nación europea. Han pasado más de treinta años de una proclama que significó una bandera de esperanza en la desoladora realidad de represión que vivía nuestra nación, con una feroz persecución a todo sector democrático pero que la lucha del pueblo salvadoreño logró resistir en las peores condiciones a la intemperie autoritaria. Los ministros de relaciones exteriores de México y Francia: Jorge Castaneda y Claude Cheysson se pronunciaron ante los graves acontecimientos de aquella época que ahora son historia, pero fueron un enorme significado para el presente de nuestra vida democrática, puesto que en nuestra nación las instituciones se consolidan día con día. En los años ochenta del siglo pasado, François Mitterrand en su momento logró tender puentes con América Latina bajo un esquema general que algunos autores calificaron de urgentes obligaciones para colaborar por la paz en la región, ahora muchos años después podemos comprender el alcance de esos nobles principios y celebramos que así sucedieran. En la Revista Proceso, México, no. 246, 18 de julio de 1981 Julio Cortázar anotó una cita de François Mitterrand: "América Latina no pertenece a nadie", "Está buscando su pertenencia propia, y es importante que Francia y Europa la ayuden a realizarla. Los Estados Unidos deben comprender que no les corresponde oponerse a ello y tratar de imponer una presencia que puede ser sentida como ilegítima cuando se lleva a cabo a expensas de la independencia de los pueblos y de los derechos humanos". En ciertas ocasiones como nuestra lucha en este pequeño país por la supervivencia de las instituciones en este siglo XXI, con un gobierno absolutamente diferente a los 20 años de administración de un partido conservador, aquellas palabras cobran una extraordinaria vigencia, puesto que el nexo histórico con otros pueblos es la solidaridad democrática en sus momentos tan difíciles. Ahora nuestra nación se debate en graves problemas sociales que nos obligan a nuevos urgentes pronunciamientos, la vida democrática tiene desafíos que no tienen solución fácil, debido a que la nación en su conjunto debe asumir responsabilidades como es el caso de la Seguridad Nacional ante el tema del narcotráfico y el crimen organizado, ya no es como en el pasado que la negación de la democracia era el motor del cambio, ahora es la supervivencia del Estado Democrático el que se aferra a una oportunidad para intentar vencer ese cáncer social. De la misma manera que en Europa el tejido de la economía pasa por diversas naciones, en Centroamérica la economía con sus repercusiones sociales, no pueden verse aisladas entre los bloques dominantes como Estados Unidos y Europa, porque las evoluciones del narcotráfico con sus ramas destructivas no podrán vencerse sin el apoyo de terceras naciones. Tarde o temprano apelaremos a la solidaridad de los pueblos ante nuestros limitados recursos económicos, y esperamos como en otros tiempos la ayuda esas naciones amigas. El triunfo de Françoise Hollande al menos tiene una visión de esperanza para la nación de América Latina, con la historia de la solidaridad entre los pueblos como su mejor ejemplo.

10MAY012

Violencia del narcotráfico en Mesoamérica

Los recientes incidentes de violencia en México, cuando el domingo 13 de mayo 2012, 49 cuerpos mutilados fueron encontrados en una carretera aledaña a Monterrey, parece configurar una mapa sangriento que irradia a la zona mesoamericana, esta región parece ahora una geografía de combates que implica a una docena de nuestras naciones, o quizás a toda la región latinoamericana.

Centroamérica, Colombia, Venezuela etc. sufren un fenómeno común cuando se trata de bandas armadas ilegales que cometen atropellos contra civiles desarmados, en esencia son actos terroristas que atentan contra todo orden institucional de nuestras naciones. Las investigaciones aún están en proceso pero con justificados temores Centroamérica sospecha que podría tratarse de inmigrantes de paso hacia los Estados Unidos. La disputa de estas estructuras de crimen organizado no tiene límite, con lujo de barbarie cometieron en abril de

2011 el terrible asesinato de 193 inmigrantes centroamericanos en el Estado de Tamaulipas, situación que podría ser el escenario de este último acontecimiento.

El contexto general de nuestras naciones es dramático, puesto que la emigración de poblaciones económicamente activas sigue sin alteraciones evidentes, porque muchos compatriotas se ven forzados a huir de sus comunidades por la propia violencia que ejercen las bandas criminales locales, ya no solo escapan de la marginación capitalistas absoluta, puesto que ahora huyen por no aceptar la esclavitud de: la extorsión permanente, la amenaza a sus seres queridos, robos o tributos a las bandas armadas que pululan por la ciudad. Estos factores: emigración forzada e incursión a los territorios dominados por bandas criminales parecen ser el caldo de cultivo para estas matanzas que implican a nuestras naciones, parece que las antiguas fronteras pierden sentido para transformarse en corredores de emigrantes hacia Estados Unidos y en determinado momento son trampas fatales que solo conducen a la muerte por la disputa de estos grupos ilegales. El letal cóctel de drogas, armas, tráfico de personas etc. junto a la desesperación de miles de latinoamericanos que aún creen que saliendo de su nación escapan a su destino capitalista para realizar el sueño americano es mortal, desafortunadamente su escape ilusorio es hacia una muerte segura para muchos valientes emigrantes latinoamericanos. Es necesario pronunciarse ante este acto criminal y señalar que las drogas son el motor de este demonio sediento de sangre llamado narcotráfico, indicando que mientras en Estados Unidos se consuman estos productos ninguna norma interna cambiará estos horrendos crímenes, pero no solo esta nación está implicada, lo mismo acontece en los territorios donde es cultivada, transformada, trasladada y de alguna manera permitida, situaciones que incumben a Mesoamérica en general. Si profundizamos llegaremos a las condiciones tan vergonzosas como eventos de instituciones bancarias las cuales no preguntan el origen de enormes capitales de dinero "sucio", ni "donaciones" a honorables organizaciones, además de la compra de voluntades políticas etc… patético. Estos escenarios deberían ser el detonante que encienda la voluntad de nuestra naciones a favor de soluciones hacia un gobierno transregional, debido a que nuestra legalidad es obsoleta, no tenemos respuestas oportunas y deseamos soluciones globales. El capitalismo debe humanizarse y la democracia debe prevalecer, de lo contrario repetiremos la historia de aquellos territorios de "expansión-dominación" del siglo XIX en Norteamérica sin ley y sin gobierno.

17MAY012

Sociedad democrática o narcocrática

El título parece un poco exagerado para nuestra pequeña nación, pero los elementos que percibimos son alarmantes, algunos ejemplos: la población penitenciaria es alrededor de 20,000 en su mayoría relacionados con agrupaciones ilícitas, las fuentes de inteligencia calculan que otros 20,000 están fuera delinquiendo, el control de estas organizaciones llega a territorios en zonas populares, expuestos a ellos la sociedad vive en zozobra constante, puesto que los métodos que utilizan llegan a extremos que una sociedad Ramócrática no puede pasar porque se convierte inmediatamente en una legalidad totalitaria de tal manera que nuestros límites jurídicos en realidad son un suicidio para las instituciones que nos representan, es un curioso caso donde la legalidad trabaja en nuestra contra. Si avanzamos hacia la penetración de estas estructuras en los centros escolares, las áreas habitacionales, la compra de armamento militar, sus actos terroristas contra población civil, la matanza de estudiantes, trabajadores e incluso ex congéneres, la estadística rebaza la imaginación de una sociedad en paz social. La historia demuestra que estas situaciones no son nada nuevo en la evolución o involución de los sistemas sociales, algo parecido debieron sentir los señores feudales cuando los villanos en sus ciudades comienzan a insubordinarse, no acatan las leyes, construyen sus ciudades, rompen el esquema que funcionó durante siglos, el modelo de producción comienza a fenecer dando paso a la auto-organización, la manufactura, todo el trabajo artesanal se reorienta con el surgimiento de una nueva (i) legalidad, etc., el caso de estas estructuras anticulturales en nuestra nación asemeja esa forma de (i)legalidad que avanza a pesar de los numerosos esfuerzos para contenerla, el fondo de este motor demoníaco es la narcoactividad, que tiene poderes inmensos y rompe el esquema de trabajo capitalista, la moral, la ética y los derechos no funcionan ante una organización transnacional que tiene un alcance poderosamente económico que no solo compra voluntades sino que corrompe a la clase política, tal cual se tienen antecedentes de los parlamentarios denunciados públicamente.

Si pensamos en la rehabilitación de los delincuentes, debemos poseer la mesura de considerar que este esfuerzo implicará a la sociedad durante décadas, de tal manera que no es función de una sola administración gubernamental, tampoco es labor de un solo partido político, en realidad pagamos un alto precio por el consumo de drogas en Estados Unidos, puesto que nuestro territorio es solo un corredor hacia las urbes capitalistas; si no logramos un acuerdo nacional nuestro futuro es pronosticable. Este trabajo de disuasión y contención debe ser inmediato. Incluso en ocasiones parece que el tiempo se nos termina antes de lo previsto. Estados Unidos no debe fijarse límites económicos para sacarnos del pantano en el cual hemos sido arrastrados involuntariamente. De continuar en este camino, la miseria de nuestro futuro será una autodefensa organizada donde no existirá más sociedad civil puesto que obligadamente todo se construirá con un signo militar o paramilitar con resultados dramáticos, bajo leyes similares al siglo XIX en Norteamérica, una débil gobernación y unas leyes aplicadas a criterio individual.

24MAY012

http://www.cesarramirezcaralva.com/

Cuando me hablan del pasado

Existen varios tipos de tiempo en mis interlocutores, algunos tienen memoria corta, me hablan de meses, otros de un par de años, los pocos se remontan a 20 años o más en el pasado, estas personas usualmente están llenas de lamentos, esa condición que invoca cierta prisión de la palabra; manifiestan que vivimos en pleno desastre, de tal forma que el presente no sirve para nada y que nuestras vidas no deben perseguir otro destino que volver al pasado. Ellos piensan en el futuro, se largan con un monólogo que invoca el paraíso cuando esta realidad cambie, "el futuro será feliz", porque debemos cambiar todo lo construido en unos cuantos meses y salvaremos a la nación de su trayectoria suicida, la República tiene en este momento el mismo destino que el Titanic, "pronto moriremos todos", ya sea por inanición financiera, o por una deuda tan colosal que el fin del mundo no será nada en las calles de San Salvador. Con mucha razón algunos psicólogos mencionan que los salvadoreños tenemos una mentalidad de un niño de 10 años. Cuando me hablan del pasado con un sentido tan visceral de la República algunos lloran por su destino, claman que no merecen el presente,

que todo es culpa del gobierno de turno, que al final existen muchos culpables menos las administraciones anteriores, por esta razón en las próximas elecciones (en un futuro próximo) se cobraran tanta miseria. Todos hablan de deudas adquiridas. Ellos olvidan que los empréstitos durante 20 años hasta el año 2009 era de 10,000 millones de dólares y la deuda adquirida hace 36 meses solo es de 3,000 millones de dólares, borran su memoria remota al pronunciar: "son errores del pasado", pero como cualquier ciudadano común la conclusión es: tendremos que pagar todos esos errores. Una pregunta clásica norteamericana asalta la respuesta a esta situación: "Ask not what your country can do for you - ask what you can do for your country" John F.Kennedy ... "No preguntes lo que tu país puede hacer por usted - pregunta qué puedes hacer por tu país". También podríamos aplicarlo a todos los "salvadores de la patria" o a los "profetas del desastre" y preguntarles: ¿dónde estaban sus quejas cuando la nación se endeudó con 10,000 millones de dólares antes del año 2009?, si ellos preguntan ¿qué hice por mi nación? Al menos nosotros si denunciamos los fraudes, las corruptelas, el despilfarro de muchos funcionarios, el abandono del sector agrícola, el nepotismo en instituciones etc… agregando que gracias a nuestro humilde trabajo, pagamos los impuestos, además los subsidios, nos endeudamos para contribuir con la banca en sus propuestas hipotecarias y sin protestar pagamos los intereses que fueron elevados a su criterio durante muchos años; al igual que las tarjetas de crédito (con sus intereses a discreción y sin control), de igual forma perdimos un aciago día el empleo, era otra forma de contribuir con la empresa que a nombre de la crisis internacional envió al "paro" a cientos de trabajadores. Cuando me hablan del pasado, prefiero el presente, incluso sobre el futuro.
31MAY012
http://www.cesarramirezcaralva.com/

In memoriam: Alisson Isela Ramos

Las palabras no acuden a la cita para nombrarte, parece un mar de soledad la mención de tu memoria, unes a la nación con un ejemplar proyecto juvenil dedicado al deporte. Sentimos como nuestro cada minuto que vivimos sin tu presencia, la angustia de una familia, la tristeza de los amigos, la desesperación de la distancia sin un camino que nos lleve a un feliz encuentro. Días interminables con la esperanza en alto, sin rendirse, el corazón latiendo bajo un designio que adivinamos en otros jóvenes tan alegres como tu sonrisa, desaparecidos y prisioneros de una violencia sin sentido, sin motivo, sin nada de humanidad. Podemos imaginar tu futuro sin este trágico acontecimiento, pero ahora bebemos ese amargo sabor de tu destino ejecutado por delincuentes que escondidos en agujeros de lodo y desechos, conspiran contra la juventud de la nación, es injusto el momento, lamentable, desearíamos no vivir este día que traiciona la esperanza del pueblo. La daga sangrante que resplandece sobre la juventud salvadoreña, es enarbolada por delincuentes cobardes que atropellan todo valor cultural, toda historia y toda ley es pisoteada por estos seres indeseables que secuestran, violan, asesinan y vejan a toda persona que tiene por principio su estudio, trabajo, la honradez y la valentía de esforzarse por alimentar a su familia; parece que estos enemigos odian toda construcción democrática, odian a la Patria, la religión, las instituciones, todo, pero extrañamente cuando caen en manos de la Ley claman por esa institucionalidad que ellos han jurado destruir. Cuánto dolor, cuánto luto, cuánta orfandad provocan sus acciones, que miserable debe ser su vida con esa sed infinita por la muerte de inocentes. Uno ama la vida en cada joven salvadoreño, quizás ama la vida en el infinito de los jóvenes del mundo, bajo la denominación de los sueños posibles, un mundo diferente, una sociedad democrática, la

unión de las naciones bajo el signo del espíritu de fraternidad y amistad; pero cuando la delincuencia psicópata ciega una vida brillante, todos los jóvenes del mundo perecen un segundo, atropellan a la nación y las naciones, insultan las esperanzas, destruyen a nuestro pueblo ¿Cómo quieren que respondamos después de quejarnos y clamar por la justicia? ¿Cuál es la justicia para Alisson y sus derechos?. A lo mejor los delincuentes amparados en falsas agrupaciones autodenominadas con cualquier tipo nombre basura, desconocen el significado de la palabra "guerra", no saben la vigorosa y valiente acción de lo es capaz la fuerza organizada institucional de una nación, puesto que de la misma manera que se claman por derechos constitucionales se pueden abolir de un día para otro, uno puede preguntarse si ese día no está lejos. Al encender una hoguera el fuego consume todo, las llamas se expanden sin control, la historia clamaría otras historia de naciones que han vivido esto, pero nosotros ya sabemos el resultado, la delincuencia puede ser el fértil campo de la muerte y junto a ella otros cientos de inocentes, como en toda guerra. Después de muchos años de muertes injustificables, deseamos que exista un punto final, pero el clamor del pueblo no es escuchado por nadie, ni siquiera por aquellos que proclaman nuestra defensa. No deberíamos avergonzarnos por nuestra justicia, pero por el momento no nos sirve ni de consuelo. Yo pido para Alisson y su memoria que las instituciones funcionen, la nación lo demanda.
07JUN012

http://www.cesarramirezcaralva.com/

El menor de los males

La frontera entre el carácter ideológico y la gobernabilidad no debe confundirse. La saga de esta frágil demarcación no existía antes del primer gobierno de izquierda a partir del año 2009, ¿Por qué acontecen estos fallos inconstitucionales ahora y no antes? ¿Acaso se inaugura un nuevo modelo legal o una nueva lectura de la Constitución? ¿Recién se descubre que vivíamos en el fraude, la usurpación, en un espacio de componendas, compadrazgos, repartos, etc?, Antes del año 2009, nunca existió conflicto legal tan   poderoso como ahora, su enfrentamiento es una línea de fuego que amenaza el sistema democrático con una parálisis jurídica del Estado. Desde el primer momento del gobierno actual, una serie de irregularidades han aflorado como hongos en primavera, éstos eructos malignos tienen como vértice común: el inefable Golpe de Estado ó la parálisis económica bajo diversas denominaciones, paralelo a ello una línea de conflictos en permanente comunicación transmite que recorremos la democracia en peligro de la inconstitucionalidad; recordemos que se interpusieron una serie de argumentos contra el nombramiento del ministro de defensa, una acción sorprendente fue un 29 de abril 2011, la Corte Suprema ordena al Tribunal Supremo Electoral (TSE) proceder contra el PCN y PDC, al declarar inconstitucional el decreto del salvataje que permitía a dichos institutos permanecer vigentes como fuerzas políticas, con posteriores argumentos y contraargumentos en el Tribunal Supremo Electoral, esta discusión terminaría hasta marzo de 2012, con la cancelación de los partidos. Junio de 2011 la CSJ afirma que los **magistrados** miembros de la Sala de lo Constitucional admitieron un recurso de inconstitucionalidad interpuesto contra la Ley del Presupuesto 2011, en el cual no aplicará el **decreto 743**. Las votaciones requerirán cuatro de los cinco magistrados y no un acuerdo unánime. En octubre de 2011 la Sala de Constitucional eliminó los requisitos a candidatos no partidarios, declarando inconstitucional parte del decreto legislativo 555, que imponía restricciones de plazos a candidatos. En el mes de junio de 2012 declara por

unanimidad, inconstitucional la elección de Magistrados de la CSJ por las legislaturas 2003-2006 y 2009-2012, indicando que se violaron los artículos 186 inciso 2°, 83 y 85 de la Constitución. No obstante magistradas afectadas defiende su elección apegada a la Constitución. El panorama confuso no obstante tiene soluciones fáciles. La Sala de lo Constitucional ordenó repetir la elección, para lo cual la Asamblea Legislativa debe usar la lista de candidatos que el CNJ envió en 2006. Hasta el momento todos los fallos de la Sala Constitucional han sido acatados, a pesar de severos obstáculos y muchas discusiones a favor y en contra. Prudencia es una de las cuatro virtudes cardinales, "moderación en el comportamiento a lo sensato o exento de peligro". La prudencia debe imponerse, acatar el fallo es el menor de los males, en todo caso… "más se perdió en la guerra".
14JUN012

2 años del atentado en mejicanos

Aquél 20 de junio de 2010 aconteció un acto de terrorismo cometido por pandillas al incendiar un microbús donde fallecieron 17 personas y lesionaron a más de 14 con quemaduras de tercer grado, es un suceso que debe permanecer en la historia nacional como inolvidable, es lo menos que podemos hacer por las víctimas inocentes de esa tragedia. No olvidar es recordar ese crimen, no olvidar es perseverar en el sentido de libertad ante ese atropello, así pasen 200 años. Un evento de esa naturaleza implica la moral de los ciudadanos y la justa indignación por la violencia desenfrenada de las autodenominadas maras, las cuales solo tienen como objetivo: delinquir y asociarse para destruir a las instituciones democráticas. Estos actos tienen una saga de impunidad jamás observada por estructuras delictivas y crimen organizado, existen muchos jóvenes desaparecidos, asesinatos de profesionales, maestros, padres de familia, niños, niñas, miembros de ONG, periodistas como Christian Poveda etc., una larga lista de inocentes que claman justicia.

En ciertos momentos tan amargos como ese día, las víctimas se muerden los labios para no proclamar la venganza efectiva contra toda esa agrupación terrorista, los familiares de las víctimas poseen el honor de pedir el máximo de la justicia, a pesar que en otras circunstancias el mismo pueblo alzado en armas ha dado muestras de un coraje insuperable a lo largo de la historia ante enemigos mucho más fuertes. Esas acciones terroristas provocan el ánimo de tomar la justicia en las manos para construir una paz que reivindique a la nación, situación en extrema peligrosa que los salvadoreños conocemos con mucho dolor, con mucho luto, con demasiados huérfanos y destrucción, pero según parece estas estructuras no miden la capacidad del Estado ni del pueblo en su calidad de respuesta, son ignorantes de coraje que poseemos debido a que la construcción de la democracia proclamó una justicia tan generosa que no promueve el odio ni la venganza, por el contrario pide la transformación de los delincuentes. No obstante: ¿Ésta justicia ampara a las víctimas de tanta violencia? Si sucede ese momento, el odio desatado será el peor remedio a este cáncer, por ello parece que vivimos en la frontera de ese abismo mortal que arrasará a miles de vidas de esas estructuras, pero también otros tantos inocentes, por esa razón el canto de la venganza debe evitarse, pero a cambio las maras deben desaparecer. Acá no se necesita fabricar enemigos, acá no se busca una guerra, suficiente con la justicia para esos actos terroristas, los cuales son calificados internacionalmente de crímenes contra la humanidad. Aquellos que niegan estas verdades son similares a los defensores de Osama Bin Laden con sus atentados del 11 de septiembre de 2001 en Estados Unidos. La ciudadanía debe ejercer el poder de la denuncia, no debemos temer a estas estructuras, nuestros jóvenes merecen la libertad que nosotros hemos conocido por breve tiempo, el ejercicio de las leyes debe imperar, a pesar que el fallo de ciertos jueces ahogue nuestros gritos de indignación por la mala administración de la Justicia. Cómo calificar la liberación de delincuentes por negligencia al corroborar sus sentencias, la libertad de asesinos, el asesinato de testigos, etc. La democracia debe prevalecer, el odio debe desterrarse, pero las maras deben desaparecer.

21JUN012

Honduras y Paraguay: caducidad democrática y traición

Cuando un fenómeno es recurrente como el caso de Honduras el 28 de junio 2009, donde Roberto Micheletti sustituye a Manuel Zelaya como mandatario interino, la comunidad internacional calificó la situación de golpe de Estado; hace unos días el 22 de junio de 2012 el Congreso de la República de Paraguay destituyó al Presidente Constitucional Fernando Lugo en un juicio relámpago de 5 horas, la comunidad internacional reacciona calificando dicho evento de igual forma: Golpe de Estado. Este cambio no es el clásico evento del siglo pasado, sino una acción que implica varias fuerzas concurrentes, entre ellas la traición de un sector poderoso del mismo partido gobernante al negar su apoyo en el congreso a su dirigente y la confabulación con fuerzas opuestas al liderazgo del presidente constitucional. Algunos argumentos contra Manuel Zelaya fueron: "salvar a la patria", "contener al comunismo internacional", "ruptura constitucional", "ilegalidades en el orden institucional" y rechazar todo argumento intelectual a favor de la continuidad democrática; esa retórica es muy similar a los argumentos de las oscuras fuerzas de Paraguay al afirmar algunos miembros del Congreso : "un mal desempeño de sus funciones" y con 39 votos a 4 (2 ausentes) se declaró culpable al presidente, procediendo a su destitución, puesto que se superaron los dos tercios de los votos tal como lo exige su Constitución, el resultado es el mismo, la democracia caduca ante una interpretación de la clase política que traiciona la continuidad de los procesos constitucionales. Una lectura inicial de estos fenómenos parecen indicar que la democracia no es para siempre en el siglo XXI, tampoco la delegación política y el apoyo a su liderazgo de cambio de los ciudadanos a un presidente, son acontecimientos inéditos pero ahora no parecen aislados, asemejan eventos cíclicos y focalizados, como réplicas de espejos diabólicos, de tal forma que no será extraño que sucedan en cualquier otra nación donde una interpretación (-i-legal) constitucional puede ser esgrimida para una destitución presidencial con una velocidad sorprendente, mandando al carajo el apoyo ciudadano hacia su mandatario, como en los viejos tiempos del autoritarismo. Si este es el destino de la democracia latinoamericana, nos aproximamos al fin de una era de teoría política, puesto que esos eventos demuestran que la democracia tiene caducidad por confabulación legal de la clase política, con un resultado desconcertante en: tiempo, gestión y liderazgo, parece que los períodos de delegación política ciudadana están destinados a terminar prematuramente.

Resulta evidente que existe la traición de sus propios partidos al cambio impulsado por ambos presidentes y la prisa por su destitución, tampoco importa las consecuencias nacionales e internacionales. La clásica pregunta de Alberto O. Hirschman: "Retóricas de la intransigencia", dice: dentro de la democracia: ¿qué podemos hacer?: "cambiarla, perfeccionarla, destruirla, revolucionarla"…según los nuevos parámetros en Honduras y Paraguay la respuesta parece ser además: "caducarla y apropiarla" a gusto de la clase política. Nuestro país que parece caminar al borde del abismo con interpretaciones divergentes entre la Asamblea Legislativa y la Sala de lo Constitucional, se discute extrañamente un argumento parecido: continuidad o no del orden constitucional, la historia al menos tiene dos ejemplos recientes y sus resultados son la caducidad democrática y apropiación del período presidencial.

28JUN012

http://www.cesarramirezcaralva.com/

Ejercicio constitucional sin fronteras

Nos movemos entre maniobras políticas bajo argumentos jurídicos, en esencia el derecho implica refinadas acciones de intereses de poder, tanto "intransigente" como "renovador". El escenario actual entre la Sala de lo Constitucional y la Asamblea Legislativa es una cuestión de escenarios que chocan por la conducción de los poderes del Estado, en este caso el Poder Judicial y la Fiscalía General de la República entre otros. Asistimos al fin de una era cargada de abusos del sector "intransigente" ese poder antiguamente llamado oligárquico que engloba a poderosos capitalistas que ciegos de poder han ejercido durante décadas un rígido esquema de dominio que tiene como característica su ausencia de modernismo, es una derecha que no entiende de razones, puesto que tiene como bandera que esta nación les pertenece, así como hace 200 años eran dueños de haciendas y todo lo que se encontrara en su territorio, los cambios para ellos son esencialmente: "comunistas". El movimiento "renovador" constitucional está conformado por una nueva alianza democrática conformada no por una coalición formal, sino por intereses políticos que se oponen a la decadente derecha intransigente, el mapa que propugna por los cambios constitucionales es claro, es la correlación de fuerzas de la Asamblea Legislativa. Los sectores que apoyan o no los fallos de la Sala de lo Constitucional nos muestran el mapa social de la opinión pública, que avanza hacia la crispación de los sectores en pugna, escenario peligroso que impide la objetividad y en consecuencia soluciones políticas. La secuencia de acciones negativas por el grupo intransigente a partir de la instalación de un gobierno de izquierda desde el año 2009, tienen en común el signo que propiciar la ingobernabilidad, incluyendo acciones heredadas como: la quiebra del Estado, los hospitales jamás construidos, la transferencia presupuestaria de un Ministerio a otro a discreción de los presidentes durante 20 años, etc. ellos son los fariseos que defienden ahora la Constitución, pero jamás pronunciaron ni una leve queja, ante esas acciones extrañas, quizás porque eran parte de la rosca dorada, ahora a la luz de una nueva alianza renovadora en la Asamblea Legislativa que impulsa el fin del reparto partidario del poder judicial, se oponen a todo incluso a las decisiones que corresponden a la Asamblea Legislativa. Es muy extraño que los fallos de la Sala de lo Constitucional impliquen acciones desde el año 2006 en adelante, ¿por qué no se detectó este vicio durante estos años?... ¿dónde estaban los brillantes juristas pro-oligárquicos? Si el objetivo es ejercer un control

constitucional sobre el poder político (de la Asamblea Legislativa u otros), parece que es el camino de Saulo a Damasco, puesto que habría que Reformar la Constitución y normar este capítulo. Cumplir las sentencias de la Sala de lo Constitucional paradójicamente es inapelable y patético para la nación. Ahora nuestra constitución tendrá un fallo en Nicaragua, quizás sea nuestro camino a Damasco.
05JUL012

http://www.cesarramirezcaralva.com/

Control político constitucional

Los fallos de la Sala de lo Constitucional, son inapelables. No obstante la sociedad civil contempla el juego mediático que algunos celebran y otros condenan, es notable la ausencia del pueblo en esta querella de juristas y políticos, todo se debe a una interpretación genuina sobre la elección de "magistrados (in)constitucionales", puesto que antes de ese fallo todo parecía transcurrir entre juramentos de fraternidad sin límites, pronto eso cambió porque se detonó un artefacto que colocó a la Asamblea Legislativa en punto de colisión con la Sala de lo Constitucional, el detonante se denomina: "control político". Es muy extraño que este hallazgo extraviado en el tiempo no apareciera en el siglo XX y tampoco en estos años del siglo XXI, resulta que su condición de "inédito", ha creado una situación sin precedente en la Corte Suprema de Justicia: dos cortes, dos presidentes (a partir del 15 de julio), magistrados que no pueden ingresar a sus despachos, parálisis de fallos de diversas salas, el honor de los magistrados dañado puesto que no se les permitió defensa alguna, etc. mientras la sociedad civil parece asistir al Coliseo Romano a pedir la vida o muerte de los gladiadores, en la arena son las espadas del poder las decisivas. Observamos un poder decadente oligárquico que no atiende a principios morales, representado por sus organizaciones que se oponen a perder añejos privilegios. Esta discusión constitucional es histórica, nunca antes existió semejante panorama en el plano jurídico, con dos polos aparentes, el concepto jurídico pro-oligárquico y el renovador, similar a un gladiador blanco u otro rojo que lucha a muerte con sus mejores armas, el espectador es el pueblo, ¿qué tiene que ver Juan Pueblo con el veredicto del "control político" en la Asamblea Legislativa? ¿Quién le preguntó a Juan Pueblo si está de acuerdo con las decisiones de la clase política ahora o hace 6 años?, de esta manera se manipula a la opinión pública, así las tormentas mediáticas transforman a los buenos en malos y a santos en demonios, cuando en realidad es una pugna de renovación entre sectores de la clase política.
En el fondo de esta discusión constitucional está la vocación de la nación hacia desconcentración del poder tradicional de pequeños grupos, el rechazo a su hegemonía jurídica y controles de justicia que tanto daño han causado en otros tiempos. Como la norma constitucional no tiene impresos los límites del "control político" no se tiene más remedio que acatar los fallos de la Sala de lo Constitucional, pero esto no significa renunciar al poder constitucional otorgado a la Asamblea Legislativa. Así la solución reside en los mismos actores políticos, quienes flexibilizarán sus posiciones antes de invitar al caos a la fiesta, donde no habrá retorno a la paz "jurídica". Reformar la constitución es inevitable en el tema del control político, al menos aprender de la historia es de sabios.
12JUL012

http://www.cesarramirezcaralva.com/

Ayer era legal ahora ilegal, mañana reforma constitucional

A propósito del impase entre la Asamblea Legislativa y la Sala de lo Constitucional, una anécdota atribuida a Abraham Lincoln, decimosexto Presidente de los Estados Unidos (12 de febrero de 1809 – 15 de abril de 1865) nos ilustra sobre un caso jurídico que podría tener dos soluciones, dos interpretaciones, pero al final una realidad posible o en su defecto una posibilidad que reforme la constitución sobre un tema: "no escrito", siempre y cuando exista la visión que en ocasiones no se puede ganar todo, "solo lo necesario".
"Cuando Lincoln era un joven y prometedor abogado, tuvo dos vistas por un delito similar en el mismo día y en la misma sala. La única diferencia era que en el primero defendía al demandante y en el segundo al demandado. La exposición de la mañana le dio la razón a su defendido y ganó el pleito. Pero, por la tarde, para convencer al tribunal hubo de emplear el argumento contrario. El juez le preguntó cuál era la razón de su cambio de actitud. «Muy sencillo, señoría. Esta mañana tal vez estaba en un error, pero esta tarde sé que tengo razón»" este podría ser el caso de la elección de los magistrados declarados (in)constitucionales según la lectura de las partes interesadas. En el caso de la multicitada elección de las autoridades de la Corte Suprema de Justicia, el fallo de la Sala de lo Constitucional llega tarde a la sociedad salvadoreña, de haber sucedido el fallo inconstitucional en el año 2006, no viviéramos este limbo legal con las consecuencias tenebrosas en el año 2012; en este punto unimos Justicia y Derechos que van de la mano con las reglas de la convivencia social, en línea directa con el modelo del Estado de Derecho que deseamos. La solución cualquiera que sea, no puede ser una justicia elitista, ni tampoco una justicia que provoque la disolución del Estado de Derecho, por lo tanto los derechos de los magistrados electos deben ser respetados incluso los declarados "inconstitucionales", de tal forma que un retorno al estado de "cosas" anterior al precedente sería deseable. Los sectores en contienda afirman cada uno, la lectura selectiva de "su" historia, por supuesto que los sectores pro-oligárquicos están dispuestos a colapsar la nación, su contraparte una alianza amplia de fuerzas políticas no-oligárquicas tampoco están dispuestas a ceder sus avances expresados en las elecciones; esta historia era desconocida por generaciones anteriores en nuestra joven democracia, pero este puede ser un buen punto para que ganemos todos, bajo el signo de Reformar la Constitución y reafirmar la vocación de la República hacia una sociedad justa. Los mares de tinta destinados a este conflicto también deben orientar hacia la paz, hacia la deposición de la violencia, hacia una solución que proponga una reforma constitucional donde se exprese que la Asamblea Legislativa solo pueda elegir una vez a los magistrados de la Corte Suprema de Justicia cada tres años (en su período vigente), desafortunadamente al no estar escrita, cada quién la interpreta a su manera, en algo recuerda aquella lógica elitista: "sino es ilegal es ética", que es la base de muchos desafortunados eventos históricos no solo en esta nación.
Pero se trata de encontrar soluciones, en este caso una solución de buena voluntad-política.
Si la política es la culminación del derecho como escribió Luis M. Faría, "la mejor política es hacer el bien, como elemento natural del derecho".
19JUL012

http://www.cesarramirezcaralva.com/

Las enseñanzas de la crisis constitucional

Apegados al derecho, a la Constitución de la República, la clase política tiene como principio lo escrito en la Carta Magna, los fallos de la Sala de lo Constitucional son inapelables, de modo que si los acuerdos son posibles las partes compartirán el deseado camino de la paz, no obstante este conflicto demostró que la violencia puede desencadenarse rápidamente: el daño del monumento a Monseñor Romero, la golpiza a ciudadanos que no vestían de blanco, los cánticos pidiendo la muerte de los adversarios etc…ello evidencia la intolerancia a opiniones diferentes, demuestra que prevalece el carácter supremacista sobre opciones democráticas, como si la única forma de superar las diferencias se encuentra en la muerte del adversario. *La desconfianza política que se exhibe en cada proceso electoral, ahora se expresó en toda la línea de comunicaciones masivas, este proceso develó el espíritu vigente de la guerra fría e insultó a nuestros procesos democráticos, no obstante la desconfianza puede superarse al estructurar equipos de trabajo entre los sectores diversos, en otras palabras: "compartiendo el poder, gobierno, administración, municipalismo etc"*, de otra forma la democracia es decorativa y con carácter suicida en cada momento que la interpretación jurídica no se acomode a los grupos de poder. Ahora los acuerdos apegados a la Constitución al menos implican nuevos reacomodos posibles para superar este clima de parálisis jurídica con procedimientos democráticos. Durante este evento sin precedentes, al menos la crisis no terminó con el camino conocido de la ruptura constitucional de otras épocas, de la misma manera que reflejó el interés de naciones extranjera en la estabilidad de la nación, el conjunto de estas situaciones manifiesta la débil democracia que vivimos, la clase política siempre tenía la llave de la solución: democratizar en profundidad las instituciones y compartir el poder; parece cínico, pero aún no llegamos como ciudadanos a consulta popular o plebiscito para Reformar la Constitución o incidir en estos temas trascendentales. No podemos dejar de lado la historia del derecho nuestra nación para pronunciarnos sobre el tema constitucional en pleno siglo XXI, bajo una pregunta fundamental: ¿Cuál es el principio que defienden los partidos políticos? ¿Cuál es la condición de honor entre los sectores que disputan la interpretación de los fallos constitucionales?. Estas respuestas las encontramos en la evolución de los acontecimientos, la alineación de los sectores de opinión, las abiertas exposiciones de diversas instituciones, de igual forma los sectores de la sociedad civil: universidades, asociaciones, gremiales etc. Al menos esta crisis deja al descubierto la desconfianza política entre los actores principales, a pesar de vivir en paz bajo un gobierno de izquierda y efectuar elecciones en ciclos periódicos estos procedimientos no son suficientes, el inicio de los acuerdos entre partidos inicia bajo el signo de abandonar los principios ideológicos, elemento clave para todo entendimiento, entonces emerge lo posible: una realidad urgente para reconstruir la democracia en la nación.

26JUL012

¿Elección de magistrados humillación nacional?

En nuestra democracia parece que avanzamos en caminos inexplorados, de pronto los elegidos para "altos cargos" tienen una saga de contrapuntos donde palidece la ciencia ficción, algunos no resisten el juicio del tiempo o de la historia, así las investiduras de los funcionarios públicos se vuelven sospechosas. Cada quién asegura poseer una fórmula mágica para salvar al país de la crisis y son optimistas al extremo, eso parece bueno –para algunos- para otros tocar el fondo de este abismo significa salir de nuevo a la superficie, que recuerda una anécdota de Jorge Luis Borges cuando afirmó: *"yo no soy tan optimista, como el espacio es infinito podemos seguir cayendo infinitamente"*. En tiempos pasados eran los cañones de la madrugada quienes despertaban a los civiles, ahora parece que los civiles son madrugados por cañones mediáticos, el poder de las comunicaciones está sustituyendo a las acciones políticas, en un juego de poderes institucionales. En este juego de imágenes y apariencias las opiniones han llegado a extremos insospechados, la simple interpretación de las leyes roza la crispación de los fanáticos, en ciertos momentos se perdió todo sentido de mesura, sin distinguir entre inventos y hechos reales, sin limitar la imaginación de los hechos concretos, lo cual es peligroso para todos, poco ha faltado para hacer llamados a la desobediencia civil y otros a "las armas", en realidad no podemos continuar en esta dinámica puesto que en algún momento perderemos el control, lo cual significa la humillación más grande que se le puede hacer a la inteligencia. Estos eventos del juego político, algunos usualmente juegan a "ganar" como un vicio de vida, cada acción tiene un sentido de astucia, predicción y frío cálculo de riesgo, es una ruleta con nosotros de tripulantes, así elevan sus apuesta con un As en la manga, se olvidan que en los juegos siempre existen ganadores y perdedores, no se puede ganar siempre, a lo sumo ganarán un porcentaje para salvar el honor, si el caso es por el "vil metal", lo cual supone mucho dinero, - o tráfico de influencias – los logros de cada organismo político pueden ser denigrantes para el futuro de la nación, puesto que los cargos serán similares a la colocación de las piezas de ajedrez y no opciones creíbles de genuino derecho, con el agravante que "no significó un esfuerzo personal", por el contrario envía el mensaje equivocado, que esos cargos pueden ser alcanzados por recomendaciones de: amigos, compadres, jefes políticos, hombres adinerados o padrinos poderosos que no tienen límites financiero, así la interpretación jurídica constitucional, se parece al caso de los soldados en las guerras, cada quién morirá por mentiras, profundamente convencidos que tienen la verdad, pero el daño estará consumado.
03AGO012

http://www.cesarramirezcaralva.com/

Diálogo, acuerdos políticos y reformas constitucionales

Los acuerdos son una buena señal para la nación, que extraña circunstancia ver estas escenas llenas de ternura cuando personajes con una ideología absolutamente diferente se estrechan las manos, se abrazan y besan como en las mejores familias, son tan conmovedoras como la telenovela: *"los ricos también lloran"*… muy bien, muy bien; si estas situación hubiese ocurrido 40 años antes, compartiríamos la vida, una nación próspera y democrática, además no habríamos escalado hasta el primer lugar de violencia mundial con una guerra civil que casi culmina con el triunfo de una fuerza sobre la otra, con el trofeo de un millón de muertos salvadoreños, pero eso al menos ni terminó así ni nadie se llevó a nación de rehén de su ideología; magnífica condición que el diálogo se inicie para que la Corte Suprema de Justicia funcione, al menos el diálogo demuestra ser la llave de cualquier solución nacional, pero debemos anotar que gracias a los Estados Unidos de América y sus "buenos oficios" estamos por llegar a buen puerto. Estos mismos personajes que ahora se abrazan y besan frente a los medios de comunicación son los mismos que días antes clamaban por un golpe de estado, impusieron una saturación mediática calificando a los adversarios como demonios, como en los actos cumbres de la guerra civil, olvidando que los fanáticos obedecen a la violencia no a la razón y los resultados fueron evidentes cuando golpearon a ciudadanos sin motivo alguno, ¿qué necesidad tiene la nación para llegar a estos extremos? si el diálogo de nuevo era la llave para el problema.

Después de tanto escamoteo ("hacer desaparecer de un modo arbitrario algún asunto o dificultad) el cual gracias a Dios no se llamó a la Fuerza Armada a solucionar "el detalle" con en los viejos tiempos, deberíamos de comenzar por el final: el diálogo, no solo ahorraría tiempo sino la consecuente exhibición de los verdaderos intereses de los grupos de poder, sería más honesto presentarlos como sus candidatos de poder y su correspondiente partido, en lugar de ocultar su hoja de vida y sus condenas civiles, así al menos cada candidato desde su elección en los consejos profesionales no incurrirían en la mascarada de presentarse, puesto que otros tienen la partida ganada con las credenciales de los influyentes. El evento de la crisis institucional también demuestra cierta condición extraña del manejo de la crisis, uno de ellos es que los plazos "calculados" no se cumplieron –según algunos iluminados sería cuestión de semanas-, pero las discusiones se prolongaron hasta el punto de llegar a Instituciones Centroamericanas, otro elemento insospechado fue la creación de "Dos Cortes Supremas" -es de ciencia ficción-,   además la revelación de tráfico de influencias para imponer candidatos y ocultar sus omisiones jurídicas, la interpretación de la Constitución con criterio político partidario (en lugar de proponer reformas), además la devaluación de la imagen de los funcionarios que podrán ejercer el poder institucional, pero a costa del deterioro de sus méritos personales. De existir otro evento semejante, los partidos políticos deberían aprender a perdonar a todos, incluso a los que no son de su partido, al igual que generar confianza incluyendo a los que no tiene su misma bandera política.

En los problemas debemos iniciar por la solución: el diálogo, si desean concluir en acuerdos entonces llamen a los Estados Unidos como árbitro, si desean que la nación camine hacia un destino próspero: abandonen su ideología porque la realidad es un desastre (económico, ambiental, social, delincuencia etc.), y de la Constitución reformas estratégicas,   para ello debemos recordar que la nación tiene un pasado espantoso, nos ahorraremos tiempo, además honraremos a la inteligencia nacional.

10AGO012

Democracia oligárquica salvadoreña en tiempos del cambio

El proceso de elección de magistrados es un dramático evento en nuestro estado democrático, observamos golpes y contragolpes mediáticos; vidas, muertes y resurrecciones de las imágenes personales de los candidatos, existen fusilamientos de la imagen individual y colectiva, todo bajo el manto de la elección de magistrado a la Corte Suprema de Justicia. ¿Aplicamos la democracia? ¿Esto es democracia? ¿Se someten las minorías a las mayorías tal como lo mandan los principios de aceptar la legalidad electoral o acaso solo cuando conviene a los intereses políticos?; en realidad vivimos una parálisis del sistema jurídico nacional, la democracia no significa disolver por decreto a la Corte Suprema de Justicia, si la apuesta es destrozar la gobernabilidad entonces vamos por mal camino.

Resulta que los puntos centrales de esta interminable discusión son: *"lo no escrito", o "la interpretación de la Constitución",* de tal manera que nadie lucha contra la Constitución, ¿quién quiere destruir la constitución?: Nadie, ¿quién desea generar un ruptura constitucional?: Nadie; acaso la lucha es la interpretación constitucional "personal", de tal manera que si pensamos peligrosamente la democracia no sirve para nada, puesto que ni representa los intereses del pueblo, ni se aplica que la mayoría se imponga a la minoría, en otras palabras estamos en la ruina intelectual, puesto que el modelo de nuestra aspiración generacional no funciona, no genera confianza y además parece autodestruirse. Vivimos un momento culminante de opciones sociales, la fe en la democracia termina en la miseria ciudadana, poco falta para invocar un decreto de calamidad jurídica, en este caso una emergencia de justicia que llame a restituir el derecho del pueblo, con todos sus agravantes.

Las palabras de André Bretón parecen clarividentes, me concedo la licencia de la paráfrasis: "Tanta fe se tiene en la democracia, en la democracia en su aspecto más precario, en la democracia real, naturalmente, que la fe acaba por desaparecer. El hombre, soñador sin remedio, al sentirse de día en día más descontento de su sino, examina con dolor los objetos que le han enseñado a utilizar, y que ha obtenido al través de su indiferencia o de su interés, casi siempre al través de su interés, ya que ha consentido someterse al trabajo o, por lo menos no se ha negado a aprovechar las oportunidades..." ahora la fe se termina, puesto que en este momento intentan someternos al modelo de la democracia oligárquica, en la cual parece que somos rehenes de sus conceptos, no obstante estos se encuentran en crisis ante el surgimiento de otra fuerza de igual poder, bajo la alianza de la Asamblea Legislativa, que al menos intenta romper el ciclo de reparto tradicional ya conocido por generaciones.

La crisis institucional ha desembocado en objetivos estratégicos: uno de ellos es reformar la constitución, el fin de la visión de la democracia oligárquica con su monopolio absoluto, el inicio la campaña electoral presidencial de 2014 disfrazada de discusiones constitucionales, necesitamos arbitrajes internacionales ante nuestra incapacidad de acuerdos concretos, la falta de racionalidad que implique proyecciones de nación sin importar el partido gobernante, finalmente la necesidad de construir instrumentos que permitan a la ciudadanía expresar su opinión en estos temas y la consulta nacional oportuna, para no llegar a estas crisis. Debemos pensar como nación para todos, sin excepciones.
16AGO012

Diálogo y reformas permanentes

El instrumento del diálogo ha demostrado ser el único que puede acercar posiciones de puntos opuestos políticamente, con resultados concretos.

Históricamente al proponerlo es vilipendiado y descartado en los conflictos políticos de nuestra nación, no obstante debería instituirse como primera opción para no llegar a los extremos que hemos presenciado en las últimas semanas, puesto que provoca el ascenso de las opiniones a favor y en contra de la interpretación constitucional, que llega a saturar los medios de comunicación con enfoques negativos para los protagonistas. Este es un buen momento para realizar un "control de daños" en los contendientes políticos, puesto que no es posible que en cada confrontación la institucionalidad colapse voluntaria o involuntariamente por situaciones de vacíos constitucionales, parece más racional la previsión de estos eventos que sufrir las consecuencias de estas confrontaciones. Una lectura de los resultados es que no se pueden sostener las propuestas maximalistas, ni idealismos extremos, agregando que la mediación internacional es una herramienta recurrente en nuestros conflictos internos, lo cual quedará como precedente para futuros eventos de igual naturaleza.

A pesar de los buenos augurios por el acuerdo alcanzado, ahora afloran nuevos desafíos entre ellos las reformas constitucionales, tema que probablemente nos lleve a situaciones parecidas como las semanas anteriores.

Ante estos sucesos como nación debemos despojarnos de la mentalidad bélica, los problemas políticos no deben asumirse como conflictos entre enemigos de la guerra fría sino como compatriotas que luchan por la nación, tampoco se debe impulsar la confrontación pensando que el problema político es la mejor plataforma para ganar votos en un futuro evento electoral, no podemos continuar en un clima de confrontación permanente, puesto que los problemas concretos como: seguridad, pobreza, crisis internacional nos golpea sin preguntarnos si pertenecemos a una facción política, simplemente eso no contribuye en nada. Aprender de la Historia, desmontar la mentalidad de guerra al infinito, para no caminar en cada crisis sobre barriles cargados de pólvora, porque un día alguno encenderá un fósforo por accidente... por eso la mentalidad de paz debe imponerse, si existen diferencias las soluciones deben ser posibles y realistas, sin necesidad de la amenaza permanente del cuartelazo o la violencia contra opositores políticos.

Si la solución siempre fue política como lo será en el futuro, debemos asumir formas racionales, justas y dignas, acompañadas de acciones incluyentes, que unan a la nación porque desunir a la nación, fragmentar al pueblo salvadoreño, alimentar el odio y la violencia ha sido el canto de la tragedia por generaciones, de eso la nación ha soportado catástrofes reseñadas.

Existe además en estos temas, la notable ausencia de la acción directa del pueblo, ¿Cuándo votamos por las Reformas Constitucionales? ¿Quién ganó sobre tal o cuál artículo a reformar? Si la respuesta es: ¡no se puede consultar todo! Como dijo un abogado en televisión, entonces no deseamos una democracia que solo nos pida un voto por una persona que no nos representa, puesto que este tema y otros si son temas de nación, no solo de una facción política.

En conclusión necesitamos: diálogo permanente, consultas a nación en estos temas y reformas constitucionales.

http://www.cesarramirezcaralva.com/

Construccion de la imagen nacional

La crisis institucional ha demostrado que los instrumentos constitucionales, denominados Partidos Políticos pueden causar mucha confusión al tomar decisiones a nombre de los ciudadanos, condición que puede repetirse con otros temas, no obstante los ciudadanos no participamos en la decisión final, solo como espectadores. Así funciona nuestra democracia delegando esas decisiones trascendentales, puesto que nuestra participación como ciudadanos es limitada a los siguientes aspectos: ejercicio del sufragio en momento electoral, cabildos abiertos, algunas iniciativas ciudadanas en la Asamblea Legislativa, derecho a la insurrección en caso de violaciones constitucionales, etc. La nación estuvo a punto de incendiarse por la polarización de las opiniones entre los sectores opuestos a la elección de los magistrados, pero al final un arreglo político era suficiente para acercar las posiciones entre los antagonistas.

Si hablamos de economía ¿por qué no optar por el mismo criterio?, acercar posiciones en lugar de atrincherarse en principios maximalistas, puesto que al final la nación prevalecerá aunque la administración de este gobierno y la dirección de la asociación de empresarios ya no existan en los siguientes quince años. Si este es el caso, ¿no podemos pensar como nación? o ¿la nación debe pertenecer a un sector y nada más que a un sector, para que funcione?...

Es notorio que cada quién piensa llevar agua a su molino, pero el pueblo llano, el asalariado, desempleado, jubilado etc., no piensa en un color partidario cuando sus ingresos disminuyen, solo piensan en ¿cómo trabajar más? Pero ese sueño cada día se convierte en pesadilla ante la crisis mundial, las interminables discusiones no quitan el hambre a las familias pobres, ni siquiera ofrecen esperanzas para nadie, de tal forma que los discursos, las promesas, los cantos de un mañana mejor, además de provocar cansancio no tienen credibilidad alguna.

Nos interesa la imagen de nuestro país, esta defensa significa no solo limitarnos a la generación de empleos o los montos de inversión, puesto que esta nación no es solo dinero, somos personas, pueblo, familias, no creemos en los cantos de los profetas apocalípticos que anuncian solo las calamidades debido a que ellos siempre dicen lo mismo, por ejemplo que este país será abandonado a la peor de las suertes... si eso sucede los trabajadores permaneceremos acá, nos interesa la imagen de una nación valiente que construye su futuro a pesar de la intemperie, nosotros somos optimistas –bien informados-, ¿existe el pesimismo en los que inician un viaje por una vida mejor? Y esta poderosa fuerza de salvadoreños en el exterior envía remesas a sus familias a pesar de todo.

Nuestra condición ciudadana no debe entonces construirse más en promesas, sueños o fantasías, la mejor imagen de nuestra nación llámense: rico o pobres es construir desde nuestras realidades una nación posible, quizás sin soluciones mágicas pero con estadísticas concretas que indiquen la disminución de la pobreza, el analfabetismo, la inseguridad, la creación de empleos, la ampliación de comunicaciones, la pronta justicia, la defensa de los testigos, etc.

La imagen nacional, debemos construirla a pesar de las diferencias políticas.

30AGO012

http://www.cesarramirezcaralva.com/

¿Existe movilidad social en El Salvador?

El concepto de movilidad social implica las posibilidades de una persona de ascender en su factibilidad socioeconómica por medio de un empleo, en muchos casos está asociado a sus logros académicos. Si tomamos estas situaciones en forma rígida, algo en nuestro modelos educativos o productivos debe estar equivocado, puesto que muchos ciudadanos logran méritos académicos, pero no consiguen trabajo, también existe el caso contrario, los cargos son otorgados a empleados no por méritos académicos, sino por factores ajenos al clima laboral.

La realidad salvadoreña en la movilidad social tiene factores deprimentes, con una enorme cantidad de médicos, ingenieros industriales, abogados, odontólogos, ingenieros civiles etc… desempleados, ¿es posible esto?, en una nación con tantas necesidades, con tantas urgencias de salud, alimentos, aplicación de justicia, carencias nutricionales y dentales, donde muchos ciudadanos no tienen una habitación digna ¿es posible que estas personas estén desempleadas? Por extraño que parezca así sucede, ¿qué falla entonces?: El modelo educativo, la oportunidad de empleos, el sistema capitalista o nuestra sociedad que no orienta la educación hacia las oportunidades posibles. Durante años debatimos informalmente y con muy bajo perfil, la factibilidad del modelo educativo integrado al modelo productivo, es decir si las universidades o la educación se orienta hacia las fuentes reales de empleo o son producciones de profesionales sin posibilidades de inserción laboral, es necesario pensar sobre estos problemas puesto que el aumento de la población, así como el envejecimiento de otras creará muy pronto problemas de la creación de nuevas plazas, las cuales no son nada fáciles de encontrar para los jóvenes profesionales. Estas aristas entre la educación, la sociedad y el modelo productivo deberían de existir en una agenda de la nación, que establezca modelos de concordancia entre el crecimiento de la nación y la orientación de la educación, puesto que de continuar la trayectoria actual pronto existirán muchos "ilustres desempleados" como en otras naciones, que desempeñarán los trabajos que en otros tiempos correspondían a personas con mínima escolaridad.

El caso de jóvenes graduados de prestigiosas universidades o escuelas superiores que no logran integrarse a la vida productiva es notable, al igual que otros con potencialidades extraordinarias, que realizan labores para las cuales su grado académico no sirve para nada, en otras palabras estudiar tanto no es rentable y la pérdida de inversión efectuada por sus familias es visible.

Existen problemas asociados a este fenómeno, uno de ellos es la devaluación de los méritos académicos por la multiplicación de los ilícitos debido a la delincuencia, el caso del narcotráfico, el crimen organizado, las drogas, la corrupción que impacta en la oportunidad de empleos puesto que destruye el esquema de acumulación dineraria, todo el modelo educativo y jurídico sucumbe ante este fenómeno no solo en nuestra nación, quizás necesitamos nuevos valores que eliminen la idolatría del dinero y la vida fácil.

La movilidad social entonces con sus muchos componentes no puede resolverse en poco tiempo, pero no podemos ocultar esta realidad, no es posible que una persona que ha invertido muchos años estudiando viva en el desempleo, no es justo, puesto que podemos llegar al absurdo de que la educación no sirve para nada, es un engaño y un fraude. Necesitamos entonces que las necesidades productivas coincidan con el modelo educativo, así como el respeto y la oportunidad para las personas con méritos académicos, al igual que innovar en nuevas áreas de trabajo; necesitamos nuevos valores sociales para rechazar la corrupción en todas sus formas.

06SEP012

http://www.cesarramirezcaralva.com/
Una política cultural para El Salvador

Debemos distinguir entre el concepto de cultura similar al grado académico o años de escolaridad, con la cultura del Estado la cual puede calificarse de oficial. En el siglo pasado cada gobierno imprimió su sello característico a este rubro, promoviendo a sus intelectuales bajo la llamada cultura gubernamental, así puede distinguirse desde 1932 un énfasis en elementos como: caudillismo, autoritarismo, anticomunismo etc., al igual que negó la existencia de pueblos originales con su lengua nahuat, sus tradiciones y la existencia de los afrosalvadoreños, además negó el aporte de indios y afrosalvadoreños en las gestas de la independencia; fue durante el martinato la "refundación" de la República a partir de una nación "sin razas inferiores", con características filonazis, amparada falsamente en los principios de la teosofía.

Desde aquellas lejanas épocas el carácter autoritario fue el signo distintivo de la dictadura, todo signo de oposición era simplemente comunista.

Así transcurre gran parte del siglo XX, la cultura se refugia en la clandestinidad con expresiones emanadas en: estudios, libros, obras de teatro, pinturas y otras promovidas principalmente en la Universidad de El Salvador, los autores considerados de izquierda no son publicados en los medios oficiales, Roque Dalton es el más significativo de esa etapa.

Podríamos resumir ese largo período como un ciclo de exclusión de las expresiones culturales de izquierda, considerada como opositora al autoritarismo.

A finales del siglo XX, coincidiendo con el fin de la guerra fría, finalizó la guerra civil que reflejó la riqueza creativa en el arte, en parte por la diáspora, en otras por el esfuerzo personal de muchos artistas, la guerra impuso la concepción del arte ideológico, ello sería aceptable para un momento de guerra, pero no en tiempos de postguerra.

En la época de postguerra el signo característico que marcó un cambio en el quehacer cultural fue la fundación del Suplemento Cultural 3000 en 1990, además de diversas expresiones de acciones artísticas como: La Luna Casa y Arte fundada en 1991, que promovieron el carácter plural de la emergente sociedad en paz; jamás en la historia nacional existió ese momento creativo. En ese período coincidió la explosión literaria y artística, con el movimiento revolucionario en la naciente sociedad democrática. De aquella época existen fieles testimonios impresos que dan fe del florecimiento cultural. Transcurridos veinte años la política oficial no incluyó a los pueblos originales, ni a su lengua, tampoco el rescate de sus mitos o leyendas, no ha existido tampoco su inclusión en la Constitución de la República que reconozca sus derechos étnicos ni su aporte en la creación de pueblos en la nación, es una omisión dolorosa; los anteriores elementos deben acompañarse de una lectura histórica genuina que elimine el mote de comunistas a la etnia que participó en los motines de 1932, puesto que fue un invento para justificar la matanza, los verdaderos motivos fueron: fraude electoral, despojo de tierras ejidales, expulsión forzada de sus tierras ancestrales, etc. la manipulación de estos conceptos es otra historia.

El impulso de la cultura de paz debe iniciarse por la Historia e indicar la ruta hacia una nueva nación. El contenido genuino de esta cultura, debe ser pluriétnica, pluricultural, plurilingüistica y en estos tiempos transglobal, que recupere la identidad perdida durante siglos.

13SEP012

Representación cultural salvadoreña en el Siglo XXI

En pocos años acontecieron en nuestra sociedad cambios culturales notables, más por las personas involucradas que por los resultados obtenidos, me parece que debe recordarnos el libro: *La cultura y el Estado/David Lloyd y Paul Thomas*, quién desarrolla elementos para caracterizar estos conceptos. Pero debemos enfocarnos en nuestra realidad salvadoreña, más latinoamericana que europea o norteamericana, esta situación en relación al "nosotros" refiere: ¿cultura y sociedad? o acaso será ¿Cultura y Estado? como lo plantean los autores indicados, en cualquier caso debemos partir que nuestra historia durante siglos difiere de proa a popa con cualquiera otra sociedad y cultura fuera de nuestra condición geográfica, no obstante es más parecida a la Centroamérica o Latinoamérica, a partir de la conquista española; si avanzamos sobre ese camino apenas hemos recorrido doscientos años de nuestros iniciales esfuerzos de cultura y sociedad al declarar la independencia. Si focalizamos concretamente a El Salvador en sus condiciones culturales a partir del siglo XX, surgen inmediatamente ideas hegemónicas relacionadas sobre: ¿qué se considera cultura y contracultura? en general a principios del siglo XX la noción general más aceptada era que todo el arte llega de Europa, lo contrario es contracultura, entonces podemos leer las influencias en el arte, esa condición nos hacía más o menos "modernos", pero no lo suficiente para elevar los niveles educativos, de salud o producción; en ese mismo aspecto el desarrollo social agrario, monoproductivo, pero *sin democracia* no permitió el trinomio: cultura-libertad-desarrollo, lo cual se expresó en excluyentes acciones orientadas hacia el fortalecimiento del autoritarismo y el caudillismo, el arte no avanza en la participación, ni en la iniciativa de las escuelas humanísticas, creando una división profunda entre la cultura oficial y otras expresiones artísticas. Recordemos que el arte por naturaleza es asociativo, pero en nuestra nación la libertad de asociación fue similar a organización subversiva. Las expresiones de finales del siglo XX e inicios del siglo XXI dentro de los movimientos sociales son condiciones aclamadas y vilipendiadas de acuerdo al sector que se defienda, de estas claras expresiones: ¿qué encontramos en el período de postguerra?... Es evidente que las expresiones culturales del cambio democrático son muy pocas, pero significativas. No se debe esperar milagros en tampoco tiempo, pero existen asociaciones culturales vigentes en estos últimos veinte años, puesto que la cultura no puede reducirse a una ley, pero si a una política de Estado y a la sociedad democrática a la que aspiramos, que incluya a los pueblos originales, la historia, su lengua, sus tradiciones y el aporte significativo hacia la representación cultural en sus diversas expresiones. El problema de la cultura es si ésta cultura oficial nos representa en las diversas expresiones, puesto que todas las expresiones: políticas o culturales son delegadas a partidos políticos o identificables en diversas

personalidades, por esta razón muchos ciudadanos aplauden y otros rechiflan diversas acciones, si este es el caso, la cultura también debe coincidir en representaciones creíbles, en identificaciones hacia la nación, con un sentido democrático en construcción. Quizás ese es el principio de la (de)construcción cultural en el siglo XXI, la representación cultural para el cambio y todo lo demás.
20SEP012

http://www.cesarramirezcaralva.com/

Nueva cultura democrática de posguerra

Hace años que la palabra crisis nos tiene mareados, no existe día que no se le mencione en cualquier noticiario, en ocasiones éste tiempo es el mismo que el de la guerra civil todo es crisis, no obstante a pesar de ello existe producción cultural. Desde los años noventa del siglo pasado, la cultura ha escalado peldaños modestos en su ascenso hacia las expresiones democráticas, pero no sabemos si la utopía aún alimenta el imaginario salvadoreño.
No obstante algunos proyectos si han funcionado, el mejor es El Museo de Arte de una entidad privada, el 3000 Suplemento Cultural es otro buen ejemplo, que a propósito también es un esfuerzo privado de los trabajadores de Diario Co Latino, otras iniciativas privadas resaltan en artes plásticas, mientras del apoyo gubernamental sufre altibajos debido a intermitencias de acuerdo al partido gobernante. Hace veinte años comenzó una cultura diferente que irradió a la nación, era una situación de respuesta no solo en el nivel político, también existieron manifestaciones "populares", así fueron cotidianos los grafitis, panfletos, pintas en las paredes, expresiones de los prisioneros políticos, teatros, las experiencias internacionales de grupos salvadoreños etc. aquello expresaba en síntesis que los *valores coyunturales* eran los valores del arte para el sector popular aunque para otros era una aberración. Aquello fue Cultura y Sociedad de guerra civil. Al finalizar el conflicto, los valores coyunturales debían cambiar, no solo por el abandono de las armas, sino porque la realidad revolucionaria ya no correspondía a la naciente democracia, la nueva realidad otorgaba una nueva legalidad, además integración, organización, propiedad etc. en otras palabras los *valores coyunturales* debían cambiar hacia un nuevo paradigma: "la democracia", que no solo era un acuerdo político sino un nuevo requerimiento de cultura en todas sus expresiones. La diferencia es fundamental para todos los proyectos revolucionarios de América Latina, una lucha armada que termina en la democracia y 20 años después llega al poder político. Ese momento es Cultura y Estado.
Si el origen de aquellos iniciales signos fueron: la lucha armada, el antiimperialista, el anticapitalismo, la lucha de clases, todas las teorías de liberación, de pronto aquello se había transformado, porque no era posible continuar con esos esquemas ante un acuerdo de paz que otorga legalidad a la "ilegalidad" siempre y cuando se fijara un rumbo en los conceptos democráticos, de tal forma que el arte con sus expresiones debía tener nuevos valores democráticos. La cultura bajo ese signo tiene ahora una lectura de posguerra, en la cual el límite es la democracia, lo cual es suficiente para los siguientes cien años; en este período deben profundizarse los valores del ciudadano versus los límites del Estado, perfeccionar las libertades ciudadanas por medio de una nueva cultura multimedia, estudiar nuestra Historia, apoyar la identidad de nuestros pueblos originales, todo ello bajo el signo de las expresiones culturales a las cuales les debemos mucho más de lo aparente. La cultura democrática implica

la responsabilidad ciudadana de crear horizontes de expresión inéditos, como la asociación de producción artística (Cine, literatura, pintura etc.), con aportes entre los interesados. El aporte cultural de nuestra nación para América Latina es una nueva cultura de posguerra democrática, y si la crisis desnuda la miseria de nuestra vida, la cultura demuestra la riqueza extraordinaria de nuestro espíritu.

27SEP012

Cultura y vigencia histórica

Lo importante de las expresiones culturales en las diversas condiciones que nuestra sociedad salvadoreña pueda concebir, reside en su vigencia histórica. La cultura en su dinámica creativa tiene muchas facetas de interpretación al igual que escuelas nacionales e internacionales, es evidente el carácter de influencia que recae sobre los artistas cuando se expresan e interpretan los momentos que viven, de esta forma el arte tiene fronteras filosóficas, religiosas, jurídicas, científicas etc., que adelantan sus criterios, en esencia son reflejos del estado de conciencia de los artistas. El momento de paz social que vivimos también reclama las genuinas manifestaciones de un momento inédito, es un presente privilegiado para una generación de cambio, en esencia podemos referir los siguientes elementos: no existe el autoritarismo que imponga una lectura del mundo en contra de otra visión ideológica, tampoco existe una resistencia organizada que posea el ideal de un mundo feliz con plena igualdad mundial, vivimos por primera vez en la historia de la humanidad un sistema mundial y aunque esto suene a blasfemia, de América hasta China el capitalismo es el idioma común, de tal forma que el modelo mixto en algunas regiones también tiene signos de ampliación y buena salud, estos sistemas mixtos son donde coexiste el comunismo con el capitalismo, principalmente en oriente; de no ser por algunos fanáticos religiosos, el mundo parece que no cometerá el suicidio de jugar con armas nucleares; pero ese momento deja a los creadores en un vacío de opción creativa, la cual debe orientarse hacia el modelo que viviremos en los siguientes años y la voluntad de transformar las sociedad.

El artista como agente cultural, no puede permanecer pasivo ante la sociedad que perfila su horizonte histórico, además influenciado por los medios de comunicación multimedia que irrumpen en las redes sociales con sentido positivo y negativo. Debemos fijar un parámetro que cristalice la vocación de los autores y a mi parecer debe ser la historia de las naciones, el estudio, la comprensión de los límites: materiales, espirituales o religiosos de nuestros pueblos, esa es la bandera que debe orientar nuestros esfuerzos, porque al menos esta nos demuestra la genuina vocación de avance hacia el desarrollo personal o social, de esta forma colocaremos la insignia de nuestros pasos, así la tecnología estará a disposición de nuestra consciencia no a la inversa, puesto que en muchos casos poseer tecnología no es sinónimo de avance cultural, ni conocimiento, ni comprensión social, puesto que la tecnología sin orientación es la mecánica del consumo, la mala educación para endeudarse pero no para crear capital, ni consciencia productiva solo reproductiva.

Vivimos un momento para la historia, con dos opciones formidables: hacia la perfección de la democracia o hacia el retorno del pasado disfrazado de nuevos discursos. Los autores con sus obras consciente o inconscientemente se pronuncian sobre el tema. La cultura implica entonces la modernización del capitalismo, la extinción de las oligarquías por la democratización del capital, la movilidad social, la conducción del cambio, la estructura de partidos políticos con proximidad al pueblo, las reformas constitucionales etc. porque esto también es cultura de paz.

La vigencia de la Historia es el signo que debe guiar a la cultura y la sociedad, orienta a la nación y la democracia.
04OCT012

http://www.cesarramirezcaralva.com/

La serenata de Schubert: Alfredo Martínez Moreno

Una mañana de Julio de 2012, por accidente de la vida, la mesa de café terminó reuniendo a diversos amigos aficionados a las letras, aunque no fue planificada, aquella reunión estaba destinada a grabarse en la memoria de los presentes como un hallazgo literario.
La facilidad del verbo, el anecdotario, la prodigiosa memoria que reseña: encuentros, cifras, fechas y personajes nacionales como David Escobar Galindo y Roque Dalton, permitían a los asistentes un efecto de burbuja atemporal con vivencias y sensaciones testimoniales; "fueron amigos de infancia" – dijo – "en aquellos tiempos la sociedad ya perfilaba cierto futuro en las palabras de los poetas, de ahí: *Duelo ceremonial por la violencia* (1971) de David Escobar y la respuesta de Roque Dalton: *Violencia aquí…* que David publicó". "David es la personas que más se preocupó por encontrar la tumba de Roque Dalton y acompañó a la mamá de Roque durante este tiempo, porque ellos eran vecinos…"
El ambiente de aquellas palabras estaba rodeado de leyendas y relatos conocidos por diversas narraciones de terceras personas, habló de grandes autores con la familiaridad de un Roque Dalton alumno de derecho: "¡porque fue mi alumno!"… él tenía una memoria poderosa, podía recitar los versos de Sóngoro cosongo (1931) de Nicolás Guillén *Amor de negras uvas, Secuestro de la Mujer de Antonio..* " *te voy a beber de un trago/ como una copa de ron;/ te voy a echar en la copa/ de un son,/ prieta, quemada en ti misma,/ cintura de mi canción/...*
Nos habló de Carmen Lira –escritora-, Rogelio Sotelo, Isaac Felipe Azofeifa etc.
Todo ello pronunciado con la firmeza de un maestro de la palabra. Aquellas memorias presagiaban muchas más historias contadas sin miseria y con detalles inéditos de grandes figuras nacionales, algunas con signos dramáticos en episodios inéditos.
Alguien recordó a Ricardo Bogrand: *"Estoy aquí sentado esperando que pase la justicia/y no aparece por ninguna parte".* Hubo palabras en su memoria, sus trabajos en la Universidad, la vivencia, el exilio.
 Sin duda que nuestras charlas al observador distal de nuestra mesa, les puede parecer una tertulia de vagos, cual es cierto y sin defensa, solo que nosotros preferimos llamarnos filósofos.

Semanas más tarde nos presentó su proyecto: ***La Serenata de Schubert***, un libro que evoca su infancia, con vivencias familiares, en ese contexto nos invitándonos a su presentación que sucedió el 9 de octubre.

El libro fue presentado en el marco del trigésimo quinto aniversario de la Universidad Dr. José Matías Delgado. Desde mi sitio en el auditorio de Fepade, observé la mesa integrada por: René Fortín Magaña, David Escobar Galindo, Enrique García Prieto, Enrique Sorto Campbel, el Nuncio Apostólico Luigi Pezzuto. También pude escuchar la voz de la Señora: Aida Mancía que recitó el poema de Gutiérrez Nájera. Reflexioné sobre este momento ante las palabras de cada uno de los oradores.

Aquél joven de 89 años, que bebe el café con "filósofos" y celebra la vida es "Don Alfredito", el mismo que un día refugió en su casa a Guillermo Manuel Ungo y le salvó la vida, que cita a Gutiérrez Nájera y nos ilustra: "Así hablará mi alma… si pudiera".

11OCT012

http://www.cesarramirezcaralva.com/

Chus Visor: Doctor Honoris Causa

Los motivos de la distinción fueron expuestos por el Dr. Alfredo Martínez Moreno: "se trata de honrar, a todos esos personajes que han contribuido al desarrollo de la cultura, de las ciencias de las humanidades o de las artes. Esta tarde (15OCT012) la Universidad Dr. José Matías Delgado, ha considerado un título de Doctor Honoris Causa a un gestor que ha realizado una obra inconmensurable en el conocimiento y fomento de la poesía universal, pero especialmente de esa poesía que enaltece a la lengua de Cervantes. El editor don Jesús García Sánchez, conocido literariamente por el sencillo nombre de Chus Visor ha realizado una obra extremadamente grande en el campo de la cultura universal, los críticos dicen que es el editor de poesía más importante en la actualidad en todas las partes del mundo, pero no es aventurado afirmarlo que lo es, en la lengua española".

La lectura de la reseña del señor Jesús García Sánchez la realizó el poeta Luis García Montero quién refirió: "Los primeros títulos presentaron sobre todo la traducción de grandes obras de la poesía mundial, los nombres de: Tristan Tzara, Kanin, Nâzim Hikmet, James Joyce, Kavafis, Mallarmé, Mayakovsky, Apollinaire, Válery, Emily Dickinson, abrieron una lista en la que hoy más de cuarenta años, está buena parte de la mejor poesía universal, en su defensa y extensión de la poesía ocupó también un papel fundamental desde el comienzo la palabra latinoamericana, en Visor se ha editado a Vicente Huidobro, César Vallejo, Eliseo Diego, Mario Benedetti, Montes de Oca, Neruda, Hellman, Pacheco, Roque Dalton, Oscar Sanz, Juan Manuel Roca y así hasta llegar a la poesía más joven, ejemplo del poeta salvadoreño Jorge Galán. Éste interés por la poesía latinoamericana le hizo abrir una colección especial de antología con el nombre de *La Estafeta del Viento*, en el que ha ido señalando selecciones de lirica contemporánea, con libros dedicados a: Venezuela, Uruguay, Colombia, Ecuador, México, Argentina, Nicaragua, Santo Domingo, Cuba y recientemente El Salvador".

Por su parte Jesús García Sánchez al aceptar el doctorado afirmó: "Gracias a la poesía he vivido experiencias irrepetibles, he encontrado caminos que nunca pude imaginar, cuando me decidí a editar poesía, cuando me decidí que ella sería mi compañera. Naturalmente que algunos desengaños e intensos desaciertos, han estado presentes en ocasiones pero ahora no es el momento de recordar las contrariedades, en estos últimos días antes de embarcar para este maravilloso país que es El Salvador, revisando locaciones de los años setenta que yo mismo anotaba en una libreta de hule de color negro, encontré una cita del entonces famoso y admirado, Mao Tse Tung en su libro Tesoro Rojo, es una cita que siempre me ha acompañado: "Hay que ser modesto y prudente y evitar la arrogancia y la impetuosidad, siempre debemos de tener muy cerca el espíritu de la autocrítica y de saber aprender y corregir los errores cometidos, no debemos camuflar los errores de nuestro trabajo adjudicándoselos a los demás y los éxitos para nosotros".

En el marco de estos acontecimientos, se presenta la Antología La Poesía del siglo XX en El Salvador, edición de Fernando Valverde y prólogo de Tania Pleitez Vela, con aciertos y omisiones, como toda selección de autores muchos de mis mejores amigos y amigas (no) se encuentran en el valioso documento, es cuestión de ponderación, un poeta no es más o menos por encontrarse en ese libro, yo celebro su poesía y su amistad, tanto como la distinción de Chus Visor.
18OCT012

El Fiscal General de la República aún no electo

¿Hasta cuándo los partidos políticos nombrarán Fiscal de la República? Según parece no hay prisa, pero es un absurdo, se generan incoherencias en otras dependencias y en procesos pendientes de aplicación de justicia, el caso es irregular pero connota el irrespeto hacia la sociedad civil; los Diputados deben velar por el buen funcionamiento de las instituciones del Estado, pero la Sociedad Civil no tiene una participación directa, debido a que es una atribución de la Asamblea Legislativa, por lo tanto el tiempo no es importante, la persecución de los delitos puede esperar.
La opinión pública por medio de diversas personalidades ha expresado su preocupación, la Fiscalía General de la República está sola ante el crimen organizado, las mafias, las agrupaciones ilícitas, etc. y esta soledad también es parte de nuestra historia, los ciudadanos en general no sienten ninguna protección al acudir a la Fiscalía, el pueblo conoce los límites de los fiscales que tienen poco presupuesto, con un rezago de casos históricos y prácticamente con gran incapacidad para atender todas las demandas de seguridad ciudadana en una nación asediada por el crimen organizado.
El Fiscal de la República no puede solo por su personalidad resolver esta herencia negativa, al retroceder algunas décadas encontraremos casos simbólicos pendientes, entre ellos: masacres, mala administración de fondos públicos, contrabandos, drogas etc., que marcan un catálogo del crimen, lo cual no se resolverá de la noche a la mañana.

La elección del Fiscal parece provocar el temor de perseguir delitos que han ocurrido en el pasado y mientras estos no fenezcan "legalmente" no se puede nombrar a "cualquiera"… en otras palabras elegir a Nerón para que cuide nuestra guardería.

De ser ese el punto crucial, el fenómeno tiene otro nombre: "desconfianza política", "temor al enemigo", "punto de honor partidario" etc, que conducirá a la parálisis institucional, pero evidencia ante la nación la falta de interés por resolver los problemas fundamentales en materia de seguridad pública. No se trata de un partido político al final, es la nación la que clama porque la institucionalidad funcione, que se imponga la justicia, que el Derecho debe ser la norma que guíe a nuestra sociedad y no la conveniencia para ocultar delitos contra el Estado. De continuar con este impase, debido a que las personas propuestas no alcanzan el número de diputados, es más fácil proponer a nuevos aspirantes que seguir en este laberinto sin solución.

Este panorama es desolador, si los delitos serán perseguidos u olvidados por conveniencia política, estamos en un colapso de justicia; si no aplicamos la justicia porque esto significa ganar o perder votos en las próximas elecciones, entonces vivimos la peor de las democracias, puesto que solo serán juzgados los pobres diablos atrapados robando gallinas, entonces vivimos la miseria de la injusticia… es la extrema pobreza del derecho ciudadano.

¿A quién beneficia la ausencia del Fiscal General de la República? a quienes se consideren objeto de persecución delictiva y no duermen pensando que perderán sus bienes mal habidos; al poder que no resiste el escrutinio de la historia de estos últimos 30 años y sus delitos están vigentes; a quienes saben que muchos de los archivos pendientes pueden ser activados por iniciativa de un Fiscal honesto.

Este proceso es educativo, el temor a la justicia implica que algo está cambiando positivamente en la nueva sociedad democrática.

25OCT012

Desalojo de la pobreza del Centro Histórico

Hace muchos años una decisión política de un *partido político* permitió la denominada "vía peatonal", era una maniobra para favorecer a sus grupos partidarios, el objetivo era simple: crear base social, esa acción permitió la expansión sin control de todo tipo de comercios ilegales que asfixiaron a los negocios legales de la zona, cuarenta años después otra decisión *política* lanza del centro histórico a los pobres que se implantaron entre las calles de la capital. Esta simple condición de otorgar espacios públicos para beneficio de una institución política es el origen del actual reordenamiento (político) de la ciudad, con resultados desastrosos para muchas familias esencialmente pobres.

El otorgamiento de sitios públicos a personas particulares generó una sub-propiedad ilegal con usufructo y pseudorechos sobre esos espacios, con el correr del tiempo se creó una cultura de asentamiento en: calles, pasajes, aceras y todo espacio posible, de tal forma que la circulación de vehículos fue imposible. Esta cultura de la pobreza no solo reproduce valores de ilegalidad sino además favorece acciones ilícitas como la venta de: productos piratas, imitaciones de marcas, contrabando, distribución de productos hurtados, llegando al extremo de proclamarlo: "cachada, cachada, aproveche"…

La pobreza de la situación de estas personas no se refiere a sus bienes materiales, sino a su debilidad de representación "legal", si en cuarenta años no han logrado superar la pobreza pueden pasar otros cuarenta años y no superarán ese estado, esto significa que no se creó una cultura de derecho para avanzar hacia niveles educativos o representación, que previnieran su estado mercantil; la ausencia de representación también se refiere al elemento que tampoco tienen capacidad para protegerse de los delincuentes que operan en esa zona, ahí se comenten: asesinatos, robos, extorciones, etc. incluso recientemente se denuncia que las personas de tercera edad eran agredidos por un individuo por el pecado de caminar por esas zonas, si estas acciones eran permitidas, ocultadas o toleradas, ¿cómo puede calificarse esta área?.

La superación de la Cultura de la pobreza implica el carácter de organización legal de los pequeños comerciantes honrados, con objetivos de integración económica en estructuras económicas, con proyección hacia niveles superiores financieros, con metas de desarrollo humano en sus núcleos familiares, sin estas condiciones la pobreza persistirá en estas familias para siempre. La organización de estas familias de comerciantes debe ser una meta a corto plazo para diferenciarse de estructuras delictivas, puesto que desde hace algunos años se denuncia que los "dineros" captados por la piratería solo tienen como destino el crimen organizado internacional, por tal circunstancia la organización legal de los comerciantes legítimos se impone con urgencia.

La pobreza no es sinónimo de delincuencia, pero la coexistencia de algunas estructuras delictivas en esas zonas era inocultable, para desgracia de los comerciantes honrados.

La organización de los comerciantes, su representación legal, la transparencia de sus negocios, la independencia de cualquier grupo debe ser verificable, de otra forma esta historia se repetirá una y otra vez.

La salida de la pobreza solo puede ser por la organización legal de los comerciantes honrados.
01NOV012

Barack Obama y El Salvador 2013-2017

Los aspectos que nos unen a la nación del norte son variados y de diversas connotaciones, temas sensibles y otros estratégicos a pesar de nuestra lejanía.

Algunos aspectos sensibles son: el narcotráfico, el crimen organizado, el tráfico de personas, lavado de dinero, falsificación de dólares etc., estos son temas que permanecen en el tiempo, los cuales no tienen solución a corto plazo, de tal manera que el futuro presidente de los Estados Unidos continuará con la obra iniciada en estos últimos cuatro años.

Entre los temas estratégicos: el trabajo temporal de cientos de miles de trabajadores salvadoreños, que mes a mes envían sus remesas; la ayuda del Fomilenio II -proyecto que puede cambiar la realidad e historia de cientos de familias deprimidas por años de postración económica- apoyo a la estabilidad democrática en sus diversas manifestaciones políticas (alternancia, representación popular, asocio para el crecimiento), independencia en relaciones internacionales, reconocimiento a la lucha por los Derechos Humanos —el único presidente norteamericano que ha visitado la tumba de Monseñor Oscar Arnulfo Romero-, fortalecimiento de las instituciones que luchan contra la delincuencia etc.

La población estimada de salvadoreños según datos estadísticos del Censo Nacional de Estados Unidos es de 1.6 millones, conformando el cuarto grupo hispano más importante, después de los mexicanos, puertorriqueños y cubanos… relacionado con estos datos, la cifra potencial de salvadoreños indocumentados llegaría a medio millón.

Es oportuno reseñar que el 60% de nuestras exportaciones se orientan a Estados Unidos y la reforma migratoria es un tema de largo alcance que pretende beneficiar a miles de salvadoreños, esta situación permanecerá muchos años más, similar evento en los beneficios del seguro social en aquella nación.

La elección realizada este martes 6 de noviembre de 2012, marcará la ruta de nuestra política de los siguientes cuatro años, la reelección de Barack Obama es un firme apoyo a la estabilidad democrática que vivimos, a pesar de todos los pesares, el avance de nuestra nación hacia el fortalecimiento institucional es optimista.

La vocación democrática de nuestra nación, puede retomar estos legítimos acontecimientos puesto que el pueblo norteamericano es similar a todos los pueblos del mundo, son los trabajadores quienes producen la riqueza y defienden la democracia.

En la distancia celebramos el triunfo de la democracia y el camino de la Segunda Independencia cultural en la Historia de Estados Unidos, como un 4 de julio de 1776 y su Declaración de Independencia: *"que todos los hombres son creados iguales; que son dotados por su Creador de ciertos derechos inalienables; que entre éstos están la vida, la libertad y la búsqueda de la felicidad; que para garantizar estos derechos se instituyen entre los hombres los gobiernos, que derivan sus poderes legítimos del consentimiento de los gobernados"*…

08OCT012

El dinero no lo puede todo

Los relatos bíblicos debemos considerarles con sumo respeto por su condición de "historia escrita", debido a que ellos inauguraron cambios culturales profundos, muchos de los cuales ahora olvidados, los observamos en las acciones individuales y colectivas de nuestras sociedades, aquella historia del Becerro de Oro (Éxodo 32, 1-35) parece ficción, pero el simbolismo de ese acontecimiento del "oro" sobre todas las cosas, nos recuerda recientes acontecimientos sociales tanto de las pasadas elecciones en Estados Unidos de América, como las denuncias de compra voluntades en algunos partidos políticos en nuestra nación. La danza de millones de dólares en la elección norteamericana, deja reflejada la miseria de una ambición de poder a costa del dinero, con el único objetivo de dominar las estructuras que toman decisiones sobre diversas situaciones sociales o mundiales, dos discursos enfrentados con visiones opuestas: uno social y otro metálico, uno con el centro de gravedad en las personas y otro en los negocios: "que todo lo compran", el resultado es conocido, los sabios norteamericanos votaron por: su pueblo, salud, humanizar la sociedad del concreto, en el intento de construir una sociedad plural. El monto aproximado en esta última campaña, según periódicos norteamericanos ronda los seis mil millones de dólares…El relato bíblico tiene un final sangriento con la eliminación de miles de idólatras, afortunadamente en nuestros días a nadie se le condena por adorar el dinero; no obstante las elecciones norteamericanas solo han provocado depresión en los más fanáticos aspirantes a millonarios, los demás celebran, pero cabe la pregunta: ¿todo lo compra el dinero? ¿El ídolo de oro puede transformar la mentalidad de la humanidad? ¿puede un mortal (…) resistir una oferta de quinientos mil dólares?. Estas situaciones parecen de película: "I'm gonna **make** him an **offer** he **can't** refuse", (voy a hacerle una oferta que no pueda rechazar) frase de aquella famosa película del Padrino.

El resultado de las elecciones norteamericanas han demostrado que el dinero no lo puede todo, el 71 por ciento de la población latina votó a favor de los demócratas, se considera que el total de la población de electores en Estados Unidos del voto hispano fue el diez por ciento del total, significativo para ganar unas elecciones muy reñidas.

Si en nuestra nación el fantasma de comprar voluntades por medio del dinero es real, entonces no es nada nuevo en la historia de la humanidad, pero si el cambio de voluntad al abandonar un partido político y optar por otro no fue por dinero, entonces el esquema cambia el panorama de la visión de esa acción, con el mismo resultado: el dinero no lo puede todo.

En nuestra historia reciente encontramos ejemplos notables de un sistema de valores que luchó contra el autoritarismo, valores como: solidaridad, abnegación, renuncia a bienes materiales y donaciones, eran solo algunas características morales que no anteponían un precio metálico a la lucha irrenunciable, fue el modelo del momento revolucionario, los resultados son conocidos, nuestra realidad reconoce aquél sacrificio que ahora es democracia.

Debemos reflexionar si aquella historia bíblica se repetirá una y otra vez; reconocer el ejemplo en la opción del voto hispano en las pasadas elecciones en Estados Unidos protegiendo su educación y salud; finalmente en nuestra nación… el dinero no lo puede todo.
15NOV012

http://www.cesarramirezcaralva.com/

Separación entre Partido y Gobierno

Durante años hemos sostenido que la separación del Gobierno y el Partido es un logro histórico, así podemos distinguir entre éxitos y fracasos de una administración presidencial. Ahora el ex partido oficial imparte lecciones del beneficio de esta separación, cuando durante veinte años su "buque insignia" era partido igual a gobierno, de tal forma que no existía la división entre los gobernantes y los miembros de esa institución, era tal la confusión que el presidente de la república era el presidente de aquella organización, al final aquello terminó en un colapso conocido, puesto que el fracaso no distinguió entre unos y otros.

Ahora los tiempos han cambiado y el gobierno tiene una clara línea divisoria entre Partido y Gobierno, podemos diferenciar entre una y otra posición. Es un logro significativo, paradójicamente el ganador de este evento es el propio partido "oficial", que tiene jurisdicción en sus actuaciones políticas pero límites en las formas de gobierno.

De las comparaciones de estas dos claras visiones administrativas y políticas podemos observar lo siguiente: durante años el partido-gobierno impuso los candidatos, además toda la estructura, conducción, cargos, beneficios, promociones, políticas, beneficios, selectividad de información, favores etc., para cada organización interna de sus jurisdicciones, estos sectores eran: privados, públicos, sectores medios, agricultores etc, pero siempre afiliados al partido, los demás grupos fueron excluidos manifiestamente, generando corrupción en toda la línea administrativa, el daño es visible tanto por las personas implicadas como las instituciones afectadas – por cierto existen casos emblemáticos-. Ahora cuando el Partido tiene una separación con el Gobierno, existen grandes logros que solo pueden ser atribuidos a la capacidad de funcionarios brillantes y al manejo transparente de su gestión, pero existen otros nombramientos lamentables que empañan a la administración, esta acción permite identificar el fallo en personas, pero este daño no implica al Partido Oficial, al final es un signo positivo.

El balance de la actual administración hasta este momento, tiene un componente de calidad: "eliminar la corrupción", pero la transparencia general solo puede medirse en tiempo "diferido" no en tiempo real; no obstante esta condición es volátil e implica un cambio cultural de mucho tiempo; ¿acaso la corrupción es una cultura social? ¿Podremos poner un punto final a esta acción? El problema entonces no es la historia de nuestra nación con sus formas de administración, sino ese fraude administrativo del manejo del dinero ajeno y otros bienes, que terminan en manos de terceras personas. La transparencia de una administración usualmente es evaluada por la siguiente administración, de tal forma que a falta de una cultura de transparencia, tampoco existe continuidad en este tema.

La ventaja de la separación de Partido y el gobierno, reside en que en ningún caso la institución oficial será perjudicada en el mal manejo de fondos públicos, acaso serán las personas involucradas, el caso contrario es el partido-gobierno el que carga con todos los males, incluso existen algunos testimonios de ex funcionarios confesos que aseguran que recibieron mandatos de cometer estos ilícitos por su Partido.

Quizás debería ser norma de la nación, la separación de Gobierno y Partido político, pero eso es una cultura que debemos conquistar.

22NOV012

Representación Cultural: Historia, pueblo, política

Tenemos una Historia de represión tan arraigada, que la sola mención de la cultura étnica causa pavor en algunos intelectuales, esta negación tiene arraigo de siglos, por la discriminación iniciada en lo político-religioso de la España colonial. Desde aquellos tiempos nuestra historia tergiversada y marginada aún aguarda su re-descubrimiento, como elemento de unidad nacional, dentro del signo patrimonial de nuestro entorno.

Una pequeña muestra del universo perdido y el peso de las palabras: "Que el pueblo de Caluco, luego que muere alguno, párvulo o adulto, se hace gran fiesta con mucha bebida de chicha, música y cánticos deshonestos; que el vicio más dominante es el de la embriaguez, en que no se ve enmienda, aunque ha aplicado cuando medios ha podido. Que en el de Guaimango tenían una idolatría con cura que les decía misa y administraba; que procuró su remedio que son muy inclinados a la embriaguez, como lo son los del pueblo de Juyutla, y que hasta aquí no tienen razón, si siguen la misma maldad…." existen muchos relatos de aquella cultura extinta, donde todo era perverso o demoníaco, puesto que solo debería prevalecer una cultura "imperial", esta implicaba la administración, la política, la religión y la cultura, de esta forma se destruyó la cultura originaria. En otro apartado: "Para hacerme cargo de ciertas montañas y situación de algunos pueblos, pasé a lo que se dice puerto (Villa de Sonsonate)… En la orilla de la mar había bastante multitud de mozos y muchachos enteramente desnudos, que pasaban en el agua todo el día sin ocupación, sin crianza y sin vergüenza"… Pedro Cortéz y Larraz (Descrip. a S.M. 1 de abril de 1771), la cultura étnica parte entonces con todos esos perjuicios y antecedentes de exclusión hacia los pueblos originarios. Aquellas antiguas autoridades condenaban todo de la cultura original salvadoreña, pero no el esclavismo, la explotación, el trato hacia los indios, ni el engaño por medio de las leyes y ritos religiosos oficiales.

Tres siglos después al transcurrir el siglo XX, el nexo entre cultura y política tiene fronteras de historia con signos excluyentes en la forma de gobernación en la nación, la sola mención del autoritarismo durante el siglo XX implica un carácter patrimonial y representación de estos agentes culturales en el discurso oficial, es evidente que nadie extraño a un movimiento simpatizante de las dictaduras podría escalar posiciones contrarias a esas imposiciones. Imaginemos por un momento, la furia desatada con la matanza de 1932 ("el peor etnocidio en América latina del siglo XX") justamente en estos pueblos, ya no considerados seres demoníacos, nudistas, viciosos, sino algo peor: "comunistas".

De esta manera en el siglo XX ¿cómo se harían representar los denominados comunistas en la esfera cultural oficial? o aquellos que no coincidían con el poder autoritario, así la nación transcurrió muchos años. La representación cultural podría caracterizarse entonces como intelectuales nombrados por el poder político dominante, el cual no admitía discusión. Ahora en el siglo XXI, podría resolverse la ausencia de representación tanto de los grupos originarios como de aquellos autores segregados, el signo que debe iluminar el camino es la Historia, desde ahí iniciar la reconstrucción de la era precolombina hasta la época colonial, una reconstrucción coherente con nuestros pueblos originario que son el núcleo humano fundamental en la creación de la nación, de otra forma los planes y las propuestas culturales serán palabras huecas, sin sentido.

La representación cultural debe coincidir con los grupos representados y la vocación de la nación, son nuestros pueblos originarios los depositarios de la Historia y quienes dan sentido a nuestro futuro.

29NOV012

Los mismos cantos de guerra del siglo pasado

Las declaraciones de algunos dirigentes conservadores, son los discursos de la sangre colmando los territorios nacionales, sus palabras recuerdan la violencia de la guerra civil, ellos claman por el pasado y quizás sueñan con una victoria de exterminio sobre los rojos.

Es conocido que cualquiera: persona, grupo, etnia o sector calificado de Comunista tiene el sello de muerte en su frente, este signo concede en otras palabras, "licencia para matar", para asesinar sin compasión porque es un peligro feroz para aquellos autodenominados "anticomunistas".

Incluso ahora, que de nuevo llegan las elecciones, el estribillo: "será la tumba donde los rojos (comunistas) terminarán" es repetida día con día, desde luego que este largo cementerio tiene diferentes épocas, pero los muertos usualmente son los mismos.

Es necesario que estas (des)calificaciones terminen por decreto, por buena voluntad o por vocación de paz entre los salvadoreños, debido a que además de estar en completo anacronismo, no tiene aplicación en el siglo XXI, la guerra fría terminó hace muchos años, pero en nuestra nación los grandes partidos se aferran a esos conceptos como banderas que identifican nuestro destino, esto tampoco es correcto, debido a que el mundo no avanza hacia esos destinos, sino que hacia grandes conglomerados de asociaciones económicas, eliminación de fronteras y uniones políticas, mientras los discursos políticos en nuestra nación prometen la desintegración y las atomizaciones territoriales, incluso sectoriales.

Si cambiamos aquellos términos por "resistencia civil", "lucha por autonomías étnicas", "movimiento nacionales democráticos", etc. el panorama es distinto porque nos daría una visión coherente con la nación, de esta forma: si la lucha en 1932 fue una resistencia civil por la autonomía étnica, que defendió sus derechos por las elecciones que ganaron sus alcaldes, además de sus tierras ejidales, el concepto entonces dejaría a cualquiera que usara la bandera de "comunista o anticomunistas" sin el recurso ideológico, lo cual nos permitiría visualizar a la etnia con autodeterminación que fue reprimida, pero su lucha redundaría en el reconocimiento como "pueblo originario"; de otra forma se convierte en un instrumento a favor o en contra del uso ideológico como combustible para esa lucha interminable... ¿Conviene seguir esta división en el siglo XXI?

Necesitamos propuestas audaces para la nación, ¿por qué no renunciar al discurso de amigo-enemigo? Si la democracia es nuestro futuro, entonces para que continuar la "vuelta de molino" arengado: "el mejor comunista es el muerto" o a la inversa: "… es la internacional", esto puede ofender a la ortodoxia (de derecha e izquierda) pero el ejercicio es válido para el futuro de la nación.

Si es difícil renunciar a estos principios, es peor la realidad económica de nuestra nación, la cual necesita de unidad nacional; en estos momento es mucho más complicada la distancia científica o tecnológica de nuestro pueblo con otros, que renunciar a una ideología de guerra fría que no alimenta; al final es muy ingrato que todo panorama nacional con sus propuestas de solución, se visualice por un factor electoral y no por la viabilidad que requerimos para luchar contra los enemigos de la Patria: el narcotráfico, el crimen organizado, las pandillas, etc.

Renunciar a los principios ideológicos puede ser algo doloroso para aquellos que se alimentan de una mentalidad de guerra y sangre, pero esa sed destructiva debe terminar un día, con el agua de la paz en una nación con vocación de unidad y democracia, este camino desconocido quizás suene a "poesía delirante" pero al menos da una lectura diferente para nuestros pueblos originales y el futuro que nación se merece.

06DIC012

Incertidumbre del Siglo XXI

Nuestra historia no es un remanso de paz desde el siglo XX, ha sido por el contrario una lucha continua de violencia institucional en coalición con otras violencias menos visibles pero igual de efectivas: la justicia, las religiones, la cultura etc. que han determinado los campos del imaginario y la realidad salvadoreña en prisiones virtuales.

La certidumbre de vivir en paz inaugurada a partir de 1992 inicia un camino desconocido por muchas generaciones, pero es hasta el año 2009 que la certeza de la continuidad democrática entra en riesgo, puesto que los antiguos poderes impulsan sendas campañas de "incertidumbre" sobre todo lo construido en este breve tiempo, poco falta para invocar los antiguos métodos del siglo XX para resolver y volver al pasado.

Hemos vivido en prisiones virtuales por mucho tiempo, tanto que no las reconocemos, ejemplo de algunas: "el dinero lo puede todo", "seréis felices en la otra vida", "todos somos iguales ante la ley", "representamos al pueblo"… etc., si realizamos el ejercicio liberador de distinguir a personas y no a relaciones sociales de producción, nos encontramos con una nación postrada en la miseria, abandonada en muchas áreas, las personas no pueden salir de su nivel de vida porque el modelo que vivimos es injusto, se pronuncia la desigualdad con cada salvadoreño que no tiene una vivienda digna, pero desde la óptica social esta situación parece lo más normal del mundo… es extraño.

La confianza en el modelo político al igual que la democracia debe construirse palmo a palmo por los ciudadanos, esta certidumbre de los sectores más vulnerables significa en pocas palabras brindarles servicios, trabajo, salud, educación, etc. lo cual es visible en obras, campañas, nivel escolar etc.

Las prisiones virtuales del imaginario salvadoreño deben eliminarse, con las realidades de nuestra sociedad, estas prisiones deben derrotarse una por una, por ejemplo: la pobreza de nuestra nación no es posible erradicarla en pocos años, solo bajo una firme y decidida inversión social de al menos varias administraciones honradas; la corrupción es un modelo cultural no una acción individual, la corrupción existe en la esencia del capitalismo, porque ese "ganar-ganar" implica el negocio donde el perdedor es el Estado, en otras el fraude social o la estafa política, de tal manera que cambiar la cultura de engaño, respetar las reglas, cumplir las leyes casi es re-educar a todos los niños en el básico: "no mentirás" lo cual es una utopía; el narcotráfico es un fenómeno de importación transnacional con tantos recursos que poco podemos hacer sin ayuda internacional, pero México y Colombia son ejemplos a seguir… a pesar de todo; la educación no está funcionando adecuadamente, ¿qué clase de ciudadanos esperamos los siguientes 20 años?, se les enseña a tolerar la diferencia, a respetar las opiniones contrarias, a organizarse en la defensa de sus propias vidas ante el peligros del crimen organizado; las niñas son el sector más vulnerable de la sociedad, hacia ellas deben orientarse los mejores esfuerzos para alentarles a terminar su educación básica y superior.

Eliminar la incertidumbre no es patrimonio del Gobierno, también corresponde a los sectores empresariales, trabajadores, profesionales, etc. ellos también son parte de la solución, pero desafortunadamente esta acción cultural no ha existido nunca, se considera que le corresponde a otros, así al final de la cadena nadie es responsable.

Quizás la solución se inicie por reconocer nuestros límites, iniciando el acto liberador de abandonar las ideas de soluciones fáciles, no hay soluciones fáciles, solo largos años de trabajo.

13DIC012

Violencia infinita

En la historia de la humanidad quizás no existe un período de tiempo prolongado de paz en ninguna cultura, los libros de historia nos hablan de luchas de pueblo contra pueblo, familias contra familias, ¿acaso es nuestra naturaleza?... Se considera a la violencia como elemento fundacional, de esta manera han nacido la mayoría de las actuales repúblicas, entonces el sentido de la lucha tiene otro sentido, pero el resultado es el mismo; se necesita de la fuerza para imponer un nuevo discurso.

Algunos autores consideran que la historia de la humanidad es simplemente la lucha por los derechos humanos, estos derechos al final no son otorgados, sino arrebatados a quienes niegan los principios que por un tiempo solo son privilegios de pequeños grupos.

Algo de las tragedias como la ocurrida en Newtown sacude nuestra conciencia de humanidad, esa violencia es de otra naturaleza, no es la clásica guerra, ni un ejercicio libertario, es un acontecimiento social de una persona desequilibrada que comete una acción desproporcionada y sin sentido; pero luego de esta acción cobramos consciencia que en ninguna otra etapa de la historia, la humanidad ha sido tan expuesta por los medios de comunicación a la agresión, injurias, daño psicológicos, culto a la muerte etc.; para llegar a este momento los videojuegos han cambiado la mentalidad de muchos jóvenes o adultos en relación a la vida y muerte, en estos juegos de guerra se dispara en forma virtual, pero ese disparo impacta en un enemigo "aparente" y éste muere, pero el juego continúa entre muerte y muerte la cual suma y suma, con rastros de sangre que no provocan más que risa con cierto sentido de victoria ante los batallones de adversarios tirados como moscas en el piso virtual. Esa rutina de juegos electrónicos, también existen en la red de internet, televisión de paga, teléfonos, en las películas y las series de televisión transmitidas en forma abierta, de tal forma que la saga de los filmes El Padrino parecen infantiles ante lo que presenciamos en la realidad. El acontecimiento de Newtown es una verdadera tragedia para la humanidad.

Pero nuestra nación no es la excepción, durante años hemos sufrido el asesinato de muchos jóvenes en nuestras calles, muchos han sufrido violencia en las escuelas, canchas de fútbol e incluso en su propio hogar, esta violencia es posible tanto acá como allá por el acceso a las armas, por el deterioro de los valores y la exposición masiva de los chicos a estas acciones consideradas herramientas de marketing, pero en realidad son instrumentos para destruir el respeto a la vida y la sociedad.

Aurelios Agustinos (San Agustín) decía: *"antes de buscar al anticristo en otras personas, deberíamos preguntarnos si no está entre nosotros"*, a lo mejor este es el principio que nos debe iluminar, las armas no matan, son las personas las que matan a sus semejantes, de igual forma una persona armada es una persona "predispuesta" a disparar.

¿Por qué la libertad se asocia con las armas?... quizás estos conceptos están equivocados, los ideales se confunden con los objetos, de tal forma que libertad es sinónimo de utilitarismo, así la pregunta nos conduce a la desconfianza entre personas y naciones, es una carrera sin fin hasta el colapso; deberíamos colocar un alto en esta autopista de la destrucción.

Sabemos el destino de los pacifistas, pero el fracaso de nuestra sociedad global, con sus discursos utilitarios y consumistas nos conduce al suicidio armado, deberíamos ser buenos como Sócrates, asumir las consecuencias por denunciar la corrupción de los jóvenes por falsos dioses y liberarlos de su destino predecible.

De ideas y realidades 2012

La materialidad capitalista que nos acompaña, es aceptada como realidad absoluta, nos limita e incluso nos convierte en sus prisioneros, no obstante las ideas que permanecen en cada ciudadano se rebelan con nuevas fronteras sin límites.

Las ideas de una sociedad justa con mejores oportunidades, se contraen ante la materialidad de nuestra economía, que lleva ya varios años en este estado.

El reciente acontecimiento del fin de la Cuenta Larga de los mayas, el 13 Baktun demostró la potencialidad de un evento lleno de imaginación y matemáticas, que asombró al mundo, incluso ahora con toda nuestra tecnología, la notable precisión matemática de una civilización dispersa hace cientos de años, demostró que los mayas tienen un concepto del tiempo formidable, que debemos estudiar sistemáticamente.

Nuestra temporalidad coincidió con el fin de la denominada Cuenta Larga del calendario maya, es el inicio de otra era o una cuenta nueva; la víspera del 21 12 12, como los días siguientes nos permiten cierta expectativa optimista de un nuevo modelo de entendimiento social, no obstante esta idea no es suficiente para cambiar la materialidad de un mundo ahogado en la miseria de auto-destrucción.

Las ideas benignas de construir una sociedad pacífica no sirven para eliminar los conflictos regionales, tampoco funcionan para solucionar el hambre o la desigualdad, parece que un arma es más fuerte que cualquier ideal de justicia, somos un desastre como humanidad; la materialidad se impone en nuestra nación cuando se impone a menores de edad actos ilícitos, somete a los jóvenes a la prostitución, el sicariato, drogadicción etc. como en los tiempos esclavistas. Pero en estos actos no estamos solos, la materialidad comercial, también es replicada en otros continentes.

Quizás las ideas (entendidas por idealismo por un mundo mejor), coincidan por una nueva era que transforme esta materialidad esclavista de nuestra sociedad capitalista, los mayas a lo mejor no tienen nada que ver con nuestra humanidad, pero al menos una nueva cuenta que elimine tantas injusticias continúa siendo una legítima aspiración universal, asistimos como testigos al fracaso de una sociedad con ideales muertos, apenas si tenemos esperanzas sobre el futuro nacional, o son tan limitadas como las posibilidades de superar un estado de movilidad social, apenas podemos pagar las deudas. El ideal de trabajo también es muy extraño y peor la materialidad de ese beneficio, el trabajo no cumple la función liberadora si la persona no se dignifica con el salario, nuestra nación tiene esa paradoja, existen muchas personas que ganan salarios mínimos, pero no pueden superar su estado de pobreza, la movilidad social no funciona, este estado prolongado no lleva a ninguna parte, excepto al abandono del trabajo mismo, este ciclo lleva a la desesperanza y en peores casos a las acciones anti-laborales; podríamos investigar si el ideal educativo también nos lleva a estos círculos destructivos, porque la resultante de una carrera académica concluida, no dignifica a muchos desempleados profesionales.

Quizás el exitoso evento del 13 Baktun del pasado 21 de diciembre de 2012 fue unir ideas y materialidad bajo el concepto de un nuevo tiempo, ahora el desafío será la divulgación de la historia maya, en beneficio de nuestra nación.

27DIC012

De nuevo ante la historia: Armonía de mi pueblo 2013

Cada momento de la vida encontramos un universo de preguntas, muchas de las cuales son respuestas automáticas, nos parece que el mundo tiene coherencia con cada respuesta a nuestro favor, así justificamos cada movimiento, de tal manera que se nos enseña a cursar cierto número de años en escuelas, colegios, universidades, postgrado etc. para obtener una profesión lícita y luego ganarnos la vida con ese dinero, todo el panorama es un argumento social, con valores que nos hacen integrarnos a diversos niveles económicos y culturales. Pero existen momentos donde los valores sociales no coinciden ni con la historia, ni con la justicia, ni con nuestros objetivos, entonces la respuesta individual o colectiva se divide, este es el caso de la destrucción del mural de Catedral: La armonía de mi pueblo de Fernando Llort, sucedió hace un año pero hasta la fecha, el acto parece que será similar a otros eventos destructivos de diversa naturaleza de los cuales hemos sido testigos. La decisión de tal acto a lo mejor solo tiene un nombre, no el de una institución; el evento de todos modos es incomprensible, quizás porque tenemos la idea que la Catedral Metropolitana es tan nuestra como la bandera azul y blanco, ese sitio donde la historia se une con la sangre del pueblo por la democracia que vivimos, porque en ese sitio se levantaron las banderas contra el autoritarismo o el magnífico sitio donde el Obispo Mártir Monseñor Romero proclamaba los derechos humanos, esas ideas parece que son equivocadas, quizás somos tan pobres de pensar que un mural que durante 14 años distinguió la Catedral era un signo de historia y pertenencia, pero nos equivocamos, puesto que ese mural molestaba a un sector del poder eclesial, o a otros poderes terrestres que no soportaron la presencia de esa obra monumental. Quizás el mural representaba a: comunistas, masónicos, revolucionarios o peor, signos del pueblo, porque fueron destruidos como se aniquila a los enemigos mortales, como en otros casos históricos, sin dejar nada, ni piedra sobre piedra. A Sócrates se le atribuye la sentencia: "Si la vida no se examina, no vale la pena vivirla", podemos aplicarla a ese evento. La pregunta fundamental es: ¿qué poder autorizó esa destrucción?, ¿ese poder está sobre las leyes y los intereses culturales de la nación? Pues parece que sí, porque incluso la propiedad privada tiene límites, pero las propiedades de algunas instituciones parece que tienen señales del Medioevo. Parece que todo ha terminado, que esa acción quedará en el imaginario colectivo como un eslabón perdido del derecho y la propiedad eterna. ¿Por qué no existe reparación del daño ocasionado? A lo mejor el momento es propicio para elevar nuevos monumentos culturales indestructibles en las redes sociales, en la historia, en los muros del ciberespacio o en el alma eterna del pueblo, para que nuestros valores no se destruyan, como lo hicieron otros fanáticos varios siglos antes, cuando quemaron todos los libros mayas bajo la pena capital de ser obras del demonio. Ese evento tiene una gran lección cultural, se repetirá una y otra vez, volverá a suceder bajo los mismos argumentos. Mañana se nos acusará de ateos, miembros de sectas satánicas, protestantes, anglosajones, luteranos o comunistas... pero la verdad es que preferimos y recordaremos siempre a la catedral decorada por artesanos del pueblo, con color y con historia, en solidaridad con quienes no guardan silencio ante este atropello cultural.
03ENE013

http://www.cesarramirezcaralva.com/

La corrupción (i)lícita

En El Salvador hablamos de millones de dólares perdidos en la construcción de los hospitales por la administración anterior, situación denunciada por las nuevas autoridades, pero mientras no se actúe con denuncias formales y causas judiciales contra las personas involucradas, solo serán fuegos artificiales. En ese orden de dinero perdido, se mencionan otros rubros como gastos de representación, publicidad, proyectos de infraestructura abandonados, etc., al final la nación se encuentra con el mismo panorama desolador del aumento de la pobreza, la desigualdad, la falta de movilidad social, con unos cuantos que se alzan con la riqueza de la nación y muchos que sufren por generaciones el saqueo del Estado. Estas palabras desafortunadamente son "post-morten" acontecen cuando los organismos internacionales piden cuentas, entonces el dinero no aparece por ningún lado, pero debemos aclarar que milagrosamente las auditorías legales están en orden… maravilloso. Como en otras naciones, la mejor administración gubernamental es la que evita la corrupción, no es la que posea el mejor liderazgo, ni a los mejores políticos, ni siquiera la que aplica mejor las políticas internacionales del FMI o el BM; la mejor administración es la que tiene el mayor control sobre los gastos de los dineros del pueblo y esto va unido tradicionalmente a otro evento, las obras realizadas. Un balance superficial de las obras realizadas por las administraciones en los últimos años nos permite evaluar la realidad que tenemos, institución por institución o proyecto por proyecto, los resultados son evidentes, vivimos en condiciones precarias desde hace mucho tiempo pero solo un gran sector de la población, unas minorías por el contrario viven en la opulencia ilícita, aclarando que también existe la opulencia lícita. La corrupción es un tema académico, al igual que político; en los centros académicos la corrupción es tratada como límites de concesiones, curiosamente estas licencias pasan por normativas constitucionales, al igual que términos de referencia o información privilegiada, de tal manera que se genera una cultura "aceptable" para las ventajas de ciertas empresas, asociaciones privadas o mercados con exclusividad; el problema es de tal magnitud que se llega a la conclusión que los funcionarios deben formar grupos cerrados de administración entre ciudadanos honestos, de otra forma la lucha está perdida. El panorama es desolador, pero no solo acontece en nuestra nación, en el plano internacional por ejemplo: "diez grandes bancos y empresas hipotecarias estadounidenses acordaron pagar miles de millones de dólares… porque recurrieron dolosamente al embargo hipotecario" en otras palabras corrupción financiera, pero el daño esta hecho; mientras en Panamá, una casa de valores, relacionada con funcionarios de alto nivel tenían cuentas secretas, realizaban blanqueo de dinero, falsificación de documentos etc.. en otras palabras estafas públicas, con daños a terceros. De tal forma el estudio de la corrupción no se limita a la administración pública, existe también el fenómeno del narcotráfico que irradia a la sociedad, entonces acontece la compra de voluntades bajo amenazas, coacción y violencia de diversa naturaleza, por consiguiente mientras no se aborde este tema con seriedad, el panorama es muy triste. Existen señales de alarma en nuestra sociedad salvadoreña, no esperemos los daños a terceros, la justicia de actuar antes que lamentemos casos como los mencionados.

10ENE012

¿Quiere ser presidente?... el tercer candidato

Se menciona el nombre de un tercer candidato, pero su destape se prolonga en espacio y tiempo, en realidad cada vez que veo el nombre de este tercer candidato, me pregunto si es un chiste, una invención mediática o una comedia de un filme de bajo presupuesto. La Constitución de la República en su Capítulo II ORGANO EJECUTIVO, artículo 152 refiere: No podrán ser candidatos a Presidentes de la República: 1°: "El que haya desempeñado la Presidencia de la República por más de seis meses, consecutivos o no, durante el período inmediato anterior, o dentro de los últimos seis meses anteriores al inicio del período presidencial"... ¿cuál fue la presidencia anterior a la del Presidente Funes?. Durante meses esta condición de expectación llena espacios de opinión, pero la constitución expresa con claridad quienes no podrán ser candidatos. En todo caso dejo constancia que en mi opinión, el continuar con un tema de campaña presidencial con un candidato imposible, quizás tiene objetivos capitalizables para diversas tendencias políticas pero no tangibles a corto plazo, será posible después de la administración 2014-2019. Pero como en esta nación, la interpretación constitucional ha pasado de ser una lectura para los sectores involucrados de una forma y para la opinión pública otra, no será extraño que la interpretación que dicten los letrados sobre el tema ponga en confrontación el texto de la Carta Magna. A menos que mi lectura este absolutamente equivocada, ante lo cual he realizado la pregunta correcta: ¿Quiere ser presidente? Y agrego: ¿un expresidente del período inmediato anterior?, bueno veremos que dicen las autoridades competentes. Es patético en todo caso imaginar que esta posibilidad exista, si la interpretación es afirmativa el panorama tendrá tintes dramáticos, si es negativa entonces el alineamiento de partidos políticos será como en tiempos pasados, una lucha por no desaparecer del registro electoral o el mismo discurso de crispación. Quizás el efecto de presencia mediática del tercer candidato, aún no oficial, solo sea un canal de exposición comercial, puesto que hasta que no se registre legalmente ante las instancias correspondientes, solo es un material de discusión para los instrumentos estadísticos. Hace muchos años en mi educación colegial, un maestro de Constitución comentó el artículo 152, aquella situación quedó grabada en mi memoria juvenil como un mandamiento del Antiguo testamento, en aquellos tiempos era obligatorio recitar uno por uno el Decálogo, también fragmentos de historia, literatura etc., no podía omitir ni rechazar aquellas enseñanzas, era más importante el Decálogo que la Constitución, desafortunadamente nuestra historia es pobre, igual que otras áreas nacionales. Quizás fuimos mal educados, tratando de sustituir con la memoria la solidaridad social, quizás fuimos mal orientados al recitar el Decálogo en lugar de practicarlo desde la niñez, fuimos reprimidos por diversos modelos educativos que ahora llaman desactualizados, pero al menos recuerdo ese artículo constitucional; a la nación le habría ido mejor si hubiera sustituido las Sagradas Escrituras por la Constitución de la República...Mañana existirá un Tercer Candidato, pero no será un ex presidente del período inmediato anterior.

17ENE013

Diálogo con realidad

¿De qué nos habla la realidad? El lunes 21 de enero de 2013 el profesor Adrián Ernesto Aquino fue asesinado en presencia de su nieto, cuando se dirigía a comprar pan. Es un acontecimiento horrendo, las palabras no son suficientes para calificar esta violencia sin sentido. Hace unas semanas un ex combatiente del FMLN Adrián Clímaco Guardado fue asesinado (31DIC012) en su propio negocio, el martes 22ENE013 un equipo del Canal 12 es amenazado por un delincuente mientras realizaba su trabajo periodístico. El 22ENE013 un grupo armado en Guazapa asesina a dos miembros de la familia de un policía. ¿Municipios libres de violencia?... mientras acontecen estas situaciones son una burla a la inteligencia social. El diálogo con la realidad nos habla de una nación viable o inviable económicamente, según el partido que pronuncie estos conceptos, ¿acaso ese límite es nuestra prisión intelectual?, deberíamos conducirnos bajo un esquema de una nación para todos. Debemos ubicarnos como sociedad con proyección histórica, donde la legalidad funcione hacia los ciudadanos, no en contra. Los acontecimientos son tan siniestros que de continuar en este curso de colisión con la delincuencia, no quedará más que elegir entre: sobrevivir como sociedad o suicidarnos como República. Parece "extremista", pero las condiciones históricas de otras naciones muestran que las sociedades se ven forzadas a elegir, no porque la vocación del pueblo se impone sino al contrario es la violencia la que obliga a los grandes conglomerados civiles a responder con toda la plenitud imaginable; de ello son testigos los pueblos europeos en el siglo pasado, una sociedad democrática es poco ágil en la respuesta de protección a sus ciudadanos y la denuncia es débil hacia los conglomerados civiles afectados, debido a que los ciudadanos han sido educados para delegar las responsabilidades en los partidos legales, pero la clase política en su lógica electoral, instituto y gobierno leen los panoramas así: "a favor o en contra", esa condición limita las acciones, pero la sociedad recibe el daño irreparable. La delincuencia obliga a la República a elegir entre sobrevivir o suicidarse, donde la palabra sobrevivir puede sustituirse por una amplia gama de posibilidades, en todo caso es preferible una opción constitucional entre gobernantes y gobernados, así como la legalidad e institucionalidad. La delincuencia es la contradicción a los valores sociales, son la negación a la ley, la violencia del crimen organizado obliga a la sociedad salvadoreña a una respuesta efectiva, no es posible que un ciudadano honrado sea asesinado por un sicario y este atropello quede impune. Nuestra sociedad salvadoreña se enfrenta al abismo de nuestros principios frente a la negación de los delincuentes, la respuesta debe ser enérgica y en defensa de la familia. Al borde del abismo prefiero que esta irracionalidad termine por voluntad propia, bajo el supuesto que es posible un desarme general de la delincuencia organizada y su incorporación al cumplimiento de las leyes de la República. La realidad nos habla de violencia, de una justicia débil, la nación sin valores y con terror del crimen organizado ¿qué esperamos para responder como sociedad civil?. Las condiciones de libertad son el ejercicio de una praxis social a favor de nuestro pueblo, libertad que incluye a la República, condición que implica sacrificio, pero es una ecuación histórica, en este caso irrenunciable.

24ENE013

Héctor Oquelí memoria y agradecimiento

El espacio es singular, el lugar comercial hasta el infinito, nombres en inglés saturan nuestra vista, las mesas distribuidas geométricamente con la sorpresa de bancos metálicos distribuidos en paralelo, asientos que contagian cierta nostalgia de parques olvidados de San Salvador, pero ese reducto parece una fotografía de primer mundo, nunca Centroamérica. Llegué una hora antes de la cita, porque el estacionamiento cada vez es más preocupante, afortunadamente la hora favorecía todo, incluso encontrar un sitio donde jamás logré obtener ese recurso un fin de semana. La mañana trascurre lenta y deliciosa con olor a café, sin prisa, nada agita ese ambiente, los empleados en la faena, los ejecutivos en pequeñas reuniones se estresan con sus laptop portátiles enviando informes urgentes, las mesas poco a poco se pueblan de parejas mayores, también de jóvenes con atuendos estridentes absolutamente desenfadados y con cortes de cabello como artistas de rock; nada nos es extraño de su estilo de vida, incluso sus tatuajes, ni su presencia en horas laborales. La llegada de mi amiga E.M. transformó el lugar, pronto nos embarcamos en una típica reunión memorial, poco a poco los instrumentos de la historia se entrelazaban en siluetas de vivencias, nos esforzamos por pronunciar todos los nombres de los nombres, todas las anécdotas de otros tiempos, los éxitos unidos a las dificultades, la revolución galopante de los años ochenta, muchos años y no los nombramos porque cada día asustan más.
Pensar que muchas de las acciones del sueño democrático eran un ideal de quijotes desarmados, "impulsar un partido democrático a finales de los años ochenta en El Salvador en plena guerra civil", era una aventura de locos, y para colmo hablar de diálogo con solución política al conflicto, parecía fuera de la realidad, pero no obstante, así sucedió. Entre laberintos de la memoria, recordamos muchos actos temerarios como abrir varias casas para el proyecto socialdemócrata del MNR, todo ello tendría un costo histórico, puesto que no solo fue ametrallada una casa, sino que también las oscuras fuerzas represiva cobraron la vida de Héctor Oquelí, el 12 de enero de 1990.
Mi amiga muestra una pequeña tarjeta memorial con un fragmento de una carta fechada el 19 de enero de 1990, enviada al Dr. Guillermo Ungo por Manuel Piñero, a nombre del Comité Central del Partido Comunista de Cuba, la cual destaca: *"La noticia de su asesinato no sacudió a todos"*, *"... fue en el año 81 que te conocimos a ti y a Héctor..."* *"pocas veces fuerzas democráticas, educadas y únicamente en las luchas civilistas y políticas han enfrentado en sus propios escenarios a un enemigo tan brutal y poderoso..."* *"Cómo no ha de ser vigorosa, hermosa y grande la voluntad de aquellos, que labrando el porvenir de su patria, y en plena madriguera del enemigo, aguardan estoicamente por que se haga efectiva la sentencia de los chacales...? " de esas fuerzas, de esa estirpe, de ese gran pueblo salvadoreño, era hijo legítimo Héctor Oquelí, que tras útiles y productivas gestiones en el exterior volvía a su puesto de combate del que nunca desconoció, ni sus desafíos ni sus riesgos mortales..."*
23 años han pasado, pero la memoria es fiel y permanece vigente en nuestro tiempo. Al despedirnos, me entregó la pequeña tarjeta que nos recuerda la vida, la extensa memoria, la amistad pueblo a pueblo y la realidad de nuestra paz social.
31ENE013

Acuerdo Nacional: humanizar el capital

Para llegar a un acuerdo nacional sobre el futuro de nuestra nación parece que debemos recorrer la trágica historia de hace veinte años, entre ellos agotamiento de lucha armada, presión internacional, alto nivel de organización en los estratos sociales, vigilancia en cumplimiento de acuerdos, creación de nuevas instituciones, reformas constitucionales etc… ¿qué impide a la nación lograr acuerdos fundamentales?.
Existen cientos de amenazas sobre la nación, mencionarlas es un rosario desastroso, además los medios de comunicación realizan sumatorias diarias de nuestras calamidades, parece que tenemos diferentes niveles de comunicación, puesto que para algunos es: una lectura política, castigo divino, herencia negativa del pasado, etc. existe la sensación que leer positiva o negativamente favorece a algún partido político, en realidad necesitamos mucha imaginación, para vencer esta adversidad.
La nación desea escuchar de soluciones apegadas a derecho, de reformas posibles en la Constitución de la República, de pactos entre sectores privados y públicos, de consensos nacionales para superar la pobreza estructural, de soluciones económicas para los trabajadores, Reformas en Salud, que las instituciones funcionen y la justicia defienda a las víctimas de la delincuencia.
Muchos de estos enunciados se parecen a la utopía, con un abismo de tiempo y generaciones de salvadoreños luchando por llegar a ese punto y cada vez que nos aproximamos se aleja más, quizás es el momento de pensar solo en objetivos modestos, muy modestos. La famosa unidad nacional solo funciona en situaciones de calamidad pública o en actos terroristas, como la quema de un autobús público en mejicanos, el asesinato de policías frente a la Universidad Nacional, las matanzas de jóvenes en una cancha de fútbol, etc. en otros casos la búsqueda de acuerdos no funciona… al menos entre los actores que tienen las llaves de los entendimientos, puesto que el verdadero conflicto parece una lucha de poder entre capitales oligárquicos, burgueses, criollos e internacionales, donde las clases sociales dominantes tradicionales tienen otro alineamiento con la modernización del capitalismo mundial. Sin embargo, algunos instrumentos decisivos de "poder" aún residen en el capital tradicional, sus poderosos elementos mueven voluntades en muchos niveles, estos sectores consideran enemigos principales a los capitales emergentes, puesto que disputan los monopolios históricos, de ahí entonces la intransigencia de la negociación, según ellos negociar soluciones es traicionar a los feudos conservadores de poder.
La modernización del capitalismo crea conflicto en las sociedades, la historia está plagada de estas enseñanzas, cada horizonte de avance produce decadencia en otros, por ejemplo la tecnología favorece los tiempos de producción pero crea desempleo, en nuestra nación muchas manufacturas ya no existen, han sido sustituidas por procesos industriales, pero no en pocas ocasiones estas agrupaciones económicas tienen posiciones políticas, de ahí los conflictos.

Debemos hablar de soluciones posibles, acciones legales, revisión de la historia, persecución a la corrupción, incluso de modernizar el capitalismo, quizás este último es el factor olvidado y no mencionado en la política. Humanizar el capitalismo no solo es una lectura posible, sino un factor exitoso en otras naciones y debe ser un punto de Acuerdo Nacional.

07FEB013

Cuando el Vaticano descubra América

La renuncia del Papa Benedicto XVI es un motivo de alegría, por primera vez en muchos años no asistiremos a un funeral "en vivo" de un personaje central en la historia contemporánea, me parece que su vida tiene un significado especial mucho más allá que un cargo terrestre, ya demostró que puede ser ejecutivo de la vida pastoral, ahora puede dedicarse a contemplar el camino que inició hace muchos años, colaborando desde su retiro. El acto de renuncia de Su Santidad me parece un acto valiente, puesto que renuncia al pensamiento del héroe, después confesar sus límites humanos, él no puede continuar la marcha y acude al relevo generacional. Aunque debemos aclarar que el pensamiento del héroe en ocasiones es contingencia de su vida y obra, de tal forma que la interpretación de terceros transforma su "caridad", su "verdad" en acciones extraordinarias y para otros en actos malévolos.

Si el Vaticano descubre América en el cónclave de marzo próximo, a lo mejor pensará en Monseñor Romero, en el Consejo Superior de la UCA asesinado en 1989, en un continente vigoroso donde reside el mayor contingente de católicos del mundo, también reflexionarán sobre muchos siglos de pueblos que abrazando el cristianismo han fundado naciones en el Nuevo Mundo.

La religión es parte de la liberación, de eso pueden dar fe los miles de jóvenes cristianos que lucharon contra el autoritarismo, pero la liberación también debe entenderse como autores del destino individual, mucho más cerca de la democracia que cualquier otro sistema, al mismo tiempo fuera de la religión, la liberación es el ejercicio del derecho ciudadano hacia una nueva sociedad.

Cuando el Vaticano descubra América, África y Asia, el sentido de fraternidad tendrá un sentido de "verdad", que enviará un mensaje correcto a los católicos del mundo; entonces la hermandad es posible por la renovación en la decadencia espiritual europea, es posible un nuevo discurso de espiritualidad en el siglo XXI a pesar de vivir rodeados de tecnología, materialidad y objetivismo como afirmó Jan Patocka, quizás no solo es posible sino urgente la renovación espiritual frente al Facebook esclavista, con sus mensajes de cadena que te condenan si no envías diez correos y ganas el cielo por dar un clic cibernético... aleluya.

Me alegra no concurrir a un funeral, al menos el Papa ha inaugurado un nuevo sitio de retiro y si mañana existirá otro Papa retirado, enhorabuena, quisiera un día estrechar sus manos y saludarles como genuino hombres de fe que reconocen sus límites humanos, como un día estrechamos la mano de nuestro amado obispo en La Iglesia Divina Providencia.

En los corazones de muchos católicos palpita un Papa como Monseñor Oscar Arnulfo Romero, que hizo suyas las palabras de Saulo de Tarso: "Que no consiste el reino de Dios

en el comer, ni en el beber, sino en la Justicia, en la Paz y en el gozo del Espíritu Santo"
(Rom 14,17).
Un Papa africano o asiático iluminaría un nuevo horizonte espiritual, aunque los problemas
que arrastra la Iglesia no pueden ocultarse más y deben existir soluciones que acompañen la
nueva alegría de la diversidad cultural y étnica, la justicia no puede esperar más, ante las
demandas de los creyentes.
La nueva espiritualidad del Siglo XXI, proclama una nueva vida, quizás como Monseñor
Romero y su obra, como tantos anónimos del mundo.
14FEB013

www.cesarramirezcaralva.

Emigración interior

Nuestra realidad es sinónimo de problemas. La sociedad definida como cristiana observa el
mundo con una lectura de potenciales castigos divinos, otros en la esfera de los dogmas,
también existen las resignaciones voluntarias para optar por el destino de los asalariados y
ver desde la llanura a los potentados, que existen y no solo acosta de la religión. Otra
lectura es la política, esa condición que tiene su problemática para gobernar, ejercer el
poder, crear estructuras, orientar alianzas, integrar a los sectores y muchos rubros que
significan gastar los dineros del pueblo –por supuesto con las dos caras: bien o mal
gastado–; debemos distinguir a la clase política que tiene un salario a la medida muy
distinto a los trabajadores directos de las maquilas, en fin ellos tienen problemas muy
diferentes a los límites del pago mínimo de los obreros y campesinos –estas palabras
suenan a posiciones de guerra la fría pero no lo son–.
Vivimos una época de contrastes con un bombardeo mediático global, con notas
periodísticas imposibles de asimilar por todos los rubros existentes, no obstante la
problemática nos lleva de nuevo al vacío de un mundo desolado por la materialidad.
Usualmente todos los problemas son expuestos en "negativo", el lado oscuro del abismo
donde la humanidad es prisionera de sí misma, incluso las esperanzas parecen ser
dominadas por el espectro tenebroso de un futuro desolador. El negativismo nos hace
rehenes de la miseria espiritual de este mundo.
Pocas personas hablan de la alegría de vivir, de celebrar la salud del mandatario venezolano
Hugo Chávez, del triunfo de la democracia en Suramérica, que la nación vive en paz social,
que avanzamos en la tolerancia de las opiniones diferentes, en general que la
institucionalidad va por buen camino.
Parece que la democracia funciona cuando no se rompe el acuerdo social de la Constitución
Política, al menos esa es una buena noticia.
Deberíamos cantar de nuevo: *te quiero en mi paraíso/ es decir que en mi país/ la gente viva
feliz/ aunque no tenga permiso...* de Mario Benedetti, porque existe la premisa que los
cambios revolucionarios o democráticos están llenos de alegría, ¿o existen las revoluciones
tristes?..
En realidad el acontecimiento que hizo el milagro de unir a la juventud con el cambio en
los años setentas, ochentas y noventas, fue una espiritualidad que veía más allá del
capitalismo una sociedad posible, condición que demostró además que los hombres

espirituales pueden asumir la crítica de un sistema injusto, ahora es tiempo de la democracia y debemos exigir más, que funcione la justicia a favor del ofendido.
Así la vida del hombre o mujer se plantea bajo el modelo clásico griego como dice Platón: El camino de Sócrates: impiedad a los dioses y corromper a la juventud contra el Estado; la emigración interior que permite alejarse de la polis y contribuir desde su exilio (como Benedicto XVI, Platón en la antigüedad, Maimónides etc); finalmentee el camino de los sofistas, que se ganan la vida a costa de la falsa espiritualidad que engañan a las multitudes, esto según refiere: Jan Patocka. En nuestra sociedad "la emigración interior" es un ejercicio olvidado, quizás deberíamos ser un poco más humildes y felices con lo que tenemos, sin renunciar a una sociedad mejor, pero en todo caso una nueva espiritualidad del siglo XXI es una meta que aún debemos lograr.
21FEB013

Campaña presidencial no oficial

Existe una comparsa de mensajes no solicitados de cruda propaganda electoral, pero no es tiempo de elecciones, ni siquiera existe la convocatoria oficial, ni la inscripción de candidatos, esta acción debería realizarse en los siguientes meses.
Existe prisa por divulgar la imagen del candidato, existe una falsa creación de expectativa por sus programas, los medios de comunicación envían mensajes de las opciones de elegibles, pero estamos a un año de la potencial elección, es sorprendente.
Algunos datos conocidos del Tribunal Supremo Electoral, pero no acatados son: "Convocatoria a Elecciones Presidenciales (Art.224 CE) Fecha de inicio temprana lunes 23/sep/2013 fecha más tardía lunes 23/sep/2013", de igual manera la Inscripción de Candidatos a Presidente y Vicepresidente (Art.196) fecha temprana martes 24/sep/2013 fecha tardía martes 3/dic/2013 Organismos responsables: Secretaría General (SG) / Partidos Políticos. Apenas avanzamos en el mes de febrero de 2013 y parece que la campaña electoral ha comenzado a llover siete meses antes, creo que tendremos un duro invierno propagandístico, muchas lluvias mediáticas, con huracanes y depresiones tropicales con muchos días sin sol que ilumine esta oscuridad del marketing político.
Un ciudadano tiene derecho a preguntar si estas acciones son legales, de igual manera si los mensajes que han comenzado a circular son permitidos por nuestras leyes, puesto que aún faltan muchos meses para la elección y según el calendario del máximo organismo electoral la Propaganda Electoral para Elección de Presidente y Vicepresidente de la República (Art. 81 Cn. Art.230CE) tiene por fecha temprana de inicio el martes 1/oct/2013 fecha más tardía miércoles 29/ene/2014 donde los organismos responsables son los Partidos Políticos. Deberíamos fijar la frontera entre proselitismo político y comunicación ciudadana, ¿es permitido el uso de emblemas políticos y partidarios en este momento? Puesto que sin duda estamos fuera de tiempo.

En los últimos días observamos claras acciones de partidos políticos y cabe preguntarse si el calendario publicado por el TSE admite estas acciones... extraña realidad salvadoreña. *Estas actividades fuera de tiempo, además de proyectar una ficción política, pueden inducir a serios errores de consideración del electorado, puesto que toda acción social podrá proyectarse como política, todo proyecto inaugurado, toda legítima reivindicación constitucional, cualquier acción humanitaria podrá convertirse en una bandera partidaria, condición que desvirtuará muchas iniciativas legítimas, provocando un empobrecimiento y división social en la lectura de cualquier condición nacional; para evitar esta miseria es más adecuado tomar el calendario electoral con rigor.*

De igual forma el Periodo de inscripción de Pactos de Coalición (Art. 179 CE) fecha temprana martes 24/sep/2013 fecha tardía domingo 3/nov/2013 los responsables son: Secretaría General (SG) / Partidos Políticos; finalmente la Elección de Presidente y Vicepresidente de la República se realizará el domingo 2/feb/2014 y en caso de segunda vuelta: Segunda Elección de Presidente y Vicepresidente de la República (Art. 261 CE) domingo 9/mar/2014.

No podemos convertirnos en ciegos de las virtudes que puedan existir en nuestra realidad social, no se debe continuar con esta campaña electoral no oficial, puesto que todo tendrá una lectura partidaria, todo, incluso la oración que pide el pan nuestro de cada día... "y líbranos del mal en el Partido de los otros".

28FEB013

Un visionario latinoamericano: Hugo Chávez

Existe una comparsa de mensajes no solicitados de cruda propaganda electoral, pero no es tiempo de elecciones, ni siquiera existe la convocatoria oficial, ni la inscripción de candidatos, esta acción debería realizarse en los siguientes meses.

Existe prisa por divulgar la imagen del candidato, existe una falsa creación de expectativa por sus programas, los medios de comunicación envían mensajes de las opciones de elegibles, pero estamos a un año de la potencial elección, es sorprendente.

Algunos datos conocidos del Tribunal Supremo Electoral, pero no acatados son: "Convocatoria a Elecciones Presidenciales (Art.224 CE) Fecha de inicio temprana lunes 23/sep/2013 fecha más tardía lunes 23/sep/2013", de igual manera la Inscripción de Candidatos a Presidente y Vicepresidente (Art.196) fecha temprana martes 24/sep/2013 fecha tardía martes 3/dic/2013 Organismos responsables: Secretaría General (SG) / Partidos Políticos. Apenas avanzamos en el mes de febrero de 2013 y parece que la campaña electoral ha comenzado a llover siete meses antes, creo que tendremos un duro invierno propagandístico, muchas lluvias mediáticas, con huracanes y depresiones tropicales con muchos días sin sol que ilumine esta oscuridad del marketing político.

Un ciudadano tiene derecho a preguntar si estas acciones son legales, de igual manera si los mensajes que han comenzado a circular son permitidos por nuestras leyes, puesto que aún faltan muchos meses para la elección y según el calendario del máximo organismo electoral la Propaganda Electoral para Elección de Presidente y Vicepresidente de la República (Art. 81 Cn. Art.230CE) tiene por fecha temprana de inicio el martes 1/oct/2013 fecha más tardía miércoles 29/ene/2014 donde los organismos responsables son los Partidos Políticos. Deberíamos fijar la frontera entre proselitismo político y comunicación ciudadana, ¿es permitido el uso de emblemas políticos y partidarios en este momento? Puesto que sin duda estamos fuera de tiempo.

En los últimos días observamos claras acciones de partidos políticos y cabe preguntarse si el calendario publicado por el TSE admite estas acciones… extraña realidad salvadoreña. *Estas actividades fuera de tiempo, además de proyectar una ficción política, pueden inducir a serios errores de consideración del electorado, puesto que toda acción social podrá proyectarse como política, todo proyecto inaugurado, toda legítima reivindicación constitucional, cualquier acción humanitaria podrá convertirse en una bandera partidaria, condición que desvirtuará muchas iniciativas legítimas, provocando un empobrecimiento y división social en la lectura de cualquier condición nacional; para evitar esta miseria es más adecuado tomar el calendario electoral con rigor.*

De igual forma el Periodo de inscripción de Pactos de Coalición (Art. 179 CE) fecha temprana martes 24/sep/2013 fecha tardía domingo 3/nov/2013 los responsables son: Secretaría General (SG) / Partidos Políticos; finalmente la Elección de Presidente y Vicepresidente de la República se realizará el domingo 2/feb/2014 y en caso de segunda vuelta: Segunda Elección de Presidente y Vicepresidente de la República (Art. 261 CE) domingo 9/mar/2014.

No podemos convertirnos en ciegos de las virtudes que puedan existir en nuestra realidad social, no se debe continuar con esta campaña electoral no oficial, puesto que todo tendrá una lectura partidaria, todo, incluso la oración que pide el pan nuestro de cada día… "y líbranos del mal en el Partido de los otros".

07MAR013

Hugo Chávez: constructor de dignidad en los pobres

Alexander Solyenitzin en sus novelas menciona como puede dominarse a un pueblo, en ellas refiere que los dictadores se entronizan por la represión abierta e indiscriminada y la destrucción de todo valor patriótico o civil, estas acciones provocan temor que mantiene a los gobernados en un estado de absoluta sumisión, son métodos aplicados en muchos pueblos, tantos que podemos recorrer al mundo con estas características; existe un elemento aún más perverso, éste es el manejo del bien y el mal bajo un "sistema proclamado de felicidad"; estos conceptos son tergiversados por diversos medios, cambian el modelo de lo sagrado y profano, por ejemplo: la represión es buena porque elimina a los malos, la desaparición de poblaciones es la única forma de eliminar al mal enquistado en ciertas etnias, pero es bueno para mantener el status quo etc.

Hugo Chávez realizó una obra a la inversa, dignificó a los pobres con educación, salud, tierras, reformas constitucionales, además de modernizar el capitalismo, por la creación de pequeñas empresas, bancos etc. El socialismo del siglo XXI es el ideal. Esos cambios llevaron a una transformación capitalista que abolía los privilegios del pasado, un concepto que lo conocen mejor los norteamericanos desde su conflicto civil denominado: Guerra de Secesión 1861-1865.

La construcción de la dignidad de los pobres se inicia por la identificación con la Patria, su participación, organización etc., este fenómeno no sucedía en el modelo oligárquico antes de Chávez, puesto que acontecía un reparto del botín político entre los partidos tradicionales, de tal forma que para los pobres la nación era de los ricos, la nación era de "los otros". La construcción de la nación bajo el modelo de Hugo Chávez, fue una nación posible con las mayorías, no con las minorías iluminadas, ¿acaso eso no recuerda a nuestra nación? ¿Acaso no es un modelo replicado por años en América Latina?, ¿acaso esa exclusión no fue el motivo de nuestra propia guerra civil?, en América Latina parece que el allá y el acá no tienen mucha diferencia.

La iniciativa de Hugo Chávez, fue a la inversa de los dictadores: otorgó valores ciudadanos, creó dignidad para participar en la política, incrementó el sentido de pertenencia dentro de del pueblo bolivariano, eliminó el temor de organizarse y defendió sus conquistas –vale observar la defensa popular en el fallido Golpe de Estado el 11 de abril de 2002, donde nuestro país El Salvador, vergonzosamente reconoció a los golpistas-.

La dignidad de los pobres también está acompañada de un concepto multicitado: "el antimperialismo (Big Stick, Doctrina Monroe)" -un poco anticuado por cierto, ahora sustituido por el post-imperialismo-, que no es el mismo del siglo pasado, pero cada nación "habla como le va en la feria", el temor de las invasiones es siempre el mismo, afortunadamente en este siglo XXI no ha sucedido ninguna.

La dignidad de los pobres, el sentido de los pueblos bolivarianos en América Latina, el antimperialismo o post-imperialismo y la solidaridad entre las naciones, cambiaron la visión de los desprotegidos, ¿por qué no lo hizo la oligarquía?, acaso perdieron su oportunidad histórica, en realidad… si; el ejemplo de Hugo Chávez abre un antes y un después, ahora al menos el pueblo venezolano tiene libertad de elegir su futuro, con dignidad.

14MARO13

Crimen organizado: la amenaza del Siglo XXI

Es sintomático que en este siglo, la evolución de la organización del crimen esté por todas partes, es de tal magnitud que no reconoce fronteras.

Ya conocemos la realidad, los límites de Norte a Sur, sus peligros, la dimensión humana que arrastra un sentido particular de odio, donde las armas resuelven todo, es salvaje, la ley del más fuerte que debería denominarse: "la Ley del mejor armado".

Si nos aferramos al no cambio, nuestro destino será una nueva sangría, será en otro tiempo pero acontecerá de todas formas, la historia demuestra que los grupos con poder dinerario, organización, territorios, etc., están destinados a enfrentar al poder tradicional legal.

El motivo de anotar esto es el ascenso de los grupos organizados para el crimen, su realidad nos consume y nos deteriora en toda la línea de cultura; destruyen nuestros valores y la razón pierde sentido en la nación, parece que estamos desarmados ante este peligro que a diario viven las personas honradas bajo los siguientes signos: comercio de drogas, coacción, extorción o acciones violentas que deterioran la moral y el trabajo de los ciudadanos, estos grupos deben desaparecer, su disolución debe ser voluntaria bajo las normas democráticas, de otra forma recorreremos un camino conocido, allanado por mucha sangre de inocentes.

Es alarmante el avance de estos grupos por sus niveles de organización, la captura de un narcotraficante nacional hace unos días, nos permite observar los niveles de penetración social, situación ya reportada en otros tiempos con unas figuras políticas que ahora cumplen sendas condenas en Estados Unidos de América.

Existe un clamor popular para que esta condición anormal no avance, es un llamado poderoso a la acción contra un cáncer que destruye la sociedad, la razón debe imponerse, ésta razón debe ser jurídica y moral, debe existir un camino visible para la disolución de estas asociaciones ilícitas y un parámetro expuesto públicamente… verificable.

En otras naciones se promueve la integración de los jóvenes delincuentes a la sociedad por modelos de reeducación laboral, acompañado de trabajo voluntario en huertos comunales, servicios comunitarios, etc.; pero la diferencia es que las empresas privadas colaboran con esta integración, acá parece que esa arista es sospechosa porque algunos la consideran una política a favor del gobierno, pero resulta que el gobierno por sí solo, no puede resolver este problema.

Las asociaciones del crimen organizado deben desaparecer, bajo las leyes de la República y normas internacionales.

Un síntoma a considerar es la política hacia estos grupos, si la solución es observada como una bandera partidaria y no como objetivo nacional, el riesgo es llegar tarde a la objetividad en un tema tan delicado, pero se nos hace: "muy tarde" para solucionar este problema… casi nos recuerda unas palabras de Jorge Luis Borges cuando habla de leyendas y muertes:

"...hay otra inscripción que dice: "It is later than you think" -es más tarde de lo que piensas-, en un reloj de sol de un jardín de Inglaterra. Y hay como una leve amenaza allí, ¿no?: "Es más tarde", como si lo amenazara de muerte a quien lee. "Es más tarde de lo que piensas"; es decir, estás más cerca de la muerte, supongo yo, ¿no?"

21MAR013

http://www.cesarramirezcaralva.com/

Chaguantique: reserva natural

Viajamos 7 kilómetros desde la ciudad de Jiquilisco hasta un bosque tropical, en realidad mis expectativas eran muy pobres sobre un sitio protegido, conociendo la realidad de muchos lugares de la nación, dudaba si aquél paraje no era más que un punto de referencia para visitar una media hora y partir a toda prisa en busca de un lugar agradable. Mis expectativas fueron creciendo poco a poco, el viaje en compañía de otras personas nos permitió acercarnos a una realidad olvidada. El autobús se estaciona en la entrada pero recorrido es a pie con guías locales; aquél lugar tiene un pequeño museo con fotografías de especies que usualmente se consideran extintas, la duda asalta porque nuestra visión urbana no tiene nada que recordar de esos datos. Así caminamos en pleno mediodía, por cierto al salir del a/c del autobús, el golpe de calor es una prueba de condición física. Caminamos por un bosque tropical, como los que se muestran en documentales de tiempos remotos, la flora parece exceder la imaginación con árboles de 40 o 50 metros: Conacaste Blanco, Conacaste Negro, Almendro de Río, Palo de Hule, Ojushte –que alimenta a los monos arañas (Ateles geoffroyi o "mono araña de mano negra"); los árboles forman un sotobosque que en ocasiones oculta la luz solar, formidable experiencia ecológica impresionante en nuestros días con la mancha de concreto por todos lados; mientras el calor cocina nuestras pieles oficinescas, los sonidos son extraordinarios: aves, insectos, el sonido de los pasos en los senderos en tierra polvorienta, las ramas al viento chocando con otras, así en fila india guiados por un guardabosques caminamos de un sitio a otro en busca de los Monos Araña, no les encontramos, ni señas; el guía indicó que estaban en otro sitio, así retornamos sobre nuestros pasos, el grupo se dividió por razones desconocidas, el guía de pronto dijo: "una iguana", para nosotros diferenciar una rama de una iguana, no es fácil, pero ante la insistencia del guía, con sorpresa pudimos observar una iguana azul y verde de un tamaño aproximado de 162 cm o 180 cm, que según los expertos son las que tienen 6 ó 7 años, desafortunadamente así como apareció se esfumó, a lo mejor ante la ruidosa caravana de curiosos turistas ecológicos.

Al retornar en medio del camino el guía nos señaló el sitio donde se encontraban los monos, en realidad es difícil distinguirlos en ramas tan altas, pero ahí estaban con sus crías y alimentándose, su velocidad es sorprendente, entre saltos de rama en rama en grupos de tres o cinco, en determinado momento nos observaron detenidamente, evidentemente nosotros los invasores también debemos parecer extraños con ropas coloridas y deportivas. Las cámaras fotográficas cumplieron su misión con el zoom al máximo, el comportamiento primate es tan parecido al nuestro, que en realidad son humanos arbóreos, su comportamiento social en familias jerárquicas, su comunicación monosilábica, así como su organización básica, recuerdan aquellas conductas y asociaciones humanas dispuestas a soportar la inclemencia de la naturaleza… y sobrevivir.

No pudimos observar más especies, a lo mejor porque nuestros ojos solo distinguen las computadoras y los objetos mecánicos, pero somos ciegos en un bosque tropical el cual se considera en nuestro tiempo casi mítico. Debemos agradecer a la comunidad de Chaguantique y a sus guardabosques, permitirnos visitarles para saludar su valioso ejemplo.

04ABR013

Demanda digital

La **Brecha Digital** según Wikipedia: "hace referencia a la diferencia socioeconómica entre aquellas comunidades que tienen accesibilidad a Internet y aquellas que no, aunque tales desigualdades también se pueden referir a todas las nuevas tecnologías de la información y la comunicación (TIC), como el computador personal, la telefonía móvil, la banda ancha y otros dispositivos. Como tal, la brecha digital se basa en diferencias previas al acceso a las tecnologías. Este término también hace referencia a las diferencias que hay entre grupos según su capacidad para utilizar las TIC de forma eficaz, debido a los distintos niveles de alfabetización, carencias, y problemas de accesibilidad a la tecnología. También se utiliza en ocasiones para señalar las diferencias entre aquellos grupos que tienen acceso a contenidos digitales de calidad y aquellos que no. El término opuesto que se emplea con más frecuencia es el de inclusión digital y el de inclusión digital genuina (Maggio, 2007). De aquí se extrae también el concepto de "infoexclusión" para designar los efectos discriminatorios de la brecha digital." Esta situación es apremiante en nuestra nación, donde la demanda de tecnología digital es un escalón de las actuales generaciones de estudiantes para en un futuro obtener la *ciudadanía digital*. Es evidente que el Ministerio de Educación no tiene ni tendrá los recursos necesarios para atender la demanda estudiantil sobre esta materia, por lo tanto es necesaria la cooperación de las empresas de telecomunicaciones para aumentar la conectividad en todas las escuelas del sistema público. La solución puede ser política con una Ley de Conectividad para elevar el nivel de acceso a las redes de telecomunicaciones, de tal forma que las empresas telefónicas brinden este servicio a toda escuela de la nación, lo cual redundará en costos para las empresas pero en beneficios para la educación, los detalles de esta situación se pueden amparar en los conceptos de Responsabilidad Social o en principios constitucionales (art. 35 El Estado protegerá la salud física, mental y moral de los menores y garantizará el derecho de estos a la educación y a la asistencia.), desafortunadamente el acceso a la tecnología es desigual y las nuevas formas educativas digitales están creando exclusiones sociales que deben evitarse. Si brindar servicios de conectividad a las escuelas es un problema, el otro es el equipamiento de las escuelas. Las computadoras o los dispositivos educativos son un rubro de inversión que requiere el apoyo de toda la sociedad, existen ejemplos notables de empresas que realizan el equipamiento de escuelas, pero la mayoría de las escuelas públicas no las posee… así perdemos todos, debido a que no existe una regulación sobre el tema, pierde la educación sin formación digital, los alumnos no utilizar la tecnología, las empresas porque sus productos no tendrán aplicaciones masivas, la economía no crecerá debido a la falta de aplicaciones tecnológicas y las herramientas disponibles de última generación no se usarán, etc. Si la desigualdad es aceptada en este caso, nuestro presente no tendrá futuro en ningún tiempo.

Quizás el tema consista en la racionalidad política, bajo un espíritu nacional incluyente que asocie: empresas telefónicas, Estado, iniciativa privada, maestros y la sociedad en un concepto de educación digital, un modelo de al menos diez años, que construya la infraestructura para la nueva educación requerida. De nada servirá la tecnología G4, G5…etc si el mercado local no tiene la educación necesaria para usarlo a favor del desarrollo nacional.

11ABR013

Solidaridad con Boston

La calificación de terrorismo se puede enmarcar en el siguiente concepto: "Es un acto de violencia indiscriminado, desesperado y sin control, contra objetivos civiles, religiosos, políticos, que no distingue edad; los autores pueden tener o no, filiación política, religiosa, cívica, supremacista, etc., y actúan al margen de las leyes nacionales e internacionales.." Estas acciones de grupos legales e ilegales, incluso de naciones son usadas como armas políticas.

Las acciones violentas que observamos en el Maratón de Boston, causan indignación a nivel mundial, como lo provoca cualquier acción de esa naturaleza en diversas naciones del mundo. La historia internacional identifica estos fenómenos sin distinción de pueblos, la secuencia de estos incidentes en ocasiones son producto de intervenciones de una nación en otra, pero es sintomático que usualmente suceden en pueblos con crisis políticas, con luchas étnicas, con profundas diferencias religiosas, pero con un factor común: son grupos fanáticos e ignorantes que optan por esas acciones.

Los autores justifican sus actos por creencias fundamentalistas y extremistas, tienen un pensamiento caudillista e individualista que les lleva tomar acciones a partir de su grupo, no poseen consideración alguna por las sociedades afectadas, de esa forma pierden todo criterio de legalidad e historia.

El terrorismo no tiene ninguna justificación política, su única justificación es causar daño contra los supuestos enemigos, su desesperación les lleva a cometer semejantes atropellos indiscriminados, donde su ventaja es criminal, puesto que no atacan a sus homólogos militares y las víctimas civiles-desarmadas no tienen defensa.

Es notorio que estos grupos no tienen ninguna plataforma política, puesto que no se identifican, sin estos elementos el espectro es ilimitado, pero la Historia demuestra que estas acciones corresponden a grupos o personas que se consideran afectados por diversas causas, pero no actúan legalmente, ni usan los métodos públicos, tampoco se inscriben en defensa de sus intereses, porque se consideran depositarios de la verdad; en ese rubro de fanatismo estas personas son desequilibradas mentalmente, actúan con exaltación, en la mayoría de los casos bajo la convicción de provocar temor para destruir la moral de los afectados, estos fanáticos anteponen su vida a favor de su causa perdida.

Boston es ahora un referente de un pueblo herido por los fanáticos de la violencia, un acto que horroriza a la sociedad civil mundial, nada puede justificar estos eventos, es un crimen contra la humanidad, el dolor de esta tragedia nos recuerda otros eventos como Múnich 1972, Atlanta 1996, Santiago Bernabéu 2002… Expresamos nuestra solidaridad con el pueblo de Boston y el pueblo norteamericano, como también a todos aquellos que sufren por este tipo de atentados que avergüenzan a la humanidad. En nuestra nación hemos sufrido este tipo de actos atroces, la memoria tiene aún presente esas acciones cobardes durante los veinte años de guerra civil, acciones crueles contra objetivos civiles desarmados; fueron conjuntos de conspiraciones que sin sentido provocaron daños

irreparables en muchas vidas ejemplares, aún ahora con mucho dolor se recuerda el incendio de un autobús con los usuarios dentro, provocado por un grupo de esta naturaleza. Por eso nuestra solidaridad con el pueblo de Boston.
18ABR013

http://www.cesarramirezcaralva.com/

Monseñor Oscar Arnulfo Romero: vigencia histórica

La mención del recordado Obispo y su proceso de beatificación genera repercusiones mundiales, tanto en medios impresos como digitales, algunos de ellos: El Universo, Prensa Libre, Telám, Aciprensa, El País, Infolatam, Terra, El Nuevo Heraldo, Catholic News, Washington Post, News Daily, Voz de América, etc. La acción del Papa Francisco envía un mensaje de esperanza para el pueblo salvadoreño y al mundo en general.
Es una buena noticia, tan alegre que acompaña desde hace muchos años a las juventudes latinoamericanas, porque las vidas ejemplares son inolvidables.
La vida del salvadoreño más universal del siglo XX es estudiada en diversas partes del mundo, prevalece ese sentido de admiración sobre sus enseñanzas de paz, la identificación de un hombre religioso con los problemas de su pueblo y acompañar a los humildes en sus peticiones.
La lección sobresaliente de la actitud de solidaridad generada hacia Monseñor Romero en los pobres es impresionante, a pesar de tantos desprecios a su memoria, la vigencia de sus palabras es extraordinaria, inspira con su ejemplo a las nuevas generaciones, así en cada aniversario de su martirio decenas de jóvenes y adultos de diversas congregaciones peregrinan hacia sus sitios memoriales, convirtiendo esos lugares en coloridos eventos multinacionales.
Han pasado muchos años de aquél evento doloroso, pero ¿qué no lo era en nuestra sociedad hace treinta y tres años? La ruptura social era de tal magnitud que las acciones terroristas eran el pan de todos los días, no existía respeto por la vida, ningún disidente del status quo podía sentirse seguro, el inicio de aquella conflagración era inminente y los eventos posteriores provocaron la mayor catástrofe social en toda la existencia de nuestra vida republicana.
La guerra no medía la capacidad destructiva de las armas, medía la convicción de las fuerzas democráticas, de la religión solidaria, de los sectores más pobres en su voluntad del cambio, de la visión por una sociedad incluyente etc. en ese movimiento social se distinguían hombres como Oscar Arnulfo Romero, que solo tenía su voz para denunciar las injusticias, él enfrentó la verdad desde el límite del cristianismo, ese borde irreversible que pareció repetir la historia de los primeros tiempos, ellos preferían morir antes de confesar lealtad al Emperador Romano.
Durante su vida, fue escuchado por el pueblo, su liderazgo inspiraba a las multitudes, su mensaje de justicia era una conjunción de la verdad cristiana y verdad humana, esa extraña lectura que producen líderes mundiales como: Martin Luther King, Mahatma Gandhi o Tomás Becket, éste último muy parecido en vida y obra, excepto porque su ejemplo cristiano sucedió, diez siglos antes. La estatua de Oscar Arnulfo Romero está entre los diez

mártires del siglo XX, en la Abadía de Westminster en Londres, confirmando la admiración mundial por tan digno ejemplo.

"De la Historia lo que nos interesa es su vigencia" esa presencia histórica que evoca su memoria en estos momentos, a lo mejor también para la posteridad. Los evangelios son los mismos, nada cambia, son las personas extraordinarias las que nos enseñan a comprenderlo en nuestros tiempos, a quienes agradecemos su notable ejemplo.

25ABR013

http://www.cesarramirezcaralva.com/

1 de mayo en El Salvador

"El 1° de mayo de 1886, 200.000 trabajadores iniciaron la huelga mientras que otros 200.000 obtenían esa conquista con la simple amenaza de paro"… así reseña wikipedia fragmentos de aquella historia. Una simple lectura rápida orienta nuestra lógica del siglo XXI a nuevas realidades para los trabajadores, no es una lucha comunista contra los capitalistas, ahora los tiempos han cambiado, las reivindicaciones ya no se consideran estrategias subversivas internacionales, sino agendas por los derechos laborales aceptadas dentro de las leyes nacionales, no obstante aquellas iniciales peticiones obreras por la jornada laboral de 8 horas, en estos tiempos tiene otra visión por las revoluciones tecnológicas, de igual manera la acumulación científica y financiera que ha cambiado el destino de millones de trabajadores, pero continúa igual el espíritu de mejoras salariales y muchas demandas por un mejor nivel de vida.

Ahora el mundo observa con atención a las potencias económicas mundiales: EE.UU., China, India, Japón, Alemania, Rusia, Reino Unido, Francia e Italia; la segunda potencia es China, con un modelo que tiene una organización comunista pero una visión estratégica capitalista, acepta los dos modelos y gobierna para 1 339 724 852 habitantes, a los cuales debe alimentar, educar, vestir etc, imaginemos entonces las reivindicaciones de los trabajadores en una nación de este nivel, con tecnología, ciencia y finanzas muy diferentes a las del siglo pasado, los tiempos han cambiado, pero no dudamos que allá también existe un clamor por acceder a mejores niveles de vida, puesto que siempre existirán nuevas metas que cumplir y superar.

Hace algunos años era un tema de soñadores pensar que un modelo híbrido uniera el socialismo y el capitalismo, pero en estos tiempos se menciona que la economía no tiene ideología, solo tiene negocios, el resultado es el mismo: ganar-ganar.

Las reivindicaciones de los trabajadores bajo este punto de vista, serán una constante hacia la superación educativa, el acceso a la tecnología, la ciencia y los modelos financieros, de esa forma podemos comprender claramente la crisis iniciada por el mayor fraude financiero en toda la historia del capitalismo moderno, así como el desempleo actual de millones de europeos y las consecuencias en nuestra nación, esa es la historia del actual capitalismo fallido en las otrora metrópolis del primer mundo.

Nuestra nación debe promover a los trabajadores hacia la ciencia, la tecnología, la educación para superar el lamentable estado del subdesarrollo que parece herencia de siglos, los pueblos orientales nos enseñan que la cultura es la base de los milagros económicos, es la educación, los valores, la moral, pero esa parece que es nuestra debilidad histórica.

No se trata de tesis comunistas, ni lucha de clases, ni fanatismos de ningún tipo, las luchas de los trabajadores son las luchas del pueblo salvadoreño, una lucha que busca profundizar la democracia, ese horizonte que tiene por objetivo la movilidad social, la libertad ciudadana por nuevas conquistas o las reformas constitucionales que aprisionan los mejores ideales de la juventud de ésta época.

En 1985 Lawrence Harrison publicó su trabajo: "el Subdesarrollo es un estado mental", con una serie de comparaciones entre naciones, la diferencia era el modelo educativo… esa es la llave para superar los mayores problemas, incluso aquellos que se consideran imposibles.

02MAY013

http://www.cesarramirezcaralva.com/

Campaña presidencial no oficial II

Una campaña presidencial de los partidos políticos "no oficial", es realizar actividades proselitistas fuera de tiempo, además implica una constante divulgación de opiniones que distorsionan la información de la sociedad.

El Tribunal Supremo Electoral fija la fecha de Convocatoria a Elecciones Presidenciales el 23 de Septiembre de 2013, en la actualidad las acciones de los partidos políticos contradicen esas normas; si la inscripción de Candidatos a Presidente y Vicepresidente es el 24 de septiembre de 2013, entonces las personas aspirantes por si solas, no pueden autodenominarse, serán acaso propuestas de ciudadanos presidenciables –nominados por sus partidos-, que deberán cumplir los requisitos del TSE, luego realizar la campaña correspondiente; el mismo TSE indica lo siguiente: de igual manera la Inscripción de Candidatos a Presidente y Vicepresidente (Art.196) fecha temprana martes 24/sep/2013 fecha tardía martes 3/dic/2013 Organismos **responsables: Secretaría General (SG) / Partidos Políticos**… si una institución no suscribe a un candidato, ¿cómo una persona o grupos realizan campañas de divulgación política en los medios de comunicación?... ¿Llamados al voto?.. En los acontecimientos indicados un "candidato" incluso "educa" a las personas sobre cómo marcar su bandera –clara alusión a votar… (Véase un medio local matutino de fecha 14ABR013) en todo caso, estas situaciones no contribuyen a orientar a la opinión pública sobre los problemas nacionales, sino que oscurecen las propuestas viables.

En varios foros de comunicación refieren que "todos los partidos hacen lo mismo", en otras palabras si los partidos están de acuerdo, ¡es legal!... mientras algunos magistrados del TSE piden la intervención del fiscal electoral, otros opinan que el TSE debe actuar en estos casos, de todas formas el resultado es nebuloso, no existe referencia sobre los límites en esta campaña presidencial no oficial.

Se anuncian coaliciones o pactos electorales, pero el Periodo de inscripción de Pactos de Coalición (Art. 179 CE) fecha temprana martes 24/sep/2013 fecha tardía domingo 3/nov/2013 los responsables son: Secretaría General (SG) / Partidos Políticos, en este caso son las instituciones políticas las autoridades respectivas en la fecha indicada, ¿se puede anunciar antes de tiempo?...¿es legal?

Así vivimos entre fronteras de una campaña presidencial esquizofrénica, con graves alteraciones de las percepciones o expresiones de las realidades.

Mañana podrá aparecer un quinto o sexto candidato, -autoproclamado o por un partido-; éste también puede realizar una campaña mediática, no pedirá permiso a nadie, podrá descalificar a todos y anunciar su bandera en una amplia coalición por la libertad civil, no existirá inconveniente alguno, según la realidad que vivimos.

Estas acciones no deben continuar por el bien de la nación, no se trata de la permanencia en la mente de las personas, no se trata de ganar el corazón de los ciudadanos, no es un producto de marketing el que se vende, porque el futuro de la nación está en juego en una campaña presidencial, se trata del factor humano para vencer las dificultades del subdesarrollo, de la racionalidad política que debe imperar más allá de una administración gubernamental, esa es la cuestión.

Las leyes deben funcionar, el máximo organismo electoral debe pronunciarse o ¿acaso éste es el reflejo del acontecer nacional?... no esperemos un desastre para corregir este proceso.
09MAY013

http://www.cesarramirezcaralva.com/

La respuesta al crimen organizado

Nuestra sociedad realiza a diario gigantescos esfuerzos por fortalecer el Estado Democrático, nada es más importante que ese objetivo, donde los ciudadanos tienen plenos derechos.

La vida ciudadana es un Contrato Social donde las reglas y formas normativas están unidas hacia el bien común.

No obstante en tiempos recientes y podemos afirmar que en las últimas dos décadas, el fenómeno del narcotráfico y las organizaciones del crimen organizado se colocan en el polo opuesto, no se someten a la reglas sociales ni a sus formas normativas de conducta y trabajo, además luchan contra el bien común. Estos sectores anti sistema parece que sueñan con una Narco-sociedad, sueñan con dominar a una población en un reducido espacio y poseer sus propias leyes, estas acciones riñen con el estado jurídico del ciudadano y la nación, su conducta y acción coincide con las caracterizaciones del terrorismo, condición peligrosa para la sociedad y el mundo en general.

Elegir una opción ciudadana en estas condiciones es lo mismo que optar entre la civilización o la barbarie; el recuento de algunos sucesos que los medios de comunicación refieren, coincide en actos de violencia sin freno, entre ellos: asesinatos, extorsiones, secuestros, hallazgos de cadáveres en las calles, etc. estos dejan claro el irrespeto por la vida y las leyes nacionales.

No se trata de estar de acuerdo o no con un pacto entre pandillas, se trata de resultados hacia el respeto de la vida y hacia los ciudadanos, resultados donde no exista coacción, ni asociaciones para delinquir, ni luto, ni viudas, ni huérfanos, ni acciones terroristas contra ciudadanos ejecutados por las organizaciones criminales.

De las soluciones posibles: ellos deben renunciar a la violencia en todas sus variedades, desaparecer como organizaciones, integrarse a la sociedad y recorrer el camino del hijo pródigo que retorna a casa, aquél joven que después de perderlo todo, aún tiene el perdón de su padre (Lucas 15, 11-33).

Parece que escribir sobre este tema es un drama, una persona escribe y anota, mientras otro apunta un revólver a su cabeza, como una caricatura grotesca de nuestra realidad social, pero nuestra condición es aún peor, cuando un trabajador de un autobús conduce su unidad por el camino y un sicario le asesina a la mitad de una calle de nombre: "La Esperanza"… una adolescente es secuestrada y jamás la volvemos a ver; un cadáver es encontrado en una calle y nadie conoce su identidad; una pareja de jóvenes camina sobre un puente y reciben una lluvia de balas sin piedad, caen al piso bañados en sangre, mientras en la acera se dibuja un cuadro minimalista rojo y negro con las siluetas de aquellas vidas cegadas en unos segundos; un maestro universitario es encontrado atado de pies y manos, su vida es cegada por un arma blanca… interminables historias de odio y sangre, parece que las opciones se agotan…perdemos el tiempo, perdemos la vida.

Nuestras opciones sociales ante este fenómeno son pocas, parece que la violencia nos obliga como en tiempos de Roma a proclamar la democracia o reclamar la dictadura, la historia es así… en lo personal la parábola del Hijo Prodigo y la democracia aún alientan mis esperanzas…

16MAYO13

http://www.cesarramirezcaralva.com/

Campaña presidencial no oficial III

Los recientes fallos de inconstitucionalidad, así como los movimientos en la Asamblea Legislativa, las luchas por aprobar los presupuestos, las informaciones y desinformaciones de algunos medios de comunicación, los pronunciamientos de las instituciones políticas, no tienen otra lógica que el desarrollo de una campaña política presidencial no oficial.

Esta situación provoca crisis de credibilidad en las acciones mencionadas, no se trata de contribuir al desarrollo de la nación, se trata de pronunciar el descrédito del adversario, provocar la ingobernabilidad, destruir la imagen de cualquiera que posea la bandera del oponente; la resultante es una nebulosa de criterios que oculta la verdad pero resalta el apoyo simbólico de los partidos, además la opinión del ciudadano presidente se debilita, debido a que los "candidatos" -que no están inscritos, algunos que tampoco tienen partido- son consideradas similares a la del mandatario, tanto así que declaran que seguirán con los programas vigentes… como decía algún comediante del siglo pasado: "cosa más grande en la vida chico".

Las perspectivas sobre temas como la seguridad nacional deben considerarse acciones de importancia vital, quienes celebran la destitución de un ministro y el deterioro general económico, es posible que compartan la obsesión por el retorno a una dictadura caudillista,

ese dictador anegará de sangre a la nación de muchos inocentes y eliminará todo logro democrático ocultando el saqueo al dinero del pueblo, como es conocido en la historia nacional, por esta razón debemos pronunciarnos en contra de esos infernales propósitos.
Como me recuerda ese amor desquiciado algunas palabras del poeta Luis Carlos López,
"Mas hoy, plena de rancio desaliño,
bien puedes inspirar ese cariño
que uno le tiene a sus zapatos viejos..."
¿Cómo interpretar la destitución del Ministro de Justicia?... el tiempo del fallo, su extensión a cualquier otro ex militar con similares aspiraciones, la negación a los militares de baja en cargos de relevancia en cualquier gobierno, además es significativo y marca un precedente en la nación que parece exceder las atribuciones de la Sala Constitucional, no solo porque califica a la Fuerza Armada en represión y violencia, no distingue la Nueva Fuerza Armada o mejor dicho el Nuevo Ejército que surge a partir del Acuerdo de Paz de 1992 y la modernización de la misma en 1993, entonces resulta que bajo ese criterio nada ha cambiado... es un error; en esa arista la seguridad nacional tampoco tendrá la visión para prevenir las infiltraciones del narcotráfico y el crimen organizado en los Cuerpos de Seguridad, porque es cuestión compartimentada sin la Nueva Fuerza Armada.
Entre las soluciones posibles se debe considerar el proyecto de Reforma Constitucional en aspectos de esta naturaleza, reformas que no permitan este tipo de campañas presidenciales ilegales –adelantadas, de bajo perfil, de baja intensidad- que no son genuinas en la construcción de una sociedad democrática.
La seguridad nacional con temas graves como el crimen organizado, el narcotráfico, etc., no puede excluir a la Nueva Fuerza Armada de contribuir significativamente al combate de un peligro nacional, pero todo es permitido en una campaña presidencial no oficial, que beneficia a los antiguos poderes conservadores para impulsar la ingobernabilidad y su sueño de regresar al poder... "sueño tan maloliente, pero en verdad (su) sueño entrañable".
23MAY013

http://www.cesarramirezcaralva.com/

Cuatro años de gobierno… mañana será mejor

Cualquier palabra de este texto puede ser interpretada como declaración política, no me parece nada mal, después de todo lo bueno que deseo escribir en unas cuantas líneas.
En el año 2009, el triunfo de la izquierda aún parecía un sueño difícil en el corazón de miles de personas; después de 20 años de gobierno de la derecha, la distancia parecía acortarse con los resultados de las estadísticas de los institutos de opinión pública, un triunfo del candidato del FMLN era posible, los resultados confirmaron aquella presunción.
Así hemos recorrido el tiempo bajo una administración diferente, con altibajos, con signos controversiales al interior y exterior de la sociedad salvadoreña, entre ellos el nombramiento inicial de Ministro de Defensa Gral. Munguía Payés lo cual generó una cascada de protestas de los grupos conservadores que gritaron a voz de cuello: "atropello a la institución armada", pero el tiempo se encargó de llevar la paz y la tranquilidad con la mano suave de Estados Unidos al otorgar el apoyo a la alternancia política, en ocasiones

una ayuda de ese nivel no es despreciable para nadie, menos para el pueblo salvadoreño. Esa acción me recuerda aquellas palabras: "toda ayuda se agradece".

En ocasiones debemos recordar que la herencia negativa de la sociedad salvadoreña son veinte años de un gobierno de derecha para las derechas, donde todo cambio democrático aún era calificado de: "comunista", gran error de todos los tiempos... puesto que si las reformas en todos los niveles se hubiesen aplicado en su momento, muchas catástrofes sociales se hubieran evitado, pero eso es historia, quizás esa es una norma no escrita; una reforma (constitucional, económica, social etc.) no aplicada en su momento genera deuda social para la clase política que las siguientes generaciones les cobran con sus votos y en ocasiones con las armas, de tal manera que los dirigentes políticos no deben olvidar y poseer el coraje para llevar adelante las reformas constitucionales permanentes, al igual que el diálogo con todos los sectores sociales, incluso con quienes consideran sus adversarios.

Si algo debemos anotar de esta administración es el carácter de profundizar las reformas, ahí están los avances educativos, la salud, la atención a la mujer, infraestructura, transparencia, ese camino bien lo pudieron realizar los gobiernos de derecha pero no lo hicieron nunca, a pesar de poseer un inmenso poder económico, en el fondo a la derecha no le interesa la movilidad social, ni la democratización de la economía capitalista, ni el desarrollo de nuevos capitales.

En estos años hemos observado una sistemática lucha de sectores aliados a los poderes conservadores, con el objetivo de provocar la ingobernabilidad, ese carácter desestabilizador que en ocasiones parecía que terminaría en el caos social, jurídico, económico, pero las predicciones apocalípticas de los profetas del desastre no han sucedido... Gracias a Dios.

Hablar de los nuevos programas de gobierno es cuestión realidades en la población, grandes logros son visibles, incluso la palabra "imposible" ha dado paso a la palabra: "hoy ya no es como antes"... algo es algo...

No obstante aún falta mucho camino que recorrer e impulsar en la seguridad de la familia, el control a la delincuencia y la racionalidad política que debe unir a la nación hacia las amenazas potenciales, donde no existan diferencias ante los futuros desastres, sino soluciones posibles en problemas concretos, en ese trayecto, aún nos falta mucho, pero el futuro es alentador.

30MAY013

http://www.cesarramirezcaralva.com/

Desafíos para el fin del quinquenio

Los últimos meses de la Administración del Presidente Mauricio Funes, implicarán una ardua tarea de diálogo para avanzar en la gobernabilidad y la pluralidad, con temas referidos a la elección de los magistrados de la Corte de Cuentas, sistema de pensiones, regulación de los temas hídricos, condición económica de los lisiados de guerra, desarrollo de puertos y aeropuertos, seguridad nacional (en el tema de las pandillas), narcotráfico, escuchas telefónicas ilegales (espionajes móviles), etc. muchos de estos temas acompañados del ruido de una campaña presidencial prematura, que aumenta el tono de crispación al divulgar acusaciones que en otro contexto serían motivo de acciones legales. Un tema sin solución es la pobreza estructural, esa que radica en el modelo productivo, en el cual se profundiza el ciclo vicioso de baja educación, salarios "de hambre" y precariedad en la integración económica que provoca subempleos, ilegalidad, marginalidad social, etc. El conjunto de estos problemas nos plantea la necesidad de continuidad en los cambios sociales, que al menos la actual administración ha dado muestras significativas de logros inéditos, los cuales no se pueden garantizar si las elecciones se pronuncian por el retorno al pasado.

Un tema de los mencionados parece ser crucial, la seguridad nacional referente a las pandillas, este aspecto implica gobernabilidad, pluralidad, alianzas políticas, además de un significativo caudal de votos en el próximo año, puesto que el manejo del marketing político es emotivo, es publicidad, imágenes positivas o negativas, de tal forma que la arquitectura de estas iniciales pautas en los medios de comunicación pretenden el posicionamiento de los partidos en contienda; la diferencia en el tratamiento de este problema es claro: el retorno a la violencia o el impulso de medios innovadores.

Cualquiera que sea la modalidad del tratamiento, será una herencia para el siguiente gobierno, pero también una decisión política ciudadana, en ese punto no podemos olvidar el enorme daño y dolor causado a la familia salvadoreña por estas organizaciones criminales, por esta razón estos últimos meses serán decisivos, no solo para el momento electoral, sino también para los implicados en estas organizaciones delictivas, ellos serán los responsables directos de su futuro en los siguientes meses, con una grave decisión: continuar con el crimen y exponerse al retorno a la violencia o demostrar resultados convincentes que no dejen duda de la opción de la buena voluntad hacia la reinserción social.

Este tema recurrente en la vida social salvadoreña se profundizará en los próximos meses, debido a la internacionalización de las pandillas, con réplicas en Honduras y al menos recientemente un medio norteamericano hace referencias a la denominada: Tregua entre Pandillas, que interesa a la opinión pública norteamericana y probablemente al Congreso de Estados Unidos de América.

Las pandillas deben desaparecer, en mente y corazón de sus miembros, esa es la meta de la reinserción, de lo contrario surgirá un Catón como en la antigüedad pronunciando: *Ceterum censeo Carthaginem esse delendam* (*Además opino que Cartago debe ser destruida*).

Es sintomático referir la gobernabilidad, la pluralidad, el diálogo con los sectores nacionales sobre el tema, en tal sentido debemos buscar un Acuerdo de Nación en el marco constitucional.

06JUN013

Desafíos electorales: jóvenes, seguridad y emigración

El tema de las deportaciones implica un sector de adultos, jóvenes y menores de edad, pero principalmente a personas con plena capacidad productiva, en general jóvenes de ambos sexos, que buscan concretizar su "tiempo generacional", en otras palabras: estudio, hogar, hijos, patrimonio etc. El motivo esencial de la emigración es la demanda laboral en Estados Unidos y otras naciones, si no existe empleo en la nación, la respuesta es encontrarla fuera, además la oferta de "trabajar en cualquier cosa" es un himno que cantan todos los emigrantes, condición que los norteamericanos usualmente aprecian, unido a ello la existencia de "coyotes" en la nación, los cuales funcionan casi al descubierto, pero ellos prefieren autodenominarse: "los que llevan gente a Estados Unidos".

Así los jóvenes, la emigración, la seguridad se convierte en una nueva oferta política para elevar las esperanzas en los campos mencionados, que en realidad están plagadas de dificultades, puesto que el sustrato de nuestra economía para combatir la pobreza es débil y algunos sectores de la iniciativa privada no creen en nada, ni siquiera que el Bulevar Monseñor Romero tiene ese nombre.

Los temas de la seguridad y el desempleo son temas de todos los días, paradójicamente son objetivos juveniles, ¿Qué joven se siente seguro en su comunidad? ¿Cuántos jóvenes buscan a diario empleo a pesar de poseer alto grado académico? Este sector es el más vulnerable y el más golpeado por estos rubros, son ellos el principal blanco de las organizaciones delictivas, los puntas de lanza en actos ilegales, los menores de edad son los actores de un drama que marca toda su vida, de ahí la responsabilidad de una oferta electoral posible en los siguientes años, hacia la re-educación para estos jóvenes.

En muchos casos jóvenes y adultos emigran como opción vital, obligados a abandonar sus estudios, bajo la presión de los grupos delictivos, sin ningún recurso a su favor, su suerte corre en los mismos rieles del tren de carga mexicano llamado La Bestia, en esos senderos clandestinos de los emigrantes, ahí son prisioneros de la intemperie humana.

Los jóvenes son un tema migratorio sensible, en noticias recientes (09JUN013) 77 salvadoreños fueron deportados de México entre ellos 12 menores de edad, ese caso nos connota un sistema de redes activas a lo largo de Centroamérica y México, son estructuras multinacionales que causan daño y comenten delitos contra las personas que cruzan diversas naciones, esas organizaciones marcan una evolución en la privación de libertad de los emigrantes, con múltiples aristas internacionales pero que produce millones de dólares, un tema que implica la seguridad, los jóvenes, la emigración e influye en la realidad de las naciones involucradas.

Este acontecer emigratorio tiene cifras sorprendentes, los totales en deportaciones hacia El Salvador de Estados Unidos en el año 2010 fueron 29,187; 2011 25,336 y en 2012 31, 174; si no cambiamos el entorno de la realidad interna con ofertas políticas posibles y acciones audaces, este drama continuará sin importar el partido político en el gobierno. La emigración a fin de cuentas: ¿pertenece a una sola institución política o un tema nacional e internacional?... la suma en deportaciones entre el año 2004 y 2009 fue de 219,251, pero agregando los años 2010-2012 el dato tiene por resultado 304,948; el número refleja nuestra realidad del complejo tema: Jóvenes, seguridad y emigración, que necesariamente debe ser parte de la oferta electoral. El objetivo principal debe ser eliminar la incertidumbre de los jóvenes, el desarrollo local y controlar la delincuencia, respuestas que la nación no puede evadir en los próximos años.

13JUN013

http://www.cesarramirezcaralva.com/

Sociedad salvadoreña en construcción

Las diferentes expresiones individuales y sociales, son características de una nueva sociedad, vemos en el escenario la Justicia, con signos de crisis por los cuatro costados, pero el principal elemento es el clamor de las víctimas de tanta injusticia que no tiene salida institucional, víctimas históricas, víctimas de extorciones, un rosario completo de violencia contra la mujer, asesinatos de jóvenes etc., la justicia no ve al frente sino a los costados, con fallos escandalosos donde las víctimas son las culpables y los culpables son inocentes. Esta condición genera una violencia oculta, genera el descontento popular donde poco falta para hacer justicia por la propia mano de los oprimidos. Nuestra historia reciente con apenas veinte años de paz social, requiere un cambio en el modelo jurídico, el clamor popular lo pide desde el sitio que ocupan las víctimas coaccionadas, los jóvenes obligados a renunciar a sus estudios, los que tienen que emigrar forzados por las amenazas y este clamor puede ser escuchado por las calles de las ciudades, donde el peligro se encuentra en las veredas cantonales, con muestras de ilegalidad de las bandas organizadas. La Justicia debe reformarse, el respeto a la vida debe ser el primer eslabón del cambio, no podemos permitir que esta sociedad que tanto ha costado a los salvadoreños termine en la decadencia material y espiritual que parece que nos acecha a cada paso. Así como la Justicia, la economía, la salud, la educación, agricultura, son motivo de preocupación de la ciudadanía, puesto que la vida de los jóvenes con sus proyecciones se deteriora rápidamente, pero esto es parte de la herencia para cualquier gobierno, mientras que para nosotros los ciudadanos, proponer reformas constitucionales debe ser el objetivo estratégico.

En la construcción de nuestra nueva sociedad democrática encontramos nuevos conceptos: pandillas, narcotráfico, crimen organizado, extorción, territorios de maras, grafitis que lesionan la propiedad habitacional etc., se trata de fenómenos sociales que necesitan soluciones, no solo a un Estado fuerte, sino también a la ciudadanía, quizás también a terceras naciones, así la referencia de nuestra sociedad civilizada debe construirse de nuevo contra la barbarie, que trata de imponerse en nuestras calles y barrios.

Construir justicia, derecho ciudadano, reformas para proteger a la ciudadanía es parte de nuestra realidad, para resolver el gran dilema de nuestra sociedad entre: profundizar las reformas democráticas y eliminar a las bandas criminales o condenarnos a la inestabilidad y aceptar la destrucción de esta sociedad democrática: barrio por barrio y municipio por municipio.

Un diálogo de la película Casablanca, acontece cuando un grupo de nazis pregunta al dueño del Rick´s Café Americain: ¿cuál es su nacionalidad?... Soy borracho, responde Rick Blaine; algo parecido sucede en nuestra sociedad, cuando se interroga a los antisociales. ..

De nuestra sociedad en construcción cada paso se iniciará y terminará como los modelos clásicos políticos, desde las unidades básicas de los barrios y los municipios, así como las democracias, así deben construirse de nuevo las reformas para erradicar a las organizaciones criminales.

Los fenómenos sociales de esta naturaleza también muestran la desorganización y rezago en el tratamiento preventivo de la violencia, pero aún es tiempo de reformar dentro del marco democrático las leyes que cambien el rumbo de la historia actual.

20JUN013

http://www.cesarramirezcaralva.com/

III aniversario de atentado terrorista en Mejicanos

No puedo evitar escribir sobre este acontecimiento, forma parte de mi inventario inolvidable que me acompañarán toda la vida, quisiera que ningún salvadoreño en ninguna parte del mundo olvide este trágico evento. Sucedió el 20 de junio de 2010, un acto terrorista cometido por las pandillas que terminó con la vida de 17 personas y lesionaron a más de 14 con quemaduras de tercer grado, existen aún las secuelas en las víctimas, en los familiares, en la sociedad que reclamará por siempre a los culpables ese acontecimiento horroroso. Este evento con su historia tan repulsiva parece que rememora treinta años de sangre en un solo día, es legítimo el reclamo incluso a los hombres y la sociedad, a las mujeres e incluso a Dios para que el olvido no se convierta en cómplice de la injusticia, para que no olvidemos nunca. Podemos ser los últimos ciudadanos del planeta, pero aún así proclamar esa ira contenida que busca la justicia y no la encuentra en nuestra nación. En ocasiones pienso que nuestra vivencia histórica es similar a un tren, un autobús, un camión cargado de nacionales que en su trayecto hace paradas horrorosas, desde nuestro sitio somos testigos del infortunio de otros, pero ya llegará nuestro momento como el de aquellos, que triste realidad. En ocasiones cantamos tantas melodías funerarias que no las terminamos porque nos ahogamos en el dolor y su inverso los coros festivos son tan efímeros que dejan un sentido de culpabilidad por tanta miseria que cargamos con nuestros muertos. Somos una nación con raíces tan injustas, que aún en democracia tenemos sed de amplitud más allá de las fronteras, que destino el nuestro con más de 300,000 deportados entre los años 2010 y 2012; algo debe existir en nuestro continente histórico para preferir morir en el intento de llegar a Estados Unidos, que vivir acá, algo parecido al grito de los desesperados: "no tengo nada que perder". En ocasiones el reclamo a Dios alivia levemente el dolor de los pobres, solo eso, porque en este mundo cuando los pobres tengan la voz, quizás no habitaremos este planeta. Pobres los que murieron ese día en Mejicanos con la incertidumbre de no llegar a casa, la familia huérfana, la viuda eterna, el niño confundido entre las llamas, ellos nunca sabrán los motivos de las pandillas. Existe la ira de los inocentes, pero parece que nadie escucha sus gritos. En ocasiones el cansancio de la denuncia hace proclamar falsos ídolos, son miles las protestas por este sistema de justicia que nos oprime, no defiende los intereses del pueblo, ni de las víctimas, ni de los niños, nada, solo defiende los intereses del poder económico, ese que compra abogados, jueces y toda la escala jurídica, es violencia oculta. Existen en la historia reciente ejemplos de cambios dramáticos en América Latina; el proclamado imperio del derecho, es la divisa de los opresores, apenas se habla de reformas constitucionales, jurídicas o cambios a las leyes obsoletas, para que la nación camine al borde del Golpe de Estado; ¿esto será para siempre?, pues a mi parecer no viviremos tanto para ver las proclamadas reformas jurídicas, esas aberraciones que amparadas en tiempos legales impiden la justicia cumplida. En ocasiones los falsos juristas creen que ganan un caso a favor del acusado por sus tretas administrativas, efectivamente ganan los casos por los fallos del sistema, por la ausencia de reformas, ellos ganan mucho dinero y su fama crece entre sus similares, pero la nación pierde, en realidad perdemos todos. Mañana será peor, no esperemos nada de este modelo que nos conduce sin retorno al desastre. Unas palabras de Antonio Machado parecen iluminar tanta oscuridad en momentos como este: *Mi corazón espera /también hacia la luz y hacia la vida,/otro milagro de la primavera.*

Oscar Romero y Nelson Mandela

El próximo 18 de Julio las Naciones Unidas celebrarán el Día de Nelson Mandela, instituido el 10 de noviembre de 2009, su vida es un ejemplo por la defensa de los derechos humanos, la paz, la democracia en su nación Sudáfrica y el resto del mundo; las referencias de sus luchas en El Salvador, fueron escasas en aquellos años ochentas y noventas cuando vivimos la guerra civil, pero con la llevada de la paz, hubo tiempo de comprender su legado a la humanidad. Mandela sufrió prisión durante largos años, al cumplir 70 años en su celda, Juan Pablo II pidió su liberación en julio de 1988 y le expresó su admiración.

En el año 2004 Nelson Mandela dijo: "Nací cuando terminaba la primera guerra mundial, y dejo la vida pública, cuando el mundo celebra el cincuentenario de la Declaración Universal de Derechos Humanos. He llegado al punto del largo camino en que se me otorga la oportunidad -como debería ser para todos los hombres y mujeres- de retirarme a descansar y a vivir tranquilo en la aldea donde nací"… en ese momento tenía ochenta y seis años.

Similar esfuerzo por la causa de los Derechos humanos es Monseñor Oscar Romero, sus denuncias dominicales, sus llamados a la paz social, la defensa de los oprimidos, fueron las banderas que identificaron su vida, pero esta condición tanto acá como allá, tiene un costo, ese precio es el signo que identifica no solo a una nación sino a los motivos universales por la justicia. Así un mes de marzo de 1983, el Papa Juan Pablo II visitó su tumba y repitió su homenaje en febrero de 1996.

A medida que el tiempo transcurre, sus vidas y memorias se convierten en legados que dignifican a la humanidad, como lo demuestran las naciones o sus representantes al recordar sus obras.

En histórica visita a El Salvador, del presidente de los Estados Unidos de América Barack Obama el 22 y 23 de marzo de 2011, Ben Rhodes Consejero de la Seguridad Nacional (EEUU) en referencia a Monseñor Romero habría dicho: "El arzobispo asesinado el 24 de marzo de 1980 es un héroe para mucha gente en toda América"… Obama visitó su tumba, en una aquella ocasión.

Recién el 1 de julio de este año, Obama llega a Sudáfrica y escribió en el libro de visitas en la prisión donde Mandela fue recluido: "El Mundo agradece a los héroes de Robben Island, que nos recuerdan que ni las esposas ni las celdas pueden enfrentarse con la fuerza del espíritu humano".

Estas acciones para los gigantes del humanismo deberían llamarnos a la reflexión, reconocer es reconocerse, un signo que une nuestros espíritus, que suma hacia los ideales democráticos de las naciones.

Existe además la oportunidad en este mundo de aceptar como propia su obra, es cuestión de principios, para algunos aceptar la realidad para cambiarla o lo contrario no aceptar el cambio para perpetuar la injusticia, Romero y Mandela al menos optaron por cambiar todo, desde la humildad de sus acciones.

La sola mención de estos nombres: Nelson Mandela, Monseñor Romero, Juan Pablo II, Barack Obama, implican nuestra gratitud por sus vidas, deberíamos aceptar que el mundo es diferente a partir de sus obras, por ello les otorgamos un talento diferente, el mérito de asumir la responsabilidad de cambiar al mundo a partir su ejemplo.
04JUL013

http://www.cesarramirezcaralva.com/

Pandillas ¿el nuevo enemigo interno?

El tratamiento de fondo de las pandillas es el discurso de la violencia legal, históricamente la ejerce el poder organizado del Estado, la violencia legal reside en el Ejército y las organizaciones armadas, con funciones específicas de identificar al enemigo de la nación. En el transcurso del tiempo aquél enemigo se transformó con la guerra fría en el enemigo interno, ese identificado de comunistas, que solo eran los opositores a los regímenes militares de turno, pero durante la guerra civil aquella condición cambió por presiones internacionales hacia un acuerdo de eliminar el lenguaje amigo-enemigo que configuró el Acuerdo de Paz. El uso de la violencia durante este largo período puede constatarse en las estadística de fallecidos, desaparecidos, huérfanos, lisiados etc., que dejó la guerra civil; todo el aparato del Estado ejerció su poder amparado en una legalidad constitucional y posteriormente en la Amnistía que aún causa una enorme división de opiniones.
Así en el panorama de aquella historia, la nación tiene el dilema del uso de la violencia legal ante el fenómeno de las pandillas, estas organizaciones ejercen violencia ilegal contra el pueblo, las víctimas son trabajadores, transportistas, rivales, etc. los cuales usualmente están indefensos, su acción configura a un enemigo interno del siglo XXI, un oponente post-guerra fría, el tratamiento de este fenómeno es incierto; con seguridad los gobernantes no desean ser condenados internacionalmente por el uso de la violencia legal como en tiempo de la guerra civil, cuando el enemigo comunista era el blanco de bombardeos, secuestros, genocidios etc., no obstante en este momento aquellas fuerzas agresivas parecen desactivadas legalmente; el enemigo comunista estaba en las montañas, en los seminarios, en las universidades, en partidos políticos opositores.
Ahora la configuración del enemigo interno calificado de pandillas, está en las cárceles, en las zonas urbanas o marginales, con tecnología, organización y el poderoso recurso del narcotráfico; parece que nuestra nación es un laboratorio social en el uso de esa violencia legal e ilegal, las cuatro últimas administraciones tienen calificaciones de la represión, ahora vivimos una condición denominada: "Tregua entre pandillas", significa un acuerdo entre grupos rivales, ¿cuál es la función del Estado?, ¿cuál será el tratamiento adecuado?
Puesto que ningún gobernante desea ser condenado por genocidio, ni por crímenes contra la humanidad, parece estas organizaciones no responden a los valores tradicionales, sino a una contracultura del vicio, la extorción, el ilícito etc., en general el sistema de justicia es el que pasa el examen, pero también los límites de tolerancia de la sociedad.
Cuando las naciones tienen dos sistemas culturales opuestos, con: discurso, cognición y sociedad, la historia demuestra que el conflicto civil es inevitable, acontece el momento fundacional de la violencia, en ese momento no existen reglas humanitarias.

Esas consecuencias son las que se deben evitar. ¿Cómo derrotar a la violencia?
Los novedosos modelos de seguridad implementados en meses pasados por los destituidos
generales en retiro, tenían resultados verificables, parecían romper el esquema tradicional,
ahora las estadísticas fatídicas retornan encadenadas al dolor y sufrimiento, de nuevo el
círculo de la violencia es el desafío a vencer, el mito de la sangre como primer recurso debe
pasar al olvido, el mito de la violencia fundacional debe ser derrotado definitivamente por
medios democráticos.
11JUL013

Las comunicaciones del Siglo XXI

Comunicar significa: compartir, conectar, hacer común, contagiar etc., modernizar las
comunicaciones es uno de los desafío de este siglo, las comunicaciones son la punta de
lanza de la nueva sociedad en construcción: carreteras, autopistas informáticas, gobierno
digital, ciudadanía digital, alfabetización informática, conectividad en áreas rurales, nuevas
leyes de comunicaciones, etc.
La demanda de servicios colectivos terrestres, aéreos, marítimos, ferroviarios, no solo
deben adaptarse a la demanda urbana, sino también al futuro de la nación para los próximos
años.
En otras ciudades el transporte colectivo por ejemplo, es una red de líneas ferroviarias que
tejen áreas rurales, que parecen ir de lo simple a lo complejo pero con gran eficiencia, en
esas naciones existen pequeños trenes, tranvías eléctricos, trenes de mediana velocidad y
finalmente "El Metro" sistemas subterráneos de alta velocidad. Acá nuestro transporte
colectivo es limitado, no obstante muchas de nuestra infraestructura se puede modernizar,
hacia niveles de mayor complejidad y eficiencia.
Las obras realizadas en el Bulevar del Ejército son un buen signo de los modelos que
debieron implementarse hace muchos años, pero esta es nuestra realidad, cuando los
cambios acontecen solo en el momento de crisis, cuando colapsan los antiguos sistemas,
cuando todo falla; la Historia demuestra que los cambios ocurren cuando ya no existe
correspondencia entre las fuerzas productivas y los modelos de producción, en nuestro caso
la demanda del transporte colectivo eficiente es de tal magnitud, que los trabajadores para
llegar a su centro de producción deben acortar sus tiempos de descanso, adelantando la
salida de sus casas varias horas para no sufrir penalidades en la empresa, así sucedió
durante décadas, pero en los últimos años aún saliendo con anticipación, el tiempo era
insuficiente. En proporción directa del transporte se encuentra el costo de la vida, un tema
complejo donde el Estado es parte de la solución, como en otros tiempos una gran iniciativa
social, requiere de una sociedad visionaria y plural, así al menos la modernización del
transporte podría ir de la mano de la demanda laboral.
Quizás este solo es el principio de obras trascendentales, como aquella del 23 de diciembre
de 1869 cuando el Gobierno firmó un contrato con el ciudadano norteamericano Henry
Billings, para colocar un telégrafo eléctrico entre el Puerto de La Libertad y la capital. Un
27 de abril de 1870 el Comandante del Puerto de La Libertad General Juan José Cañas

recibió un mensaje histórico del presidente Francisco Dueñas, que anotó: "... expresa ver pronto en comunicaciones telegráficas a todas las poblaciones principales de El Salvador con la ayuda de sus compatriotas…" según lo refiere Jorge Vásquez Jerez en su libro: Historia de las telecomunicaciones en El Salvador".

Si tenemos en consideración nuestra condición de realidad económica, el aislamiento de muchas poblaciones, la necesidad de desarrollar la zona costera con apoyo de Fomilenio II, este proceso de comunicaciones en infraestructura nos puede llevar años, pero de esta manera, así como un día se inició el telégrafo, un día la nación construirá modelos de transporte colectivo para millones de ciudadanos, de tal forma que el Estado con la ayuda de sus compatriotas, dejará un legado a las futuras generaciones.

18JUL013

Emigrantes, Papa Fancisco, América Latina, marihuana legal

Debemos iniciar por la hilaridad del mundo de la marihuana: "El Gobierno del izquierdista José Mujica anunció que legalizará la comercialización de marihuana como parte de un plan de 15 medidas para combatir el aumento de la criminalidad registrada en los últimos meses, pese a que Uruguay es uno de los países más seguros del continente." Según 26noticias.com.ar; en México un farmacodependiente o consumidor puede llevar 5 gramos para su estricto consumo personal, los cuales podrá hacer uso fuera de Centros educativos, asistenciales, policiales o de reclusión, según artículo 478 y 479 de la Ley General de Salud; en Estados Unidos de América: Colorado y Washington han legalizado el uso de la marihuana para usos recreativos; esta discusión tiene tantas vertientes que se parece a la venta de armas de guerra para terceros países, existe ese mercado porque existe la demanda, de tal forma que incluso ahora en algunas naciones existe una competencia morbosa sobre el patente de marcas comerciales para la marihuana, pero en todo caso es un complejo comercial que nos arrollará muy pronto, tanto por la necesidad de legislar como por la gobernabilidad, es similar a regular el consumo del alcohol, si no existe control, no hay gobierno y como tampoco existe ley para la extinción de ilícitos, todos perdemos. Parece que el tema migratorio no tiene nada que ver en este pastel, pero según una nota del WSJ fechada 5 de Noviembre de 2009 titulada: "mexicanos cultivan droga en reserva india", añade que para tal objetivo usan mano de obra barata mexicana, en otros eventos, reportes de prensa anotan que las bandas criminales esclavizan a los emigrantes para cultivos ilegales y luego los envían a EEUU, el factor es el mismo ilícito que degrada a muchas personas, ¿es cuestión comercial o humana?. La historia de la humanidad registra ese tipo de acciones degradantes como esclavitud, situación de interés multinacional, pero que irradia al continente americano, no es posible que una nación permita legalmente el consumo de ciertas drogas y a otras se les penalice por su tránsito local, etc. Estos eventos de cruda realidad nos recuerda a nuestra América Latina, con la visita del Papa Francisco: ¿qué esperar de una visita a Brasil? ¿Acaso no es la renovación de los derechos humanos de los emigrantes? ¿Acaso no es la fe cristiana primitiva y original, un testimonio del amor hacia los pobres? Entonces los discursos por extraña coincidencia en las palabras del Papa recuerdan a Monseñor Oscar Arnulfo Romero, por la dignidad hacia los pobres, muchos pobres en todo sentido, no solo por el despojo de sus bienes o la expulsión de sus naciones.

Pero en esta mezcla de eventos permanece el factor humano, esta vertiente que identifica la máxima expresión de las personas… su dignidad, todos los componentes de esta reflexión: emigración, marihuana, Papa Francisco, América Latina tienen un signo a defender por las poblaciones, no se puede permitir que por una droga se esclavice a las personas en cualquier parte del mundo, si esto se concretiza entonces parece un retorno al pasado, en estos casos las nacionalidades nos pierden por senderos de banderas y colores, cuando en realidad la humanidad no tiene color ¿de qué color son los derechos humanos?, entonces bajo esa perspectiva, estos eventos debemos asumirlos bajo esa condición justa, bajo nuevas leyes multinacionales, quizás es un buen momento para dimensionar este complejo problema con nuevas perspectivas humanitarias

25JUL013

Hermano Francisco

Las palabras de Rubén Darío parecen dibujar a otro Francisco, hace cien años exactamente la poesía denominada: *Los motivos del Lobo* se publican en Mundial Magazine 1913, tres años antes de su muerte, refleja una historia del capítulo XXI de las Florecillas de San Francisco, con el Lobo de Gubbio. En el inicio el poeta escribe: El varón que tiene corazón de lis / alma de querube, lengua celestial,/ el mínimo y dulce Francisco de Asís, /está con un rudo y torvo animal, /bestia temerosa, de sangre y de robo… así transcurre una hermosa cadencia de imágenes que si las transportamos en tiempo y espacio, podríamos afirmar que se parecen mucho a nuestra realidad, siempre existen personajes que multiplican el mal pero extraordinariamente también existen seres que se oponen desde su diminuta existencia.

A lo lejos, un Papa llamado Francisco recuerda en este sufrido país de El Salvador, unas palabras que suenan a campanas celestiales, palabras pronunciadas por otros varones como: "pobres", "pueblo", "justicia", que no solo llenan de esperanza sino que son las banderas de esas generaciones resistentes al tiempo, porque no envejecen, mejor cuando las pronuncia otro Francisco convertido en Papa.

Uno va por el mundo encontrando seres de este nivel a cada paso, les hemos observado durante muchas décadas, les conocimos hace años, llenos de esperanza, visión y alegría, un día desaparecieron, dejando ese vacío perpetuo, pero su vida fue un destello de un modelo de vida que ni soñábamos, se atrevieron a construir ese mundo diferente, que ahora disfrutamos por su legado a pesar de todos los pesares.

Cuando una persona habla de esperanza transforma el mundo, en ocasiones no podemos dar crédito a su sueño, habla de otro destino, de otra realidad, acaso nos recuerda a Don Quijote, ese príncipe encarnado en pordiosero que habla de un reino y lo vende en cualquier plaza sin temor, sin acobardarse incluso ante los gigantes. No resisto incluir unos versos de Rubén Darío de su poema "Letanía de nuestro Señor Don Quijote": "Rey de los hidalgos, señor de los tristes,/ que de fuerza alientas y de ensueños vistes, /coronado de áureo yelmo

de ilusión; /que nadie ha podido vencer todavía,/por la adarga al brazo, toda fantasía,/y la lanza en ristre, toda corazón… Ruega generoso, piadoso, orgulloso;/ ruega casto, puro, celeste, animoso; /por nos intercede, suplica por nos, /pues casi ya estamos sin savia, sin brote, /sin alma, sin vida, sin luz, sin Quijote, /sin piel y sin alas, sin Sancho y sin Dios…"
Cuando alguien habla de pobres el pasado nos invade, en El Salvador en esta nuestra pequeña nación, damos fe de seres luminosos que en lugar de quejarse decidieron actuar a favor de los desprotegidos, estas personas tomaron en sus hombros la inmensa carga de elevar la cultura, la hermandad, educación y las demás deficiencias de nuestra Patria, para construir la paz social que disfrutamos, personas como: Monseñor Romero, Ignacio Ellacuría, personalidades que bien calificó Rubén Darío como: "Nuestros Señores Don Quijotes", esos similares al otro Francisco, que también habla de los pobres.
Cuidado Francisco, al menos en nuestra nación, clamar por los pobres aún suena a pecado, nosotros conocemos esos destinos, pero la inmensa alegría es insoportable y más en los oídos de los barrios pobres y los campos de América Latina.
01AGO013

http://www.cesarramirezcaralva.com/

Jóvenes decisivos para elección 2014

La expectativa para los jóvenes que participarán en la fiesta electoral de 2014 es baja, no obstante a pesar de su poca motivación me parece que marcarán la diferencia de los siguientes cinco años, es una lectura inicial, pero los resultados orientan al factor joven como estratégico. El rango esperado para esta inscripción según el TSE era de 80,465. En informaciones fechadas el 10 de junio de 2013, "el presidente del RNPN, Fernando Batlle, manifestó que 315,457 jóvenes deberían de tramitar el DUI, de este total solo 100,424 han solicitado su documento (3.18%). Mientras que de forma anticipada, es decir jóvenes que cumplen la mayoría de edad antes del 2 de febrero de 2014, solo 932 han solicitado el DUI, de un total de 80,465 lo cual es el 1.15%."
Al cierre de la convocatoria solo 9,687 jóvenes pidieron en forma anticipada el DUI para empadronarse, ellos cumplirán años entre el 06AGO013 y el 01FEB014, sin embargo el total general establecido era el antes mencionado.
Las cifras son representativas: 100, 424 jóvenes más 9,687 dan un total de 110,111 para un total de electores de 5, 219,802 una cantidad nada despreciable, si consideramos las elecciones presidenciales del año 2009.
Recordemos los datos de la elección de presidente y vicepresidente del año 2009, el total de votos emitidos fue de 4, 294,849, la diferencia de la victoria fue del 1.616%, esos fueron los 69,412 a favor del FMLN.
La cantidad general de los votos esperados para 2014 es de aproximadamente 5, 219,802 y ese 1.61 (histórico) es 84,038 una cantidad que fácilmente pueden definir los jóvenes con sus números arriba mencionados.

Los partidos políticos entonces lucharán por una diferencia de 84,000 votos, si mantenemos las cifras del año 2009 ARENA 1,284589 y el FMLN 1,354,000 en realidad los jóvenes pueden decidir las próximas elecciones. Estos fríos cálculos pueden corromperse con un tercer candidato, pero es muy probable que no exista un tercer candidato, sus datos no son significativos debido a que los obstáculos legales del TSE y Constitucionales pueden obligar al candidato tercerista a abandonar prematuramente su postulación, el caso no significa un anatema, es una legalidad en discusión y en el caso de ser aprobado por alguna instancia, habría que reformar las constitución, de esta discusión no saldremos a corto plazo, en cualquier caso la Sala Constitucional podrá exhibir un dictamen muy esperado.

Si la discusión esta focalizada en el voto duro de los electores, la fragmentación de los actuales partidos podría ser significativa, es como si a los miembros de un partido tradicional les preguntarán si están seguros de sus votos, esa respuesta la podemos observar en la realidad de las instituciones, no en el votos de los jóvenes, quienes de seguro votarán al estilo de sus padres, puesto que ellos con sus dieciocho años poco saben del acontecer nacional de los últimos veinte años, menos de la guerra y aún más remoto de la lucha por la democracia en la nación.

Los jóvenes son el cambio social, la transformación, el discurso de la rebelión contra las tradiciones, ellos disfrutan de la realidad multimedia, son internet en todas sus variedades; con la ausencia notable de la participación social a la inversa de las anteriores generaciones, en el 2014 los jóvenes con ese 1.61% podrían decidir el futuro y el destino nacional.

08AGO013

http://www.cesarramirezcaralva.com/

Desde las cárceles debe partir un nuevo modelo educativo

Recientes publicaciones sobre las actividades delictivas de los jóvenes escolares, indican que las acciones como: posesión y tenencia, agrupaciones ilícitas, extorsiones, lesiones etc., configuran un cuadro alarmante de los jóvenes menores de edad.

El cuadro es complejo, no ajeno a las realidades de otras sociedades en los cuatro puntos cardinales de cualquier mapa regional, no obstante estas acciones connotan la inducción de grupos delictivos que provocan estas acciones, el núcleo central de este panorama no solo son las agrupaciones ilícitas que actúan desde el corazón de los barrios, colonias o centros urbanos, sino también el acceso a las drogas con las redes de distribución cada vez más visibles.

Las agrupaciones ilícitas denominadas maras inducen a nuestros jóvenes al mal camino, este camino lleno de promesas de felicidad fácil, de una vida plena de dinero, drogas, vicios etc., solo produce muerte, antecedentes penales y un gran dolor para sus familias. El futuro en cuanto han cometido un delito no puede ser más deprimente, bajo un sistema carcelario en una prisión para menores de edad o en celdas con otros congéneres terminan destruidos moral, espiritual y materialmente; esa es la realidad de la promesa de la felicidad rápida a cambio de nada.

Si la inducción del mal son las "Maras" ese modelo debe corregirse impidiendo la multiplicación del crimen, un camino quizás sea reformar el sistema carcelario, modelo que en este momento ha colapsado por la sobrepoblación de privados de libertad, quizás es tiempo de buscar alternativas para este mecanismo social con sistemas educativos que impidan la reincidencia en drogas y crimen, además de prevenir que los jóvenes adopten conductas afines a estructuras ilegales; ahí los jóvenes deben tomar la iniciativa, controlando sus vidas y no que sean manipulados por delincuentes; si esto parece ingenuo el drama de los escolares involucrados en riñas, lesiones, violaciones no lo son.

Es paradójico el camino de la nación, parece que estamos obligados a elegir entre aumentar la represión, proclamar estado de excepción, reformar la constitución y leyes secundarias para tomar el ejemplo de otras naciones o invertir en modelos educativos que prevengan desde las cárceles, los centros de detención o en los barrios la multiplicación de estos sistemas educativos criminales.

La prevención tiene un costo elevado, prevenir desde los centros penitenciarios es una tarea titánica, casi podríamos afirmar que es una batalla perdida, es como aceptar que en esos sitios no existe gobierno, si este es el caso en un par de décadas ni siquiera existirá opción, solo existirá un camino y este lo podemos observar en los países norteamericanos.

Para la prevención del crimen son necesarias las valiosas contribuciones de nuevos modelos como los impulsados en los últimos años, pero no son suficientes, también debe existir la voluntad social con gran responsabilidad en las familias, las comunidades, los gobiernos locales, puesto que nuestro panorama es muy parecido a una guerra nacional contra las agrupaciones ilícitas, donde muchos inocentes escolares son por ahora las víctimas de primera fila.

La prevención del delito debe tener como "centro de gravedad" las cárceles nacionales, ese es el corazón del mal, por esta razón los esfuerzos iniciados desde ese lugar deben apoyarse.

15AGO013

http://www.cesarramirezcaralva.com/

Asesinato Cultural

La triste noticia de la muerte del ex director de la Biblioteca Gallardo, Sr. Miguel Ángel Gallardo Larios nos llena de pesar, debido a su trayectoria que refiere el quehacer nacional en la rama del acervo cultural, ese sitio donde se reproduce el conocimiento nacional e internacional.

Hace años que las denuncias ciudadanas sobre el incremento de la violencia son el pan de todos los días, con mucho dolor observamos este clima que golpea a las personas honradas, trabajadoras, estudiantes, pueblo en general, ¿hasta dónde llegará la violencia irracional?, no lo sabemos pero podemos presumir que hasta el momento en que la supervivencia de la sociedad este en juego, ellos significa varios niveles, puesto que parece que la clase política, el poder económico, las jerarquías institucionales no sienten el peligro en sus residencias, no obstante el daño contra las clases pobre es significativo.

¿Qué hacemos después de quejarnos?.

EL tiempo de espera se agota, ¿los ciudadanos se verán obligados a portar armas de autodefensa como en Estados Unidos de América? ¿repetiremos las escenas del antiguo

Oeste? ¿contrataremos seguridad personal para asistir a restaurantes? ¿dejaremos de asistir a los centros comerciales y toda actividad será restringida a casas familiares?... es absurdo. Desconocemos las circunstancias de este suceso lamentable, pero en cualquier caso ningún ciudadano merece morir a manos de hombres armados en un restaurante, ni tampoco ningún ciudadano indefenso debe sufrir las consecuencias de estas bandas al servicio del dinero o el poder satánico que solo desea destruir a las personas honradas de esta nación. Los mares de tinta impresos durante años no son suficientes para contener la violencia en nuestra nación, ¿a qué poder debemos invocar? ¿qué recurso utilizar? ¿cuándo pasaremos de la actitud defensiva a la ofensiva?.

Los ciudadanos necesitamos resultados: ¿dónde están los fiscales que defienden al pueblo? ¿en qué etapa se encuentra la ley de extinción de bienes a las agrupaciones ilícitas? ¿las escuchas telefónicas funcionan o no?, parece que por el momento todo esto zozobra, deseamos que nos expongan: ¿cuántos crímenes se han prevenido con ese sistema? ¿es necesario ampliarlo hasta el último nivel de sospechosos? ¿internacionalizar nuestro modelo policial con ayuda de Estados Unidos? Nada mal para nuestra postración civil. Juan Pueblo que a diario toma un autobús en el centro de la ciudad, tiene historias dramáticas, habla de la inseguridad a su familia, de la exposición de la clase trabajadora, debido a que en estos momentos la seguridad solo protege al poder.

Periódicamente se informa de cateos en los centros penales, se descubren decenas de celulares, laptop, armas etc., ¿por qué no se desactivan las antenas que permiten esos ilícitos? ¿qué defienden las empresas telefónicas con ese tráfico telefónico criminal? ¿acaso solo sus intereses dinerarios, pero promueve el crimen social?... un jefe policial brasileño afirmó en su momento: "un celular en una cárcel es más peligroso que 10 fusiles AK 47 en las calles de Río de Janeiro". No dudo de esa afirmación cuando en nuestra ciudad la tecnología está al servicio de los delincuentes.

Las palabras no pueden encerrar el pesar de nuestra sociedad por tanto luto social, asesinar a la cultura es similar a proclamar la supresión de todo estado de derecho ciudadano, un suicidio nacional, no debemos caer en la desesperación, pero las autoridades deben actuar… ahora.

22AGO013

http://www.cesarramirezcaralva.com/

Campaña presidencial no oficial: resultados negativos

El producto de esa campaña presidencial irregular es la desinformación nacional sobre los intereses de la Patria, si observamos las acciones al interior de la Corte Suprema de Justicia, con el tratamiento de líderes de opinión sobre el tema, además las instituciones religiosas pronunciándose al respecto y si agregamos el tema de seguridad como bandera política, sin dejar de lado el tema económico… el panorama se presenta similar a un mar de gritos imprudentes que se confunden con propuestas fuera de lugar, en otras palabras un marasmo en la iniciativa democrática.

Toda acción ciudadana es confundida con planteamientos políticos, todo genuino esfuerzo por solucionar los problemas es comprendido como una bandera partidaria con graves consecuencias para el futuro de la nación, puesto que la ciudadanía se divide a favor o en contra de cualquier proposición motivado por saturación mediática en lugar de la prudencia: jurídica, religiosa o política, así la opinión pública es inducida bajo el principio que el "voto" es el final de esta realidad, pero resulta que este momento no es plebiscito, ni consulta popular, ni nada parecido. Parece que se pretende acumular memoria positiva o negativa en relación a conflictos jurídicos, demandas de inconstitucionalidad, magistrados cuestionados políticamente, etc. olvidando que en este momento el ejercicio ciudadano del voto ni siquiera está en cuestión, que los problemas pueden extenderse más allá de ésta campaña presidencial no oficial, recordemos que ninguno de los llamados candidatos está inscrito en el Tribunal Supremo Electoral.

El Tribunal Supremo Electoral fija la fecha de Convocatoria a Elecciones Presidenciales el 23 de Septiembre de 2013, en la actualidad las acciones de los partidos políticos contradicen esas normas; si la inscripción de Candidatos a Presidente y Vicepresidente es el 24 de septiembre de 2013, entonces las personas aspirantes por si solas, no pueden autodenominarse, serán acaso propuestas de ciudadanos "solicitantes a nominación", que deberán cumplir los requisitos del TSE, luego realizar la campaña correspondiente, pero eso es letra muerta.

Aceptemos que la Ley Electoral tiene un vacío tremendo en este momento, que la campaña presidencial no oficial, se desarrolla sin ningún impedimento, ni Ley alguna que controle este ejercicio, pero los resultados en este momento son graves, por ejemplo: el recurso de inconstitucionalidad contra el candidato Elías Antonio Saca, presentada el 16 de agosto, es interpretada a conveniencia de los institutos políticos, ¿caso un ciudadano no puede poseer iniciativa?... ese es el producto de esta campaña presidencial no oficial, una lectura a "conveniencia de las partes". Consideremos un escenario a futuro, La Sala de Constitucional resuelve a favor de la inconstitucionalidad… ¿qué interpretación tendrán las partes?, y pensemos en conflicto de las Salas de la Corte Suprema, tendríamos un escenario complicado por el clima de opiniones crispadas.

El resultado se corrompe por las diversas lecturas de una realidad posible, debido a las respuestas emotivas o instrumentalizadas por los medios de comunicación.

Por estas razones el llamado a la prudencia es necesario, en algunos puntos de colisión de principios no se debe buscar la "supremacía" de una tesis, sino el precedente histórico que beneficie a la nación y no a sectores interesados.

29AGO013

Lenguaje político: "agarrar un fusil"

Aún no comienza la campaña electoral, pero ya existe: el llamado al voto por bandera, pancartas, mupis, volantes, murales, brigadas casa por casa, automóviles con equipos de sonidos etc… pero debemos recordar que esto es a paciencia de las autoridades que bajo la excusa que no existe ley, acá se puede lanzar cualquier infundio en los medios de comunicación al amparo del "lenguaje político", eso significa que no incurre en causas penales como: difamación, daño al honor personal, opinión negativa para las familias, daño moral a personas jurídicas o naturales, llamados a "tomar las armas" etc.

El lenguaje utilizado en diversos medios de comunicación es una espiral de infundios de toda clase, tal parece que la caracterización del enemigo ya no es rojo, sino de color naranjo, al igual que la recurrencia a elementos racistas del siglo pasado entre nacionalidad alemana y judía, solo que en este caso alemanes y árabes, de esta forma también se tipifican a los capitales de la nación: oligárquicos, nuevo capitalismo de derecha, capitales petroleros etc.

La palabra corrupción es utilizada a discreción por todos los partidos en contienda, el tiempo en ese sentido es esencial: "pasado, presente y futuro" ese tiempo ya tiene un apellido de acuerdo al instituto que publique los pronunciamientos, pero como toda cuestión política no alcanza para llegar a los tribunales, todo termina como decían en el pasado en una lucha de "sombrerazos".

Las declaraciones de un diputado llaman la atención significativamente: "agarrar un fusil", estas palabras divulgadas y aplaudidas en un foro nacional ante medios de comunicación, parecen ser un signo fundacional en el lenguaje político de posguerra; los motivos fueron un supuesto dictamen negativo a un candidato presidencial… ¿qué sucede si todos los partidos siguen el ejemplo?, entonces proclaman: ¿"agarrar el fusil", que solo es la antesala de muchas acciones que han propiciado acciones fanáticas y terroristas en otras naciones, tanto a nivel individual o social, pero todas esa manifestaciones están fuera de las leyes nacionales e internacionales, el resultado es horroroso, este lenguaje político debería ser proscrito de toda declaración propagandística o pública, puesto que su llamado no construye nada, ni siquiera dentro de sus propios intereses.

De pronto otra palabra usada como arma propagandística es petróleo, así Alba petróleo con sus derivados, son expuestos como signos peligrosos para la soberanía nacional, todo argumento a favor o en contra tiene un signo de partido, pero esta situación como lo hicimos notar al principio, se refiere al capitalismo, a lo mejor es una riña de capitales, parece ser un pleito de un nuevo capitalismo versus el antiguo modelo oligárquico.

El lenguaje usado como arma política, debe tener límites, de solo pensar en concentraciones populares "armadas" con políticos llamando a "agarrar un fusil" y por supuesto hacer uso de él, es catastrófico para todos, cuidado con estos argumentos, el Tribunal Supremo Electoral o la autoridad correspondiente debe actuar de oficio, porque como dicen los ancianos: "El problema no es que nos mientan, el problema es que les creamos".

12SEP013

Isla Conejo es salvadoreña II

El idioma del siglo XXI es el desarrollo de los pueblos en todas las áreas posibles, nuestra región centroamericana no es la excepción, mientras la infraestructura de comunicaciones nos une por modernas carreteras, la tecnología permite inversiones internacionales, el nivel educativo avanza hacia nuevas generaciones que aspiran a la paz en un clima social en democracia y estabilidad.

La respuesta al subdesarrollo es la educación, la integración política, económica, industrial, financiera, aduanal etc., para una región que suma más de cuarenta millones de habitantes, su mercado económico es extraordinario para cualquier capitalista mundial.

Centroamérica con un área de 522.760 km², que incluye a Belice, Costa Rica, Guatemala, Honduras, Nicaragua, Panamá y El Salvador, se ubica en un área estratégica continental por la vecindad de los océanos pacífico y atlántico, justamente en este nicho geográfico se encuentre el Canal de Panamá desde el siglo pasado.

Isla Conejo pertenece a El Salvador históricamente, su estratégica ubicación genera derechos marítimos, jurídicos etc., la posesión ilegal de nuestra isla, parece ser parte de un imaginario "Plan General de Guerra –Expansionista- de Honduras" para justificar sus gastos militares, además de exacerbar falsos nacionalismos y apoyar partidos políticos afines a estos planes en el marco de las elecciones generales de Honduras que se realizarán el domingo 24 de noviembre de 2013, en esa perspectiva la tensión aumentará en los próximos meses.

En un artículo de la Revista Envío Digital 125/Abril de 1992 se afirma: "Los militares hondureños, considerados los principales aliados regionales de Estados Unidos en la última década, se han convertido - según expresó recientemente el embajador norteamericano en Honduras Crescencio Arcos - en uno de los mayores obstáculos al desarrollo económico del país. El presupuesto militar de Honduras, se incrementó en un 108% a partir de 1980, hasta llegar a un total de 47 millones de dólares, representa actualmente el 33% del presupuesto nacional, cuarenta años después (Según Infodefensa.com) en el 2012 el presupuesto militar fue de $155 millones mientras en 2010 fue de $ 136,1 y 2011 de $140,8; las referencias del caso indican que en los últimos once años el Gasto Militar de Honduras: "se disparó en $ 1,100 millones según **(Centinela Económico 06ENE013)** que el egreso monetario en defensa pasó en esos once años de un 0.7 por ciento a un 1.1 por ciento del Producto Interno Bruto (PIB) del país"…

Parece que allá se prefiere gastar en armas y no combatir la pobreza del pueblo hondureño. Mientras la sonda estadounidense Voyager 1 lanzada en 1977 sale del Sistema Solar convirtiéndose en el primer objeto humano que alcanza el espacio intersideral, nosotros no podemos salir de la amenaza militar de un ejército golpista que solo busca beneficio para su casta de oficiales. Deseamos la paz y es un buen momento para que, así como la Iglesia hondureña con el Cardenal Oscar Maradiaga se pronunció en defensa el Golpe de Estado, así con ese fervor debe pronunciarse por la paz y la justicia, para que Honduras abandone nuestra isla, sería un acto valiente que al menos Centroamérica agradecerá por la democracia y el derecho internacional. Así como el Voyager 1 sale del sistema solar, así queremos salir de la pobreza los pueblos centroamericanos.

19SEP013

http://www.cesarramirezcaralva.com/

Inicia campaña presidencial oficial

El Tribunal Supremo Electoral convocó el día 23 de septiembre de 2013 a elecciones presidenciales el 2 de febrero de 2014, tal cual estaba previsto desde el año pasado al divulgar su calendario de elecciones, no obstante desde hace meses los aspirantes a candidatos y sus partidos han realizado una "precampaña" sin ninguna restricción, condición que en este momento ha deteriorado muchas iniciativas ciudadanas por atribuirlas a partidos políticos en lugar de legítimas reivindicaciones populares.

Las consecuencias del adelanto de la campaña presidencial no oficial han provocado: opiniones irresponsables, versiones interesadas, erróneos argumentos de la visión nacional, graves infundios, descréditos, daños a la moral, llamados a "tomar un fusil", presunciones de fraude, etc., muchos de estos elementos divulgados por diversos medios de comunicación social con resultado negativo en la opinión pública, ello debilita la credibilidad en la institucionalidad democrática y sus instrumentos jurídicos.

El clima electoral provoca distorsiones en todo nivel de la nación, mucho más si esta precampaña ha lanzado los indicios de un combate feroz entre personas y entre grupos de capitales que asumen intereses más allá del sistema democrático, de ahí el llamado a la mesura en los pronunciamientos públicos y la prudencia en los planteamiento de las propuestas genuinas, como dicen en Suramérica: "ya no queremos alfombras mágicas para castillos en el aire".

Cuando un diputado afirmó que "tomaría un fusil", sabía perfectamente el daño que puede causar, esto se demostró días después el 16 de septiembre en Estados Unidos de América, cuando Aarón Alexis con un fusil cometía un acto criminal en un astillero norteamericano, ese es el producto de una sola arma en manos de los insanos; otro pronunciamiento irresponsable es proclamar un "supuesto fraude" en el siguiente evento electoral; si unimos estos elementos: "tomar un fusil" y "fraude electoral" el resultado es predecible.

Depende de nosotros los ciudadanos que las cosas cambien, es inaceptable proclamar violencia y esperar un mundo de paz y amor, es inaceptable proclamar fraude electoral en estos momentos y mantener esa insidiosa proclama para culminar una crisis de gobernabilidad.

A partir del 23 de septiembre cumplimos el Art. 81 de la Constitución que dice: "La propagada electoral sólo se permitirá, aún sin previa convocatoria, cuatro meses antes de la fecha establecida por la Ley para la elección de Presidente y Vicepresidente de la República; dos meses antes, cuando se trate de Diputados y un mes antes en el caso de los Consejos Municipales…" con un poco de voluntad política, nos habríamos evitado esas proclamas que no ayudan en nada al modelo democrático que aspiramos. Si cumpliéramos la Ley, evitaríamos deteriorar la credibilidad de las instituciones democráticas, el daño al honor de los aspirantes a candidatos presidenciales y los recursos de inconstitucionalidad no serían sospechosos en estos momentos, pero eso no sucede, mañana cuando los dictámenes de la Sala Constitucional se publiquen, nada impedirá una lectura política alejada de los intereses ciudadanos, como si la política no tuviera por fin último, el bien común.

26SEP013

http://www.cesarramirezcaralva.com/

Asilo documental para archivos de Tutela Legal

Ellos decidieron cerrar ese maravilloso organismo que contiene la memoria del pueblo salvadoreños durante la década de los años ochentas y noventas, esa entidad que contiene los testimonios y la extraordinaria defensa de los derechos humanos, no podemos más que proclamar que la memoria del pueblo salvadoreño es patrimonio de la humanidad.
Existen en nuestra nación organismos que podrían "asilar" todo el acervo de la entidad que sin justificación alguna es clausurada en este momento, si esto aconteciera en otra nación la respuesta sería jurídica en la defensa del patrimonio cultural, quizás es el mejor momento de llamar al Vaticano y al Papa Francisco para recordar la historia, recordar a otra iglesia que defendió los Derechos Humanos del pueblo y de muchos sacerdotes, incluyendo la memoria del Consejo Superior Universitario de la UCA.
Cualquier persona que lea unos cuantos archivos comprenderá el valor que contienen, son más de cincuenta mil denuncias, con tres décadas de funcionamiento, cualquier persona que visitó ese sitio en aquellos años tan dolorosos, reconoce la única puerta abierta que defendía a los desprotegidos. El milagro de vida en aquellos testimonios, no puede ser obra humana, con relatos tan sorprendentes que ratifican la gran iniciativa de Monseñor Oscar Romero, Socorro Jurídico del Arzobispado salvó vidas, creo esperanzas, protegió a los pobres, mereció reconocimientos internacionales, ese es el fruto de la defensa de los Derechos Humanos.
De los trabajadores desempleados, el momento no puede ser más inoportuno en medio de la crisis mundial y el repentino cierre de su centro laboral, con tan pocas posibilidades y sin previo aviso, es una tragedia.
Es momento de recordar a Fray Francisco de Vitoria, que no solo creó el Derecho Internacional Moderno con énfasis pacifista y promovió los derechos de los americanos ((Burgos, España, 1483/1486-Salamanca, España 12 de agosto de 1546) y al notable Antonio de Montesinos fraile dominico que proclama la defensa de las etnias, denunció el abuso de los encomenderos en la Isla Española, su ejemplo causó la conversión de Fray Bartolomé de las Casas en la defensa de los pueblos originarios. ¿Acaso repetimos esa historia de la Junta de Valladolid 1550-1511? Cuando dos posiciones dentro de la Iglesia se enfrentan, la defensa de los derechos humanos representados por Bartolomé de las Casas y Juan Ginés de Sepúlveda apoyando la supremacía de los conquistadores... la historia ha demostrado quién tenía la razón. Esta situación parece tan vigente cinco siglos después. Parece que la historia se repite. Como dicen los latinos: "el olvido es el enemigo"... en nuestro caso perder esos archivos y la entidad es similar otras grandes conflagraciones de libros y memorias, como la quema de la Biblioteca de la Universidad de El Salvador en 1972, las censuras de los periódicos locales en 1932, la invisibilidad étnica y afrosalvadoreña a partir del martinato, es un mal mensaje para las futuras generaciones. ¿Se intenta acaso fundar una nueva historia sin la guerra civil?.
Por esta razón solicito un Asilo documental para los Archivos de Tutela Legal del Arzobispado de San Salvador, pido ayuda para los trabajadores y sus familias, creo que la petición del pueblo salvadoreño puede llegar al Vaticano o cualquier entidad que preserve

esos documentos tan valiosos. Suprimir los archivos es perder la vocación en Derechos Humanos de la nación.
03OCT013

Reformas al Presupuesto Nacional

 Inestabilidad a la vista, los problemas del presupuesto general de la nación parecen ser el núcleo generador de los actuales conflictos sociales, es tal la magnitud de este evento que sus vértices tocan elementos de campaña electoral, manipulación política, estrategia negativa partidaria y además rumores de eventos dramáticos.
El centro de gravedad implica la manipulación de millones de dólares destinados a diversos proyectos, pero ese punto tiene diferentes lecturas, para unos significa el abandono salarial y para otros justificaciones constitucionales.
Sin pasiones observamos que algunos ministerios obtienen enormes ventajas sobre otros, los más perjudicados son Educación y Salud, estas entidades históricamente son casi abandonadas a su suerte, mientras otros poseen aumentos porcentuales indignantes. En el Ministerio de Salud existen trabajadores de segunda y tercera categoría, una breve revisión de sus contratos puede llevarnos a lecturas sorprendentes, en muchos casos el grado académico no es retribuido de igual manera a pesar de ser parte orgánica de la misma entidad, no obstante esas escalas salariales no tienen comparación con sus homólogos, si los comparamos con el Ministerio de Justicia, el resultado es un absurdo.
Vivimos en mundos diferentes dentro del capitalismo, mientras la mayoría lucha por pensiones dignas otros disfrutan de pirámides de oro heredadas del antiguo sistema de reparto, no obstante el sistema de pensiones privados ofrece la variante de conocer el monto de cotización, pero no brinda garantía que los pensionados puedan hacer uso de ese monto, es como poseer una cuenta virtual pero lo concreto se mide solo mes a mes, gota a gota.
Las diferencias entre trabajadores es de tal magnitud que un motorista de la Corte Suprema de Justicia o Asamblea Legislativa no tiene equivalente dentro de los trabajadores de otros ministerios…
Parece que la moneda de cambio de campaña electoral 2014, es el presupuesto con fines políticos, no podemos escapar a ese modelo perverso, pero como ciudadanos sabemos que sin educación y sin salud, poco podemos hacer frente al desafío del subdesarrollo, la realidad es miserable.
Las personas que toman decisiones, deberían de recortar dinero a los ministerios de lujo y si mañana los declaran inconstitucionales, habría que recordarles que ese dinero no llega del cielo, sino de los impuestos a los trabajadores.
Se trata de realidades visibles, esas condiciones para los sectores populares son incomprensibles, puesto que el fin de la política es "hacer el bien".

Necesitamos reformas a esta desigualdad ofensiva, reformas constitucionales, que nos permitan construir una nación diferente, si durante décadas han funcionado negativamente, esta situación debe cambiar ahora. La lectura de las asignaciones presupuestarias nos revelará una lectura política, necesitamos un presupuesto nacional a favor de los trabajadores.
10OCT013

¿Sentencias de la Sala Constitucional son independientes?

¿Qué significa independencia partidaria?.
Ese debate tiene características sin revolver en la historia personal o nacional, si agregamos el factor profesional o académico entonces todos tenemos un partido. Debido a la relación contractual con un organismo rector, un abogado contratado por una entidad política, se convierte en un actor político puesto que su ejercicio notarial fue ejecutado para una institución partidista, de igual forma un banco, un ingeniero, telefónicas etc. es un conflicto de derecho ciudadano.
Pero mi punto de vista es que la discusión no se limita a una persona específica que se declara por su acción profesional u opción política miembro o perteneciente a una institución, sino a la oposición a los decretos legislativos y "la forma de gobernación", así mañana puede existir otro presidente o presidenta de la Corte Suprema de Justicia electo por la Asamblea Legislativa y sí a criterio de la Sala Constitucional no tiene solvencia moral o independencia política, acontecerá de nuevo una sentencia pública humillante.
Las sentencias tiene diferentes lecturas en la sociedad civil, son lecturas que afecta a grandes conglomerados, por ejemplo: la petición de aborto de Beatriz 30MAY013, "según ellos no corre riesgo alguno en su salud", esta declaración es temeraria, puesto que ellos no son médicos son abogados, el caso no termina con Beatriz, se inicia en todas las mujeres expuestas a este riesgo, además que existe coacción severa en los hospitales ante situaciones preventivas, se castiga a las mujeres penalmente, pero no se les compensa su salud por los riesgos en sus propias vidas, ni por productos con severos daños congénitos, ¿esta opción fue producto de grupos sociales poderosos o una sentencia aplicada al derecho de las mujeres?.
Un 17 mayo de 2013 la Sala Constitucional ordena la salida de los generales que dirigían Seguridad y la Policía, es irónico que generales en retiro serán siempre militares, jamás retornarán a la calidad de civiles, ésta lectura puede calificarse no apegada a derecho, no obstante la sentencia fue acatada; ¿Qué grupo de poder está interesado en desordenar un plan de seguridad exitoso hasta aquél momento?.
06JUN012 Se declara inconstitucional la elección de magistrados del período 2003-2006 y 2009-2012 por violar los artículos 185 inc.2 y 83 y 85 de la Constitución, que evidenció los severos conflictos dentro del Poder Judicial y esta situación se extrapoló hasta la Corte centroamericana de justicia; ¿asistimos a una acción sistemática entonces que tiene intereses particulares? La discusión puede continuar al infinito, pero es evidente que la velocidad de sentencia en algunos casos contrasta con el clima político nacional. La lectura de estas situaciones nos llevan a la fragmentación social, es el inverso de la fatalidad nacional; así en situaciones de emergencia la nación se une ante la calamidad pública, pero ante el florecimiento de la democracia ésta nos lleva a la desunión; la constitución parece

interpretarse al ritmo de los grandes intereses económicos y conservadores del viejo modelo oligárquico.

En breve conoceremos otros fallos que no sorprenderán por su interpretación, entre ellos recursos de inconstitucionalidad ante candidaturas presidenciales, Tratado de Libre Comercio, Ley Antiterrorista, ¿a quienes beneficiarán estos fallos? ¿Serán químicamente puros? El futuro no es optimista en estos casos.

17OCT013

De violencia por todas partes

Hace unos días (18OCT013) el alcalde de Osicala, Departamento de Morazán: Fredy Edilberto Villeda García fue emboscado mientras realizaba gestiones municipales, ayer (21OCT013) otra personalidad de estructuras políticas Vicente Valdivieso y su hijo Juan, sufrieron la misma suerte, estos trágicos eventos acontecen en medio de un clima político viciado por la desinformación, donde los foros de opinión son orientados hacia estrategias electorales y no hacia objetivos constructivos.

La realidad es que dos prominentes miembros de la clase política fueron asesinados por personas que no tienen ninguna calidad de valores morales, ni cívicos, ni siquiera cristianos, dejando una saga de luto en la sociedad salvadoreña.

El mensaje de violencia ahora se orienta hacia la clase política.

Mientras cientos de ciudadanos han sufrido estas acciones, ahora la resonancia de estas acciones invade un sector que durante mucho tiempo se ha considerado intocable, no obstante los tiempos están cambiando.

En estos momentos vivimos en la violencia como en tiempos de la guerra, navegamos en tormentas de tragedia cotidiana, pero no debemos aceptar un destino en forma pasiva, la clase política es ahora la que tiene el turno de su defensa social.

El escenario donde casualmente dos miembros de la clase política de diferentes partidos son afectados, debe poner en guardia a quienes toman las decisiones de gobernación, debido a que los instrumentos de control sobre estas organizaciones criminales ha rebasado todo mecanismo de contención y ahora avanza hacia intereses territoriales donde solo los políticos tenían espacio… es tiempo de reaccionar.

La lectura de este panorama recuerda muchas acusaciones del pasado, donde las acciones corruptas invaden las esferas políticas, pero estas denuncias nunca llegaron a los tribunales de justicia, solo terminan en rumores. Existe un rosario de episodios sangrientos (Posada Carriles se pasea por San Salvador y abre negocios legales, el asesinato de diputados en Guatemala, el Cartel de Texis, la muerte de Facundo Cabral, incluso el Aeropuerto de Ilopango está relacionados con narcotráfico, etc) de esta manera personalidades políticas han sido mencionados, no obstante la justicia salvadoreña parece rezagarse en acciones preventivas.

La clase política debe reaccionar en forma social, con investigaciones visibles y que eliminen cualquier amenaza, puesto que ahora desde su seno surge este peligro definitivo, donde el enemigo interno se esconde, es cuestión de sobrevivencia.

Las soluciones posibles deben ser categóricas, nuevas leyes son necesarias.

Quizás ahora reaccionen como nación, cuando los miembros de la clase política se convierten en la primera línea de su propia defensa.

¿De dónde proviene esta inestabilidad?

¿A quién interesa la ingobernabilidad?

¿Es parte de un escenario de violencia electoral?

Tenemos lecturas parciales del fenómeno, pero comprendemos que los límites de seguridad no funcionan, solo sabemos del dolor y luto provocado en la familia salvadoreña, exigimos como ciudadanos la pronta captura de los responsables y una acción de justicia visible.

24OCT013

http://www.cesarramirezcaralva.com/

Realizar reformas constitucionales

El problema es la denominación "delegación política", durante muchos años vivimos una democracia que deposita las decisiones en instituciones a nombre de los ciudadanos, estos son los poderes del Estado, no obstante durante los últimos veinte años parece que ese modelo se agotó debido al colapso del partido en el gobierno que dilapido todo el capital social y confundió el concepto de los límites entre partido y gobierno, así durante veinte años aquella forma de gobernación era : "partido-gobierno" sin distinción alguna, era lo mismo miembros de dirección política y ministros, el presidente era el máximo representante del partido y gobernante de la nación, eso llevó a severas distorsiones que aún tienen huella en la sociedad civil. Durante esos años vivimos un modelo democrático amparados en las elecciones y la delegación de la representación política, pero con un nuevo gobierno la situación cambió, no es lo mismo presidente de la nación y presidente del partido político oficial, esa es una diferencia.

No obstante en los últimos años se observan evidencias que la democracia en algunos aspectos necesita de un nuevo tanque de oxigeno o en su defecto una Reforma Constitucional, puesto que algunas decisiones de las instituciones como la Sala de lo Constitucional no representan la voluntad popular, de la misma manera que algunas decisiones de la Asamblea Legislativa; ese vacío es crucial para el desarrollo de la democracia participativa.

Los temas que preocupan al final pueden agruparse en la vocación de la nación, elementos sobre los "juicios políticos", "atribución de competencias" de los poderes del Estado o "registro de bienes" de los servidores públicos. Estos elementos pueden ser compendios de leyes e interpretaciones, pero interesa que los poderes distinga la división y que estos instrumentos del Estado solo hagan lo que la ley permite expresamente, "debiendo abstenerse de acciones para las que carezcan de facultades conferidas por las leyes".

Así cuando hablamos del espíritu de las leyes, -cuestión de moda en este gobierno, pero curiosamente sin precedente en los últimos veinte años- los fallos resultan en interpretaciones jurídicas notables.

Ahora existen interpretaciones a favor y en contra de la destitución de funcionarios, quizás sea la norma y no la excepción, pero evidencia la parálisis de interpretaciones entre órganos del Estado así como la división de poderes, al final la discrepancia no debe significar una división nacional, entre partidos o un grupo de intereses, sino debe ser una contribución hacia la dignidad del pueblo y la vocación nacional; este conflicto de interpretación de visión de poderes no pueden prolongarse al infinito, menos durante un período pre-electoral, como ciudadanos nos corresponde tomar la iniciativa y solicitar Reformas hacia una democracia participativa, que exista en su momento una consulta popular para solucionar estos impases, así sea por interpretación constitucional o la reforma a diversos artículos que deben actualizarse.

Luis F. Aguilar (mexicano) en uno de sus comentarios anotó: "En geometría, ante los teoremas se decía siempre: "lo que hay que demostrar", en política es recomendable decir: "Lo que hay que realizar"…

Así para evitar los eternos conflictos entre poderes, realizar reformas tiene menos costos que descarrilar el tren de la nación por interpretaciones no escritas en las leyes actuales.

31OCT013

Isla Conejo es salvadoreña III

 De nuestra historia relatada por antiguos documentos, identifican a las islas del Golfo de Fonseca como pertenecientes al Curato de Conchagua, reseñadas por Pedro Cortés y Larraz posicionado de la Diócesis de Guatemala en el año 1768.

Su crónica referente a la Parroquia de Conchagua: "Aunque esta parroquia va con la inscripción de Conchagua por nombrarse así comúnmente, pero la cabecera es Yayantique y bajo la suposición de ser ésta la cabecera, se entenderá por tal la explicación que voy a dar"… Referente a Yayantique tiene orígenes en asentamientos lencas, según reseñas que datan de 1689, en ese momento la aldea tenía 120 personas de confesión, pero estas versiones coinciden en que es la cabecera del curato de Conchagua y finalmente esta población pasa a ser parte del departamento de La Unión hacia 1865.

Estas referencias corresponden a territorios salvadoreños y nunca a hondureños.

Las divisiones geográficas de la Iglesia terminan convirtiéndose en fronteras con el tiempo.

"Cerca del pueblo de Conchagua hace una gran salida el mar del sur, que tendrá como de treinta a cuarenta leguas la entrada, que forma hacia el norte y más de veinte de latitud oriente a poniente, la cual se cruza para pasar a las provincias de Nicaragua y no deja de hacer a veces algunas alteraciones. En esa ensenada hay algunas isletas y en una de ellas, que manifiesta bastante tierra hay una hacienda de ganado perteneciente a esa parroquia y es la del número 33" así lo anotó Cortés y Larraz.

Debemos destacar además una cita de Luis Salvador Huezo, en su importante trabajo: "La controversia fronteriza terrestre, insular y marítima entre EL Salvador y Honduras y Nicaragua como país interviniente": " La Isla del Tigre, a fines del siglo XVII, albergaba una próspera hacienda de ganado mayor que era propiedad de un convento de monjas de la ciudad de Guatemala y la cual corría bajo el cuidado de los indios de Teca y Conxagua, pueblos ubicados en la isla de Conchaguita, jurisdicción de la Provincia de San Miguel", de esta forma el inicio de las áreas administrativas no tiene duda alguna.

Si estas condiciones históricas definieron con reseñas verificables los límites geográficos, los cuales se prolongaron en tiempo y espacio hasta el momento de la usurpación de la Isla Conejo en los años ochentas, es en conclusión un acto ilegal, que además no estaba en ninguna manera sometida al arbitraje de La Corte Internacional de Justicia en 1992.

Es muy sintomático que en este momento de clima electoral en Honduras se eleven las voces del falso nacionalismo, el mismo que conduce a los pueblos al desastre; en Honduras parece que a sectores de poder y al ejército le interesa promover este ambiente para apoyar sus intereses expansionistas, recordemos los décadas de conflicto con Nicaragua, de esa manera garantizan sus privilegios económicos. En este momento aumentar la tensión militar en el Golfo de Fonseca con nuestra nación, pretende consolidar al menos unos cinco años en sus ingresos de casta privilegiada.

La saga del Golfo de Fonseca está consignada en muchos libros de historia, la evolución de la soberanía salvadoreña es innegable.

07NOV013

Una nueva justicia en el siglo XXI

 La acusación de la Fiscalía General de la República contra ex funcionarios públicos, connota una visión jurídica insospechada hace tan solo unas décadas, en nuestra nación algunos servidores públicos ingresaron a sus empleos con patrimonios pobres y al salir de la administración poseían bienes que superan la capacidad de la explicación financiera, esa ha sido la norma hasta el momento que se concreta el precedente por el delito de peculado en el caso de ENEL-CEL.

Nuestra sociedad aspira a la democracia, los cambios regionales e internacionales nos exigen normas de control y reglas claras, deseamos un modelo incluyente, plural, participativo, donde la responsabilidad ciudadana no termine en una elección, sino se prolongue durante la administración gubernamental, por esta razón el caso de ENEL-CEL tiene una arista que nos corresponde, puesto que al final todo ese patrimonio pertenece al pueblo.

El Sector Público es parte de la nación al cual debe pedírsele cuentas, no pueden ser ajenos a la justicia como lo ha sido en la tradición de subdesarrollo que arrastramos con vergüenza, porque la corrupción también mata inocentes, la corrupción roba salud, educación o infraestructura de los pobres a los cuales les pertenece ese patrimonio dilapidado.

Este caso como otros emblemáticos nos demuestra que los funcionarios no están a la altura que la sociedad reclama, quizás porque en lugar de solicitar grados académicos se pide membrecía política, de tal forma que los implicados además de poseer filiación partidaria otorgan tributos a los jefes superiores, al final es una pirámide de corrupción visible en el actual proceso.

Hace tiempo que la sociedad pide el funcionamiento de las instituciones, que funcionen las leyes, que la aplicación de justicia no solo capture a los desamparados y beneficie a los potentados, en pocas palabras que se combata la impunidad.

La sociedad del siglo XXI debe corregir y sancionar los desvíos de la ley, tal cual es el origen de este caso, una trama de interpretación jurídica en contra de los intereses del Estado y en la oscuridad de conjuras que solo benefician a sus protagonistas.

Si no existiera corrupción en nuestra nación, seríamos una nación próspera y sin abismos económicos.

Siempre solicitamos Reformas Constitucionales porque casos como el mencionado provocan daños irreparables, tanto que las fortunas nacionales aparecen en Florida o los paraísos financieros, de estas situaciones algunos periódicos norteamericanos hacen referencias antiguas.

Así como se pide una declaración jurada a los funcionarios públicos al otorgarles un cargo, así debería ser público todo su patrimonio al salir de su mandato constitucional, un Registro Patrimonial con Acceso Público que marque su evolución y seguimiento es urgente, de otra forma el enriquecimiento inexplicable será la norma al final de cada quinquenio.

Si la justicia funciona, podemos estar seguros que el reconocimiento no solo será nacional, sino internacional. La nación se merece un futuro mejor y la dignidad del pueblo también.

14NOV013

Una nueva justicia en el siglo XXI

La acusación de la Fiscalía General de la República contra ex funcionarios públicos, connota una visión jurídica insospechada hace tan solo unas décadas, en nuestra nación algunos servidores públicos ingresaron a sus empleos con patrimonios pobres y al salir de la administración poseían bienes que superan la capacidad de la explicación financiera, esa ha sido la norma hasta el momento que se concreta el precedente por el delito de peculado en el caso de ENEL-CEL.

Nuestra sociedad aspira a la democracia, los cambios regionales e internacionales nos exigen normas de control y reglas claras, deseamos un modelo incluyente, plural, participativo, donde la responsabilidad ciudadana no termine en una elección, sino se prolongue durante la administración gubernamental, por esta razón el caso de ENEL-CEL tiene una arista que nos corresponde, puesto que al final todo ese patrimonio pertenece al pueblo.

El Sector Público es parte de la nación al cual debe pedírsele cuentas, no pueden ser ajenos a la justicia como lo ha sido en la tradición de subdesarrollo que arrastramos con vergüenza, porque la corrupción también mata inocentes, la corrupción roba salud, educación o infraestructura de los pobres a los cuales les pertenece ese patrimonio dilapidado.

Este caso como otros emblemáticos nos demuestra que los funcionarios no están a la altura que la sociedad reclama, quizás porque en lugar de solicitar grados académicos se pide membrecía política, de tal forma que los implicados además de poseer filiación partidaria otorgan tributos a los jefes superiores, al final es una pirámide de corrupción visible en el actual proceso.

Hace tiempo que la sociedad pide el funcionamiento de las instituciones, que funcionen las leyes, que la aplicación de justicia no solo capture a los desamparados y beneficie a los potentados, en pocas palabras que se combata la impunidad.

La sociedad del siglo XXI debe corregir y sancionar los desvíos de la ley, tal cual es el origen de este caso, una trama de interpretación jurídica en contra de los intereses del Estado y en la oscuridad de conjuras que solo benefician a sus protagonistas.

Si no existiera corrupción en nuestra nación, seríamos una nación próspera y sin abismos económicos.

Siempre solicitamos Reformas Constitucionales porque casos como el mencionado provocan daños irreparables, tanto que las fortunas nacionales aparecen en Florida o los paraísos financieros, de estas situaciones algunos periódicos norteamericanos hacen referencias antiguas.

Así como se pide una declaración jurada a los funcionarios públicos al otorgarles un cargo, así debería ser público todo su patrimonio al salir de su mandato constitucional, un Registro Patrimonial con Acceso Público que marque su evolución y seguimiento es urgente, de otra forma el enriquecimiento inexplicable será la norma al final de cada quinquenio.

Si la justicia funciona, podemos estar seguros que el reconocimiento no solo será nacional, sino internacional. La nación se merece un futuro mejor y la dignidad del pueblo también.

21NOV013

Los funcionarios públicos tienen mayor responsabilidad con la nación

El ruido mediático provocado por el requerimiento del Fiscal de la República a antiguos funcionarios públicos, por una investigación legal de mala administración debió ejecutarse hace años, tantos que en nuestra nación debería poseer una tradición en la rendición de cuentas de todo funcionario público, después de su período e incluso en años posteriores. No obstante en nuestra nación esta acción excepcional ha causado un verdadero terremoto político, quizás porque el criterio de transparencia, observación o seguimiento de bienes de los funcionarios no existe -hasta ahora- pero el fondo de esta cuestión no es política, se trata de investigaciones internacionales donde poderosas naciones vigilan el manejo de los fondos públicos debido a que el destino de esos montos sirven a intereses ilegales.

Debemos instaurar un sistema jurídico que vigile (durante y después de la gestión gubernamental) las responsabilidades administrativas de los funcionarios públicos o en consecuencia, que funcione la institucionalidad. Las leyes deben ser el precedente de primer nivel contra la corrupción.

Todo funcionario público en teoría debe armonizar las demandas de las poblaciones a través de los recursos del Estado, con cualidades visibles de honradez y eficiencia.

El caso CEL-ENEL es un caso ejemplar que pondrá a prueba la (i)responsabilidad del servidor público, el marco legal existente, la corrupción y al sistema político salvadoreño, en breves palabras: nuestro modelo democrático.

Nunca ha existido un caso similar pero un elemento si es claro, la impunidad es el tema esencial, veremos si es posible demostrarla o en su defecto, nada nuevo bajo el sol.

Si existe impunidad las leyes no sirven, solo son letras que pueden animar cualquier discurso de charlatanes, de ahí la importancia de fortalecer nuestras instituciones.

El gobierno debe actuar, así como el sistema jurídico y sus órganos colegiados.

Desde la perspectiva ciudadana, en estos casos trascendentales como el patrimonio de los bienes nacionales, el Artículo 84 de la Constitución marca territorios y jurisdicciones, así como la soberanía irreductible, entre ellos: el espacio aéreo, el subsuelo y la plataforma continental e insular, en este rubro podemos enmarcar a la geotermia.

Los Funcionarios Públicos no deben atribuirse funciones que no les corresponden al violentar la Constitución de la República en ningún tiempo, puesto que esta acción no prescribe, permanece como lesión en el tiempo contra la nación.

Acá no se trata de sumar o restar amistades, se impone que la justicia funcione, desterrar las corruptelas, las ineficiencias o la malversación de fondos que son conocidos en toda nuestra historia, acá se trata de imponer la legalidad, estructurar la conducta de los funcionarios públicos y otorgar a cada uno la calificación que se merecen por el desempeño de sus cargos.

Este no es el punto culminante de un Circo Romano, alzando o bajando el pulgar, se trata de un criterio de legalidad que hasta este momento no creímos posible, ese es el caso de CEL-ENEL.

28NOV013

La saga inconstitucional presidencial

El debate sobre la lectura constitucional se inicia el 17ENE013 en el artículo publicado en este medio de comunicación, con el título: ¿Quiere ser presidente? el tercer candidato, a partir de esa publicación una cascada de medios tomaron la discusión a lo largo del año. Abogados, políticos, religiosos y ciudadanos, han expresado su opinión sobre el tema de la candidatura de los presidenciables en el sentido si cumplen o no los requisitos que la Carta

Magna indica. La Sala de lo Constitucional de la Corte Suprema de Justicia (CSJ) recibió el pasado 31JUL013 una demanda de inconstitucionalidad contra la pretensión de Elías Antonio Saca de inscribir su candidatura para el período presidencial 2014-2019. La demanda fue presentada por Benjamín González Coto, la cual afirmaba que "la candidatura violentaría el bien jurídico constitucional de la posibilidad de reelección mediando 10 años entre los 1.º de junio correspondiente, tutelado por el artículo 152 de la Constitución". Esta demanda fue rechazada, el 06SEP013. La Sala rechazó la demanda contra la inscripción de la candidatura de Saca, puesto que la inconstitucionalidad no se puede aplicar a "intenciones o suposiciones" para su postulación a la presidencia, cabe destacar que su inscripción ante el Tribunal Supremo Electoral ocurre hasta el 31OCT013.
A partir de este momento, una serie de demandas de inconstitucionalidad se suceden contra los candidatos de los principales partidos: 07NOV013, 14NOV013 y 15NOV013.
El 20NOV013 La Sala Constitucional admite una de las cinco demandas de inconstitucionalidad contra la candidatura de Antonio Saca como candidato a presidente de la República que refiere a los artículos 88, 152 ordinal 1° y 154 de la Constitución, otorgando 10 días al TSE para justificar la inscripción. 21NOV013 La Sala Constitucional pide al candidato Antonio Saca una defensa contra las demandas presentadas en su contra.
El 26NOV013 tres de las demandas contra los candidatos son desechadas por La Sala de lo Constitucional declarándolas improcedentes, éstas fueron contra la candidatura presidencial de Elías Antonio Saca, Norman Quijano y Salvador Sánchez, así lo confirmó el magistrado presidente Florentín Meléndez.
30NOV013 otras demandas contra Salvador Sánchez FMLN, Norman Quijano ARENA no cumplieron los requisitos para ser admitidas. Así lo determinaron los magistrados de la Sala de lo Constitucional de la Corte Suprema de Justicia (CSJ). Este día además se anuncian dos resoluciones pendientes, una contra Elías Antonio Saca quién envió un documento en el cual justifica cumplir los requisitos constitucionales; mientras la sala no ha definido si admitirá otra demanda contra Salvador Sánchez y Oscar Ortiz; en éste contexto Florentín Meléndez se reúne con el TSE y afirma que no dará su voto para estudiar demandas que puedan alterar el proceso electoral.
Mientras el 02DIC013 el presidente en funciones de la Corte Suprema de Justicia Florentín Meléndez, anuncia que las resoluciones sobre las demandas de las candidaturas presidenciales no se emitirán antes de celebrar las elecciones de febrero de 2014…
En este marco de política y discusión constitucional, existe un tiempo jurídico no escrito, un plazo indeterminado para cerrar la discusión, este limbo abre un espacio perverso de interpretación, ¿por qué otros fallos tienen una velocidad fulminante? Ahora sin esa resolución, las elecciones presidenciales tienen el peligro de convertirse en inconstitucionales para todos.
05DIC013
www.cesarramirezcaralva

Corrupción en el Siglo XXI

 El concepto corrupción implica abuso de poder o descomposición de diversa naturaleza, se aplica en elementos cibernéticos, sexuales, deportivos, políticos, religiosos etc., además su origen está unido a la historia de la humanidad, así como a todas las clases sociales y sistemas productivos (capitalistas, socialistas, comunistas), es tal su naturaleza que puede asociarse con acciones grotescas bíblicas que sobrepasan el mismo poder de los gobernantes, el caso de Salomé (Marcos 6:16-29), implica un extraño caso exculpatorio de Herodes: "temía a Juan, sabiendo que era varón justo y santo, y le guardaba a salvo; y oyéndole, se quedaba muy perplejo, pero le escuchaba de buena gana", no obstante Herodías por medio de su hija pidió la cabeza de Juan El Bautista… así la inducción al abuso de poder es manifiesta con la vida de un inocente, de tal manera que la corrupción mata. En nuestra nación la saga de corrupción tiene diversos niveles durante el siglo XX, algunos recuerdos que permanecen: alijos de droga encontrados en bodegas privadas, venta de bombas de 500 libras a narcotraficantes, transporte de drogas por medios aéreos, sustitución de pensiones a jubilados, finsepro-insepro, fallos jurídicos increíbles, etc., demostrando que la corrupción puedes ser del sector público, privado, deportivo, jurídico, religioso y otros escenarios que la imaginación se queda corta. Estos casos no son exclusivos de nuestra nación, en el plano internacional ninguna nación está fuera de semejantes atropellos, la sola mención de los "Bonos Basura" que arruinaron el sistema económico mundial son una muestra de la capacidad organizada, jurídica o política de los delincuentes de cuello blanco, estos bonos se originaron en las metrópolis del primer mundo, burlando las propias reglas de control financiero, eso es corrupción en escala, además se gestó en bancos privados. La corrupción no solo es del sector público pero su repercusión usualmente es de mayor impacto, debido a que las poblaciones son afectadas a largo plazo, recordemos el caso de ANDA donde un funcionario de alto nivel, aún guarda prisión, no obstante en su defensa alega que fue un chivo expiatorio. El caso CEL-ENEL es un modelo educativo que ilustra la pérdida de millones de dólares del Estado, al igual que el multicitado caso de los $10 millones donados por la República China de Taiwán, en estos casos parece que el pueblo ya perdió, solo que ahora tendremos que pagar durante décadas esos amaños de personajes insospechados, puesto que es la primera ocasión en nuestra historia que un caso de esta magnitud se ventila públicamente. Muchos de estos casos suceden porque la población vivió desinformada, ignorante de las actividades públicas, así se fomentó la irresponsabilidad de los gobernantes y gobernados, el resultado es conocido: el conformismo y el desinterés. La propuesta en estos casos debe incluir un código de ética, tan simple como: "no robarás", "no mentirás", que en estos tiempos parecen ironías del pasado; así con preocupación observamos un escenario difícil en los próximos años, más cuando no existen controles independientes ciudadanos al gobierno, pero por algo se debe empezar, quizás los casos mencionados nos ayuden a soportar los puñetazos en el hígado por tanto robo al futuro de nuestros hijos.

12DIC013

http://www.cesarramirezcaralva.com/

Responsabilidad social empresarial: Fundación LaGeo

El concepto: La responsabilidad social de la empresa es atribuida a Milton Friedman, premio nobel 1962, lo anotaba en su libro Capitalismo y libertad, pero lo desarrolla en su artículo "La responsabilidad social de la empresa es incrementar su beneficio" publicado en el New York Time el 13 de septiembre de 1970. Según Friedman la responsabilidad social es incrementar el beneficio, ateniéndose a la ley y la costumbre ética. Las razones que alude son: por una parte la teoría de la agencia y por otra la teoría del impositivo. De acá surgen dos corrientes principales: los utilitarios y los clásicos. Los primeros se cuentan a favor y los otros en contra. Estos elementos son tomados del artículo "La responsabilidad social de la empresa en España la acción social" Laura Gimera Tierno y María Esther Vaquero Lafuente. Evidentemente de España para América Latina, el tiempo y las aplicaciones son muy distintos. De ahí que el tema de las Responsabilidad Social se ha convertido en una condición propia de las empresas, una razón de ser. Otro elemento asociado a la Responsabilidad Social es el Balance Social, como lo explica la Aitziber Mugarra del Instituto de Estudios Cooperativos Universidad de Deusto, España. En otras naciones la RSE es Ley de las Repúblicas.

De ahí surgen muchas variantes incluyendo los criterios éticos. El tema no es nuevo, si colocamos además que existen modelos de evaluación de la Responsabilidad Social como son: criterios económicos y de gestión, socio-laborales y de relaciones con la comunidad, medioambientales etc. Bajo este entorno veamos a La Fundación LaGEo (FundaGeo), inicia sus operaciones en enero de 2008, tiene en su filosofía: Visión, Misión, Valores Institucionales y Política de Responsabilidad Social éste último elemento les compromete a elevar el desarrollo humano de las comunidades vecinas. Los objetivos de esta fundación impactan en los siguientes rubros: "Educación, Arte y Cultura para humanizar nuestro entorno, Salud y Medio Ambiente para vivir mejor, Trabajamos en generar oportunidades para el incremento productivo, Mejoramos nuestro entorno con la inversión en Infraestructura Básica", el resultado de la iniciativa ha beneficiado a 104,388 personas y en el apoyo educativo a 1,476 niños y niñas, además de   126 estudiantes con programas de becas para bachillerato.

Considerando nuestro legado histórico y cultural, las empresas hace muchos años debieron impulsar proyectos de esta naturaleza, no obstante nunca es tarde para empezar, más cuando los beneficiados toman la palabra y exponen sus logros ante la opinión pública como el Lic. Raúl Campos Director del Centro Escolar Meardi en Usulután: "Necesitamos que se multipliquen las empresas (La FundaGeo) como esta". El balance positivo de estos logros para una nación que renace en democracia y paz social, en medio de tantas voces pesimistas, nos recuerda aquellas historias de perseverancia por un mundo mejor, me parece que ejemplos como la Fundación LaGeo deben divulgarse, de esa manera –me parece que- LaGeo afirma: ¡Por qué no cambiamos el mundo desde las comunidades!, ¡con la educación de los niños y niñas!...es oportuno entonces repetir un pensamiento de George Bernard Shaw : "Algunas personas miran al mundo y dicen ¿Por qué?, otras miran al mundo y dicen ¿Por qué no?..

A pocos días de la navidad en San Salvador

Las tropas británicas y alemanas en 1914 celebraban la navidad en paz, cantando himnos en sus idiomas y fraternizando como amigos de barrios e incluso jugando fútbol. El estado de paz era un momento de silencio armado, cuenta la leyenda que la tregua se inició al momento que los alemanes comenzaron a decorar las trincheras con adornos festivos, el acto fue imitado por las tropas británicas. Ese estado fue denominado tregua navideña. Al menos una acción tan significativa implica un cese del enfrentamiento armado, donde los enemigos cada uno en su trinchera posee un arma disuasiva a su lado, de tal forma que no existe ventaja alguna para ninguno. Aquellos soldados cantaron sus himnos como: Noche de Paz (Stille Nacht, Silent Night), el acto debió ser conmovedor. Una tregua armada. Eran ejércitos, pero nosotros en la ciudad vivimos una condición desigual con la delincuencia. ¿Qué sucede en nuestra nación?... de pronto un ciudadano salvadoreño conduce su auto con la mayor tranquilidad del mundo, llega a casa y al momento de cerrar las puertas dos delincuentes lo "encañonan", no solo lo amenazan de muerte, sino que ingresan a su casa, luego de unos minutos llegan sus secuaces y cargan con todo. Esta acción sucede en pleno diciembre a unos días de la Navidad. No existe descanso ni tranquilidad. El ciudadano desarmado no cuenta con ninguna defensa personal, se encuentra en un estado tan vulnerable que de solo pensar su intemperie, "la carne se pone de gallina" la escena es similar a: "tigre suelto y burro amarrado". Hace unos días, me vi enfrentado a una situación parecida, dos delincuentes intentaron robar mi auto y me amenazaron con un revólver, nada es más frío que el cañón de un arma apuntando a tu humanidad, en ese instante el pensamiento se ilumina con un vértigo de situaciones, menos la parálisis; de las miles de imágenes que llegan al cerebro una prevalece: "soy hombre muerto"… haga lo que haga dispararán. Todos aquellos ciudadanos que en su vida se enfrentaron a situaciones similares comprenderán la impotencia, la ira e incluso la emasculación que en ese instante invade la psique, en cuestión de fracciones de segundo, la muerte es "Reina", el pensamiento se convierte en un "túnel de visión", no tienes cuerpo, solo el sentido luminoso de una oportunidad, la cual aprovechas con una maniobra distractora, -en realidad mi traje oscuro, junto a la penumbra, me favoreció- así que con varios saltos y la acción que normalmente no podría repetirla, transformé la situación en una alarma del vecindario, -creo que algún libro de neuropsicolenguaje me ayudó- de tal forma que ya no existía un foco de alarma, sino dos. El evento tuvo un final feliz. Algunas películas tienen escenas similares, esto sin alardes heroicos, además la oportuna ayuda del 911 recobró la calma al vecindario. Aún resuenan en mi cerebro las palabras de agresión de los delincuentes, su arma acerada con un resplandor nocturno y siniestro apuntándome, yo desarmado… Las vecinas me preguntaron: ¿Por qué no le dispararon?... –imaginen los deseos de mis vecinitas- mientras otro afirmó: ¡seguro es por sus escritos del colatino!... sin exageraciones tampoco. Lo bueno es que puedo contarles el cuento y no es paja… feliz año a todos.

26DIC013

II Grito de Independencia de Centro América 1814-2014

El 24 de enero de 2014 es el Bicentenario del II Grito de Independencia Centroamericana, evento acontecido el 24 de enero de 1814. La Constitución de Cádiz de 1812, afirma José Trías Monge: "reconoce a los territorios ultramarinos, al igual que había hechos antes de 1809 la Junta Suprema y Gubernativa de España e Indias en el inicio de la resistencia contra Bonaparte, la condición de parte integrante de España, con igualdad de derechos a las provincias españolas y el status de tales". En Guatemala se jura la Constitución de Cádiz el día 12 de septiembre de 1812. Dicha constitución establecía la creación de las diputaciones provinciales. José Matías Delgado fue elegido diputado, ante lo cual debió abandonar su curato y trasladarse a la capital y se instaló el 3 de septiembre de 1813. El presbítero José Simeón Cañas en la sesión inaugural expresó su criterio que la representación de los pueblos en la diputación solo estaba sujeta a las Cortes y no al Jefe Político Bustamante. Bustamante consideró aquello una afrenta a su poder. En San Salvador se realizan elecciones en diciembre de 1813, en esa lucha electoral se manifiestan acciones de gran interés histórico de nuestra democracia, son las iniciales manifestaciones del sufragio en la América Latina... Las leyes de las Cortes de Cádiz daban a San Salvador el derecho de elegir veinticinco electores por tener más de 5.000 habitantes y estos veinticinco electores elegían a su vez a los miembros del Ayuntamiento. Había además la elección de los alcaldes de los barrios. Fue esta última al parecer de menos significación, la que dio principio a la lucha entre Peinado y Bustamante y la ciudad de San Salvador. "La elección de Alcaldes de los Barrios, escribió el intendente a Bustamante, recayó en personas sospechosas... a excepción del Barrio de Candelaria, cuya elección fue a mi gusto". El intendente mandó hacer de nuevo las que le parecieron. Pero fue nuevamente derrotado. "El resultado de designaba para Alcaldes de los Barrios a los cabecillas del Partido Independiente, como puede verse Alcalde del Barrio de Concepción, Simón Antonio Miranda, Alcalde del Barrio de San Esteban, Albino Berdugo, de Candelaria, José Cleto Zelada, De San José, José Manuel Funes, De Remedios, Domingo Ramos". El Intendente fue derrotado una tercera vez en las elecciones de electores que ganó el partido de los independientes, y por cuarta vez en las elecciones de Ayuntamiento, compuesto de las siguientes personas: Alcaldes Constitucionales: Juan Manuel Rodríguez, Pedro Pablo Castillo, Felipe Herrera, Manuel de Arce, Mariano Miranda, Mariano Zúniga y Santiago José Celis. Al saberlo el Intendente Peinado extendió un auto por el cual apeló del resultado de las elecciones al Capitán General Bustamante. Débil en el terreno de las leyes, Peinado se hallaba fuerte en el terreno de los abusos, que amontonó esta vez hasta el delirio. El 23 de enero de 1814 se realizó una reunión secreta de los patriotas y alcaldes, entre ellos Pedro Pablo Castillo, pero esta es detectada por las autoridades coloniales. El objetivo insurgente era la Independencia, tomar las armas y proclamar la República, además de una nueva Constitución, fundada en dos bases 1ª que la soberanía debía residir en una junta compuesta de individuos electos por el pueblo; 2ª que tres individuos de ella, denominados cónsules, debían formar un tribunal ejecutivo, siendo general en jefe el primer cónsul, ministro de gobierno el segundo, intendente el tercero. En la distancia podemos celebrar la audacia de aquellos patriotas, con aportes como defensa del voto, Constitución y República. Todo esto motivó el movimiento insurgente dirigido por Pedro Pablo Castillo, Alcalde Constitucional, el 24 de enero de 1814.

02ENE014

Elecciones 1813, insurrección 1814, Bicentenario 1814-2014

¿Quiénes votaron en las elecciones de diciembre de 1813?
José Trías Monge en Constituciones de Puerto Rico: "En lo que respecta al gobierno de Ultramar, la Constitución de 1812 representó notables avances. La constitución les reconoce a los territorios ultramarinos, al igual que había hechos antes de 1809 la Junta Suprema y Gubernativa de España e Indias en el inicio de la resistencia contra Bonaparte, la condición de parte integrante de España, con igualdad de derechos a las provincias españolas y el status de tales. No se distingue tampoco en lo que atañe a la ciudadanía entre peninsulares y colonos. La constitución les concede la ciudadanía española a todos "aquellos españoles que por ambas líneas traen su origen de los dominios españoles de ambos hemisferios, y están avecindados en cualquier pueblo de los mismos dominios". (art. 18), así como a "los hijos legítimos de los extranjeros domiciliados en las Españas, que habiendo nacido en los dominios españoles no hayan salido nunca fuera sin licencia del Gobierno, y teniendo veintiún años cumplidos se hayan avecindado en un pueblo de los mismos dominios, ejerciendo en él alguna profesión, oficio o industria útil" (art. 21). A los esclavos o descendientes de esclavos se les podría expedir por las Cortes carta de ciudadano bajo circunstancias especiales (art. 22). Un tercer logro fue la obtención por las colonias del derecho de representación en la Corte. Como hemos visto, la Constitución no discrimina en este sentido entre peninsulares y americanos, pero en las propias cortes de Cádiz no privó esta igualdad, que hubiera resultado de hecho en el control del parlamento por los diputados de América. Al requerirse también que los diputados fuesen personas nacidas en la provincia o avecindadas en ella por un número de años se asegura una representación autóctona, sin paso al cunerismo. Obteniendo asimismo las colonias, al mismo tiempo que las provincias españolas, las otras conquistas que encarna la Constitución de Cádiz, el sufragio universal, los ayuntamientos electivos, la diputación provincial, el reconocimiento de la libertad de expresión y otros derechos individuales, y la restricción en fin del absolutismo monárquico". En San Salvador se realizan elecciones en diciembre de 1813. Las leyes de las Cortes de Cádiz daban a San Salvador el derecho de elegir veinticinco electores por tener más de 5.000 habitantes y estos veinticinco electores elegían a su vez a los miembros del Ayuntamiento. Había además la elección de los alcaldes de los barrios. Fue esta última al parecer de menos significación, la que dio principio a la lucha entre Peinado y Bustamante y la ciudad de San Salvador. "La elección de Alcaldes de los Barrios, escribió el intendente a Bustamante, recayó en personas sospechosas... a excepción del Barrio de Candelaria, cuya elección fue a mi gusto". El intendente mandó hacer de nuevo las que le parecieron. Pero fue nuevamente derrotado. Incluso Bustamante impuso a Barroeta como diputado a las Cortes. El 03 de enero de 1814 el Capitán General Bustamante, informa de conjuraciones de los partidos independientes y haber "aprisionado a gentes". El 16 de enero "En casa de los padres Aguilar, se reúnen los patriotas para deliberar sobre la manera de efectuar la insurrección y quitar las armas a los Cuerpos Voluntarios". Días antes del 24 de enero de 1814, se realizaron fiestas para celebrar la elección del cabildo insurgente, agradeciendo a los Padres Aguilar, por su contribución para derribar al gobierno "Cachuco"... el 22 de enero de 1814 se realiza una junta secreta de Alcaldes, Regidores y Síndicos, pero el 23 las autoridades españolas se enteran del plan insurreccional. El 24 de enero de 1814 se inicia la insurrección popular.

1814-2014 Bicentenario del II Grito de Independencia

El próximo 24 de enero de 2014 será el Bicentenario de un acontecimiento histórico que nos orgullece como nación, nuestro pueblo muestra al mundo su firme determinación de independencia bajo cualquier circunstancia, la sed de libertad en diversos aspectos: desobediencia civil, organización, foros de opiniones políticas, libertad de imprenta, estos elementos se deben a la promulgación de la Constitución de Cádiz de 1812. El Capitán General del Reino de Guatemala José Bustamante y Guerra informa a sus Superiores del acontecimiento de 1814: "En los pueblos que se conmueven para libertarse de alguna vejación determinada, removida la causa de la inquietud, se establece al momento la calma y se gozan todas las dulzuras de la paz. En los que se agitan para declararse independientes, las medidas generosas, tomadas para remover las causas que se pretextan, no cortan la raíz el mal, y los inquietos se aprovechan de ellas para allanar su inicua carrera. Se quitó a San Salvador al europeo que los mandaba como Gobernador intendente; se concedió (indulto) absoluto a autores del primer movimiento, se nombró jefe político a un criollo hijo de esta capital; se les dio la constitución más liberal que podía necesitarse; se les declararon derechos que no conocían ni deseaban anteriormente. Los resultados no han sido, a pesar de esto, los que debían esperarse. **Se disputa con furor, dice el jefe político, sobre la constitución;** los pueblos parecen academias; apenas será en el vecindario el uno por ciento el que merece absoluta confianza; **el espíritu de la insurrección** avanza a largos pasos; los planes del 1814 han sido más malignos que los de 1811; y si en las primeras conmociones se fijaron en puntos determinados, en la última se avanzaban a meditar una **constitución formal de independencia.** Vivo sigue en América el sentimiento interno de libertad; y al mismo tiempo se ha abusado del **derecho de elección concedido a los pueblos,** haciéndolo en los de peor nota, **en los sospechosos,** o por lo menos en los de concepto muy dudoso; se ha abusado de la autoridad dada a los ayuntamientos, pretendiendo éstos extenderla aun a departamentos que notoriamente no les corresponden y tomando un tono de superioridad muy ajeno de su instituto; se ha abusado de la institución generosa de las diputaciones provinciales, intrigando para que sean unas pequeñas cortes; se ha abusado de la **libertad de imprenta,** publicando papeles que esparcen semillas venenosas, cuya vegetación será algún día muy difícil embarazar…" así calificaban las autoridades coloniales las legítimas aspiraciones del pueblo: "La clase de los que se llaman principales ha sido en efecto la primera que manifestó ideas subversivas y principios dañinos al sistema de oligarquía, a que aspira. Comienzan al presente a manifestarse en la clase media a la cual era natural que se comunicasen, pero puede decirse que en lo general no han penetrado hasta ahora a las clases ínfimas; y éstas se han conmovido en algunas provincias, ha sido sin duda porque como autómatas infelices se mueven según la dirección de las manos que los impelen"… se justifica la represión y se otorga a San Salvador la iniciativa insurreccional: "La historia de la presente revolución de América: Quito, Caracas, Nueva España y otras infortunadas provincias ofrecen ejemplares en abundancia; y en esta capital de Guatemala, en Granada,

en León, en San Salvador, se presentan reincidencias tan escandalosas como tristes".
Aquellas palabras son el reconocimiento de nuestra tradición insurreccional libertaria.
16ENE014

Bicentenario 1814-2014: La República y la Primera Constitución Salvadoreña

Los conceptos fundacionales de "La República" y nuestra primera Constitución están referidos en el magno evento del 24 de enero de 1814, estos aportes de criollos e insurrectos son referidos por las autoridades coloniales cuando nuestro continente luchaba por su Independencia. El concepto República surge de este momento popular e insurgente, aquélla noche Juan Manuel Rodríguez pronuncia las órdenes: "a las cinco de la mañana cerrarán todas las bocas calles de La República", así se escribe la Historia Patria, bajo un modelo que rompe con el esquema colonial y concibe una realidad diferente; el presente rechazando el sistema del imperio español. Los críticos de esta tesis pueden argumentar que la República fue fundada casi diez o más años después, pero se olvidan que este modelo republicano con sus tesis y representaciones son proclamadas en este instante, puesto que nunca antes de este día se reclama "un cuerpo político", "una causa política" o una réplica de las revoluciones burguesas del siglo XVII y XVIII con sus causas comunes hacia el pueblo, de cualquier forma ese día se inicia un modelo político orgánico, que acumula la personalidad histórica salvadoreña. En ese mismo evento acontece el nacimiento de la **Primera Constitución de La República**... estas son las palabras del informe del Fiscal de Indias : "Que reducido a prisión D. Miguel Delgado, hermano de D. José Matías; D. Juan Manuel Rodríguez, alcalde primero constitucional; D. Santiago Celis, Síndico y Crisógeno Pérez, regidor, se encontraron en los papeles del primero la carta citada ya, escrita a (José María) Morelos, el borrador del bando que habían acordado publicar los inquietos y otro de los capítulos principales de la **nueva Constitución** que pensaban sancionar, fundada en dos bases: 1ª que la soberanía había de residir en el pueblo; 2ª que tres individuos de ella llamados cónsules formasen un tribunal ejecutivo, siendo general en jefe el primero, ministro de gobierno el segundo, e intendente el tercero". En esta secuencia el Capitán General José Bustamante y Guerra dice: "el espíritu de la insurrección avanza a largos pasos; los planes de 814 han sido más malignos que los de 811, y si en las primeras conmociones se fijaron en puntos determinados, en la última se avanzaba a meditar en una **Constitución** formal de Independencia". República y Constitución son producto de la Insurrección Popular la cual tienen ahora una vigencia extraordinaria, es la vigencia de la Historia, es el cuerpo político que constituye nuestro Ser Nacional. En este evento fallecieron los patriotas: Faustino Anaya, Dominguito y herido Domingo Lara. De Faustino Anaya el Intendente José María Peinado anotó: "El Comandante de la patrulla les gritó que se contuviesen; pero como venían furiosos, tirándoles de machetazos y hasta coger la bayoneta al Sargento Paredes, un zambo, gran insurgente llamado Faustino Anaya, mandó que se hiciera fuego la primera fila, con la cual este y otro (murieron) y quedaron varios heridos", de esta forma un evento social es sellado por la sangre del pueblo, en aquella sociedad de castas, zambo era el hijo de negro e india, de tal forma que las crónicas resaltan a los afrosalvadoreños en las luchas populares, al igual que en 1811. Encontrarnos a doscientos años de tan magno evento, nos permite construir la Historia, en

una sociedad que trabaja por ser: incluyente, democrática, plural y con valores históricos hacia un futuro optimista.
23ENE014

http://www.cesarramirezcaralva.com/
Febrero Rojo

Durante décadas nos enfrentamos a la muerte tantas ocasiones, que un día nos cobrará todas nuestras insolencias; esta presunción será martillada con los sellos del destino por tanta audacia de los tímidos, los reprimidos, los de abajo, esos que apenas tienen unos cuantos dólares para llegar a la otra orilla del mes. El domingo 2 de febrero asistiremos a otro enfrentamiento con la muerte, el adversario sufre una descomposición letal, no puede ocultar su corrupción pública, la saga de los millonarios robos al dinero del pueblo, sus gritos fascistas claman por una historia fracasada, los aspirantes a oligarcas levantan una bandera de odio contra el pueblo, son en esencia la clase que mira hacia el pasado con las manos vacías de esperanzas, nos venden temor por los cuatro puntos cardinales, pero no temen tomar de las arcas del Estado el dinero del pueblo, no ignoran que la corrupción también mata, pero eso los tiene sin cuidado. Durante décadas la democracia nació bajo la inclemencia del autoritarismo, las constituciones eran tan débiles que un solo hombre podía transformarlas a su voluntad, todo demócrata era comunista, porque en nuestra nación la democracia es revolucionaria, simplemente transforma la injusticia, la institucionalidad, libera de la opresión. A pesar de todo, este país que soportó los peores calabozos, las peores torturas, herido a culatazos, secuestrado, golpeado a patada limpia y sin defensa, levanta desde su pequeño refugio de esperanza, la tímida bandera de la alegría por un camino diferente, en esa pequeña venganza de los pobres, la vida se impone a la muerte. Ya sabíamos que vivir en este país era muy triste, a puñetazos de hambre se forjaba el carácter de las mayorías, por eso cantábamos el himno de Beethoven para olvidar la realidad cada vez que abríamos los ojos; así desde la infancia comprendimos que combatir era una pelea de boxeo, era una batalla desigual, en el ring éramos un peso ligero contra un peso completo -un crucero-, cada golpe dolía y nos refugiábamos en las humildes oraciones del Padre Nuestro, aquella vida era una especie de lucha desarmada contra la artillería blindada, a lo lejos veíamos la otra orilla del mar, veíamos una nación en democracia a la cual era posible llegar atravesando el río Aqueronte (el río de la tragedia), pero pagamos ese precio. Un día atravesamos aquella inmensidad, del combate aún debemos recuperarnos, apenas ganamos un round y nos faltan otros quince –son peleas al viejo estilo-, hasta que abandonen su indefendible cruzada oligárquica. En febrero ganaremos por knout, el formidable adversario a pesar de los golpes bajos, -más dolorosos que los poemas de César Vallejo y Guayasami juntos- está grogui, tiene la mira perdida tirando golpes al aire, mareado en sus sueños millonarios, olvida que combate contra los mejores boxeadores del mundo: afrosalvadoreños, nonualcos, izalcos, obreros, trabajadores, hombres y mujeres que tienen en sus victorias un brillante palmares contra las dictaduras y la represión. Mañana es febrero, las banderas populares se elevan victoriosas por el triunfo democrático, vencer la desesperanza es posible, cruzar el mar de la tragedia es realidad, amo esta nación valiente que a pesar de las prisiones, navega hacia la Victoria Popular, ahora levanta su rostro y sonríe por su futuro. Mañana podremos celebrar el triunfo y

extender la mano al adversario, podremos abrazar al que perdió la batalla democrática, para compartir en el futuro en una nación para todos y es febrero, febrero rojo.
30ENE014

Salir del pasado

Hace 200 años un 24 de enero de 1814, una palabras del Intendente José María Peinado al Capitán General del Reino de Guatemala José Bustamante y Guerra, en el momento de la Insurrección Popular que proclamó La República y la Primera Constitución de nuestra nación, nos recuerda estos momentos electorales del 2014: "Yo seguí con firmeza mis disposiciones para aclarar los hechos, y siendo la parte principal lo que dijo la Reina Catalina a Enrique III en un caso semejante, de que para tentar el panal es menester cubrirse la cara, y el de otro político muy profundo de que: "no se ha de ofender al que no se ha destruir"… nos ilustra sobre la cantidad de insultos durante más de un año de un Partido a los adversarios políticos; muy sabias aquellas palabras para la realidad electoral del Siglo XXI, el partido conservador sembró odio y desprestigio contra sus adversarios durante meses, ahora pretender olvidar su vilipendio rampante. No se cubrieron la cara para desprestigiar a las instituciones de opinión, ni a las personas que en el ejercicio académico publicaron el resultado de sus investigaciones, ahora la realidad les cobra esa pequeña factura de ignorancia y prepotencia. El evento electoral del 2 de febrero cubrió de rojo el mapa de El Salvador, color que defienden 1, 305,462 y el adversario de segunda vuelta 1, 039,275. Una diferencia de 266,187 que solo somos capaces de leerla e interpretarla desde el momento histórico de su concepción: cambios, propuestas, realidades y en concreto la "verdad" versus el pasado de: odio, corrupción, opresión, en general la "mentira" de nuestro pasado político social. A la vista tenemos un triunfo que en otros tiempos era un sueño, no obstante debemos eliminar el conformismo, salir del pasado, abrazar la esperanza por un presente vigilante para superar los veinte mil votos que hacen falta.

Nos faltó poco para cruzar el río de la tragedia, nuestro barquero Caronte nos cobrará unas monedas más, las cuales pagaremos con el entusiasmo que nos sobra desde ese 2 de febrero brillante, con más alegría por un 9 de marzo victorioso, así llegaremos a la otra orilla para hacer coincidir la realidad que abandona los gritos de temor, amenazas y vilipendio, que nos permitirá encontrarnos en el nuevo camino de una sociedad mejor. Vencer la tragedia y el temor, para hacer que la realidad coincida con el mito, superando la adversidad y salir del pasado.

Esta larga discusión nos permitió reconocer que muchas personas aún continúan en guerra, afortunadamente no renunciamos a la inteligencia para las mejores respuestas populares, continuamos identificando las genuinas acciones que nos permiten trabajar por el futuro, cruzamos ese mar de lamentos, el delirio del pasado autoritario y excluyente, la nación nos acompaña. Aquellos que nos legaron el concepto de La República y la Primera Constitución eran insurgentes, pero la nación es construcción, camino, destino común, muchos colores, al final es construir un puente que nos permita llegar al "otro" cielo, allá y acá, cabemos todos sin excepciones, bajo la misma bandera… en democracia.
06FEB014

Transitividad social

Si la democracia salvadoreña nos permite elegir gobiernos, definir ciertos programas, modelos administrativos, decisiones públicas, el objetivo final deberá concretarse en una sociedad justa, un conglomerado legítimo con estabilidad social. Niklas Luhmann habría enunciado que los programas de gobierno deberían atender dos criterios: "la eficiencia social y gobernabilidad democrática", estos principios se refieren a la calidad de vida en todos los parámetros: derechos humanos, libertades, asociaciones, administración pública eficaz, regulación del mercado y entre otros un gobierno de leyes; la gobernabilidad por su parte atiende los criterios políticos de consenso y a la estabilidad social. Durante muchos años estas palabras no tendrían sentido en nuestra nación de no existir al menos una comparación entre un gobierno diferente y los cuatro anteriores de los últimos veinte años, no se trata de una apología política sino de la aplicación de la justicia, la participación, solidaridad y cooperación por los mecanismos del Estado permitidos en democracia. Bajo este sustrato de teorías económicas y filosóficas, me parece comprender las propuestas programáticas del partido conservador: desigualdad como norma inamovible, el dominio irrestricto de toda materialidad económica y la aceptación natural que el 20% de la población asuma toda la riqueza de la nación con el 80% de la pobreza en el panorama… esas declaraciones no necesitan estar impresas para leer sus ideales, una sola mirada a sus declaraciones pública reflejan su naturaleza depredadora, a tal grado de justificar la corrupción en sus dirigentes no es un error de una persona, sino una práctica sistemática de su forma de gobernación, a la vista una cantidad de ilícitos que la imaginación se queda corta. Asistimos a una transitividad social puesto nunca antes existieron tantos proyectos económicos de un nuevo gobierno, ni tampoco la denuncia de tan grotescos actos de robos al dinero del pueblo, esta transitividad refiere el ejercicio del voto, el ciudadano envía por su voto el mensaje correcto, el cambio en la forma de gobernabilidad debe continuar. El ejercicio de estas herramientas debe ampliarse, debe consolidarse muchos años más, de tal forma que esta excepción sea la norma.

Asistimos a la transitividad social hacia una nueva justicia, bajo conceptos novedosos donde el ciudadano pueda observar su pasado y elegir no retornar, una calidad de vida con perspectivas de integración económica, la factibilidad de superar la desventaja de años anteriores y las posibilidades objetivas que disminuirán la desigualdad. El examen de estas realidades se ha reflejado en el evento electoral del 02 de febrero y será ratificado el 09 de marzo. El estudio de la desigualdad debe llevarnos hacia una sociedad cooperativa y solidaria con las mayorías, no a la inversa, antes grupos de poder en su afán depredador y excluyente no reparaban en transferir los fondos solidarios de pueblos amigos hacia sus propios bolsillos. El fondo de estas denuncias es el ejercicio de la Justicia, de nada sirve la denuncia si los corruptos evaden todo castigo, evaden la ley y arruinan la democracia, por esta razón debemos continuar con la nueva gobernabilidad.

13FEB014

http://www.cesarramirezcaralva.com/

La pobreza es la peor forma de violencia

Esta frase es de MAHATMA GANDHI, pero solo la palabra: "violencia" está muy de moda por diversos medios de comunicación social. Existe pobreza y es violencia en todos los niveles: materiales y espirituales, pero aquella pobreza que se engendrada en el corazón de las personas, esa violencia que excluye a "los otros" simplemente por los bienes materiales quizás debería ser considerada un delito contra la humanidad. Se provoca pobreza por la codicia de aquellos que toman los dineros del pueblo y simplemente sonríen con cinismo ante los reclamos de la justicia. Existe esa dimensión corrupta que contamina todo: compra voluntades, lealtades, son Calígulas dinerarios en el siglo XXI y uno descubre que el extremo del horror no es la muerte, sino que la apropiación indebida que provoca miles de muertos de hambre y miles de emigrantes de todo tipo, esa es la fábrica de pobres que causó la violencia que vivimos… Hablan de violencia material: asaltos, asesinatos, masacres contra inocentes, esa violencia que cubre los tabloides, esa propaganda interesada en ocultar la otra violencia que refiere Gandhi, esa violencia es una comparsa infernal, sus arquitectos son conscientes de su papel de ópera catastrófica, son directores del mal, a sueldo viven de los ángeles que custodian el Capital, éstos directores del mal son gendarmes del peor de los capitales, el capital depredador de almas que idolatran al becerro de oro, pero se olvidan que mucha de la pobreza fue creada a partir de la negación de los Derechos Humanos, la exclusión, falta de la educación, seguro social, evasión de impuestos, el aparato del estado en función de sus empresas particulares, peculado, deudas auto perdonadas en el sistema bancario, la justicia nunca persiguió sus delitos etc. ¿Acaso esto no es violencia? La peor de las violencias ha condenado a generaciones de salvadoreños a la miseria porque ellos aseguran: "la pobreza es parte del panorama"… pero quizás es tiempo de "salir del pasado", recordar para no repetir esa experiencia. Cuando leo, veo o escucho comentarios de la "apología de la violencia" que tiene por objetivo "la causa patriótica del anticomunismo", me aferro a mi bandera libertaria de los derechos humanos, esos comentarios provocan un sentimiento de solidaridad con las personas humilladas, esos editores insultan la inteligencia del pueblo. Me parece que es tiempo de abandonar la "apología de la violencia", preguntarnos por ejemplo: ¿Qué podemos hacer por nuestra nación? ¿Es necesario satanizar al adversario? ¿Es posible abandonar la ideología e idolatría del becerro de oro?, quizás al abandonar estos conceptos nos encontremos con una realidad a vencer, podremos observar una nación que aspira a un estado superior democrático, la respuesta en la nación posible donde podamos ser solidarios en todos los niveles. El día 18 de febrero en un canal de televisión, una dirigente conservadora afirmó: "¡el pueblo unido jamás será vencido!" y pidió salvar a la Patria del comunismo… Ahora cantan los himnos de izquierda, mañana recorrerán las calles por la nación que lucha contra la peor de las violencias: la pobreza. Bienvenida al pueblo.

20FEB014

Antejuicios a expresidentes de la República

La Asamblea Legislativa realizó antejuicios a los expresidentes de la República: Don Jorge Meléndez (1919-1923), Dr. Alfonso Quiñonez Molina (1923-1927) y Dr. Pío Romero Bosque (1927-1931). Los siguientes elementos son datos de prensa de 1931 que evidencian la corrupción presidencial: 10OCT931 La Asamblea Legislativa investiga la inversión de los millones del empréstito de 1922, contra los expresidente Quiñonez y Meléndez, esos millones en parte, se invirtieron en comprar bonos inservibles del siglo pasado y otros derroches por el estilo. La comisión especial realiza una minuciosa investigación en el tribunal superior de cuentas. La Asamblea conoce de los antejuicios, por una Junta o Comisión, derivada de la misma Comisión Especial, ante el Tribunal de Superior de Cuentas, en donde se encuentran todos los documentos relativos a la contratación e inversión del empréstito de 1922. Se les acusa de comprar bonos del siglo pasado, provenientes de una deuda de gobierno, bonos de la deuda pública, emitidos el 01 de julio de 1899 y que no se cotizaban, porque no valían ni un décimo de centavo. Sin embargo estos bonos de la serie "B" fueron comprados a precios irrisorios y luego el Gobierno los pagó con el producto de los bonos del Empréstito de 1922. Mientras al Dr. Romero Bosque 06OCT931 le acumulan: "(durante su) gobierno se incautó de ciento cuarenta y cinco mil colones en quedanes salvadoreños que tenía la honorable Casa Mugdan y Compañía", pero el Dr. Romero recordó a sus detractores el 29OCT931 que las planillas (en sus propiedades) fueron pagadas de sus propios fondos, agregando: "durante su administración no se emitió ningún quedan fiscal por ninguna suma, al declarar sobre los 145,000 colones de la Casa Mugdan, ante la comisión legislativa; posteriormente el 13NOV931 el Dr. Pío Romero Bosque h. declara sobre los 39,000 dólares del Banco Hipotecario que estaban depositados en el Anglo South American Bank; de tal forma que las sagas de corrupción no son nada nuevas, acaso será necesario recordarlas. En forma simultánea al Dr. Romero Bosque la comisión legislativa le establece una investigación sobre el fusilamiento de dos oficiales del ejército: 21OCT931 se presentó a la Asamblea Legislativa el General José Tomás Calderón, en el antejuicio que se sigue contra el expresidente Romero por el fusilamiento del Coronel Juan Enrique Aberle y el mayor Manuel Alfaro Noguera. Mientras en los periódicos se acusa a los expresidentes Quiñonez y Meléndez el 21OCT931 de abusos y tropelías en Berlín..La defensa de Quiñonez y Meléndez sobre los empréstitos se pronuncia el 13OCT931 afirmando que los actos han Finiquitado, "ya no hay para que buscarles responsabilidad por el empréstito", por medio de su abogado Carlos Varaona. Posteriormente el Dr. Romero Bosque 10NOV931 interpuso un amparo ante la corte, condición que fue reforzada por el General Francisco Ponce, alto Jefe Militar, apoyando su función exculpatoria. La institucionalidad jurídica se interrumpió por un evento inesperado la noche del 02 de diciembre de 193, cuando acontece el Golpe de Estado que proclama al General Maximiliano Hernández Martínez como presidente de la República.

27FEB014

El llamado del presente

Existe la realidad fuera de la fantasía que venden los políticos que llaman al retorno de "su pasado"… es la realidad del trabajo, la vida cotidiana, la sociedad que se levanta de su postración y recobra su dignidad, el sentido de la nacionalidad, la historia, sus hombres y mujeres valientes, dignificados en sus propias vidas cuando se les otorga su derecho a la voz, la tierra y sus productos. La presente campaña electoral demostró la mentira sistemática con el único objetivo de ganar unos cuantos votos, se vendió temor, encuestas amañadas, programas informativos, efectos visuales, coloridas vallas llenas de insultos, coros de personas asumiendo presuntos cargos de un imaginario gobierno sin gobierno real, voceros internacionales proclamando la violencia de naciones lejanas, viejos pánicos militares proclamando "el fin del mundo" si pierde su partido, organismos de inteligencia ilegales que destilaron infundios similares a la propaganda nazi en sus mejores momentos, inventos mediáticos de un Ferrari California 2014, que en cuestión de horas se convierte en centro de la campaña presidencial, actos en franca manipulación mediática y especulativa, etc. La miseria de estos eventos es la implicación de personas que interceden por este modelo decadente, son personas visibles, que no dudan en disparar su odio sin medir las consecuencias de sus actos. La realidad fuera de este siniestro panorama es nuestro trabajo, la familia, la alegría que las otorga la legalidad, el funcionamiento de las instituciones, la justicia, el signo de libertad de ejercer la ciudadanía, donde a pesar de los límites compartimos la esperanza de una sociedad salvadoreña más incluyente. Generaciones de salvadoreños no conocieron más que la visión autoritaria, la negación de los derechos políticos engendró la guerra civil, afortunadamente la paz de 1992 ha permitido disfrutar de la alternancia del poder ejecutivo, condición inédita que ahora tiene sus frutos cotidianos.
La principal bandera del temor cae a pedazos, los argumentos apocalípticos están en bancarrota, los infundios no resisten el examen del tiempo, todo su sistema de divulgación tendencioso perdió sentido al no comprender que la sociedad salvadoreña tiene inteligencia, conoce la historia, diferencia el engaño de la corrupción en manos de un expresidente que huye de la justicia como cualquier delincuente, diferencia la opresión de la dignidad, identifica los nuevos valores del trabajo en una realidad que reconoce el esfuerzo, porque el pueblo salvadoreño ha perdido el temor y ha ganado la dignidad con sus luchas históricas. El próximo domingo 9 de marzo, "el llamado del presente": significa continuar con esta realidad de transformación social y justicia, trabajar en democracia, construir "ahora" la respuesta al pasado opresivo, ese pretérito excluyente e indignante de antiguos gobiernos llenos de privilegios para sus amigos, gobiernos llenos de corrupción que se apropian del dinero del pueblo. El domingo, tomaré una bandera y asistiré a la plaza llena de color rojo, para salir del pasado y entrar a la esperanza, también extenderé mi saludo de amistad a todos los que no piensa como yo, a fin de cuentas ésta es la nación que amamos.
06MARO|14

¿Delito político?

El domingo 9 de marzo mientras el Tribunal Supremo Electoral comunicaba los resultados en "tiempo real" y el FMLN ampliaba la brecha irreversible de votos a su favor, el candidato del partido opositor afirmó en transmisión por televisión: "no nos van a robar esta victoria… Vamos a luchar si es preciso con nuestras vidas (…) nuestra Fuerza Armada está pendiente de este fraude que están fraguando. No pueden jugar con la voluntad popular"… pero este evento no terminó en esas palabras, minutos después sus dirigentes movilizaron a sus correligionarios hacia la sede del TSE protestando contra irregularidades inexistentes. Las palabras que connotan un llamado a la Fuerza Armada, podrían calificarse de Sedición: "Alzamiento colectivo y violento contra la autoridad, el orden público o la disciplina militar sin llegar a la gravedad de la rebelión" – (DUC- Enc.- pág 1472), no obstante si toda persona es libre constitucionalmente a expresarse, art. 6 constitucional (Inc. 1): "Toda persona puede expresar y difundir libremente sus pensamientos siempre que no subvierta el orden público, ni lesione la moral, el honor, ni vida privada de los demás. El ejercicio de este derecho no estará sujeto a previo examen, censura ni caución; pero los que haciendo uso de él infrinjan las leyes, responderán por el delito que cometan". En ese ejercicio el 10MAR014 grupos opositores realizan actos políticos frente a la Fiscalía General de la República y el 11MAR014 con proclamas y cantos incitan a la violencia frente a la sede donde se efectúa el escrutinio final, éste último evento es preocupante, parece un intento de impedir la institucional electoral. En el artículo 29 de la Constitución: "En casos de guerra, invasión del territorio, rebelión, **sedición**, catástrofe, epidemia u otra calamidad general, o de graves perturbaciones del orden público, podrán suspenderse las garantías establecidas en los artículos 5, 6 inciso primero, 7 inciso primero y 24 de esta Constitución, excepto cuando se trate de reuniones o asociaciones con fines religiosos, culturales, económicos o deportivos. Tal suspensión podrá afectar la totalidad o parte del territorio de la República, y se hará por medio de decreto del Órgano Legislativo o del Órgano Ejecutivo en su caso." Me parece que los hechos configuran, un llamado a la ruptura institucional, una condición desesperada y de poca madurez de una dirigencia política frente a una derrota anunciada. La institucionalidad debe funcionar, en democracia la minoría (aunque sea por un voto de diferencia) debe someterse a la mayoría (en esta caso por miles), ese es el juego político del Siglo XXI, ¿Por qué llamar a la sedición en tiempos democráticos?... el FMLN perdió cuatro elecciones presidenciales consecutivas, en ninguna se llamó a la sedición. En menos de 12 meses se realizarán nuevas elecciones municipales y legislativas, será un nuevo escenario para reivindicar banderas y opciones, el camino es mantener la serenidad, evitar el derramamiento de sangre, avanzar hacia la paz e institucionalidad. La justicia electoral debe imponerse en democracia.

13MAR014

Agenda Nacional en tiempos del cambio

Helio Jaguaribe anotó en su artículo: Experiencias y perspectivas del desarrollo: "La racionalidad pública es la racionalidad de tipo instrumental y de tipo interaccional, con la cual son adoptadas decisiones públicamente relevantes." En términos mínimos la racionalidad instrumental se refiere a la previsión a mediano o largo plazo de las decisiones que convienen a la nación, independiente de la ideología del gobierno; y el otro concepto: la racionalidad interaccional se refiere a la legitimidad proveniente del respaldo democrático en eventos de alternancia política. Estos temas clásicos en algunas naciones están acompañada del concepto "sostenibilidad", es sorprendente que nuestra nación adolece de criterios o leyes que nos permitan una proyección de esta naturaleza.

Las decisiones políticas relevantes incluidas en una Agenda Nacional, son necesarias en temas como: energía, puertos y aeropuertos, política económica, seguridad, pensiones, leyes tributarias, políticas de endeudamiento, agricultura, etc. Ese mosaico de administración pública que nos interesa.

Si el evento electoral ha demostrado una profunda división ideológica, la realidad nacional debe ser el argumento que permita la UNIDAD NACIONAL hacia las soluciones que nos interesan, debido a que muchos proyectos como el Fomilenio II abarcan más de un lustro, así como las políticas de endeudamiento, las reformas tributarias, pensiones etc.. Hablamos de Agenda de Nación, no de partidos políticos.

El desafío es lograr la continuidad de los proyectos iniciados con una visión estratégica, la cual permita resultados verificables y avances significativos en áreas como: el desarrollo humano, educación, nivel de vida, salud, infraestructura que no se interrumpan por el cambio de una administración partidaria.

En democracia este ejercicio de proyección fortalecería la prevención de desastres naturales, así como problemas de seguridad y temas estratégicos como el agua para las poblaciones, no obstante se requiere de mínimos acuerdos entre adversarios políticos, así como los sectores de la sociedad civil y política; la exposición de estos conceptos no es "retórica política", sino realidades existentes en otras naciones donde se implementan instituciones como: centros de investigación para el desarrollo, estudios de frontera, nutrición, ciencia y tecnología etc.

La gobernabilidad tiene varios puntos de encuentro con los conceptos mencionados, puesto que el desarrollo social y económico de nuestra nación, requiere de un esfuerzo de varias décadas. Nuestra nación merece una continuidad de proyectos más allá de una administración. La ausencia de Racionalidad Pública ha significado bajo crecimiento económico, educativo, etc.. La Racionalidad Pública en la agenda nacional, nos conducirá hacia una democracia superior, así como a solucionar las diferencias en un clima con resultados sociales, sin autoritarismo, sin corrupción, con entendimientos favorables a las mayorías que más sufren el desarrollo desigual.

20ENE014

Racionalidad política en los tiempos de cambio

Helio Jaguaribe anotó en su artículo: Experiencias y perspectivas del desarrollo: "La racionalidad pública es la racionalidad de tipo instrumental y de tipo interaccional, con la cual son adoptadas decisiones públicamente relevantes." En términos mínimos se refiere a la previsión a mediano o largo plazo de las decisiones que convienen a la nación, independiente de la ideología del gobierno y la parte interaccional a la legitimidad proveniente del respaldo democrático en eventos de alternancia política. Estos temas clásicos en algunas naciones están acompañada del concepto "sostenibilidad", es sorprendente que nuestra nación carece de criterios o leyes que nos permitan una proyección de esta naturaleza.

Las decisiones políticas relevantes son necesarias en temas como: energía, puertos y aeropuertos, política económica, seguridad, pensiones, leyes tributarias, políticas de endeudamiento, agricultura, etc.. ese mosaico de administración pública que nos interesa.

Si el evento electoral ha demostrado una profunda división ideológica, la realidad nacional debe ser el argumento que permita la UNIDAD NACiONAL hacia las soluciones que nos interesan a todos y todas, debido a que muchos proyectos como el Fomilenio II abarcan más de un lustro, así como las políticas de endeudamiento, las reformas tributarias, pensiones etc.. Hablamos de nación, no de partidos políticos.

El desafío es lograr la continuidad de los proyectos iniciados con una visión estratégica, la cual permita resultados verificables y avances significativos, en áreas como el desarrollo humano, educación, nivel de vida, salud, infraestructura que no se interrumpan por el cambio de una administración partidaria.

En democracia este ejercicio de proyección fortalecería la prevención de desastres naturales, así como problemas de seguridad y otros que son previsibles, no obstante se requiere de mínimos acuerdos entre adversarios políticos, así como los sectores de la sociedad civil y política, la exposición de estos conceptos no es "retórica política", sino realidades que otras naciones donde las instituciones prevalecen sobre criterios políticos, como centros de investigación para el desarrollo.

La gobernabilidad tiene varios puntos de encuentro con los conceptos mencionados, puesto que el desarrollo social y económico de nuestra nación, requiere de un esfuerzo de varias décadas. Nuestra nación merece una continuidad de proyectos más allá de una administración.

La ausencia de Racionalidad Pública ha significado bajo crecimiento económico, educativo, etc.. La Racionalidad Pública en la agenda nacional, nos conducirá hacia una democracia superior, así como a solucionar las diferencias en un clima con resultados sociales, sin autoritarismo, con entendimientos favorables a las poblaciones que más sufren el desarrollo desigual.

20MAR014

http://www.cesarramirezcaralva.com/

Relaciones: Estados Unidos-El Salvador 2014-2019

Nuestra naciente democracia permite la alternancia política que en esta ocasión iniciará un segundo mandato de un "gobierno de cambio", este concepto relacionado a los veinte años de períodos conservadores. Si fijamos nuestra atención en el actual gobierno, las relaciones con EEUU han sido cordiales, se reanudó al TPS que permite a los salvadoreños un estatus de trabajo temporal beneficiando a miles de salvadoreños, se concluyó el Fomilenio I que permitió la construcción de carreteras, microempresas, avances en el desarrollo humano, una visión integradora territorial; en este período se recibió al presidente Obama, quién visitó catedral metropolitana y presentó sus respetos a la memoria de Monseñor Oscar Arnulfo Romero: *"el más universal de los salvadoreños"*; esa acción fue el mensaje de reconocimiento a la vigencia de los derechos humanos y los nuevos tiempos de paz social. Estados Unidos brindó apoyo a los modelos de seguridad, así como temas migratorios, de igual forma facilitó el combate al narcotráfico debido a la existencia de organizaciones criminales que irradian sus delitos desde Centroamérica hacia Norte América, similar escenario es lavado de dinero; ejemplar es el caso del expresidente de Guatemala Alfonso Portillo procesado en esa nación, por delitos contra el sistema financiero, un caso semejante al del expresidente Francisco Flores, sus acciones exceden al territorio nacional contaminando al sistema financiero internacional; de esta forma muchos de los temas entre nuestras naciones son: políticos, financieros, económicos, seguridad, militares etc., los cuales en este momento gozan de buena salud.

El mensaje del 25 de marzo enviado por el Secretario de Estado John Kerry: *"Felicitamos a Salvador Sánchez Cerén por haber sido electo presidente de El Salvador. También queremos felicitar al pueblo salvadoreño por su participación en un proceso electoral que la misión de observadores de la Organización de los Estados Americanos describió como tranquilo y ordenado"*... constituyen un nuevo capítulo en la consolidación de la democracia y el fortalecimiento institucional de nuestra República.

En los próximos meses el horizonte social entre nuestras naciones tiene pendiente: el Asocio para el Crecimiento, el inicio del Fomileno II, renovación del TPS para nuestros compatriotas, ampliación de temas de cooperación en la política migratoria, inversiones internacionales, etc. Muchos de los objetivos nacionales, deben estar incluidos en una agenda de Racionalidad Política que nos permita proyectarnos en el tiempo para observar los resultados que nuestro pueblo merece. La democracia al menos demuestra que es la mejor elección para el desarrollo y la paz social. El pueblo norteamericano es igual al pueblo salvadoreño, nos une la visión por un mundo mejor que aún podemos construir; somos conscientes de nuestros límites, así como de nuestra modesta economía, al igual que todos los etcéteras de la historia del siglo pasado, no obstante es notable que la democracia funcione, así como la legalidad, el fortalecimiento de la institucionalidad en sus mejores expresiones, nos permiten ser optimistas en este presente de excelentes relaciones con todos los pueblos del mundo.

27MAR014

Después de las elecciones, vamos hacia…

Una sociedad más justa. Una sociedad solidaria. Es la mejor respuesta del presente.
 La democracia fue sometida a una consulta institucional, donde por momentos creímos
regresar al pasado con llamados: a la violencia, sedición, proclamas de fraudes, la justicia
como testigo de pruebas históricas, la crispación de los "generales en retiro", clamando por
el retorno al autoritarismo etc… el momento electoral conjugó el pasado, presente y el
futuro en ese momento estelar de consulta a la voluntad popular, existían varios tiempos
simultáneos: "presente del pasado", presente del presente" y "presente del futuro" como los
enunciados de Aurelius Agustinus, aquella antigua y despreciada dialéctica griega, al final,
la democracia sobrevive y con buena salud… la vida es un acto filosófico porque siempre
estamos determinando nuestro destino en este momento. ¿Hacia dónde vamos?... la sencilla
respuesta de una sociedad más justa, encierra un signo de esperanza y una realidad que
soportamos como nación por la herencia histórica que nos atrapa; sabemos que venimos de
un época colonial, con pueblos originarios olvidados, de guerras federales en una frustrada
nación centroamericana, dinastías civiles, el autoritarismo rampante, la negación de los
procesos electorales del siglo XX y una dolorosa guerra civil, eso lo conocemos, la historia
tiene en cada uno pedazos de tiempo sin tiempo, porque es el presente de muchos. Nuestro
presente a partir de la guerra civil es una construcción democrática, con veinte años de un
gobierno conservador que tiene profundas huellas en la realidad nacional, a la vista la
desigualdad de "oportunidades" y las diferencias con la movilidad social, con el lastre
cultural de la exclusión como insignia política, porque muchos aún en su condición
desamparada, postrados en sus límites laborales rinden culto histérico a la violencia
profascista disfrazada de odio al comunismo… en realidad el comunismo no existe, ni
tampoco el "socialismo del siglo XXI", solo existe esta sociedad salvadoreña fragmentada
artificialmente por la ideología que no sirve para alimentar a nadie, solo para movilizar
pasiones, de tal forma que un nuevo Gobierno Justo, sin "viñetas" artificiales producto del
marketing político, un "Buen Gobierno" podrá en la realidad orientarse hacia la eficiencia
social y la gobernabilidad. Se imponen cambios de paradigmas en la sociedad salvadoreña,
no es posible que en cada proceso electoral la "guerra fría" esté entre nosotros cuando ese
concepto murió en 1989… ya es tiempo de salir del pasado. Una sociedad justa podrá
profundizar en su historia, el pensamiento social, las libertades, los derechos, la defensa del
trabajo, sus instituciones, la Cultura Democrática, conformando una estabilidad
democrática "envidiable" como otras naciones… no todo corresponde al Estado, los
ciudadanos debemos ser parte de esta realidad, participando con nuevas iniciativas.
Hacia dónde vamos como sociedad salvadoreña, es una pregunta compleja, pero en pocas
palabras me parece que hacia una sociedad justa y solidaria, un camino posible del ideal
que las mayorías desean.
03ABR014

http://www.cesarramirezcaralva.com/

Democracia e Historia

Hemos reseñado en un artículo anterior los antejuicios contra expresidentes de la República, procedimientos realizados por la Asamblea Legislativa en el siglo pasado específicamente contra: Don Jorge Meléndez (1919-1923), Dr. Alfonso Quiñonez Molina (1923-1927) y Dr. Pío Romero Bosque (1927-1931), esos casos implican daño al Estado por compra de bonos inservibles y otros delitos económicos… no obstante en meses recientes conocemos otro procedimiento contra el expresidente Francisco Flores, con el mismo tema: "daños al patrimonio de la nación", estos casos nos ilustran sobre los procedimientos democráticos, como también en el conocimiento de nuestra Historia. Los recientes acontecimientos en el caso CEL-ENEL con acciones jurídicas contra antiguos funcionarios gubernamentales, confirman un cambio en el modelo de justicia nacional. Los procesos tienen un precedente en el siglo pasado, educan a la población en la defensa del Estado, puesto que el daño patrimonial implica a las futuras generaciones de salvadoreños. Aún frescas las múltiples declaraciones políticas del evento electoral, la perspectiva es alentadora sobre un caso emblemático con procedimientos que riñen con una maquinaria satánica que pretende otorgar los bienes patrimoniales de la nación a una empresa extranjera incondicionalmente, el caso ha dibujado un mapa de aliados hacia ese plan que connota una historia política, con signos ideológicos perversos. No se trata de una persecución política, puesto que ya no se disputa el voto, el evento electoral finalizó el 9 de marzo, se trata de una generación conceptual de igualdad ante la ley, es muy significativo que la institucionalidad funcione. De la misma manera que se genera una expectación sobre el resultado judicial, también debe ser importante definir hacia donde se dirige la nación en materias tan vitales como los dineros del pueblo, vamos hacia una sociedad democrática… con un sentido de igualdad histórico. Este tema implica una arista filosófica planteada hace mucho por Aurelius Agustinus: "el mal de la política o la política del mal"… condición que refleja un carácter individual y social, individual: puesto que existe un Ser que comete un delito conscientemente; social: puesto que un grupo de personas le apoyan con toda su inteligencia, es muy similar a Hitler, no estaba solo; en cualquier caso nos obliga a elevar nuestro nivel de ciudadanía. Así la justicia intenta en nuestro Siglo XXI educarnos sobre un caso ejemplar, casi una utopía, "somos iguales ante la ley", de ser así una ventana parece iluminar nuestra oscuridad, las cárceles tendrán nombres comunes y corrientes, junto a una multitud de apellidos ilustres… porque quizás existen más aspirantes a oligarcas que pobres en El Salvador.

Es muy sintomático este evento, puesto que explica el perverso modelo que produce miles de pobres al robar el dinero del pueblo, el producto final es una nación con sed de justicia, por ello cuando veo la realidad nacional veo en los pobres la verdad, ellos no mienten con su despojo, en ellos reside la injusticia estructural, son la verdad viviente. En consecuencia debemos avanzar en la democracia y que la justicia funcione.

10ABR014

No al expansionismo del crimen organizado

Parece que la campaña política (en referencia al tema de seguridad pública) sigue en tiempos postelectorales, aquellas expresiones de diversos tonos, con una divulgación masiva de mensajes partidarios dañaron la credibilidad de muchas personalidades. La seguridad nacional fue lesionada gravemente cuando se removieron a los militares retirados de sus puestos de mandos por un mandato constitucional, este concepto pesa ahora más que antes, por lo menos tenemos a quién atribuir la escalada de violencia que vivimos, al menos ahora observamos severas diferencias: aumento de asesinatos, ataques a miembros de la Policía Nacional Civil, incremento de violencia armada contra ciudadanos indefensos, matanzas de familias, uso de armas de fuego exclusivas del ejército, etc. No obstante, antes de la declaración de inconstitucionalidad existían resultados visibles, había el innegable evento de la disminución de la violencia, desafortunadamente al politizar el tema de seguridad y con el objetivo de ganar votos para un partido en lugar de pensar en la nación, aquella iniciativa culminó en la ruina actual. Ahora podemos discutir con resultados. La ciudadanía tiene cansancio de lamentarse por tanto luto, mientras el número de víctimas crece, la realidad que vivimos no puede dejarse en manos únicamente de los políticos y personajes dignos de una novela de García Márquez jamás escrita: "de las maras y otros demonios", después de tantos lamento, ¿por qué no preguntan a las víctimas los procedimientos a seguir?, ¿preguntemos a los familiares qué acciones tomar?, la definición de estos actos tiene nombre: TERRORISMO. Estos señores del mal, son muy afortunados por habitar este territorio centroamericano, imaginemos que tratamiento tendrían en una nación de primer mundo, pero si esto es demasiado, pensemos el tratamiento hacia los terroristas en cualquier nación de Asia, para no ir demasiado lejos, ahí está Sudamérica… el juego político electoral, pre-electoral, postelectoral, pretende ser la moneda de cambio por el ascenso de algunos personajes fracasados hacia el parlamento salvadoreño por el tema de la Seguridad, pero las soluciones han sido escritas hace mucho en naciones como México, Colombia, Estados Unidos que saben muy bien aplicar los procedimientos antiterroristas. Si recordamos la Historia del siglo pasado, llenaríamos páginas de sangre por acusaciones similares, que no vale la pena mencionar.
Las soluciones deben ser de la misma naturaleza que los delitos contra la población civil, no se puede combatir el terrorismo con campañas electorales, ni promesas, ni relatos de héroes contra dragones, debemos reformar la constitución, defender a la Policía Nacional Civil con leyes que protejan su accionar, aumentar la capacidad de la represión legal, eliminar cualquier defensa jurídica a los sujetos identificados de cometer actos terroristas, nuestra democracia no sobrevivirá a la negligencia jurídica de quienes odian la paz social a nombre de un partido político, cuando la nación somos todos. En democracia podemos encontrar soluciones, pero debemos reaccionar ya, no es posible imitar Arthur Neville Chamberlain, que permitió el expansionismo nazi a nombre de la paz, este podría ser nuestro destino: "permitir la expansión decisiva del crimen organizado y el resultado será la destrucción nacional".
24ABR014

http://www.cesarramirezcaralva.com/

1°de mayo por la defensa de los trabajadores

En la segunda década del siglo XXI, las amenazas a los trabajadores ya no son las huestes fascistas, ni las dictaduras, ni los esbirros escuadrones de la muerte, sino las nuevas bandas criminales que asesinan a: niños, niñas, padres de familia, maestros, transportistas, taxistas, soldados, policías, oficiales militares activos o en retiro, profesionales etc. Tomando en sus manos la vida de ciudadanos valiosos. Los ciudadanos honrados son trabajadores, se ganan el pan a diario con gran esfuerzo, en estos días vivimos el luto de las familias indefensas ante el sicariato de estas bandas criminales. Parece que nos acercamos al agotamiento de las propuestas democráticas, un camino tortuoso conocido en la historia de otras naciones, por ello abogamos por una victoria definitiva contra el mal enquistado en las maras. La defensa de los trabajadores debe partir de sus propias estructuras cuando no tienen otro recurso social, es muy doloroso el cuadro de violencia que refleja el asesinato de honrados trabajadores a manos de asesinos armados. Es evidente que ningún gobernante quiera homologar a Hitler en su camino represivo, pero debemos preguntarnos sobre las soluciones posibles de los trabajadores.
Colombia respondió en su momento con organizaciones que al nombrarlas provocan horror, en México ahora existen "autodefensas", en Guatemala se producen linchamientos públicos y en Costa Rica los ciudadanos también han demostrado su enojo contra un bandolero que atacó a una mujer embarazada, no es necesario recorrer los caminos conocidos; para algunas personas la victoria sobre los enemigos de la sociedad (los antisistema, los terroristas, los que no desean la paz bajo ningún argumento), no puede ser otro que los ríos de sangre justamente vengativos, que también llevarán la bendición de Dios y la alegría popular; pero este camino no debe suceder, no repetiremos el error del Antiguo Testamento: "ojo por ojo", "diente por diente", en otras palabras: "sangre por sangre"....
Ese camino nos conducirá a la destrucción histórica similar a: Alemania Nazi, Yugoslavia –secesión balcánica-, algunas naciones africanas con sus luchas tribales, nuestra guerra civil con todas sus atrocidades… ya conocemos esos destinos.
No debemos repetir el camino de Caín y Abel, no seremos otro Caín, por lo tanto el mejor camino para combatir: la extorsión, la organización para delinquir, el terrorismo, las drogas, etc., es el desarme de los antisistema, un cambio de actitud, una oportunidad de esperanza, un acto de buena voluntad visible y verificable, de otra forma el llamado a la autodefensa civil cobrará fuerza incontrolable, donde al final existirá el reino de la venganza. La autodefensa de los trabajadores está implícita en los artículos constitucionales del 1° al 28 de nuestra Constitución, pero no son válidos para aquellas personas que comente actos terroristas y no tienen calidad ciudadana. El día de los trabajadores salvadoreños recuerda a todos aquellos: hombres y mujeres que ofrendaron sus vidas por una nación diferente: democrática y en paz social, ahora en la segunda década del Siglo XXI, con las banderas de la libertad frente al capitalismo salvaje, también es tiempo de las nuevas batallas contra los

antisistema; la autodefensa será innecesaria si todos aquellos que ahora cometen actos contra inocentes, deponen su actitud ante la legalidad de nuestra Constitución.
01MAY014

Justicia y democracia ahora

La democracia funciona en este momento histórico, nuestro deber es contribuir hacia un nuevo horizonte de paz social. Después del momento electoral aún están presentes las heridas provocadas por la propaganda negra usada furiosamente en la campaña presidencial, ahora se inician los procesos jurídicos contra algunos personajes que confundieron la difamación con la propaganda política, de tal manera que violaron los derechos civiles del primer ciudadano de la nación. En esencia los procesos jurídicos no son procesos políticos, no son defensas de tesis liberales contra antítesis conservadoras, no es el Estado contra un ciudadano, es un ciudadano en defensa de sus derechos legítimos contra otros ciudadanos, de tal forma que ésta condición no es una persecución política; y se resolverá por las instancias que imparten justicia.
La famosa tesis fascista: "miente, miente, que algo queda", fue derrotada, la población no creyó la patraña divulgada por diversos medios de comunicación, ni aceptó como argumento las difamaciones estructuradas por rumores perversos, ahora el ajuste de cuentas se resolverá en los juzgados. La propaganda negra sirve: "para difamar, avergonzar o tergiversar la naturaleza real del enemigo o el conflicto", éste viejo método fue usado por Hitler en su libro Mi Lucha (donde implanta la Gran Mentira), pero en nuestra nación en tiempos pasados, era un recurso ordinario, con una breve mirada de calificación de los adversarios del autoritarismo llenaríamos volúmenes, de igual manera durante el conflicto de los años ochenta, esta acción parece que resucitó en el momento electoral y es difícil olvidar los trol informáticos, uso de estadísticas, líderes de opinión etc.
Es notable el modelo educativo que observamos en este evento, un expresidente procesado judicialmente, dos diputados que podrían perder el fuero político, otro ciudadano procesado por difamación.

No obstante si nuestra democracia es fuerte, se impondrá la justicia. Este momento nos invita a la reflexión, debemos trabajar por una nación diferente. Democracia es dialogar, construir consensos, ejercer la justicia ciudadana, ganar el futuro. Democracia es el sometimiento de la minoría a la mayoría, lo cual implica: tolerancia, pluralidad, reformas constitucionales etc., este momento es crucial debido al avance regional en muchas áreas económicas, aumento del desarrollo humano, integración internacional etc., es notorio el agotamiento de la forma de gobernación oligárquica, ya no es posible que el Estado sirva a intereses particulares, se necesita un Estado moderno sin peculado, nepotismo, tráfico de influencias, etc. Esencialmente una relación Estado-Sociedad acorde al Siglo XXI. Pensar en la sociedad post-electoral significa abandonar la concepción ideológica en la conducción nacional de los sectores: Productivos, Profesionales, Agrícolas etc., crear una cultura que

nos permita liberar a los pobres de su esclavitud estructural, ésta no puede ser de otra manera que creando riqueza, generando una nueva iniciativa privada incluyente.
08MAY014

http://www.cesarramirezcaralva.com/

Consciencia de desarrollo nacional

La nación necesita un nuevo modelo de Iniciativa Privada, que considere a los trabajadores su principal activo, además con un sentido fundacional hacia el Siglo XXI orientado en el objetivo estratégico de la inversión nacional. La imagen del sector privado es de confrontación permanente contra el sector gubernamental, específicamente los últimos cinco años sus mensajes son políticos, contrarreformas, crispantes, con una exagerada visón catastrófica donde viajamos hacia el abismo sin ninguna posibilidad, aún están frescas la palabras: "solo un loco puede invertir en El Salvador", además las declaraciones incendiarias de la última campaña electoral, etc., etc., estamos tan sensibles al tema de la Iniciativa Privada que cualquier crítica hacia esa entidad parece un pecado mortal, como si no viviéramos en una nación plural, tolerante, multicultural y democrática. Un poco de historia nos haría recordar la confrontación de la Reforma económica de la Democracia Cristiana en los años ochenta, luego la resistencia de un sector conservador que años después ejecutó la contrarreforma del sector financiero, así los bancos regresaron a una verdadera élite de poder y sus huellas aún son visibles en la sociedad, posteriormente así se transfirieron enormes cantidades de dinero a Costa Rica en el caso Finsepro-Insepro y recientemente la historia se repite con un banco salvadoreño en operaciones sospechosas. Si continuamos con los ejemplos la última campaña electoral es significativa, pero si nos proponemos cambiar el lenguaje: amigo-enemigo para eliminar la confrontación permanente, debemos ampliar la visión hacia un concepto nacional de: "conciencia de desarrollo", aunque esto parece un espectro inmaterial e infantil, si la nación no construye un concepto de unidad y consciencia de trabajo entre los sectores: Gubernamental, Iniciativa Privada, Trabajadores, Comunidades etc., todas las profecías apocalípticas que conocemos serán una realidad. Es usual culpar al Gobierno de todos los males, pero no es usual preguntar sobre la responsabilidad de la Iniciativa Privada en campos como: Seguridad, Desarrollo Local, Educación, Inversión Social, Oportunidades para jóvenes excluidos etc. La ausencia de la consciencia de unidad nacional nos lleva a la confrontación permanente, ésta consciencia debe observarse en temas como: solicitar la inversión internacional norteamericana en muchos niveles. La política fiscal no debe ser es un tema sensible, crispante y explosivo, de igual forma en: pensiones, sistema tributario, transparencia, inversión local y un largo recuento de intereses compartidos entre gobierno, iniciativa privada, trabajadores, que tienen como denominador común la pérdida de confianza entre unos y otros. Para construir la confianza se necesita "delegar responsabilidades" entre los sectores interesados, pero si no existe ningún modelo de participación, ni siquiera un mínimos concepto de conciencia por el desarrollo, nuestra realidad es muy desalentadora. La iniciativa privada necesita planificar sus proyectos a largo plazo, el gobierno necesita consolidar sus políticas tributarias, los trabajadores necesitan aumentar su nivel académico y humano, esta condición se traduce en una nación competitiva, que necesita demostrar que un producto local tiene calidad demostrable en todo el planeta. Me parece que ese es el camino, pero los sectores nacionales de trabajadores, iniciativa privada y gobierno tienen la palabra.

15MAY014

Los contribuyentes: solidarios con la nación

Somos contribuyentes desde el momento que realizamos un trabajo asalariado, pero también por cualquier transacción comercial durante nuestra vida social. Un contribuyente es una persona física con derechos y obligaciones frente a un ente público, en general las declaraciones de la renta anual son obligatorias. El destino de nuestros impuestos es materia política, es un discurso electoral, en muchas ocasiones manipulado hasta el cansancio, no obstante recientemente notamos cierto alivio en las demandas sociales, la inversión en educación, salud, comunicaciones, infraestructura, etc., éstas acciones parecen responder al clamor popular de mejores servicios, al final los impuestos son el financiamiento directo del Estado, con todas sus implicaciones. Los contribuyentes son personas físicas o personas naturales. Todo ciudadano que en alguna ocasión se integró a la economía "formal" conoce el rigor de pagar impuestos, es una condición sistemática que se inicia al momento de registrarse el sistema tributario, así se crea el diálogo fiscal entre Estado, Sociedad (privada, jurídica), ciudadanos, Entidades Comerciales, etc. Ese diálogo impositivo finaliza con la muerte individual, no obstante en ocasiones se prolonga después de la muerte por deudas jamás pagadas al Estado... No obstante existen personas que no pagan impuestos, ahí están las leyes para eximir de cargos a entidades sin fines de lucro, asociaciones humanitarias, asociaciones de voluntariado social, etc. Este caso es contemplado por las leyes. No obstante cuando la evasión fiscal se comete con dolo por personas físicas o jurídicas, empresas comerciales, este acontecimiento tiene otro carácter. Un caso: aquella persona física jamás se inscribió como contribuyente, no tiene por lo tanto antecedentes de ingresos, egresos, transacciones comerciales, está limpio, sin embargo es socio mayoritario de sociedades comerciales por medio de acciones de terceras entidades en una sociedad anónima, en otras palabras de capitales; ausente de la junta directiva los dividendos de la sociedad comercial tiene un destinatario lícito, de ahí salen los bienes inmuebles, propiedades, fortunas financieras, todo el conjunto de acumulación que el sistema permite...no obstante ésta persona "no paga impuestos"... aquellas propiedades simplemente no están a su nombre. ¿Cómo puede suceder esto? Las leyes vigentes son ingenuas en muchos aspectos. Este caso es "normal" en las Sociedades Anónimas, sucesiones, etc., donde existen testaferros ridículos, pero dejan visibles el rastro de fortunas y lujo inexplicable, de esa forma se evaden impuestos hacia el Estado, que dañan a la nación en todo sentido. El caso se parece a las fortunas provenientes del reino de la fantasía, contrabandos de ilícitos, etc., los cuales parecen anónimos, no existen rastros de ilegalidad y sin embargo: "de la nada" disfrutan de lujos que las personas comunes no lograrán jamás.

Debemos modificar las leyes tributarias, si vivimos en capitalismo todos debemos pagar impuestos, no es posible que los trabajadores cumplan mes a mes con sus deudas fiscales, mientras los evasores fiscales se amparen en esa ausencia de regulación tributaria. Debemos ser solidarios con la nación.
22MAY014

"Qinquenio del cambio" para la historia salvadoreña

Cinco puntos para la Historia: 1° No aconteció el esperado Golpe de Estado ansiado por las fuerzas ultraconservadoras, recordemos que el nombramiento del Ministro de Defensa Nacional y el otorgamiento de su grado de General -el cual había sido negado en gobiernos anteriores, además de la resistencia de algunos sectores de militares en retiro, voces de opinión que expresaron supuestas rupturas constitucionales, así como los pronunciamientos públicos de organizaciones interesadas en desestabilizar desde un inicio al nuevo gobierno-provocaron en la opinión pública una mentalidad de expectación morbosa que no llegó a cristalizar el esquema golpista de Honduras, de ahí la visita de un ilustre adalid del Golpe de Estado Legal -que brindó conferencias a sectores interesados en los mismos procedimientos- afortunadamente existieron factores internos y externos que impidieron aquél acto suicida para la naciente democracia salvadoreña. 2° La separación de Partido-Gobierno. El presidente Mauricio Funes delimitó una línea entre política gubernamental y objetivos partidarios, así terminó el concepto Partido-Gobierno. Durante muchos años el partido oficial era sinónimo de Gobierno, de tal manera que no existía diferencia entre ministros, subsecretarios, directores de autónomas, porque todos eran del mismo partido, así el Secretario General era dueño del Partido y el Presidente dueño de la nación, el problema de ese esquema era que la institución heredaba todos los males del Presidente de la República, el caso del expresidente Flores es ejemplar, junto a él todos sus exfuncionarios incluyendo a sus estructuras organizativas; ahora en la nueva era, de existir anomalías, delitos, peculado etc, el Partido podrá simplemente acusar a individuos, no a un ejercicio sistemático como el antiguo modelo oligárquico. La nueva administración debe fijar fronteras y gobernar para la nación sin excepciones, el Partido Oficial debe forjar alianzas y acuerdos multisectoriales. 3° El apoyo de Estados Unidos de Norteamérica a nuestra democracia. El "Gobierno del Cambio" logro un apoyo decisivo de la administración Obama, las señales de apoyo fueron la visita del presidente salvadoreño a Estados Unidos donde se reunió con sectores del partido demócratas, organismos internacionales etc. que reconocieron la legitimidad gubernamental. En reciprocidad el presidente Obama visitó el mausoleo de Monseñor Romero y saludó a la nación con diversas acciones políticas. 4° El equilibrio Iglesia-Estado. La Iglesia católica tiene un papel categórico en la historia nacional, sus acciones son visibles en muchos aspectos sociales; ahora su papel parece alejado de los intereses populares, existe un abismo entre la

Iglesia y el dolor del pueblo, los más pobres soportan solos el calvario capitalista… los desafortunados eventos: destrucción del mural de Catedral y luego el cierre de Tutela Legal, ambos inéditos en la Historia Nacional colocaron a la administración Funes en un precario equilibrio al caminar entre demandas nacionales patrimoniales y acciones legales, de esos episodios hablan las renuncias de funcionarios notables. 5° El Ejército Nacional, el cual ha demostrado un cambio tan significativo en su lectura social que incluso antiguos adversarios saludan a la otrora odiada institución con entusiasmo, excelente lectura durante este período, recordemos que exmilitares y sectores llamaron a la sedición en diversos momentos, no solo en el último evento electoral; no obstante ha cumplido su papel constitucional en forma ejemplar.
29MAY014

Muestras públicas de odio y desprecio a duelo familiar

El primero de junio de 2014 se efectuó el traspaso de mando presidencial de la Administración de Mauricio Funes a Salvador Sánchez Cerén, el acto solemne fue transmitido por diversas redes sociales y medios de comunicación, las delegaciones y misiones sumaron más de un centenar de amigos de El Salvador. La clase política asistió como testigos de un evento trascendental: "el segundo gobierno de izquierda en la nación", un acontecimiento sin precedente en la historia republicana. Los actos protocolares sucedieron con pequeños fallos aceptables, mientras la expectativa crecía ante la llegada de los poderes de la nación: Legislativo, Ejecutivo y Judicial, de esta forma con el auditórium pleno ingresó el ciudadano presidente Mauricio Funes, quién con dificultad llegó a la ceremonia por el fallecimiento de su madre el día anterior; en su trayecto podíamos adivinar sus pensamientos por una gestión llena de dificultades y muchos éxitos, con grandes sobresaltos en toda la línea del tiempo. En el presídium del evento se encontraba la Junta Directiva de la Asamblea Legislativa, el presidente saludó a cada uno de los secretarios, no obstante los miembros del partido ARENA se negaron a estrechar la mano y dieron la espalda al ciudadano presidente, los ojos del mundo fueron testigos de un acto abolido incluso en los protocolos de enemigos militares, una falta de respeto, honor y reconocimiento a la más alta calidad ciudadana. Pocas horas después un desfile bufo convocado por ARENA recorrió algunas calles de la ciudad, ese carnaval grotesco, satánico, infame y vergonzoso se presentó al hospital donde yacía la madre del expresidente Funes, e hizo gala del desprecio al dolor familiar y su duelo por un ser querido, tal acontecimiento liderado por lumpen sociales parecían disfrutar de sus expresiones perversas y degeneradas, su odio es de tal naturaleza que no ocultaban su desprecio por el dolor ajeno, al igual que los nazis celebraban la muerte de sus opositores. Estos actos generan repudio, el irrespeto a la memoria de los seres queridos es observada incluso por los ejércitos enemigos, por ejemplo en Vietnam, existía después de los combates un pacto de silencio de armas para retirar a los cuerpos de los soldados y permitían las ceremonias fúnebres de ambos bandos, los cronistas rescatan el respeto de los soldados norteamericanos y vietnamitas por sus combatientes, unos con ritos budistas y otros con

tradiciones occidentales, existía honor y respeto. Pero estas acciones de honor y respeto no sucedieron en ese acto repudiable del desfile bufo convocado por ARENA, políticos fracasados y un líder pronazi, -que buena escuela trae de aquella Alemania repudiable-, es un precedente de odio, cobardía y cinismo de los ejecutores de tan lamentable acto. Las expresiones de estas personas muestran que no tienen límites éticos, confunden la política con el odio personal, sin respuesta a los planteamientos estratégicos, responden con irracionalidad a las realidades sociales, como aves que se estrellan en los cristales contra la imagen de espejo, no distinguen entre la realidad y la fantasía extremista. Imaginemos que esta acción inicie un modelo de conducta fanática, en el momento que ellos sufran la pérdida de sus seres queridos, otro grupo social asistirá a sus funerales con cohetes de vara y mariachis, mientras payasos se burlarán de su luto por las calles de la ciudad, portarán un cartel gigante con la leyenda: "favor avisen cuando se muera su madre"… pero no sucederá: por honor, respeto y reconocimiento al dolor del adversario.
05JUN014

Sector privado con nueva mentalidad

El Sector empresarial tiene por objetivo invertir en sus negocios, debe construir una estructura económica más allá de una administración gubernamental, con una mentalidad de crecimiento y desarrollo. Hemos observado durante estos últimos años una distorsión del objetivo estratégico del sector privado, convirtiéndose en actor político, pronunciándose en áreas que no le pertenecen como en las pasadas elecciones, así muchas empresas fueron denunciadas por promover el temor a sus trabajadores si votaban a favor de un partido político, esta connotación provoca una imagen distorsionada del empresario tradicional. El empresario está llamado a desarrollar su empresa, crear relaciones con todos los sectores de la sociedad, expandir su negocio con diversificación, elaborar un producto de tanta calidad que compita en niveles internacionales, ese empresario visible en otras naciones quizás dejó de existir en nuestra nación. Es posible que el conflicto armado creara los fantasmas necesarios para el discurso: "amigo-enemigo", "amigos son todos los capitalistas, quienes no piensen como nosotros son comunistas", ese discurso obsoleto aún persiste, es una lástima. ¿El sector privado evoluciona al mismo ritmo que el capitalismo o involuciona bajo un discurso político del pasado?, es evidente que la eterna oposición a toda la democratización de la economía provoca un retraso en el mismo desarrollo del capitalismo, hace mucho tiempo que la movilidad social tiene serios desajustes en nuestro modelo económico, la correspondencia estudio-empleo-salario no coinciden con las ofertas de trabajo, de tal modo que la meritocracia no aplica, de esta forma muchos profesionales son desempleados, tiene sub-empleos o simplemente emigran del país… esta condición es una resultante de la relación empresa privada, gobierno, inversiones internacionales,

demanda laboral, etc., la apertura del mercado en todas sus modalidades también parece una ficción, el libre mercado tiene doble discurso por ejemplo en las radiotelecomunicaciones; la nación necesita un cambio de mentalidad hacia la democratización del capitalismo, ello significa generar confianza "política" entre trabajadores y empresarios, crear un clima de diálogo entre el gobierno junto a la iniciativa privada, aceptar la Reforma Tributaria para sumar esfuerzos bajo la unidad nacional.
La opinión pública es bombardeada con mensajes negativos sobre la Reforma Tributaria, se difunden conceptos políticos pero no argumentos económicos, así los mensajes llenos de falacias golpean día a día a la población como una campaña política, pero nunca en toda la historia de la nación se han divulgado con la misma intensidad las ganancias anuales de algunas empresa exitosas por más de $100 millones después de impuestos, salarios y derivaciones, son utilidades extraordinarias, estas acciones jamás son divulgadas, ¿por qué no anuncian los excedentes con la misma vehemencia? Estos datos se pueden encontrar en los estados financieros y en los informes anuales públicos hacia los accionistas. No existe un límite a la ganancia de estas entidades, cabe destacar que en otras naciones los límites de utilidades están normadas y al sobrepasarlo pagan impuestos. Necesitamos entonces una nueva mentalidad del sector privado, que retorne a la visión estratégica de invertir. El Estado necesita de una Reforma Tributaria acorde a la realidad nacional, un cambio de mentalidad es necesario para la garantizar los intereses de la nación en los siguientes años.
12JUN014

Inconstitucional

Parece que tenemos dos gobiernos: uno electo por votación libre democrática y otro en la Sala de lo Constitucional de elección secundaria por la Asamblea Legislativa. La Sala Constitucional interpreta la Carta Magna por criterios "no escritos". Mientras el gobierno constitucional funciona con sus instituciones, el otro formado por magistrados de elección secundaria dictan sus fallos gobernando sobre nombramientos de la Asamblea Legislativa, así el anatema jurídico: "inconstitucional" elimina algunas de las acciones del Poder Ejecutivo, Legislativo etc.
Este procedimiento es recurrente: contra exmilitares que ocupaban los ministerios de seguridad pública y policía nacional, versus el presidente de la Corte Suprema de Justicia, fallos contra elección de magistrados de la Corte Suprema de Justicia, elección de presidente de Corte de Cuentas de la República, presidente del Tribunal Supremo Electoral etc.
En el caso del presidente del Tribunal Supremo Electoral, la pertenencia a un partido político es el detonante para el anatema, pero es una situación de interpretación, puesto que la constitución no refiere ese impedimento. En las atribuciones y competencias correspondientes a la Asamblea Legislativa, "art. 131. No. 19" puede elegir a diversos funcionarios de la Corte Suprema, Tribunal Supremo Electoral, Corte de Cuentas, Fiscal y Procurador, etc… en cualquier caso ¿cómo interpretar este fallo en este momento? Tomando en consideración que los siguientes funcionarios electos por la Asamblea Legislativa podrían correr el mismo destino al ser considerados afiliados a un

partido político, esta situación crea incertidumbre funcional en las instituciones de la República, vulnera la continuidad de objetivos democráticos y siembra la duda si estas decisiones son instrumentos de un partido de oposición empeñado en destruir la gobernabilidad nacional.

Si los elementos que motivan estos fallos "no existen escritos", las solución deben ser nominarlos, calificarles, con el objetivo que no se repitan en los siguientes nombramientos, de esta forma se debe reformar la constitución de la República, condición prevista por la actual Constitución en el Art. 248, "La reforma de esta Constitución podrá acordarse por la Asamblea Legislativa, con el voto de la mitad más uno de los Diputados electos… ", si es posible debe ejecutarse pronto. No obstante el fallo inconstitucional es paradójico, la constitución permite el libre pensamiento Art. 6, y la libre asociación Art. 7, son derechos individuales del ciudadano… Es necesario anotar que la Constitución no menciona partidos políticos porque limitaría su visión de nación, de igual forma tampoco menciona una ideología o un sistema social, si ocurriese así retrocederíamos al sistema de castas, con límites sanguíneos, ejercicios políticos, cargos administrativos, supremacía de raza, privilegios de cunismo y apellidos ilustres etc., sin duda eso provocaría la fundación de una nueva república, por supuesto previo a una Revolución que abolirá este sistema jurídico que provoca mucha incerteza.

Lo importante es buscar soluciones, la reforma siempre será un camino menos arriesgado que prolongar por más tiempo la incertidumbre de nombramientos fantasmas, con el daño funcional que provoca al sistema democrático.

19JUN014

Niños y niñas emigrantes

Con preocupación observamos la realidad de los niños y niñas emigrantes, es una saga de la desesperación del Sur hacia el sueño del Norte. La radiografía de los emigrantes repite la misma historia: angustia económica, inseguridad social (dictaduras, guerras, pandillas), reunificación familiar, dignidad humana. El fondo de esta condición es el desarrollo de las democracias en todo sentido: económico, político, social, puesto que vivimos en sistemas primitivos que no se modernizaron a tiempo, son décadas de un sistema agotado; en nuestra nación la corrupción y el modelo oligárquico aún clama por sus privilegios y monopoliza la riqueza de la nación. Emigran los pobres, las proyecciones son apocalípticas, el 07JUN014 el presidente Obama calificó de "crisis humanitaria", la llegada de los niños indocumentados que cruzan la frontera solos. 90,000 niños es la proyección para 2014, 90% más que en 2013, el cálculo para 2015 es 142,000. De los 1,000 detenidos en Texas, solo 57 son guatemaltecos, muchos hondureños y salvadoreños, hasta el momento en Texas se han detenido a 97,386 indocumentados. ¿Quiénes emigran?, las personas que han sido abandonados por el sistema, no tienen ninguna esperanza en el modelo político y su seguridad es mínima en las calles de la ciudad, el detonador de esta tragedia es el narcotráfico, las armas norteamericanas y las pandillas, éste fenómeno es multinacional,

pero se exigen soluciones particulares. El 11JUN014 el congresista norteamericano Luis Gutiérrez asegura: "lo que está llevando a los niños a la frontera es la violencia, los carteles y las drogas". La imagen no puede ser más dramática: 337 niños son salvadoreños expuestos a peligros, abusos y desapariciones. 16JUN014 En Honduras las bandas de coyotes habían lanzado el rumor de una amnistía para niños que llegaran solos a Estados Unidos, lo cual ha sido desmentido por autoridades norteamericanas, pero se omite que el costo por persona que los coyotes han cobrado para su traslado a las fronteras norteamericanas es de $8,000, el simple cálculo de estos datos nos daría millones de ganancias para estas redes. El 19JUN014 EEUU anunció que no dará asilo a niños por medio de Hillary Clinton, la posición entonces es clara, las familias fueron engañadas por los traficantes de personas, los niños serán deportados pero el dinero no se devolverá a las familias doblemente afectadas. Una reciente cumbre centroamericana con el vicepresidente Joe Biden de EEUU se realizó para buscar soluciones, pero es difícil que desde las nubes se pueda distinguir el camino de hormigas de las bandas organizadas que trafican con personas, no puede existir solución mientras el consumo de las drogas continúe en Estados Unidos, no puede existir solución con tanta arma en manos de la delincuencia, mientras vivamos en nuestras ciudades latinoamericanas con la pobreza a cada paso o la inseguridad en los barrios, la emigración continuará día tras día, ignorar las causas o no ayudar a las naciones centroamericanas en esta lucha desigual contra el crimen organizado, provocará mayores desastres, un día destrozará nuestro modelo social. El fenómeno migratorio no es político, es económico y social con muchos años sin democracia, me parece que la solución se inicia de esa forma, fortaleciendo la democracia en todo sentido.
26JUN014

http://www.cesarramirezcaralva.com/

Amnistía temporal para niños y niñas emigrantes

La emigración salvadoreña es un problema histórico que requiere soluciones de largo plazo. La desesperación por la inseguridad social, pobreza, el agotamiento del modelo productivo agroexportador, la oligarquía depredadora monopolista, el autoritarismo etc., han generado esta tragedia. La nación tiene una oligarquía feroz, excluyente y obsoleta que se niega a pagar impuestos. Caso por caso las familias han sido expulsadas de nuestra nación hacia la aventura del Norte a "su suerte", muchos han logrado llegar, mientras otros han fracasado en su intento. Tres naciones son mayoritarias con los niños y niñas que llegan al Valle del Río Grande: Guatemala, Honduras y El Salvador, situación descriptiva de la pobreza, son las naciones más expuestas a los antiguos modelos económicos oligárquicos, con una enorme diferencia con la vecina Costa Rica, ¿por qué el fenómenos no sucede en Costa Rica?, ahí existen respuestas contundentes, esencialmente el ejercicio de la Democracia. El mecanismo de emigración es el mismo del pasado, los padres se fueron solos y luego buscan su legalidad, así transcurren décadas, así fue durante la guerra civil y posteriormente por la inseguridad de las bandas criminales que amenazan a las poblaciones indefensas, cabe mencionar que estas bandas organizadas denominadas "maras" se formaron a Estados Unidos y fueron deportados a las naciones involucradas: Guatemala, El Salvador y

Honduras. La deportación de muchos delincuentes antisistema organizados en Estados Unidos provocó un desastre en las naciones centroamericanas que no tienen defensas ante este fenómeno, de esa forma la actual emigración forzada es consecuencia de aquella mala política norteamericana. El mensaje de los niños centroamericanos es muy simple: "desesperación" ante un modelo económico y social agotado, no funciona la movilidad social, ni la promoción ciudadana, ni la cultura de arraigo a la nación, tampoco existen oportunidades de empleo, entonces el círculo vicioso se consolida de generación en generación. John Kerry se reunió en Panamá con los líderes de las naciones mencionadas y posteriormente entre el 7 y 13 de julio llegará el asesor general del Departamento de Estado Thomas Shannon, sus propuestas son: controles migratorios, cooperación para el flujo de emigrantes, inversiones en centros de repatriación, cooperación en seguridad y programas de desarrollo. Esos proyectos no funcionarán si no existen fuentes de empleo y proyecciones de largo plazo. Es notable la ausencia en El Salvador de un Ministerio de Emigrantes, no existe educación, ni seguimiento, tampoco responsabilidad gubernamental, de tal manera que cada ciudadano emigra "a su cuenta y riesgo", si el objetivo es desalentar la emigración se deben crear centros de trabajo en la nación, erradicar a las bandas criminales, aumentar la inversión económica productiva en las comunidades pobres etc., un cambio cultural de largo plazo. La deportación masiva de los niños alentará a las bandas organizadas a continuar con su negocio de mentiras, corrupción, fraudes y extorciones, una cadena de tragedias ya conocidas. El aumento de remesas familiares tiene origen en esta mentira de los traficantes, los padres financiaron el viaje de los chicos pero es un fraude, las fronteras no están abiertas, ni existen concesiones, ni siquiera cambio en la política migratoria norteamericana. Solicitar Amnistía temporal para los chicos puede ser una magnífica opción humanitaria, al final los niños emigrantes son producto de una mala política norteamericana del pasado.

03JUL014

Infantomigrantes en Estados Unidos

Los niños y niñas migrantes (Infantomigrantes) son producto de la pobreza o es un nuevo fenómeno de desintegración social?, en general las causas migratorias han sido las mismas durante toda la historia de la humanidad, la principal bandera es la Libertad: religiosa, política, democrática, económica, derechos humanos, etc., bajo estos conceptos históricos podemos leer los rasgos las nuevas tendencias de niños y niñas que tocan la puerta de Estados Unidos, ellos son el producto multicausal de los anteriores criterios. No obstante es significativo que esta población no es económicamente activa, no son productivos; si la edad es entre 8 y 17 años significa que ni siquiera han completado sus años de formación, este evento transgrede la creencia que solo los adultos migran, no obstante los niños y niñas en este caso han sido engañados e inducidos por personas mayores para optar por a esa decisión, una inducción criminal puesto que no existe una jurisdicción legal sobre el caso. Si en el Siglo XX los migrantes tomaron una decisión por su propia cuenta y riesgo, ahora en el Siglo XXI aparecen bandas criminales que se lucran de las esperanzas de la reunificación familiar en tierra extranjera; el negocio es millonario, las formas de asociación delictiva se construyen en la era digital por: redes sociales, comunicaciones satelitales, organizaciones con arraigos en terceras naciones, familias cooperantes, instituciones legales, etc. El dinero puede más que las políticas gubernamentales, incluso según denuncias usan: helicópteros, barcos, transportes terrestres, etc. Una red multinacional o "multilatina" con una enorme capacidad orgánica ilegal.

El caso de los niños migrantes es la calificación mediática que oculta la visibilidad jurídica, en realidad la migración es un calificativo despectivo, racista y discriminatorio, la nación receptora debería identificarles como seres humanos refugiados con estatus: económicos, políticos, perseguidos de pandillas, etc… Es la nación receptora la que califica a los migrantes, ellos al final no tienen un signo que les identifique de esa manera. Los niños y niñas son seres humanos que buscan refugio a sus temores reales. Al solicitar amnistía para los niños y niñas emigrantes nos referimos a un estatus de refugiado, una categoría no discriminatoria para los chicos que tienen padres en Estados Unidos, mientras quienes no posean esa calidad podría reorientarse su calidad humana en refugiados temporales.

No existe solución rápida, ni controles que puedan contener las esperanzas. Prevalece el mito de una vida mejor en Estados Unidos a cualquier costo, ese imaginario de una vida mejor allá en la tierra del Águila y el dólar no puede ser derrotado con promesas, campañas de comunicación, redes sociales, ni proyectos a futuro, solo puede ser derrotado por realidades económicas, sociales y humanas. Quizás es tiempo de comprender que la migración de las poblaciones económicamente activas ya no aplica en este caso, son chicos que desean vivir con sus padres a pesar de todo.

10JUL014

Tío Coyote mentiroso

Margot tiene por compañero de vida a Luis quién emigró a Estados Unidos, vivieron en "unión libre" procreando a Daniel, Margot crió a su hijo con las remesas enviadas por su abnegado padre. El sueño de Margot era emigrar a toda costa, así pasaron los años. Daniel recién cumplió 10 años, mientras Margot recibía diversas informaciones para emigrar por medio de coyotes locales e internacionales. En el mes de octubre de 2013 Margot decidió iniciar el riesgoso proyecto con su hijo, previo a ello los coyotes le aconsejaron realizar trámites locales de persecución de las maras –su caso era verídico-, en realidad el asedio en muchas colonias populares es el azote de las personas honradas, la violencia en el pueblo es indiscriminada, tampoco era falso que sus familiares recibían amenazas por extorciones en sus negocios familiares. Margot aceptó pagar $8,000 y otra cuota por su hijo; hipotecó su casa, vendió bienes, hizo préstamos de todo tipo, vendió sus joyas… en una palabra: "liquidó su vida económica en El Salvador"; esas eran las directrices de la "inteligencia coyote", un certero camino de seducción que proclama: "los niños y niñas son amnistiados en Estados Unidos".

La vida llena de peligros en los barrios, la condición económica sin solución a corto plazo, a cambio del sueño de trabajar en Estados Unidos: limpiando baños, paseando perros, cortando hortalizas, etc. trabajos que ningún norteamericano desea, son el "cielo abierto de Margot"… ella entregó su dinero sin comprobante alguno, solo por la voz y el contacto de

un personaje que pronto se comunicaría con ella, así un día llegó la llamada, indicando fecha, día y hora; ella con su hijo iniciaron el viaje hacia la tierra de Mark Twain, Ronald Reagan y Barack Obama. Una red de contactos iniciaba los pasos desde el primer momento, indicaciones detalladas de ropa, bajo perfil personal, cuidado del acento en Guatemala, México e información de los lugares donde llegarían. La inteligencia coyote les ha mentido afirmando que las autoridades migratorias estadounidense no tienen restricciones de ingreso para los menores, de igual forma su calidad de compañera de vida de un emigrante con permiso temporal le protegería. La travesía demoró mucho tiempo, vivieron en México en barrios pobres, ahí fueron separados porque su tono de voz podría delatarles, así que se les indicó una rutina de nexos familiares, incluso al chico le obligaron a llamar al coyote: "Tío", un "Tío coyote" ¡de verdad!... después de algunos meses en México se inició un largo camino hacia la frontera con Estados Unidos; Margot observó otros chicos y chicas en el grupo, una red de apoyo parecía preceder sus pasos, los sitios ya no eran: Tijuana, Calexico, Mexicaly, sino el desierto de Sonora y Valle del Río Grande; pero el recorrido fue en autobús. Luego de un trayecto accidentado llegaron a un campo abierto donde reposaba un helicóptero, éste les llevó a Estados Unidos y les abandonó a pocos metros de una autopista donde otro auto les esperaba, fueron advertidos que si la Border Patrol les capturaba –el mejor de los casos- se entregaran, presentaran sus documentos de persecución pandillera y no firmaran nada... poco después fueron capturados y ahora han decidido apelar su deportación por razones humanitarias. Margot usó un brazalete de control en su tobillo. El 14JUL014 el gobierno norteamericano anunció su deportación, así como a otros niños centroamericanos, ahora han perdido todo, hasta la esperanza de reunificación familiar. 25JUL014
17JUL014

Emigración permanente: soluciones

La emigración es la recurrencia de un fenómeno multigeneracional de las familia centroamericanas hacia Estados Unidos de Norteamérica, en realidad migrar al Norte es la solución básica de las familias excluidas económicamente, esta no es ninguna novedad, pero debemos preguntarnos si esta marginalidad tiene una solución histórica o solo es un discurso político de moda. La exclusión económica de miles de familias centroamericanas obedece a la arcaica condición estructural de la tierra, además el modelo educativo, la participación ciudadana etc... hablar de las estructuras económicas es un tema tabú en nuestra nación, también en Guatemala y Honduras, donde los trabajadores emigran expulsados de la miseria, es un tema prohibido porque se asocia al discurso comunista, toda reforma agraria, salarial, incluso la organización o seguro social de los trabajadores agrarios es "subversiva", en realidad es el reflejo de las políticas gubernamentales; ello originó las guerras civiles con sus explosivos movimientos sociales del siglo XX, a pesar de todo las estructuras se mantienen, han fracasado las tímidas reformas agrarias, nada ha cambiado en profundidad la reproducción de la pobreza, pero si ha cambiado la visión de los trabajadores para emigrar, muchos emigraron para ganar "algunos dólares más" logrando

un bienestar notable para sus familias, no obstante las familias de emigrantes arraigadas en las viejas estructuras reproducen el modelo del consumo, sin preocuparse por cambiar la realidad familiar –no tienen una cultura hacia la acumulación dineraria, ni la pequeña industria- así los hijos de los emigrantes tienen suficiencia económica, pero se enfrentan al terminar sus estudios con los muros de la movilidad social, de esa forma sin oportunidades de inserción, el modelo les obliga a emigrar al Norte…reproduciendo el circuito vicioso. Preguntemos a los afectados los motivos de su escalada migratoria, hagamos que participen en foros sobre las causas que provocaron su éxodo, no solo es la reunificación familiar, es su exclusión ciudadana de todo nivel, no tienen ciudadanía política, ni inserción económica, tampoco opinan sobre las personas que deciden su futuro; ellos son atomizados en su núcleo familiar, con hambre, inseguridad y desean bienestar económico, etc., pero los migrantes guardan silencio… algunos políticos hablan de crear organizaciones que realizarán campañas de disuasión hacia los emigrantes, me atrevo a predecir un enorme fracaso en esta iniciativa, puesto que el desarrollo local o modelos de asociación comunitarias aún son débiles. De igual forma el factor de emigración desequilibra a las familias entre beneficiarias y deficitarias de las remesas, una simple visita a los pueblos o vecindades identifica a estos grupos de ciudadanos; los objetos de consumo, telecomunicaciones, instrumentos de trabajo, vehículos, construcciones de casas, contrasta significativamente con las familias que no reciben remesas, ello demuestra que las remesas solo cambian el panorama individual pero la pobreza estructural sigue implacable en estas áreas. Cualquiera que sea el caso, miles de salvadoreños migrantes carecen de gobernación en los motivos de su éxodo, ocurrirá lo mismo en las siguientes décadas si no existe una oportunidad de trabajo temporal permanente para los emigrantes, ese es un objetivo capital del Estado, gobernar la migración legal y con audacia impedir la migración ilegal. Es una discusión política. Si no se puede evitar la emigración ilegal, ¿por qué no cambiar las estructuras? Si no existe solución estructural, el fenómeno migratorio no tiene solución.
24JUL014
http://www.cesarramirezcaralva.com/

Deportación de salvadoreños: una realidad histórica

Las cifras históricas en la deportación de compatriotas son conmovedoras, muestran números impresionantes del drama por sobrevivir a toda costa. Los datos de las deportaciones de Estados Unidos hacia El Salvador entre el año 2004 y 2009 fueron de 219,251; en el año 2010 29,187; 2011 25,336; 2012 31, 174 y durante 2013 19,265, según varias fuentes y el Departamento de Seguridad Interna (DHS, en inglés), al que está adscrito ICE, (Departamento de Migración y Aduanas), así el total entre 2004-2013 es 324,213 salvadoreños. Ahora en 2014 los datos publicados son alarmantes, principalmente sobre la reciente crisis migratoria de niños y niñas centroamericanas que el presidente Obama calificó de "crisis humanitaria".

90,000 niños es la proyección para 2014, 90% más que en 2013, el cálculo para 2015 es 142,000. De los 1,000 detenidos en Texas, solo 57 son guatemaltecos, muchos hondureños y salvadoreños, hasta el momento en Texas se han detenido a 97,386 indocumentados, según informaciones fechadas el 07JUN014. Los políticos norteamericanos convierten esta situación en pronunciamientos cruciales, de esta forma el 19JUN014 EEUU anunció que no dará asilo a niños por medio de Hillary Clinton, pero ahora existe una nueva posición al respecto, el 28JUL014, la ex Secretaria de Estado, **anunció su nueva postura en contra de las deportaciones masivas de menores migrantes**, afirmando que Estados Unidos debe proporcionar refugio a los jóvenes que puedan demostrar riesgos mortales en su país de origen y cumplan con las características de la ley… el cambio de opinión marca una esperanza para los jóvenes emigrantes perseguidos por la delincuencia en nuestra nación, quizás la dolorosa noticia del asesinato el 25JUL014 en El Salvador del joven atleta de Olimpiadas Especiales Noé Enrique Bonilla, de 18 años de edad ha marcado una llamada de alerta para el mundo, una llamada a los oídos de las autoridades norteamericanas clamando por un refugio ante la inseguridad reinante en ciertas zonas de nuestra nación, puesto que las amenazas se convierten en acciones cumplidas contra jóvenes indefensos.

El Ministerio de Justicia y Seguridad Pública afirma que en este año sucedieron 2,098 homicidios con un promedio diario de 10, de esos 258 han ocurrido en este mes… Deportaciones, homicidios, inseguridad, emigración, políticas norteamericanas que nos afectan o afectaron durante décadas son parte del mismo cuadro, nos enfrentamos a un fenómeno que no podemos resolver a corto plazo, debemos optar por soluciones multinacionales, debemos modificar el modelo legal y promover las reformas constitucionales pertinentes. Esta situación nos llama a la acción política y la unidad nacional.
31JUL014

http://www.cesarramirezcaralva.com/

Nuevas migraciones de niños con viejas soluciones

"Inmigrantes" es un estudio de José Ignacio Ruiz de Olabuénaga, publicado en España en el año 2000, por Acento Editorial, en el cual delimita esquemas teóricos como: La sociedad migracionalizada, Magnitudes migratorias, Flujos migratorios, Sociedades receptoras, Dimensiones centrales etc. La sociedad migracionalizada es el conjunto social sometido a procesos millonarios de emigrantes e inmigraciones que las han cambiado, de sociedades autocontenidas en sociedades migracionalizadas. Entre sus apartados señala: "Usted no ha emigrado todavía?, La sociedad móvil, Saltamontes y golondrinas. Bajo el tema migratorio en nuestra nación, con los millones de salvadoreños residentes en Estados Unidos y otros miles deportados, es tiempo de involucrarnos en este viejo tema, el cual ya no es solo un tema cultural de la represión militar calificado de Diáspora, sino una realidad social económica que nos autodestruye desde el núcleo familiar, empujando a miles hacia una aventura de vida o muerte. Es la misma historia de la humanidad en todos los tiempos, se trata de sobrevivir.

Ruiz toca un tema de nuestros días: migración y desarrollo. El documento es ameno y muy bien documentado sobre la visión europea de sus migraciones, un fenómeno recurrente a lo largo de la historia de las culturas. El capítulo 3 Flujos migratorios y sociedad receptora anota *La colaboración internacional como solución*: "Es frecuente que autores bien informados afirmen que la única manera de frenar los flujos migratorios sería la ayuda económica masiva de los países más ricos a los más desfavorecidos, así como la exportación e implantación de industrias que fomentasen su desarrollo interno"… en otras palabras cambiar las estructuras tradicionales generadoras de la pobreza, de tal forma que los medios de producción de primer mundo residan acá, con lo cual cambiaríamos el viejo esquema de producción de materias primas para convertirnos en naciones industriales… pero el mismo autor en otro párrafo indica: " Al parecer, la necesidad de solucionar la situación del desequilibrio norte/sur y de conjugar en condiciones de justicia social la economía global, se confunden indebidamente con la estrategia más conveniente y eficaz para regular los flujos migratorios"… o sea la legalidad migratoria es la guardiana de la "dictadura de la riqueza" del primer mundo, el resto de la humanidad vivirá por siempre en condiciones predestinadas económicamente.

Estas breves citas nos dibujan un panorama conocido, si observamos la migración de niños y niñas de Centroamérica hacia Estados Unidos, cruzando la frontera del Sur al Norte "a su suerte", (push/pull) empujados a salir por la desesperación de la pobreza, la violencia de las mafias, la delincuencia, la esperanza de sus padres por la reunificación etc. No tenemos más alternativa que solicitar una amnistía para los chicos, ¿qué hacer? Si todo falla en nuestro modelo, donde la oligarquía se niega a pagar impuestos y la justicia social aún es utopía, la migración es el único camino de los pobres para intentar cambiar su miserable destino.

07AGO014

http://www.cesarramirezcaralva.com/

El Capital: el más cobarde en un Estado fallido

Afirman los hombres de negocios: "nada es más cobarde que un millón de dólares", pero si existe alguien más cobarde… "El dueño de ese millón de dólares"… si nuestra nación se encamina hacia esa invectiva lanzada por un sector de la Iglesia Católica contra el Estado Salvadoreño es desafortunada y fatalista. Veamos el concepto académico propuesto por Jonathan Di John de la Universidad de Harvard, en su artículo: Conceptualización de las causas y consecuencias de los Estados fallidos: una reseña crítica de la literatura (2008), publicado por La Universidad de los Andes *Estado fallido:* definimos un "Estado fallido" como una condición de "colapso estatal", es decir, un Estado que no puede desempeñar sus funciones básicas de seguridad y desarrollo y que no tiene control efectivo sobre su territorio y sus fronteras. Un Estado fallido es aquel que ya no puede reproducir las condiciones para mantener su propia existencia. Este término se utiliza de forma muy contradictoria en la comunidad política (por ejemplo, hay una tendencia de llamar "Estado fallido" a un Estado que simplemente se desempeña pobremente, tendencia que rechazamos). El opuesto a un "Estado fallido" es un "Estado duradero", y la línea absoluta que divide estas dos condiciones puede ser difícil de establecer en los márgenes. Aun en un Estado fallido, algunos de los elementos del Estado, como las organizaciones estatales locales, tal vez sigan existiendo". El artículo se extiende en muchas líneas teóricas, ¿pero en realidad vivimos ese nivel de calamidad?, me parece una exageración, los más cobardes serían los capitales millonarios arraigados en nuestra nación, acá gozan de buen salud, veamos por ejemplo: las telefónicas, las instituciones bancarias, empresas comerciales de diversos niveles, no expresan signos decadentes; una simple revisión de sus balances anuales hablan por sí solos, tienen ganancias netas millonarias después de la depreciación, salarios, etc., incluso se exportan capitales a otras "operaciones comerciales", de tal forma que nuestra nación hace posible el crecimiento de inversiones internacionales, acá no existe control de inversiones al considerar que son capitales privados, pero olvidan la acumulación originaria salvadoreña. Recientemente la Revista Forbes México con fecha 05 de agosto 2014, identifica a Las 10 familias más influyentes de Centroamérica, entre ellas el Grupo Poma de origen salvadoreño con: "Ventas anuales del Grupo: $ 1,800 y da empleo a 18,000 personas en Centroamérica, Colombia, México y Estados Unidos; además se menciona a la familia Simán con sus Tiendas del Grupo Alsicorp en Centroamérica: 33, que genera empleo a 24,000 personas, ¿esta condición es posible en un Estado fallido o en camino del colapso?, de ninguna manera. En Colombia existe una guerra con más de cincuenta años con territorios guerrilleros, muchas armas, organismos paramilitares, narcotráfico, etc. La escala de violencia es superior a nuestra nación, pero nadie califica a esa hermana nación de "Estado fallido", lo mismo en México con acciones históricas de combate a grupos irregulares, en magnitud incomparable con nosotros, no obstante nadie califica a México con esas invectivas, de tal forma que nuestro deber ciudadano en El Salvador, es contribuir como ciudadanos en la construcción de la paz social, fortaleciendo la democracia y denunciando esos desafortunados pronunciamientos que solo tienen por objetivo provocar incertidumbre y fatalismo. El capital no esperará el llamado del cielo para abandonar sus negocios terrestres en nuestra nación, y acá ese capital o sus dueños no tienen nada de cobardes.

14AGO014

Lenguaje político: Estado fallido

Los conceptos en nuestra sociedad cambian de acuerdo al momento histórico, no vivimos aquellos años ochenta o noventa del siglo pasado cuando la palabra: diálogo-negociación era un anatema, tampoco mencionamos: "represión", "tandona", "violación de los derechos humanos", etc. Pero encontramos diversos conceptos o palabras lanzadas como dardos venenosos contra enemigos políticos en cada momento pre-electoral o electoral; algunas palabras son falacias para orientar la opinión pública hacia un partido político, causar incertidumbre, proyectar fatalismo, desesperanza, etc... ese lenguaje conforma un modelo que tiene los siguientes elementos: "todo está mal, la economía es un desastre, no funciona la seguridad, en otras palabras: ¿qué estamos haciendo acá?"... pero ese mensaje no llega al nivel de desesperación, solo es una apariencia de grupos interesados con objetivos electorales, en realidad el emisor del mensaje no pretende provocar el pánico general, solo degradar la imagen del partido oficial. Ellos no se pronuncian cuando existen transacciones comerciales de millones de dólares de una entidad financiera local a otra del exterior; ni la venta de acciones de un banco crediticio a punto de quebrar; tampoco la fuga de capitales de donaciones internacionales etc., se trata de construir una mala imagen por diversos "ríos de comunicación": rumores, testimonios fraudulentos, documentos apócrifos, medios de comunicación "leales", seminarios internacionales –que presagian la muerte súbita económica- campañas para profundizar el incumplimiento de pagos, voceros que proclaman el pago de millones de dólares a empresas internacionales a costa de contratos ilegales e inconstitucionales, defensa de la impunidad (para los sectores oligárquicos), oposición activa contra cualquier financiamiento del Estado y sus pagos contractuales etc.. Ésta comunicación degradante llegará al clímax durante la campaña electoral de 2015. Proclamar el "Estado fallido" es una comunicación negativa, destructiva, solo aumenta la desesperanza pero no contribuye en nada, como dicen los chicos: "ni cachan, ni pichan, ni dejan batear", solo obstruyen cualquier iniciativa democrática, porque desean el retorno del modelo oligárquico. Para ellos: ¿Existe una propuesta aceptable que acompañe a la nueva administración?. No… quizás porque es democrática, constitucional y legítima. ¿Después de quejarse qué hacen? ¿Esperar un golpe de Estado "constitucional" similar al caso de Honduras? ¿Soñar con un pasado oligárquico lleno de represión? ¿Acaso retornar al autoritarismo con la Tandona Recargada?. Todos vivimos en esta pequeña nación plagada de historias heroicas, tenemos el mismo cielo, el destino quizás no sea igual para todos, porque los pobres (de los cuales yo el primero) usualmente somos pre-destinados a leyendas tristes; pero día a día suscribo un contrato de esperanza y empeño mi voluntad por un nuevo país, creo en la democracia, también en el esfuerzo cotidiano por un mundo mejor, nos merecemos un futuro diferente "todos", incluyendo los nostálgicos, también para ellos hay lugar, su opinión no es mi menos ni más alta que la mía. Así que esta es nuestra nación, con sus problemas que parecen insuperables... al final… venceremos a la adversidad.

21GO014

Basta de lloriqueos: paguen los $500 millones

"Paga lo que debes y sabrás lo que tienes", esa antigua sabiduría refleja una realidad que los grandes empresarios no quieren asumir. ¿Qué significa no pagar impuestos?, al final de todas las respuestas se encuentra el odio contra los pobres de esta nación, no pagar es olvidar que la nación es una, no un sector económico, iglesia, capilla o buró comercial; es olvidar al pueblo como los fariseos en los tiempos bíblicos, refleja un total desprecio por los niños, la salud, educación, la seguridad, ejército nacional etc… está escrito: "siempre habrá pobres entre vosotros –Marcos 14-7-)" evidentemente no es el punto final para no cambiar nada, puesto que nosotros aspiramos al bien común, a esa sentencia tan rigurosa debemos agregar: "pero unos más (pobres) que otros". Las autoridades del Ministerio de Hacienda explicaron hace una semana que existen 255 empresas que deben $500 millones al fisco, los cuales hasta la fecha no pueden recuperarse. En el informe semestral se detalla que la deuda total al fisco es: $ 290 millones corresponden a impuestos sin pagar, otros $124 millones son por multas, finalmente $93 millones corresponden a intereses… en esa situación debemos recordar que un Estado para continuar con su soberanía debe recaudar impuestos, de igual manera una Sociedad, de lo contrario los Servicios Públicos degenerarán en la cruda realidad que vivimos, de tal manera que las quejas de los sectores oligárquicos deben ser parte de la respuesta y no solo de sus lloriqueos por una deuda que no han pagado en años…

Magnífico que no exista "lucha de clases", que el famoso odio clasista se abandonó hace décadas, que tampoco los trabajadores se sientan con el agua al cuello para tomar el poder por la lucha armada, etc… ¿pero qué significa no pagar impuestos?... significa una asociación perversa de resistencia contra las finanzas del Estado, los grupos afiliados a esta cruzada contra los impuestos públicos no son los pobladores de las zonas marginales, ni los obreros o los campesinos, ni los asalariados, son aquellos sectores afiliados al poder oligárquico que no quieren pagar nada –pero exigen vivir como el primer mundo-, al final la "lucha de clases no existe", porque esto es: "lucha los grupos oligárquicos contra los trabajadores salvadoreños, no es clasista… ¡Gracias a Dios!".

¿Qué sucede cuando los trabajadores deben unos cuantos dólares? El proceso es dramático: se suspenden sus créditos, oficinas jurídicas mercenarias realizan el acoso cotidiano dentro de su empresa o el lugar de residencia, publican sus imágenes en los medios de comunicación, abren un proceso jurídico instantáneo, los fiadores son intimados en razón solidaria, sus nombres son multiplicados en la red financiera sin apelación alguna, finalmente sus bienes son embargados… ¡Pero en este caso las empresas deben millones! no obstante el tratamiento es con "paños tibios", mientras los trabajadores sufren despojos o vejaciones en su imagen, sus pares (morosos) millonarios son tratados como víctimas, usan los medios de comunicación denunciando persecución, sus asociaciones claman la llegada del comunismo internacional y piden con sus lamentos los votos para la próxima elección con el siniestro objetivo histórico: "perdonarse sus deudas"… Este es un caso para la honorable Sala Constitucional: ¿somos iguales ante las deudas o solo parecidos?..
28AGO014

http://www.cesarramirezcaralva.com/

Trata de personas

Un operativo de la policía y fiscalía procedió la madrugada del 29 de agosto a capturar una banda dedicada a prostituir menores de edad. Similar a otros eventos, ésta nota sería una más dentro del catálogo de calamidades sociales, no obstante la noticia ha cobrado un carácter morboso ante la siguiente alusión: "Empresarios y presentadores de TV como clientes de red de trata de personas" (Colatino 30AGO014), es tanta la expectativa que la noticia ha provocado un estallido en las redes sociales, lo cual nos presenta un panorama desolador como pueblo en toda la extensión de la palabra. Es necesario un poco de prudencia en un caso de esta magnitud, la trascendencia de las personas mencionadas es enorme, quizás debemos otorgarles el privilegio de la duda, aunque para eso existen los tribunales correspondientes, además su derecho a la defensa.

El caso es una visión moral, jurídica, religiosa, mediática, otorgamiento de confianza, etc., las autoridades tienen un caso ejemplar… ¿Qué es trata de personas?: *"La trata de personas o comercio de personas es el comercio ilegal de personas con propósitos de esclavitud reproductiva, explotación sexual, trabajos forzados, extracción de órganos, o cualquier forma moderna de esclavitud. Es un delito internacional de lesa humanidad y viola los derechos humanos tanto como de la persona, también se lo denomina la esclavitud del siglo XXI. [1]Es una violación a los derechos humanos que atenta contra la libertad y la dignidad de las víctimas, consagrados en la carta magna. Esto envuelve la capitulación y el transporte ilegal de humanos. El Protocolo de las Naciones Unidas para Prevenir, Reprimir y Sancionar la Trata de Personas, Especialmente Mujeres y Niños (más conocido como Protocolo contra la trata de personas) fue adoptado en Palermo Italia en el 2000, y es un acuerdo internacional adjunto a la Convención de las Naciones Unidas contra la Delincuencia Organizada Transnacional. El Protocolo contra la trata de personas es uno de los tres protocolos aplicados para complementar la Convención." – Cita según Wikipedia -*. En nuestra nación las consecuencias de un acto de tal naturaleza también es sancionado con acciones severas, La Constitución de la República reseña la pérdida inmediata de la calidad ciudadana: "Art. 4 Toda persona es libre en la República. No será esclavo el que entre en su territorio, *ni ciudadano el que trafique con esclavos.* Nadie puede ser sometido a servidumbre ni a ninguna otra condición que menoscabe su dignidad"… de tal manera que no se puede alegar ignorancia de la Ley.

Parece que cada día nuestra nación es golpeada por eventos significativos, donde la integridad en todas sus expresiones es cuestionada, no por la ciudadanía sino por la eficiencia policial y fiscal, acción que nos alientan a pensar que la justicia está funcionando. El fragmento del poema "Hombres necios que acusáis" de Sor Juana Inés de la Cruz (1651-1695) nos puede ayudar sobre el tema: ¿O cuál es más de culpar, aunque cualquiera mal haga: la que peca por la paga, o el que paga por pecar?
04SEP014

http://www.cesarramirezcaralva.com/

Justicia en caso Francisco Flores

Nuestra nación parece caminar a saltos, sobresaltos, retrocesos y avances lentos, pero también con súbitas caídas con espasmos asmáticos en casos delictivos, quizás por tanta mala noticia en las lecturas de los acontecimientos nacionales, especialmente en la administración de justicia como el caso: Francisco Flores. El juez que conduce el proceso impone al expresidente "arresto domiciliar", pero esta figura es sinónimo de: "casa por cárcel, en términos generales es privación de libertad de movimientos y comunicación de un condenado o acusado que se cumple fuera de los establecimientos penitenciarios, bien en el propio domicilio, bien en otro fijado por el Tribunal sentenciador a propuesta del afectado", el 05SEP014 el juez a cargo, decretó esa acción judicial. Es significativo que inmediatamente esa residencia se transforme en prisión, es una "casa cárcel", condición que afecta a los vecinos, negocios, oficinas, etc., por la identificación de la nueva "Cárcel del Bulevar del Hipódromo", similar a la de Mariona o de Mujeres en Soyapango, etc… la lectura de este evento también connota un cambio en la visión de seguridad de la zona, a unos cuantos metros se encuentran embajadas de naciones amigas, la exposición a la vista pública por un caso indignante no está excluida de convertirse en sitio de concentraciones y protestas de los afectados en el desvío de las donaciones internacionales. Es de hacer notar que el día lunes 08SEP014 una cadena internacional difundió una entrevista con el expresidente, si generalizamos todas las personas acusadas en condiciones similares podrán brindar entrevistas a los medios de comunicación e influir en la opinión pública, ¿la justicia ofrece esta oportunidad?, de ser así es un precedente e invitación para imitar esa iniciativa, entonces es posible el acceso a videoconferencias, llamadas internacionales, uso de redes informáticas, comunicación sin límites con el exterior…¿es legal? ¿Se permite a otros seres mortales de la nación con similares acusaciones o es un caso único?. En las crónicas judiciales se indicó el pasado 6 de mayo 2014 que la jueza del Juzgado 1° de Paz de San Salvador determinó que el hecho que Francisco Flores no se presentara a los citatorios de los Tribunales, como suficiente motivo para ordenar la captura del exmandatario. En la resolución la jueza también ordenó el embargo de los bienes de Flores que fueron congelados a petición de la Fiscalía General de la República; sucede que la residencia-cárcel tiene una orden de embargo, de ser así ¿es legal que el acusado habite una residencia embargada por el Estado? ¿Será que el expresidente no tiene bienes en absoluto?. El pasado 01 de mayo de 2014 la Fiscalía General de la República acusó al expresidente de tres delitos: enriquecimiento ilícito, peculado y desobediencia. El acumulado de cargos corresponde a un supuesto desvío de $15.3 millones provenientes de Taiwán, de éstos $5.3 millones corresponden al delito de enriquecimiento ilícito y el resto, a lo señalado en un Reporte de Operaciones Sospechosas (ROS) que fue remitido a la FGR en octubre de 2013. El día 08SEP014 la FGR exhibió una argumentación jurídica ante la Cámara Primera de lo Penal de San Salvador con el objetivo de revertir el arresto domiciliario que el Juzgado Primero de Instrucción de San Salvador le otorgó a Flores. Parece un juego de policías y ladrones, pero no olvidemos que el expresidente fue un fugitivo de la justicia, ¿en el futuro a todo delincuente en la misma situación se le permitirá el mismo privilegio?. ¿Qué clase de justicia estamos construyendo?

11SEP014

http://www.cesarramirezcaralva.com/

Por seguridad mejor no llegar tarde

¿La seguridad es un concepto de clase social o un discurso político?, si nos ubicamos en la clase social los más pobres de la nación no tienen seguridad alguna, ni ahora ni en toda la historia de la nación, los pobres nacen inseguros y morirán intentando superar sus falencias, sean materiales o de realización personal. La seguridad como discurso político es excluyente, los datos de trabajadores fallecidos en manos de la delincuencia no tiene comparación con sus contrapartes de las élites económicas, los datos son desproporcionados. En este momento del año 2014 la seguridad (personal ciudadana) me parece un esquema defensivo y ofensivo. En nuestra nación la seguridad no es un concepto popular, es conocido que el pueblo no tiene seguridad alguna, los pobres no tienen guardias armados, ni escoltas, ni siquiera las grandes poblaciones tienen organización autodefensiva, nada… el monopolio de la seguridad reside en los instrumentos del Estado. Estemos de acuerdo o no, la seguridad para el pueblo ha sido entendida bajo un criterio político, no es un dictado que responda a la organización popular de barrio por barrio, casa por casa, cantón por cantón, ha sido una jurisdicción exclusiva de los políticos, pero muy recientemente este concepto ha cambiado; ahora es motivo de opinión y organización ante el avance de un nuevo modelo de inseguridad: "la delincuencia organizada". En otros tiempos este avance delictivo era ajeno a los núcleos populares, a sus organizaciones internas; el discurso político siempre llamó a confiar en las instituciones, así era la norma. Ahora sufrimos a diario (des)información de los datos delictivos de nuestra seguridad ciudadana, ¿qué hacer? La respuesta popular es contundente cuando los ciudadanos enfrentan en igualdad de condiciones a los delincuentes, muy caro pagan los agresores sus atropellos. La seguridad de las clases sociales altas ¿está en crisis?, se sienten amenazados empresarios, banqueros, industriales, etc. Por supuesto que no. No obstante los golpes más rudos de estos criminales son dirigidos hacia el pueblo trabajador, por momento indefenso. Paradójicamente el discurso de seguridad personal comienza a cambiar, la clase política asociada a los grandes estamentos económicos muestra signos decadentes, en sus filas se encuentran diputados con antecedentes de narcoactividades perseguidos por la justicia internacional, otros diputados fueron asesinados en Guatemala por grupos policiales vinculados a traficantes de drogas, recientemente los nombres de prominentes políticos y hombres de negocio circulan en las redes sociales señalados por la Trata de Personas. Estos actos parecen el mundo bizarro, donde las clases sociales altas propician la inseguridad nacional. El colmo de esta situación de "inseguridad clasista" son los datos divulgados en medios de prensa, un religioso extranjero en sus grabaciones privadas se burla de todo, incluso de la fe de los feligreses por el Día de la Cruz, oficiaba misa pero cometía ilícitos con sujetos identificados de "terroristas" por Estados Unidos, resulta que los fieles encomendaban su seguridad personal al propio demonio disfrazado de ministro de Dios… introducir un celular a la prisión es peor que diez fusiles en las calles… Si nuestra sociedad muestra signos decadentes en la seguridad ciudadana es oportuno valorar un nuevo tipo de ciudadano unido a las instituciones policiales, Fuerza Armada, Inteligencia y autodefensa, este tiempo requiere unidad de acción ante un poderoso enemigo, nunca antes enfrentado: el crimen organizado… esperemos no llegar tarde.
18SEP014
http://www.cesarramirezcaralva.com/

Relaciones: USA El Salvador por buen camino

Las campanas al vuelo por el éxito de una gestión que tiene un final feliz: Fomilenio II.
El éxito del Fomilenio I permitió a la nación competir y ganar el financiamiento de una segunda etapa con fondos no reembolsables, estas nuevas donaciones se invertirán en la zona costera del país. El primer Fomilenio permitió invertir en el desarrollo de la zona Norte, con objetivos como: construcción de carreteras, microempresas, avances en el desarrollo humano y una visión integradora territorial; mientras esta segunda etapa se impulsará: el clina de inversiones, capital humano (mejoramiento de la calidad en educación) e infraestructura Logística.
Un comunicado de prensa (18SEP014) de la Embajada de los Estados Unidos, afirmó que se mantendrá la relación con el país a través del convenio de la MCC y el Asocio para el Crecimiento, señalando la continuidad de los proyectos, concluyendo en la firma del segundo convenio con El Salvador. La fecha programada es el 30SEP014 en ese evento se desembolsarán los primeros diez millones para la construcción de infraestructura y montar la oficina, según declaraciones de la Embajadora de esa nación: Mari Carmen Aponte. El nuevo convenio es una inversión de EEUU por $277 millones, con una contrapartida del GOES por $88.2 millones para reducir la pobreza y generar crecimiento económico.
Se debe destacar que los obstáculos para llevar a buen puerto el Fomilenio II han sido titánicos, una gestión incluso contra las fuerzas conservadoras que impulsaron conspiraciones en el Congreso Norteamericano con el objetivo de impedir la realización de este magnífico proyecto, sin embargo esas fuerzas fueron derrotadas porque sus tesis no tenían ninguna validez en los nuevos tiempos democráticos, además estas significativas iniciativas coinciden con las relaciones internacionales: una reforma a la ley contra el lavado de dinero y la aplicación de los reglamentos del Tratado de Libre Comercio entre Estados Unidos y Centroamérica, agregando la garantía institucional de los mecanismos de transparencia en el uso correcto de los fondos y que los proyectos a impulsar se harán siguiendo las licitaciones públicas en las instancias correspondientes. Este proyecto de largo plazo, es un cambio cultural para miles de salvadoreños, se crearán fuentes de trabajo en la nación, se promoverá el desarrollo en los núcleos de las comunidades, además los trabajadores no solo contarán con una herramienta para su familia sino que probablemente se heredará la infraestructura a las siguientes generaciones.
Hace unos meses la izquierda ganó la segunda administración gubernamental por elecciones libres y democráticas, es un acontecimiento sin precedentes en nuestra historia, así como este avance consolida la nueva era de respeto constitucional, el proyecto Fomilenio II permitirá el desarrollo humano y demuestra que el carácter ideológico que divide a los pueblos es cosa del pasado. En los nuevos tiempos de la democracia, toda ayuda se agradece, nuestro pueblo ha demostrado en su historia que puede vencer a las dificultades con imaginación y voluntad. Gracias al pueblo y Gobierno norteamericano.
25SEP014

Fomilenio II para los trabajadores

La firma de tan importante proyecto que tendrá una duración de 5 años, justo el tiempo de esta nueva administración, connota un desafío para el actual gobierno de izquierda, principalmente en la eficiencia y eficacia de una ejecución de ésta naturaleza. Como hemos anotado en comentarios anteriores el clima de amistad entre Estados Unidos y nuestra nación es optimista. Para los trabajadores salvadoreños estos proyectos norteamericanos tienen continuidad, recordemos el Fondo de Iniciativa de las Américas FIAES iniciado el siglo pasado en los años noventa, ese fondo benefició a muchos ciudadanos construyendo una cultura de gestión y transparencia entre comunidades, ONG y entidades privadas, sus logros son notables; el Fomilenio I y ahora el Fomilenio II, los modelos de gestión y ejecución de proyectos constituyen logros significativos, los trabajadores en general tienen una esperanza de trabajo para los siguientes cinco años y para algunos seis o siete por la verificación, auditoría y evaluación de impacto postproyecto. Ningún trabajador genuino rechazará un trabajo para los siguientes años, considerando la precaria situación nacional, será una cascada de gestión para los ejecutores, gestores, organizaciones privadas, entidades públicas, líderes comunales etc. Nuevos conceptos aparecen en esta etapa: Clima de inversiones, Apertura de Negocios en El Salvador, mejoramiento del entorno empresarial, así como referencias físicas: Franja Costera, Centros Escolares, Tramo de Carretera del Departamento de La Paz al Aeropuerto, tramo hacia la Frontera con el Amatillo, etc. Las cifras hablan de tres componentes: Capital Humano ($115.7 millones entre EUA y El Salvador), Clima de Inversión ($92.4 millones) e Infraestructura y Logística ($125.3 millones). Uno puede imaginar este evento ejecutándose para beneficio de ésta y las futuras generaciones, en la cual avanzaremos en el Desarrollo Humano, crecimiento logístico e infraestructura, un aporte increíble en tan poco tiempo.
Estos logros no pueden olvidar la historia reciente, donde la administración del ex presidente Mauricio Funes cumplió una gestión estelar, durante su mandato se denunció las campañas de sectores conservadores que por todos los medios intentaron bloquear este proyecto, fue en su mandato que se realizaron las iniciativas pertinentes para llegar a "buen puerto" el Fomilenio II, incluso sectores conservadores instrumentalizaron ésta gestión, por medio de una campaña sucia electoral, no obstante, la verdad triunfó junto a la voluntad del pueblo salvadoreño de imponerse a la adversidad.
Para Juan Pueblo (trabajador directo), las esperanzas de incorporarse en algún proyecto son alentadoras, de igual manera para los administradores, empresas privadas y empresas internacionales, que contarán con el respaldo de ambos gobiernos. Cuando terminen los plazos y las ejecuciones de los proyectos, los trabajadores también deberán poseer un grado educativo y calidad superior al que se inicia en este momento, su nivel entonces evolucionará hacia una nueva sociedad en democracia, así tendremos un punto superior en nuestro desarrollo humano.
02OCT014

Seguridad: oportunidad para pactos nacionales

El tema de la Seguridad Nacional debe ser tratado de la misma manera que se trata cualquier tema constitucional, a fin de cuentas es un acuerdo del pueblo para la vida republicana y democrática. El avance de la delincuencia es un fenómeno cotidiano, las clases pobres son castigadas a diario con atropellos horrendos, de igual manera los jóvenes escolares, también muchos inocentes han sufrido las consecuencias de esta saga terrorista, nuestras leyes parecen débiles, pero esta condición en lugar de unirnos como nación, nos fragmenta bajo banderas políticas en tiempos no electorales, es urgente construir el "nosotros nación" en él se incluyen todos los partidos políticos. Es necesario advertir que los avances democráticos también pueden retroceder, así como en 1932 una crisis económica fue utilizada como bandera para derribar a un gobierno democrático, así podemos caer en una situación indeseada e impensable por falta de coherencia en los sectores sobre el tema de la Seguridad Nacional. En busca de soluciones ante un problema tan sensible, la seguridad corresponde en primer lugar a los ciudadanos desde sus áreas habitacionales: barrios, colonias, residencias, municipios, alcaldías, cantones, parroquias, etc. En ese concepto la UNESCO propuso hace años, el desarrollo económico y cultural a partir de estos centros nucleares, aquello se denominó: *Proyecto Cultura en el barrio,* su objetivo era: *"La promoción de las actividades culturales realizadas por y para los habitantes del barrio sobre temas directamente relacionados con sus vidas con objeto de aproximar a unos y a otros y de reforzar su sentimiento de pertenencia a un lugar de vida y a una entidad social."* En nuestra nación observamos que estas propuestas comienzan a construirse, es una buena señal. La nación es el "centro de gravedad" en todo el tema de Seguridad, así la institucionalidad será la base fundamental de la paz social, de manera que sea impronunciable invocar "un fallo democrático", para destruir los avances adquiridos en los Acuerdos de Paz, tanto en las formas de alternabilidad política como en las reformas que han permitido superar etapas en el Desarrollo Humano. Ya escribió John Stuart Mill: *"aquél que sólo conoce su versión, conoce poco el tema",* de manera que el descubrimiento del "nosotros nación" sea la síntesis de proyectos más ambiciosos, con todos los colores políticos. La clase política debe dar muestras de avance, con calidad y en profundidad para pensar en la nación, el tema tiene por objetivo la convivencia y la paz social. Cabe preguntarnos sobre la clase política en general: ¿es *la política para hacer el bien? ¿O* solamente para su protección? ¿Seguridad implica un elemento natural del derecho o solamente es para justificar el modo de vida de los miembros de sus partidos?, puesto que su función para "tomar decisiones" a favor de la nación no se cumple. Por esta razón debemos insistir que la clase política debe ofrecer soluciones a los problemas y no solamente una justificación de gastos públicos. El economista español Enrique Fuentes Quintana nos habría recomendado: "los pactos son una ocasión de convergencia entre crisis general y oportunidades democráticas" estos pactos son el clamor popular, los cuales legitiman a la clase política no la devalúan.

09OCT014

Ahora se preocupan por la economía

Se quejan hasta el llanto por los impuestos, pero han antepuesto demandas inconstitucionales en la Corte Suprema de Justicia, un poco pesimista puedo adelantar que el recurso de inconstitucionalidad prosperará porque como **todos somos iguales ante la ley**: los pobres debemos pagar los mismos impuestos que los millonarios, de tal forma que el salario mínimo es igual al ingreso de miles de dólares que perciben los funcionarios de primer nivel, o los ingresos libres de impuestos y gastos fijos de las sociedades anónimas que otorgan dividendos a los verdaderos dueños de aquellas corporaciones –usando testaferros, transferencia de bienes, llamados de capital entre accionistas, y todas las argucias legales de sus direcciones jurídicas-, es posible que la inconstitucionalidad prospere porque **todos somos iguales ante la ley**: Sí, pero unos con ventajas comparativas y acumulación dineraria a costa de los dineros del pueblo; es posible que prospere porque los pobres de la nación no tienen abogados que usan sus conocimientos para crear contratos ilegales a favor de transnacionales incluso pasando sobre decretos legislativos por los cuales ahora la nación debe pagar cientos de millones de dólares por la traición de esos abogados que velan por sus bolsillos, no por los intereses populares ¿de cuánto será la comisión de esas acciones a estos abogados del diablo?. Ahora se quejan que no hay dinero: en lugar de contribuir, pagar sus impuestos, aumentar su planta productiva, re-invertir sus ganancias, elevar su nivel tecnológico etc. Prefieren exportar sus capitales a otras naciones, ¿de dónde salen las ganancias de las corporaciones salvadoreñas? ¿Cómo las operaciones comerciales salvadoreñas inyectan millones de dólares a los negocios de terceras naciones?, así las gremiales privadas llamadas a elevar la productividad lanzan campaña tras campaña, día tras día por todos los medios a su alcance desinformando; cotidianamente los medios de comunicación al servicio de la oligarquía y sectores aspirantes al lujo ofensivo para nuestra pobreza salvadoreña, divulgan opiniones negativas para no pagar impuestos. A pesar de todo, recientemente la Revista Forbes México con fecha 05 de agosto 2014, identifica a las 10 familias más influyentes de Centroamérica, entre ellas el Grupo Poma de origen salvadoreño con: "Ventas anuales del Grupo: $ 1,800 millones y da empleo a 18,000 personas en Centroamérica, Colombia, México y Estados Unidos; además se menciona a la familia Simán con sus Tiendas del Grupo Alsicorp en Centroamérica: 33, que genera empleo a 24,000 personas, ¿es posible que todo esté tan mal, cuando a estas corporaciones les va tan bien? ¿Qué han hecho las gremiales durante estos años para contribuir a cambiar nuestro nivel de pobreza?... los resultados están a la vista: expresidente, exministros, exfuncionarios, exdirectores legales, exmiembros de juntas directivas de paraestatales son mencionados por graves fraudes fiscales, en otros casos sus expedientes fueron ocultados y alevosamente esperaron hasta la expiración del proceso legal, todo ello en colusión con funcionarios afines. **Somos iguales ante la ley**, pero no ante el dinero de los funcionarios corruptos y sus corifeos… debería darles vergüenza no pagar impuestos para: educación, salud, seguridad.

16OCT014

http://www.cesarramirezcaralva.com/

SITRAMSS por la dignidad nacional

Podemos estar de acuerdo o no sobre un proyecto político, pero no podemos faltar al deber de construir una Patria mejor para nuestros hijos e hijas… La lectura del transporte colectivo es la lectura de la movilidad social hacia sus centros laborales, es un instrumento que otorga dignidad colectiva y autoestima a la población. No debemos ignorar la cantidad de fallecidos por autobuses en mal estado que han ocasionado grandes tragedias, muchas veces provocadas por la falta de mantenimiento o negligencia criminal cuando no se retiran de circulación las unidades que han sobrepasado su "vida útil". No se trata de buscar culpables ni de votos para una elección, se trata de la Patria que en su largo sendero hacia el desarrollo demanda la renovación de un sistema de transporte para el siglo XXI, si fracasa este proyecto serán los trabajadores a quienes condenaremos a un servicio decadente y humillante. Es el pueblo que a diario viaja aferrado de las uñas a una ventana, mientras hace equilibrio con un pie al aire, entre otros pies de usuarios en el último peldaño de autobús colectivo, es el pueblo el que sufre por este pésimo servicio, de eso hablamos… nos hemos acostumbrado a la ignominia, cuando el conductor y cobrador siguen la secuencia de estaciones con el autobús abarrotado, pero entonces escuchamos a voz de cuello: "atrás hay asiento", "ahí caben más", "muévase, muévase pués" .. Mientras los usuarios se compactan en tríos o cuartetos en las destartaladas butacas para dos pasajeros, no obstante el cobrador grita: ¡ahí caben más!, ¡es de cinco!... Durante años el pueblo ha denunciado la deficiencia de este servicio público, pero las quejas caen en el vacío. Mientras tanto el atropello a los usuarios continúa. ¿Es posible crear dignidad en el transporte colectivo? ¿Qué proponen los que apuestan por el fracaso del Sitramss cuando predican que fue un error?, miles son los usuarios que arriesgan su vida a diario con un sistema primitivo y ciego ante la dignidad de las personas. En ocasiones escuchamos plegarias dentro de los autobuses: "Dios mío que pare", "Gracias a Dios subí", "pare por Dios, pare, no me lleve a su casa", cuando al final, tienen oportunidad de respirar, el usuario proclama: "Gracias a Dios me bajé"…¡antes que me bajaran los mañosos! Se necesita un transporte colectivo del Siglo XXI para salvar vidas, para rescatar a miles de usuarios de la intemperie de esos cacharros viejos y féretros ambulantes, no importa esperar meses, no importa si los grupos de presión se oponen o algunos politiqueros reniegan de un presente mejor para los ciudadanos, a fin de cuentas "más tiempo esperamos al Mesías" y el mundo al menos tiene un poco de alegría en el más allá, nosotros con un nuevo sistema de transporte queremos un poco de alegría y dignidad en el más acá. Si usted viaja en autobús podrá contar muchas anécdotas increíbles, pero puedo dar fe que sufrí al menos tres asaltos en medio de esas cajas metálicas, dos de ellos a mano armada, el sujeto me apuntaba con un revólver 45, le temblaba el pulso, ese canalla tenía más miedo que yo, pero en tales circunstancias tampoco se puede jugar al héroe de Hollywood… el resultado fue un triste final, en mi caso vivo para contar el cuento. ¿Nos merecemos algo mejor o esperaremos la llega del fin de los tiempos?

23OCT014

http://www.cesarramirezcaralva.com/

Trilogía de gobierno

La seguridad nacional toca a nuestra puerta, la delincuencia es más fuerte en nuestros tiempos que en cualquier otro momento de la historia, ¿pero es correcto denominarla delincuencia? ¿O es un título que se queda corto ante la realidad?. Éste fenómeno de las pandillas hace tiempo que dejó de ser delincuencia, las maras son organizaciones para delinquir, para cometer ilícitos, para destruir al modelo nacional, son en una palabra "antisistema" y peor aún realizan actos terroristas. Definimos terrorismo así: "acciones de violencia indiscriminada y desesperada contra objetivos civiles, actos irracionales que no respetan ningún protocolo legal con ventaja decisiva, acciones contra ciudadanos indefensos ejecutados por organismos ilegales armados contra miembros de instituciones, religiosas, políticas o apolíticas inscritas en un sistema legal". La recurrencia de este fenómeno es la peor herencia negativa de las últimas décadas, cada gobierno hace declaraciones solemnes y luego los ciudadanos entierran a sus difuntos, es predecible el destino en los próximos días, si no encontramos una solución justa. El postulado de Nigel Cantwell eminente criminalista, sigue vigente: "una política de justicia juvenil no es una política si no incluye la prevención" 1997. Debemos agregar a ello una justicia para jóvenes y delincuencia organizada. El paradigma parece ser: "Defensa ciudadana y reformas constitucionales", pero la variante "no escrita" es el factor político, interpretado como votos para la siguiente elección. La clase política juega con la vidas de ciudadanos apostando al discurso: "nosotros podemos solucionarlo, ellos no". No debemos pensar en intereses políticos, el problema está ahí en los barrios, calles, escuelas, no en la cabeza de algunos dirigentes electoreros… urge una solución posible. Es un momento difícil, debemos proteger a nuestras instituciones, debemos encontrar respuestas ciudadanas justas, abordar el fenómeno sin caer en el abismo de la violencia: legal e ilegal, con un escenario predecible. Al afirmar que necesitamos un diálogo ciudadano implicamos a las empresas privadas, a las transnacionales, a las naciones amigas, puesto que evidentemente no tenemos recursos para eliminar este flagelo de un día para otro. Las empresas de telefonía cuando no cumplen con el bloqueo a sus antenas en las cárceles, propician delitos atroces, esta condición ha sido denunciada por entidades civiles, así como por instituciones estatales, ¿qué esperan?... quizás el cierre anual de dinero sucio por tanta extorción que facilita muertes por llamadas telefónicas. La ausencia de financiamiento al Estado al no aprobar préstamos internacionales contra la delincuencia profundiza esta irregularidad. Parece que algunos empresarios son nación en la misma medida que tienen ganancias de capital, nada más. Con objetivos claros y concretos, el problema no es de una administración gubernamental, ni un Partido Político, es la vida de la nación que está en juego, de tal forma que aplicar todo el peso de la Ley a los Antisistemas significa elevar el

grado de responsabilidad en la clase política en todas las acciones orgánicas: "reforma constitucional en defensa y protección de las instituciones", al mismo tiempo desarrollar proyectos de largo alcance con los sujetos que deseen rehabilitarse. Este debe ser el diálogo ciudadano, con soluciones posibles.
30OCT014
http://www.cesarramirezcaralva.com/

Necesitamos dialogar entre ciudadanos

La seguridad nacional toca a nuestra puerta, la delincuencia es más fuerte en nuestros tiempos que en cualquier otro momento de la historia, ¿pero es correcto denominarla delincuencia? ¿O es un título que se queda corto ante la realidad?. Éste fenómeno de las pandillas hace tiempo que dejó de ser delincuencia, las maras son organizaciones para delinquir, para cometer ilícitos, para destruir al modelo nacional, son en una palabra "antisistema" y peor aún realizan actos terroristas. Definimos terrorismo así: "acciones de violencia indiscriminada y desesperada contra objetivos civiles, actos irracionales que no respetan ningún protocolo legal con ventaja decisiva, acciones contra ciudadanos indefensos ejecutados por organismos ilegales armados contra miembros de instituciones, religiosas, políticas o apolíticas inscritas en un sistema legal". La recurrencia de este fenómeno es la peor herencia negativa de las últimas décadas, cada gobierno hace declaraciones solemnes y luego los ciudadanos entierran a sus difuntos, es predecible el destino en los próximos días, si no encontramos una solución justa. El postulado de Nigel Cantwell eminente criminalista, sigue vigente: "una política de justicia juvenil no es una política si no incluye la prevención" 1997. Debemos agregar a ello una justicia para jóvenes y delincuencia organizada. El paradigma parece ser: "Defensa ciudadana y reformas constitucionales", pero la variante "no escrita" es el factor político, interpretado como votos para la siguiente elección. La clase política juega con la vidas de ciudadanos apostando al discurso: "nosotros podemos solucionarlo, ellos no". No debemos pensar en intereses políticos, el problema está ahí en los barrios, calles, escuelas, no en la cabeza de algunos dirigentes electoreros… urge una solución posible. Es un momento difícil, debemos proteger a nuestras instituciones, debemos encontrar respuestas ciudadanas justas, abordar el fenómeno sin caer en el abismo de la violencia: legal e ilegal, con un escenario predecible. Al afirmar que necesitamos un diálogo ciudadano implicamos a las empresas privadas, a las transnacionales, a las naciones amigas, puesto que evidentemente no tenemos recursos para eliminar este flagelo de un día para otro. Las empresas de telefonía cuando no cumplen con el bloqueo a sus antenas en las cárceles, propician delitos atroces, esta condición ha sido denunciada por entidades civiles, así como por instituciones estatales, ¿qué esperan?... quizás el cierre anual de dinero sucio por tanta extorción que facilita muertes por llamadas telefónicas. La ausencia de financiamiento al Estado al no aprobar préstamos internacionales contra la delincuencia profundiza esta irregularidad. Parece que algunos empresarios son nación en la misma medida que tienen ganancias de capital, nada más. Con objetivos claros y concretos, el problema no es de una administración gubernamental, ni un Partido Político, es la vida de la nación que está en juego, de tal forma que aplicar todo el peso de la Ley a los Antisistemas significa elevar el grado de responsabilidad en la clase política en todas las acciones orgánicas: "reforma

constitucional en defensa y protección de las instituciones", al mismo tiempo desarrollar proyectos de largo alcance con los sujetos que deseen rehabilitarse. Este debe ser el diálogo ciudadano, con soluciones posibles.
02NOV014

No te cruces un voto, una bandera

Al aceptar el voto cruzado por fallo de la Sala Constitucional, las dudas administrativas saltan sobre la próxima elección de: diputados, alcaldes y representantes al Parlamento Centroamericano; no solo por la educación del elector, también en la juntas receptoras de votos por la contabilidad residual, así como el tiempo requerido para la votación, anotando la enorme desigualdad ante los candidatos independientes que en su caso no tienen bandera, esta condición es injusta, puesto que una bandera de independiente pondría a los candidatos en igualdad de condiciones y designar así la posibilidad de votos residuales por todos los votantes de su departamento…
La Constitución indica en su artículo 78: el voto será libre, directo, igualitario y secreto. Me parece que la famosa igualdad: "un ciudadano un voto", se fragmenta cuando existe la posibilidad de votar válida y legalmente así: "…marcar a varios de los candidatos propuestos por uno o varios partidos políticos o coaliciones" (LPG07NOV014); "…libertad de votar tanto por los candidatos partidarios como por no partidarios", (LPG07NOV014), pero resulta que no existe la posibilidad de marcar la bandera de los independientes, evidentemente es una desproporción comparar a un ciudadano con un partido político, pero el artículo 78 es claro, así como se fragmenta la igualdad, se vulnera el caso de identificar la bandera de los independientes, casi es un absurdo, pero de mantenerse la situación antes señalada, las elecciones no serán igualitarias. La propuesta sería que la bandera de los independientes contara con el reconocimiento al igual que los partidos, no obstante la distribución de sus votos es otra historia. Los votos nulos son: marcar diferentes banderas, bandera más diputado independiente, bandera y candidato de otro partido, toda la papeleta. Llama la atención de nuevo la desigualdad, los candidatos "sin bandera" no tienen las mismas posibilidades que las instituciones, es extraño y preocupante que "los sin bandera" no se les reconozca como entidad aglutinadora de ciudadanos. Es evidente que pertenecer a un partido político es una opción constitucional, art. 7: Los habitantes de El Salvador tienen derecho a asociarse libremente y a reunirse pacíficamente y sin armas para cualquier objeto lícito, etc., además el art. 72 inc. 3 "Optar por cargos públicos cumpliendo con los requisitos que determinan esta Constitución y las leyes secundarias…" la opción de candidatos independientes es comprensible y aceptable. Hace muchos años se negaba la representación popular a Partidos tradicionales por una perversa interpretación política, indicando que no tenían a nadie en estructuras orgánicas, ahora solo es necesario cumplir los requisitos del Tribunal Supremo Electoral para que un ciudadano pueda participar en elecciones, si esta apertura hubiese sucedido hace cincuenta o sesenta años, habría acontecido otra revolución pacífica y democrática, no obstante en estos momentos parece

que interpretamos todo a la inversa, ¿será de nuevo por esa perversa conveniencia política?. Al final un voto, una bandera es la solución sencilla y práctica. Para no cruzarse, votar por una bandera.

13NOV014

La democracia es la mejor respuesta a la violencia

Con el riesgo que la propuesta se confunda con palabras ridículas y fuera de lugar, me atrevo a impulsarla. Todo el mundo habla de soluciones violentas, similar a los tiempos de guerra, donde pocos se atrevieron a llevar adelante acciones concretas por la paz, puesto que el sentido militar victorioso, junto al clamor de las armas eran la moneda de cambio; existía un ánimo tan fuerte que confiar en el exterminio del oponente cobró la vida de miles de inocentes en el territorio nacional. Ahora parece que la historia se repite pero con nuevos actores, así como en el siglo pasado la violencia pudo contenerse con democracia, ¿qué significado tiene ahora?, si en el pasado la ausencia de transparencia electoral, movilidad social, concentración de la economía tenía un fuerte carácter: oligárquico, militar y eclesiástico, que provocaba todo tipo de exclusiones conocidas y vergonzosas, llegando a extremos que horrorizaron al mundo, por una concepción anticomunista que justificaba todo, la guerra demostró con la realidad veinte años después, que la solución era construir un modelo democrático y participativo, ¿valió entonces la pena tanto sufrimiento para el pueblo?. Ahora en un gobierno de izquierda, la violencia no puede ser la misma medicina que provocó tantas muertes.

En este mundo los hombres se enfrentan a hombres con ideas o con las armas, los resultados son conocidos. Ahora existe la violencia generada por los fenómenos del narcotráfico, el crimen organizado, las organizaciones denominadas maras, las cuales sin argumentos políticos y negando cualquier condición de derechos humanos exhiben su violencia indiscriminada contra civiles indefensos, es una realidad extrema contra la sociedad. El argumento democrático como en tiempos de la guerra, no parece aceptable para los poderosos señores del dinero, acá se clama la violencia como solución final, es una lástima, aunque parece que no estamos lejos de esta propuesta, en la misma proporción que continúe la muerte de ciudadanos inocentes. El canto de la violencia es más fuerte que el de la paz.

Nuestro modelo democrático apenas tiene dos décadas de vida, pero sumar tiempo no es sumar soluciones a la violencia que la nación ha sufrido por los antiguos modelos oligárquicos; la pobreza es la peor de las manifestaciones excluyentes, pero debemos ser categóricos, la pobreza no es sinónimo de delincuencia, de tal manera que la delincuencia organizada es una opción para el mal, para el crimen y el delito. La historia nacional demuestra que las soluciones democráticas no serán escuchadas hasta el momento que la sangre que ahora corre por los barrios pobres, llegue a la clase política y toque a sus puertas, esa espiral de violencia no terminará con palabras, sino con acciones de fuerza

contra fuerza, desafortunadamente así será. Para ahorrar tiempo y vidas de inocentes, llamar a la no violencia se convierte en una bandera de esperanza, la no violencia es detener: las extorciones, asesinatos, el sicariato, el contrabando, etc., bajo el cumplimiento de las leyes humanas. Se trata de renunciar a un estilo de vida, se trata de renunciar a la lujuria del poder, la avaricia, el odio… quizás eso es tan difícil como encontrar petróleo en Chalatenango, pero es peor la inacción. En todo caso la solución democrática por medio de la justicia, siempre será mejor que la espada de damocles sobre la cabeza de la clase política.
20NOV014

Del Presupuesto Nacional 2015

Las discusiones sobre el Gasto Público indican la asignación de recursos financieros para el logro de objetivos sociales y están asociados a los avances económicos. Diversas tesis políticas se discuten cada año por la aprobación de este proyecto, como podemos observar la mayoría de partidos políticos aprobó las partidas para el año 2015. Un presupuesto es una visión de futuro nacional, nos orienta sobre las próximas ejecuciones de infraestructura, educación, salud, seguridad, fiscalía, etc., en esencia es un mensaje a los diversos actores nacionales. No obstante "los profetas del infortunio" votaron en contra de la aprobación de este proyecto y además claman que ese presupuesto "está desfinanciado y el próximo año habrán más deudas e impuestos"; es muy sintomático que éstos profetas son los mismos que no quieren pagar impuestos, ni apoyar empréstitos, ni siquiera promover una visión de unidad nacional para asegurar la seguridad pública, educación, salud y se mofan de los esfuerzos por salir delante de las grandes poblaciones.
En el fondo defienden a toda costa el retorno a "su estado oligárquico", por ello proclaman: "vamos a recuperar a El Salvador", para retornar a los antiguos privilegios del pasado, donde se perdonaban las deudas, cometían peculado, tenían "información privilegiada" en licitaciones públicas etc. El presupuesto general del gobierno es un mensaje a los diferentes sectores nacionales sobre sus prioridades y objetivos estratégicos para elevar el bienestar nacional y la deuda social que nos corresponde. Como es conocida la deuda financiera nacional es una herencia negativa de muchos gobiernos anteriores como los del expresidente Flores o la administración Saca, al igual que el impuesto al Valor Agregado (IVA) inaugurado y promocionado por la administración de Francisco Flores., etc., el impuesto del IVA por declaraciones del titular del Ministerio de Hacienda no se elevará, entonces: ¿quién promueve estos infundios?, ¿acaso no es un discurso político trasnochado y la carta del miedo del pasado antes de cada elección?. Un presupuesto nacional significa la magnitud y distribución del gasto por las políticas en beneficio de los grandes sectores populares, a los cuales se les retorna en: uniformes escolares, un tiempo de comida, educación básica, fertilizantes etc. Todos temas referentes de antiguos despojos a los sectores más desprotegidos, incluso tildados de medidas populistas y demagógicas, cuando es la mínima condición básica para los niños y niñas que durante muchos años acudieron a las escuelas descalzos y sin alimentos; mientras en tiempos de los gobiernos conservadores, los fertilizantes donados por naciones amigas, sirvieron para enriquecer a las mismas familias oligárquicas que ahora combaten las prestaciones sociales recién iniciadas por los gobiernos del cambio.

Como toda nación, el presupuesto nacional es una realidad que pretende consolidar la disciplina fiscal, avanzar hacia el crecimiento, procurar la estabilidad de precios, controlar la erogación de fondos públicos, incrementar la infraestructura social y económica, priorizando el gasto social para promover a los sectores más afectados por el neoliberalismo. Al elevar la productividad la nación ingresa a competir con el área centroamericana, es una invitación a sumar esfuerzos con los sectores privados, quienes están llamados a integrarse en la inversión con la creación de nuevas fuentes de trabajo, en una palabra a construir Patria.
27NOV014

http://www.cesarramirezcaralva.com/

Presupuesto Nacional: ¿Inconstitucional?

Recuerdo con mucha ternura aquellas situación de mi barrio pobre de la Colonia Monserrat en los años sesentas, la infancia en su esplendor llena de gracia y candor, recuerdo un centenar de párvulos recién llegados a esa área residencial de trabajadores, aquella condición era novedosa según afirman los testigos, esos modelos habitacionales fueron un producto de importación israelí, en su inauguración asistió la Señora Primer Ministra Golda Meir (Meyerson) (en hebreo: גולדה מאיר), un acontecimiento trascendente. El área contaba con escuela pública, dos jardines de niños, Centro Comercial, Mercado, Centro de Salud, Casa Comunal, cancha de fútbol, una terminal de autobuses, un parque recreativo; parece un relato fantástico, no obstante en el Jardín de niños y niñas nos recibían con un desayuno: "un vaso de leche con un pequeño complemento", todo el material y los ingredientes eran facilitados por la Alianza para el Progreso, aquello era la ayuda de Estados Unidos de Norteamérica calificada como la respuesta social ante la rutilante Revolución Cubana. El Centro Comunal dirigido por norteamericanos tenía instructores deportivos de: Beisbol, Fútbol, Boxeo, Ajedrez, etc. además proyecciones de películas gratis, estudios del Profeta Joseph Smith y otros eventos. Aquél proyecto fue calificado en su momento como un modelo contrainsurgente por la ortodoxia ideológica izquierdista, especialmente el vaso de leche y las áreas deportivas, pero de esa generación salió de todo: coroneles, guerrilleros, curas, obispos mormones, muchos emigrantes (ahora ciudadanos norteamericanos), políticos, un mosaico insurgente veinte años, incluso esas instalaciones fueron centros de reuniones clandestinas. Ahora cincuenta años después, algunos voceros de las cúpulas empresariales declaran que procederán con recursos inconstitucionales ante el Presupuesto de la Nación recién aprobado debido a que: el vaso de leche, los uniformes, el apoyo educativo de computadoras, salud, deportes, seguridad., etc., son acciones populistas y un derroche de dinero, en una palabra acciones socialistas; es una coincidencia de calificaciones de la ortodoxia derechista, en el tiempo "les extrêmes se touchent", antes contrarrevolucionario, ahora revolucionario –procomunista-, aunque el evento parece un movimiento pendular, la calificación es similar. La diferencia fundamental es un proyecto de un gobierno salvadoreño y no la ayuda norteamericana, un gobierno salvadoreño democrático y popular.
El fallo de los norteamericanos fue defender las antiguas estructuras oligárquicas y no promover la democracia ni la modernización del capitalismo, además de calificar a todo demócrata como comunista; ahora parece el mundo al revés, se promueve la democracia, la

tolerancia ideológica, el capitalismo se moderniza con proyectos sociales, a nadie se desaparece por un color político, pero curiosamente los sectores pro-oligárquicos se oponen a todo cambio, sin importar las consecuencias. Al anunciar amparos constitucionales contra el Presupuesto Nacional, la vocación del pueblo se perderá, existirá el incumplimiento de pagos en las instituciones públicas lo cual generará deudas, frustración y con mucha probabilidad un Golpe de Estado que acabará con todo. Un fallo inconstitucional no será sorpresa, sino la visión del retorno al pasado oligárquico, con las consecuencias conocidas.
04DIC14

http://www.cesarramirezcaralva.com/

La oligarquía nos habla de la pobreza

Ahora resulta que los defensores del pueblo son los oligarcas, los adalides de la democracia salvadoreña son los millonarios de la nación, los mejores protectores de los pobres viven en las barriadas de ricos y potentados, que los saqueadores del dinero del pueblo denuncian el despilfarro por un vaso de leche a los niños y acometen con recursos de inconstitucionalidad para que las víctimas de accidentes de tránsito queden en la intemperie… ver para creer. Estos señores potentados con sus gremiales partidarias, se rasgan las vestiduras con titulares amarillistas por la inseguridad cotidiana, es muy extraño puesto que ellos no viajan solos, siempre tienen sus guachimanes o achichintles armados que incluso infunden temor a los parroquianos que se atraviesan en sus caminos en forma inocente, pero pierden la voz predicando que la inseguridad arremete contra ellos; ahora día tras día los grandes medios de comunicación en el mejor estilo de la "guerra sucia" lanzan infundios sin que exista denuncia pública firme, ni delitos comprobados que conduzcan a las conocidas acciones legales; no obstante contrasta con otros casos similares donde los Estados Unidos de América llevan procesos de investigación documentada por movilización de dineros sospechosa, de ahí que ahora en defensa del pueblo lancen todo tipo de réplicas con los mismos temas: "todo está en ruinas", "es inconstitucional", "recuperemos El Salvador" y niegan el derecho de respuesta, en su mejor estilo autoritario; así sus "empleados" enviados a los medios de comunicación hablan de transparencia, pero no dicen nada del desvío de fondos del Gobierno de Taiwán, ni el caso CEL-ENEL que al final debemos pagar millones a una empresa extranjera. En lugar de lanzar campaña tras campaña que fracasa en cada evento electoral, ¿por qué no toman la iniciativa para pagar sus impuestos? ¿Por qué no invierten en la nación en lugar de llevarse sus capitales para el exterior?... ahora resulta que de no cumplirse con los requisitos con el famoso voto cruzado, existirá "fraude electoral" y piden al Poder Ejecutivo vetar una ley emanada de la Asamblea Legislativa. Los grandes empresarios que nunca defendieron a los pequeños comerciantes, ahora gritan las pérdidas de los comercios informales… es una comedia, "crearon la pobreza y ahora les piden sus votos para acrecentar su negocios millonarios"… fantástico. La derecha toma las banderas de la izquierda en defensa de los pobres y se atreven a pronunciar: "el pueblo unido jamás será vencido", pero nunca habla de justicia, nunca hablan de la rendición de cuentas ante los trabajadores, ni de sus ganancias o recursos inconstitucionales para eludir impuestos… para creerles deberíamos iniciar por lo "justo", existe tanta pobreza por la acumulación oligárquica que deben levantar muros frente a la pobreza que les rodea.

Los ricos con banderas de los pobres nos hablan del sufrimiento de los desposeídos, de las escuelas sin techo, de hospitales sin medicina, del transporte colectivo donde ellos jamás viajan, de los niños descalzos y hasta del nuevo nombre de la calle del asesino de Monseñor Romero… pobres ricos. Como en los viejos tiempos niegan el derecho a respuesta de los ofendidos, la pequeña oligarquía aún no ha aprendido a escuchar pero: "oíd… el pueblo no cree sus mentiras".

11DIC014

http://www.cesarramirezcaralva.com/

El Diablo hace las calderas, pero no las tapaderas

Acá olvidamos que el objetivo de la política es: "hacer el bien" que es una condición "ética", que todo personaje de elección popular debe poseer como insignia trabajar por una nación mejor, no obstante para algunas personas hacer política es desprestigiar y denigrar al adversario por todos los medios posibles, ello significa campañas sucias en todo sentido y el máximo volumen de rumores, infundios en redes sociales, acompañamiento de los medios de comunicación donde no admiten derecho de respuesta etc. Estas campañas con objetivos políticos han incluido el robo de tapaderas metálicas de las carreteras de la nación, un punto sensible y doloroso para los ciudadanos que han dañado sus autos en esos pozos de alcantarilla. Hace muchos años unos jóvenes de una institución privada fueron pillados por la policía mientras tomaban las tapaderas, esos muchachos estudiantes de una escuela bilingüe, quizás realizaban novatadas para demostrar su hombría, pero caro les saldría dicha iniciación, puesto que todos aquellos que hemos caído en esos agujeros de aguas negras inmediatamente recordamos sus nombres, principalmente en los días lluviosos cuando es imposible evadir la caída del auto, al final teníamos a quién nombrar en los incidentes viales, no obstante he visto el sufrimiento de muchos ciudadanos atrapados en condiciones dramáticas por el acto criminal del robo de esas tapaderas metálicas. Fuera del momento emotivo, al conocerse la perversa acción que en los almacenes de la Alcaldia de San Salvador se encontraban las famosas tapaderas metálicas, uno solo piensa que esa acción delictiva tenía el oscuro propósito de orientar a la opinión pública hacia la inseguridad pública, con el propósito de dañar la imagen de los gobernantes… que acción más miserable; aunque en la pasada guerra civil fuimos testigos de acciones peores y horrorosas, en nuestra ingenuidad pensamos que aquello era cuestión olvidada, no obstante este acto y otros similares como los enriquecimientos milagrosos de funcionarios de gobiernos anteriores o la "distribución de la justicia" para los principales exdirigentes políticos nos hace pensar que seguimos como en el siglo pasado y para muchos aún lo importante es denigrar al adversario a cualquier costo. Hay un peligro constante por la ausencia de dichos artefactos en las calles, pero ahora el "destinatario" de la indignación se orienta hacia los dirigentes edilicios que han provocado semejante acto criminal, ya no es el chico de apellido ilustre, sino los jefes de la actual administración municipal de San Salvador. Durante meses hemos observado como los líderes de la "desinformación" asocian el robo de las tapaderas, cables ópticos, robo de cobre, lámparas públicas, daño en señalización, robos de bardas protectoras, hurto de metales en autopistas, saqueo de aros públicos en las alcantarillas, etc., como objetivo para demostrar que la inseguridad es producto de las autoridades gubernamentales y ganar votos en la siguiente campaña electoral, así existen otras acciones peores como: "la distribución de la justicia", que parece no escapar a los procedimientos tenebrosos mencionados.

Es tiempo de renunciar a esas prácticas sucias, eso no es hacer política, ese camino conduce a la destrucción de los valores de la democracia y no hay mejor forma de hacerlo que convertir las instituciones en santuarios delictivos, es como el dicho: el diablo hace las calderas, pero no las tapaderas.

18DIC014

La verdad en la política

Durante décadas vivimos una ficción de política, parecía que aquellos gobiernos conservadores preservaban la justicia, probidad, la austeridad, la transparencia, pero no era así, aquellas fantasías promovidas por los gobiernos de ARENA no resistieron el veredicto del tiempo, veinte años después se conoce la mala administración de donaciones de fertilizantes, ayuda de gobiernos extranjeros el caso de los terremotos de 2001, pozos de agua privados financiados por dineros del pueblo, ocultamiento de hallazgos financieros en el caso del ISSS, retardos de justicia por jueces con intereses políticos, etc.. una trama negada en los grandes medios de comunicación por su filiación ideológica. La verdad en política es hablar de la realidad, no de mitos, la realidad es enfocar la visión gubernamental hacia los programas sociales de ayuda a los más necesitados, se debe hablar de los campesinos despreciados por los poderosos sectores económicos; ese sector fue abandonado a su suerte y los resultados fueron la ruina del campo, la emigración, la pobreza, la desnutrición etc., de ahí vienen muchos de los problemas actuales, lo mismo sucedió con todos los programas de apoyo a la mujer, los escolares, los pensionados, etc., no tenían esos gobierno ni idea del significado de la palabra: Solidaridad.

La verdad en política son los juicios políticos que la justicia tiene en sus manos, algunos de ellos: el fallido proyecto de la Autopista Diego de Holguín ahora finalizada y denominada Monseñor Romero, el negociado caso CEL-ENEL, los fondo donados por China Taiwán, las tapaderas del MOP y ANDA encontradas en la Alcaldía de San Salvador, la trata de personas con involucrados famosos que parece ha caído en el olvido, no obstante la denuncia pública y las actas de la fiscalía divulgadas por las redes sociales etc.

La verdad en política es no mentir por una campaña electoral, ni gritar un himno anticomunista proclamando la muerte de los adversarios, puesto que los rojos ni terminan en la tumba, ni la libertad se ha escrito con sangre de ese partido en las conquistas sociales que hoy disfrutamos, ¿acaso ese partido político construyó un ejército de derecha? ¿O solo dio el dinero? Si hubieran sido primera línea de combate ahora estarían glorificando a sus héroes de cientos de batallas, pero no fue así, ¿entonces?.. al final los rojos terminan en Casa Presidencial y La Libertad se escribe desde medios valientes como este periódico. La verdad en política tiene por banderas: Los derechos humanos, la Justicia Social, la democracia, la tolerancia que implica respetar las opiniones de los ciudadanos las cuales están lado a lado; también el respeto a las instituciones entre ellas la Sala de lo Constitucional, que tiene decisiones tan arbitrarias que parecen en franca contradicción con el bienestar de la población, entre estas decisiones el caso de Beatriz, el FONAT, la fragmentación de votos, el retardo del fallo en la inconstitucionalidad del candidato presidencial que alteró el resultado de las votaciones presidenciales, etc. pero la verdad política es similar a la realidad nacional, es muy difícil hablar de este tema cuando las mentiras son el pan de cada día por los grandes medios de comunicación, al servicio del poder económico.

08ENE015

Unidad Nacional ante la violencia terrorista

El asesinato de miembros de la Policía Nacional Civil son actos terroristas, les acribillan con odio por el solo hecho pertenecer a ese cuerpo de servicio de seguridad, sin justificación, ventaja armada, superioridad numérica, sin aviso y en forma cobarde. Estos mensajes a la Sociedad Civil pretenden infundir temor, desean provocar la paralización de nuestra vocación de libertad, atentan contra la cultura de nuestros derechos civiles, los terroristas se consideran impunes e intocables, pero olvidan que nuestro pueblo tiene tradición de lucha y combate a lo largo de su historia por la bandera de sus principios republicanos. Un pueblo atemorizado sin espíritu de combate, sin valores históricos, es fácilmente sometido por los tiranos armados, ya vivimos eso, por esa razón recordamos las brillantes páginas escritas con sangre de muchos mártires de la república y la democracia, es el momento de hablar de acción contra estos delincuentes que atacan a nuestros policías. Un llamado a la UNIDAD significa que los poderes del Estado: Ejecutivo, Judicial y Legislativo afirmen su vocación republicana para eliminar estas acciones delictivas, significa abandonar las banderas partidarias y combatir a un enemigo común. No obstante mientras el fraccionamiento político, el manejo de las leyes a favor de los delincuentes, el combate a la narcoactividad no se detenga, acá prosperará la anarquía. No se trata de ganar una elección, ni de la continuidad de los magistrados de la Sala Constitucional, ni las candidaturas de tal o cual institución, ni siquiera del vilipendio a SITRAMSS, tampoco del agua, las pensiones, los nombres de las autopistas o los implicados por la trata de personas, mucho menos de colores rojo o blanco, etc.. Se trata de salvar vidas, combatiendo al enemigo común… se trata de ganar nuestro futuro. Veamos el ejemplo de Unidad de Francia ante los ataques terroristas, el repudio que levanta en Israel el asesinato de cuatro judíos en un Supermercado, aquellas naciones muestran solidaridad y unidad en la acción; aquellos judíos fueron ejecutados por el solo hecho de nacer en Israel, ese argumento lo escuchamos antes con los nazis, pero todos estos actos terrorista son similares al asesinato de nuestros policías, ¿por qué no tomamos el ejemplo de esas naciones?. El pueblo desea respuestas, desea actitudes valientes y de combate, mientras en Europa las naciones se unen por acciones militares contra los terroristas, acá les protegemos con jueces y abogados corruptos, condenas risibles, lujos carcelarios, ¿por qué las leyes no funcionan a favor de las víctimas?.

Imaginemos las respuestas que estas naciones otorgan a los líderes terroristas cuando saben quién da las órdenes para asesinar a inocentes, acá se sabe quién da las órdenes porque las empresa telefónicas no bloquean sus torres transmisión en los penales, pero no se hace nada… me parece que a pesar de todo nuestra respuesta debe conducirnos a la UNIDAD NACIONAL y que por cada policía asesinado exista una implacable Justicia que salve a la Patria del enemigo del pueblo.

15ENE015

Seguridad, impuestos y soluciones

Es el momento de revisar la Historia de los últimos veinte años, sin olvidar que apenas salíamos de una guerra que aún tiene heridas abiertas. Durante muchos años los grupos pandilleros crecieron sin control, los proyectos en esa dirección no rindieron resultado efectivos, en parte por las leyes, los jueces, la corrupción y los grupos de intereses que se beneficiaban de ello, además los pocos recursos económicos.
Cualquier proyecto de Seguridad Nacional necesita dinero, este es el punto de la discordia, hablar de nuevos impuestos significa la inmediata oposición de las fuerzas conservadoras que odian pagar al fisco: "justas contribuciones"; es oportuno citar un fragmento del artículo: "Propuestas del FMI" Editorial UCA, 19ENE015 "Lo interesante de la propuesta del FMI, que algunos no quieren escuchar, es que también plantea la necesidad de incrementar la recaudación fiscal, y para ello propone principalmente dos acciones: implementar el impuesto predial a las propiedades y aumentar el IVA del 13% al 15%. El impuesto predial, que es común en todos los países latinoamericanos a excepción de Cuba, existía aquí, pero un Gobierno de Arena lo eliminó, y con ello disminuyó la recaudación fiscal y el sistema impositivo dejó de ser progresivo. Volver a cobrarlo sería un avance hacia una mayor justicia fiscal, hacia un sistema en el que pagan más los que tienen más".
En este momento electoral "grupos de poder" lanzan campañas negras para no pagar impuestos, grupos que coinciden en negar todo apoyo al Estado porque no les interesa el pueblo, solo sus ganancias dinerarias y sin dinero poco o nada se puede hacer.
A pesar de todo debemos buscar soluciones de largo plazo, similar a un proceso educativo, familia por familia, casa por casa, barrio por barrio construyendo los valores democráticos e impulsar un acontecimiento inédito en la sociedad: construir el tejido social de confianza entre vecinos y familias, en esa instancia tienen un papel estelar las alcaldías, los poderes locales, la policía, el poder judicial, etc. escenario que requiere un cambio cultural.
Debemos agregar un elemento crucial en este panorama, la reforma constitucional y las leyes en temas de Seguridad Nacional, ¿quién controla la fortuna de los jueces?… hace tiempo que la sociedad debió reclamar la exclusión de todo derecho civil a los delincuentes que asesinan policías y estudiantes, a quienes con trafican drogas, a los que extorsionan a comerciantes, etc. pero no existen fórmulas mágicas, solo el largo camino de las propuestas democráticas, en nuestro caso lo poco significa: cambiar las leyes, reformas la constitución, impuestos para el Estado con el objetivo de financiar el modelo de seguridad de largo plazo, alianzas con gobierno amigos, unificación de leyes internacionales,
nuevas concepciones de Soberanía y Territorialidad, protección a testigos, etc. después de todo los grupos criminales no entiende de buenas intenciones.

22ENE015

Odio de clase contra Sitramss

Si, efectivamente la lucha de clases ya no existe, no obstante: ¿por qué la clase pro-oligárquica y su Partido se empeña en despreciar todo proyecto en beneficio del pueblo?. Sus voceros y comparsas callejeras claman que se les impide trabajar, que tienen derecho a vender golosinas, panes, medicinas, útiles escolares, chicles etc. dentro de las unidades del nuevo sistema de transporte y por lo tanto también ahí deben hacer sus negocios, debido a que no hay trabajo… coincidentemente uno de los jerarcas y vocero pro-oligárquico declaró en una estación de televisión: ¡acá todos sabemos que existe el trabajo informal porque no hay trabajo!... que hallazgo más significativo, ¿por qué no hay trabajo? porque las grandes empresas se niegan a pagar impuestos, no pagan tributo predial recomendado por el FMI, tampoco invierten en la nación, se llevan sus réditos y plusvalía hacia otras regiones, condición que durante décadas ha significado la pérdida de empleos para miles de trabajadores salvadoreños. Afirman: "el pueblo protesta contra el SITRAMSS", imaginen esa situación, los trabajadores protestan por llegar en 5 minutos a su destino cuando por el viejo modelo deben consumir 30 minutos; los asalariados protestan por la cantidad de vendedores informales que en cada parada de buses anuncian golosinas, chocolates, lápices, bolígrafos, bolsas de plástico, medicinas: "contra todo dolor" tome ¡mariguanol! ¡es milagroso! y con sus gritos a voz de cuello avanzan contramarea entre la multitud del desvencijado autobús colectivo, en esa situación atropellan a todo lo que tienen enfrente, pero eso si: ¡son cachadas!, aquellas que usualmente son adquiridas después de atracar a los furgones; en medio de todo ese desbarajuste se roban la dignidad de los trabajadores y los poderosos voceros pro-oligárquicos que nunca viajaron en autobús colectivo proclaman en la televisión: "es el pueblo que protesta"… que cinismo; a estos señores se les olvida que el principal porcentaje de robos ocurre en los autobuses, ahí se ejecutan crímenes contra la policía, que en esos transportes suceden confabulaciones entre motoristas y cobradores contra policías… ¿serán los trabajadores quienes desean perpetuar este modelo?.. ¿o solo es una campaña mediática para ocultar el éxito del nuevo modelo de transporte'?.. El objetivo de estos señores pro-oligárquicos es ganar votos, en el fondo es oponerse a todo progreso a favor del pueblo salvadoreño, ellos no aceptan que existe un buen gobierno, por ésta razón: "deben recuperar a El Salvador", solo ellos saben gobernar, la oligarquía es la indicada para: "mandar en su finca privada", "Solo un loco puede invertir en El Salvador", por eso no quieren pagar impuestos y sus ganancias las envían a terceros países; aún están frescas las palabras de "incapaces, no pueden gobernar" de aquellos anuncios callejeros publicados hace seis años, para estos señores que jamás han abordado un autobús colectivo lo importante es: ""Mentir, mentir, mentir... algo siempre queda" como demostró Joseph Goebbels en el mejor estilo de los nazis. Señores pro-olgárquicos paguen sus impuestos, creen empleos e inviertan en nuestra nación, así eliminarán los empleos informales y apoyarán el buen proyecto del SITRAMSS en beneficio de los trabajadores.

29ENE015

Monseñor Romero: una vida en nuestras vidas

(Fragmentos: La primavera salvadoreña, recuerda España)
…comprendo que el Concilio Vaticano II y la Conferencia Episcopal de Medellín tienen como objetivo, la identificación de los pobres en su propia miseria, volver los ojos a ellos en esta tierra castigada por la herencia de olvido, no es pecado, los pobres tampoco pueden ser abandonados y olvidados, que estén ahí simplemente como vegetales, no es humano, no se les puede olvidar y mucho menos ignorar, hacerlos visibles, realizar esa tarea, no puede significar más que un acto ecuménico con los mandamientos de Dios. Permanecer junto a los pobres, es abrir los ojos, percibir al mundo tal cual lo hemos heredado, donde necesitamos utopías. El Nuevo Testamento no habla de armas, ni el buen Jesús, por ello debíamos aceptar que la Iglesia será fiel a condenar la violencia.
En estas tierras, los cambios por mínimos que sean provocan terror en las clases poderosas, se acusa a nuestras congregaciones de ser subversivas, en este país toda educación provoca terror, incluso la más democrática educación como la de Abraham Lincoln, los propios derechos ciudadanos de los estadounidenses asustan en los cantones de Cuscatlán. La educación siempre es el mayor símbolo de satanismo ante los ojos de los que no quieren cambios, a nuestro amigo Rutilio Grande García se le encarna toda la maldad social, como si años de segregación étnica fuesen contabilizados en un solo sacerdote, o años de injusticia se endilgaran a seres absolutamente buenos. Acá la palabra de paz y amor, significa guerra y muerte, paz en su mejor sentido es considerada bandera comunista, amor bajo el signo del odio significa predicar ideales extremistas... es difícil hablar de Nuevo Testamento a las armas. Se nos acusa de antólogos del mal, a todo aquél que hace de la Biblia su mensaje de realidad social, tal cual fue el ejemplo del buen Jesús.
… Son tiempos de conflicto social, almas miserables llenas de odio, la pobreza espiritual no tiene respuestas a las demandas materiales, excepto el odio. La violencia debe detenerse con la paz, con la conciliación, pero nadie escucha. He recorrido este pequeño país llamado El Salvador y sobre cada uno de mis pasos, el Evangelio surge entre los caminos y veredas, si existe un sector que ama la Patria, se llama Sociedad Jesuita, ellos son a pesar de todo, los seres buenos de la Patria, tienen la razón en sus estudios y en sus lecturas e interpretaciones, son seres pacíficos. De los militares debo confesar que son los seres que más amo en este mundo, son mis hermanos, son nuestros hermanos, ellos son los herederos de nuestras oraciones, son la prueba de nuestra devoción, no debemos condenarles nunca, ellos son después de todo, nuestros depositarios de la fe. Parte de esta nación, tiene el signo de los cambios, al cumplir los mandamientos y el Evangelio, los señores militares son las personas que debemos amar, en cumplimiento de los evangelios y las leyes de Dios.
05FEB015
http://www.cesarramirezcaralva.com/

Jesús histórico en Monseñor Romero

La individualidad de Jesús Histórico connota un ejemplo que implica su autorepresentación bajo el Nuevo Testamento, de esa forma combate las antiguas tradiciones del denominado Viejo Testamento, situación que le enfrenta con todos los concepto defendidos por la ortodoxia judía hasta ese momento; él antecede sus propias palabras reformando las lecturas de las sinagogas, transformando los mandamientos de la Ley de Dios, convirtiendo su ministerio en una obra trascendental idéntica en él a un personaje que contiene la trinidad (Padre, Hijo y Espíritu Santo), además su vocación humana irradia el coraje de asumir su destino en una tragedia visible; es crucificado en el ejercicio de su deber reformador, agregando que la resurrección le otorga una calidad única. Es notable que un solo hombre influya en el pensamiento de aquella época con tan pocos recursos materiales, además que su ejemplo se multiplique miles de veces en poco tiempo, destacando que su obra se divulga por un hombre como Pablo de Tarso (05-10 d.C), al fundar las bases del cristianismo paulino. Monseñor Romero como Pablo de Tarso comunica las enseñanzas de Jesús quién ilumina con su antecedente todas las obras del naciente cristianismo, pero a diferencia de Pablo "el apóstol de los gentiles", el mensaje cristiano en Monseñor Romero se realiza veinte siglos después en un continente jamás mencionado en la Biblia, con una realidad absolutamente diferente pero con la misma pobreza espiritual en la humanidad; aquella lejana condición del imperio romano esclavista, tiene aristas con nuestro mundo en las injusticias, desigualdades o la indigencia planetaria que recuerdan el mensaje del Nazareno. Cuando Jesús asume su dimensión humana acepta su destino, toma el riesgo de llegar hasta las últimas consecuencias con palabras y obras, en su pasión extraordinaria de un solo hombre condenado a la pena capital por el imperio romano, muere crucificado en completa soledad, no obstante su resurrección y posteriores eventos provoca un movimiento vigente hasta nuestra época, subrayo esta condición puesto que en él se unifica un ciclo único de: vida, pasión, muerte, resurrección y acción social posterior. Jesús es un solo hombre, un solo condenado al martirio por el imperio, una sola persona que irradia el resplandor de una significativa obra trascendental. Cuando un hombre humilde como Oscar Arnulfo Romero opta por su vocación sacerdotal imitando al Jesús Histórico, asume una condición visionaria y profética, esta calidad antepone al poder terrenal su convicción vital, recorre un camino trazado veinte siglos antes, con las mismas consecuencias, persecuciones y con el martirio ineludible... pocos hombres han recorrido este camino, pocos con tanta dignidad y coraje. El Jesús Histórico es visible en Monseñor Romero porque conoce la verdad del Nuevo Testamento, asume su martirio y probablemente la resurrección en su eterna memoria al imitar al Nazareno. No puedo ocultar la alegría que invade nuestros corazones...entre nosotros existió un hombre que imitó al Hombre del Nuevo Testamento convencido que éste mundo puede transformarse por el amor y el perdón a los enemigos, que maravilloso, él amó tanto al prójimo y perdonó tanto, que aún antes de sufrir ese martirio, proclamó un mundo mejor como el Jesús Histórico... por ello la alegría se extiende por el mundo, como el reino de los cielos entre nosotros.

12FEB015

http://www.cesarramirezcaralva.com/

El resultado electoral debe elevar la gobernabilidad

En un par de semanas asistiremos a elecciones para diputados y alcaldes de la nación, acción que consolida una rutina democrática muy diferente a un plebiscito o referéndum (no existen en la Constitución Política), así nuestro proceso es un mandato es indirecto, puesto que los diputados y alcaldes nunca responden por sus acciones en su período administrativo, tampoco preguntan sobre las decisiones de leyes cruciales que la nación necesita, asumen un carácter plenipotenciario olvidándose de sus promesas, pero vuelven cada tres años con similares propuestas.. Si existiera una consulta sobre sus decisiones o acciones de las leyes tendríamos una representación directa, de esa manera la Asamblea Legislativa debería poseer oficinas de opinión, recepción de iniciativas ciudadanas, estadística sobre temas cruciales como: la pena de muerte, el endeudamiento público, migración, salud, tema de la mujer con embarazos riesgosos o violencia criminal, pago de impuestos, evasión fiscal etc... Agendas que a pesar de ventilarse en medios de comunicación social estos se presentan tergiversados y bajo la óptica de tendencias políticas del siglo pasado.

En momentos pre-electorales la carga propagandística pide el voto bajo cualquier pretexto, como si la nación recién se enterara de los problemas crónicos que soporta a diario; no obstante se trata que esta cultura política cambie, se trata del encuentro de la nación con soluciones en los siguientes tres años, puesto que muchas falencias provocan daños colaterales, como por ejemplo la prisión que sufren las mujeres por acusaciones de aborto, cuando en realidad no existen pruebas objetivas de esos procedimientos, la seguridad, las extorciones etc. "El objetivo de la sociedad es construir una extensión natural del derecho hacia la política, donde nacen y mueren estas discusiones" –así lo aseguran los teóricos clásicos-; ahí es donde el legislador, los alcaldes o los institutos partidarios tienen su razón de ser, trabajar por el bien común.

En esta campaña electoral las palabras olvidadas son: "concertación", "diálogo", "pluralismo"… los candidatos no las pronuncian porque les interesa polarizar la sociedad, no obstante cualquiera que sea el resultado continuaremos con ese panorama oscuro y tenebroso de división nacional entre conservadores y reformadores, seguiremos con los discursos fanáticos y perturbadores de muchas sectas religiosas propalando falsedades bajo el signo de su estrecha visión; así vivimos entre dos naciones, dos grupos irreconciliables, dos reinos excluyentes, el cielo para ellos y el infierno para los demás… así la campaña electoral se convierte en un combate de fantasías y no de realidades. Pero es el momento de proponer consensos en oposición a los centros de contienda, las elecciones deberían cumplir un programa factible para proponer soluciones a la realidad económica y disminuir las presiones internas o externas sobre la gobernabilidad.

Cualquiera que sea el resultado, la gobernabilidad se basará en la política de alianzas entre la primera y tercera fuerza, en ese momento el llamado al consenso mostrará el posible nivel de negociación de cara a los siguientes tres años. El resultado de una docena de encuestas propone un mapa político con pocos cambios, a menos que suceda un terremoto político en esto últimos días previos al ejercicio del voto. Las condiciones sociales requieren cambios urgentes, orientados a fortalecer la institucionalidad y elevar la gobernabilidad.

19FEB015

http://www.cesarramirezcaralva.com/

Uno de marzo rojo

Durante el proceso electoral del uno de marzo discutiremos el presente, solo eso. Las elecciones son del "ahora", de este momento histórico, el cual es decisivo para profundizar la democracia y continuar con los cambios realizados en el último quinquenio.
El lenguaje político debe entenderse bajo el signo de la solidaridad, honestidad, justicia, lucha contra la corrupción etc., al enunciar estas palabras abrimos brechas en nuestra historia, más aún porque el momento electoral decide un importante fragmento de nuestro destino, y si unimos éstas al modelo capitalista tenemos por resultante dos caminos a seguir: modernizarlo o continuar el esquema oligárquico. Una rápida visión de los últimos veinte años conforman dos caras de una misma moneda, en una se reflejan los ofensivos privilegios de los monopolios excluyentes oligárquicos y antidemocráticos, en la otra el capitalismo reformista y la democracia que al menos tiene beneficios para las grandes poblaciones, puesto la democracia y modernizar al sistema activa la movilidad social.
Modernizar el capitalismo significa enfrentar a los sectores oligárquicos dueños de todo, ellos se niegan a pagar impuestos, luchan contra el transporte colectivo del SITRAMSS, ocultan la corrupción financiera, realizan contratos que traicionan nuestra soberanía nacional como el caso CEL-ENEL, sus medios de comunicación apenas refieren los ilícitos del banco HSBC donde involucran a 54 salvadoreños en lavado de dinero, con un monto aproximado de $88 millones desviados a Suiza, -según cadenas internacionales de prensa-; el mismo sistema financiero suizo allanó las oficinas de ese banco el 18FEB015, las autoridades de esa nación afirmaron que las personas involucradas podrían ser penadas con una multa y hasta cinco años de prisión si son halladas culpables de delitos financieros, mientras en las redes sociales se han filtrado algunos nombres de miembros de la oligarquía y sus testaferros; ese es el típico modelo de empobrecimiento indiscriminado contra el pueblo, en esa misma categoría se encuentran otros casos conocidos como ocultar archivos contables del Seguro Social, desvío de fondo de China-Taiwán.. etc. éste es verdadero tema de las elecciones, un modelo del capitalismo moderno incluyente con movilidad social o el saqueo institucional oligárquico del partido de oposición.
Las elecciones demostrarán que el modelo oligárquico esta en retirada, debemos repetir y hacer nuestros los lemas clásicos: "Una sociedad más justa es una sociedad solidaria" esa es la mejor acción del presente, de tal forma que el voto ciudadano debe ser por la continuidad de los cambios. Todo modelo democrático es perfectible, así ha sido diseñado nuestro esquema representativo, nuestra sociedad a pesar de todas las imperfecciones se empeña en construir un "buen gobierno", el pueblo reclama la eficacia social y la gobernabilidad, puesto que es conocido que un cambio social necesita al menos quince o veinte años, así podemos comparar los momentos democráticos y aprender de la historia, impulsar el pensamiento social, las libertades, los derechos y priorizar la seguridad ciudadana… éste es un acontecimiento del presente, que se inicia por un voto contra la oligarquía… uno de marzo rojo, una bandera solidaria y con justicia social.

26FEB015

Tribunal Supremo Electoral debe superar los errores

Escuchando a los observadores internacionales, el representante de México afirmó: "en nuestra nación no se puede modificar el modelo electoral un año antes", eso nos muestra la seriedad en los complejos procesos en las áreas jurídicas, logísticas, educativas o divulgativas. Es de hacer notar que efectivamente el retraso en avances preliminares de los resultados causa morbo expectante, no se está cuestionando el producto del mismo, sino un fallo técnico. Es de señalar que la reunión de los partidos políticos el día 02MAR015 en horas de la madrugada, concluyó con un acuerdo para "no autoproclamarse vencedores" y con mucha madurez esperar la voz oficial del Tribunal Supremo Electoral… así transcurrió el día, pero existieron autoproclamaciones y reconocimiento de la derrota, esta acción envía mensajes a la ciudadanía prematuros, puesto que aún están frescas aquellas otras acciones de un partido opositor que se autoproclamó ganador en las elecciones presidenciales y convocó a la movilización de sus bases para defender "su triunfo electoral"; otro incidente fue el "retraso del TSE", durante la campaña electoral del 15 de marzo de 2006; es evidente que la prudencia, junto a la paciencia deben imponerse para no repetir eventos que pueden desembocar en trágicas consecuencias. Debemos apuntar que en Estados Unidos de América durante las elecciones del año 2000 entre el republicano George W. Bush y el demócrata Al Gore, el sistema de votación de la primera potencia del mundo tardó semanas, no días como en nuestra nación, no obstante allá la crispación no llegó a límites tan alarmantes… El proceso electoral nos deja grandes enseñanzas como la falta de legislación de las campañas anticipadas, la ausencia de control en las difamaciones que se realizan por las redes sociales e incluso durante el evento electoral; de igual forma el manejo de datos económicos, falsedades jurídicas, infundios contra candidatos, etc., acciones que no ayudan en nada a elevar el nivel democrático, ni educa al pueblo a construir opinión genuina sobre su futuro. La desigualdad económica entre los candidatos es evidente, el que tiene más dinero inunda las calles de propaganda, los otros se anuncian en clasificados en la sección de empleos ofertas...

Es de hacer notar que los pronunciamientos de la Sala Constitucional de último minuto no contribuyeron en nada a la claridad del ejercicio del voto, la queja de las mesas de votación fue evidente: "un conteo complejo", "con alto grado de dificultad", tanto que no en pocas ocasiones las lecturas entre los votos y las actas no cuadraban, por esa razón los vigilantes de urna debían encontrar el error, si agregamos la abnegación de permanecer en el Centro de Votación 24 horas sin descanso, no será extraño que en la próxima elección la motivación para cuidar mesas electorales sea mínima. No obstante la democracia es perfectible, los miembros del TSE aún pueden considerarse novatos en las grandes decisiones administrativas, si agregamos la falta de presupuesto para campañas educativas, la falta de ensayos previos o la voluntad política de todas las instituciones, etc., se aprenderá de los errores. El objetivo del TSE es legitimar la democracia y contribuir a eliminar el nocivo hábito de la desconfianza política que genera violencia, odio, venganza y acciones excluyentes, quizás se cometieron errores, pero lo importe es superarlos.

20MAR015

http://www.cesarramirezcaralva.com/

El defensa del TSE

La ofensiva contra el Tribunal Supremo Electoral por parte de la derecha salvadoreña es contra la institución depositaria de la credibilidad de la democracia en nuestra nación.
 El TSE no es culpable de los retrasos electorales, la entidad recibe una compleja contabilidad de votos cruzados que por primera vez en nuestra historia se ejecuta sin la educación adecuada. En torno al marco electoral anotemos que el voto cruzado fue una carta sacada de la manga por presiones extrañas y a pocos días de tan cruciales elecciones; de esa situación se desprende el caos de inconsistencias en las famosas actas que no cuadran. Existen muchas preguntas sobre el proceso electoral, ¿es la Sala de lo constitucional la culpable de todo el problema?... No podemos responder por el momento esta pregunta, no obstante las futuras elecciones deben cambiarse hacia un nuevo modelo con mejor contabilidad o implementar formas digitales, puesto que el esquema actual no contribuye en nada a la democracia.
Así como fue la campaña electoral plagada de irregularidades con muchas falsedades, con deformación de opinión pública e infundios sin control alguno, así parece ser la lectura post-electoral, existe una corriente de comunicación a favor de los grandes intereses conservadores para dañar la democracia en su conjunto. El problema no es el TSE, sino la campaña de desprestigio sobre los magistrados del TSE ejecutada por los partidos de derecha; se desea eliminar a las personas, pero no combatir los problemas, como si la democracia solo son ellos y no los millones de salvadoreños que deseamos que las elecciones lleguen a buen puerto.
Ahora resulta que el depositario del proceso electoral y la credibilidad democrática el TSE, es el culpable de todo, mientras el problema generador: "el voto cruzado" combinado con el poco tiempo de instrucción, las elementales capacitaciones de contabilidad etc. no aparecen en la visión de los detractores. Me parece que el objetivo de estas campañas es disminuir la credibilidad en la institución del TSE, debilitar la democracia y justificar la ingobernabilidad. Es muy preocupante la persistencia mediática para divulgar resultados, los grandes medios hacen un festín de datos imaginarios sobre ganadores y perdedores, ¿de dónde los obtienen?, unido a ese ruido existen autoproclamas y confesiones derrotistas, números de diputados a discreción de los voceros partidarios etc., pero qué base verificable sustenta estos números de tal o cual triunfo… no existe certeza y tampoco ratificación de la máxima autoridad electoral, pero el conjunto de estas acciones genera incertidumbre y zozobra. Las campañas de desprestigio y la constante denuncia de irregularidades ¿hacia dónde nos conducen?... Desde mi punto de vista nos enfilan a debilitar el instrumento electoral para en último caso recurrir a los famosos amparos constitucionales y declarar el proceso del uno de marzo nulo… es un acontecimiento extremo pero posible. Este suceso contra el TSE es una iniciativa contra la democracia salvadoreña, se pretende secuestrar la voluntad popular, se pretende que nada funcione, el objetivo final para ellos es la ingobernabilidad y justificar sus perversos intereses… para regresar al pasado oligárquico y sus ofensivos privilegios.
12MAR015

http://www.cesarramirezcaralva.com/

La oligarquía derrotada en elecciones 2015

El largo proceso del escrutinio final en las mesas electorales no significa que se corrompa el resultado, mucho menos que existan anomalías a la vista pública, tampoco que la democracia no funcione, pero existió un coro de voces agitadas pidiendo resultados instantáneos y dejando en la memoria colectiva la ineficiencia del Tribunal Supremo Electoral provocando un daño permanente a su imagen, situación que afectará las siguientes elecciones; al final el proceso verificador fue el único instrumento que los representantes de las instituciones políticas tenían para ratificar sus triunfos, de otra forma habríamos retrocedido al siglo pasado. A pesar de no existir resultados preliminares inmediatos, el escrutinio funcionó y de nada sirvieron los gritos oligárquicos para interrumpir ese trabajo, al final todos los institutos políticos han aceptado los datos consolidados.
El voto cruzado versus el voto unitario (libre, igualitario y secreto art. 78 Constitucional), parece un juego de palabras, algunos candidatos han referido que no es lo mismo la nominación por voto cruzado que el sufragio por la marcación individual, sucede que la contabilidad no cuadra; si un candidato obtuvo 24,000 votos cruzados y fueron ocho los partidos políticos, su número real es 3,000 votos individuales; no obstante si su colega obtuvo 3,000 votos únicos parece que habría perdido su elección puesto que pesaría más la otra cantidad… quizás es una percepción y las mesas escrutadoras verificaron los datos aritméticos, no obstante son tantas las irregularidades matemáticas que ésta variante debió multiplicarse cientos o miles de veces, de ahí surgen las extrañas interpretaciones sobre los números concretos. Incluso la percepción que el voto por rostro con múltiples elecciones es igual al voto por bandera, deja un margen de incertidumbre que provoca mucho buen humor, ¿desde cuándo una fracción es igual a la unidad?; pero a los perdedores de curul en la Asamblea Legislativa no les hace ninguna gracia. Algunos candidatos han denunciado la apropiación de sus votos a favor de un miembro dirigente, eso explica la in(ex)clusión de algunos apellidos ilustres, de tal forma que el voto cruzado sirvió a favor de intereses extraños. De la serie de fallos administrativos, vacíos jurídicos… y algunas perversas declaraciones políticas que hicieron los partidos de derecha, permanecen imágenes degradantes más allá del proceso electoral, en especialmente las declaraciones de los voceros de la oligarquía, que clamando una victoria inexistente se atribuían enormes victorias sobre sus adversarios, la realidad es que 18 días después, ellos ni sus potenciales aliados ganaron la mayoría en la Asamblea; en ese mismo rubro las proyecciones de las fuerzas democráticas y anti-oligárquicas se anotaron una nueva victoria que permitirá la gobernabilidad los próximos años, de nada sirvieron las campañas de rumores, mentiras, infundios o difamaciones contra los adversarios, la población ha preferido conservar sus logros sociales, así el pueblo castigó las campañas sucias al votar por la continuidad de propósitos. Los fallos del TSE no fueron cometidos con intenciones políticas, no tenían como objetivo beneficiar o perjudicar a una institución, no obstante algunos dirigentes se esforzaron por demostrar que ello era un complot contra sus intereses. En las elecciones perdimos la visión de nación debido a la cantidad de improperios anticomunistas que el partido de la oligarquía lanzó por todos lados, ese partido ve rojos hasta en los altares de las iglesias, quizás escuchan el nombre de Monseñor Romero que une al mundo y nos brinda un nuevo sentido de nación; más allá del proceso electoral, la oligarquía perdió otro proceso electoral.
19MAR015

La democracia no está en venta

Terminado el evento del uno de marzo la nación enfocó su atención en el conteo de votos, al transcurrir la noche las mesas electorales excedieron sus expectativas, algunas permanecieron activas más de 24 horas, lo cual sumado a su presencia desde las 03 horas (01MAR015) hasta las doce del mediodía del 02 de marzo, provocó confusión y agotamiento entre los miembros de diversos partidos, al transcurrir las horas poco a poco se notaban una larga serie de irregularidades, tantas que los resultados producían protestas de los partidos afectados, algunas de ellas eran: falta de firmas de los representantes, sumas incorrectas en votos de diputados, actas con cero votos, sufragios impugnados que superaban a los válidos, la aritmética básica: "uno es igual a uno" no correspondía al fraccionamiento del número de diputados por departamento, además el prolongado tiempo de espera permitió el manejo de la opinión pública hacia "posibles manoseos electorales"; aquello era una fiesta de comunicación informal, esa orquestación que al inicio pareció exagerada y sin base concreta, poco a poco fue permeando a muchos ciudadanos, configurando una especie de coacción sobre el triunfo de un partido sobre los demás, pero todo era una campaña de comunicaciones como si las elecciones no hubiesen terminado, la autoproclamación de diputados conservadores era un presagio sedicioso si los resultados les eran desfavorables; mientras el conjunto de comunicaciones del partido ARENA intentaban justificar su triunfo virtual, dañaban la credibilidad de las instituciones democráticas en especial del Tribunal Supremo Electoral. Si el TSE no otorga la razón al partido opositor entonces acudirán a la Corte Suprema de Justicia y de nuevo el discurso electoral se oscurecerá por criterios fuera de la consulta ciudadana.

Del proceso de conteo de votos: éste se inició 48 horas después (04MAR015), aquello resultó una caja de sorpresas, al poco tiempo se denunció alimentos contaminados, mientras los partidos minoritarios denunciaban intimidación por parte del principal partido opositor al ingresar con matones y apostarse en los alrededores de las mesas electorales, luego protestas por conspiraciones de impugnaciones y contabilidad extraña, en los siguientes días las redes sociales divulgan audios con intentos de soborno a los representantes de los partidos involucrados a favor del partido ARENA, el audio revela unas cantidades de dinero exorbitantes, mientras la voz del involucrado menciona miles de dólares repartidos en esa mesa 6, como una película de la mafia: *"le haré una propuesta que no podrá rechazar"*. El resultado del escrutinio finalizó el domingo (22MAR015), unos 75 votos favorecen al principal partido opositor, sin embargo el partido CD denunció (23MAR015) que 6 actas fueron puestas en el sistema con cero votos, de las cuales se han validado dos (TSE 24MAR015), pero el 25MAR015 se abrirán 210 paquetes electorales y al menos se demostrará que el proceso es transparente; en otros tiempos ya se habrían comprado voluntades, pero ahora, la democracia no está en venta.
26MAR015

http://www.cesarramirezcaralva.com/

Violencia y un milagro sin armas

Después de las elecciones de diputados y alcaldes, la legítima aspiración de la ciudadanía
es la Paz Social para contener la violencia de los grupos organizados en bandas criminales
y terroristas. Testigos somos de la buena voluntad de las autoridades al convocar una
marcha para transformar la realidad nacional, además el despliegue por la policía
comunitaria, los decretos: antiterroristas, antiextorsiones, extinción de bienes, iniciativas de
reinserción de estos sujetos, propuestas de diversos sectores religiosos para convertir su
alma hacia el buen camino, iniciativas para contener la violencia con otorgamiento de
beneficios penitenciarios, etc. pero nada parece funcionar para detener el río de sangre
sobre inocentes y elementos de la policía nacional civil. La situación implica el sistema
jurídico, los jueces, fiscales, modelos penitenciarios además el complejo social para
mantener a cientos de reos condenados y los centros preventivos para menores de edad,
etc., éstos viven una crisis prolongada por el incremento de infractores de la ley.
El asesinato de 19 miembros de la Policía Nacional Civil son actos terroristas, son acciones
que envían el mensaje equivocado a la nación, si el pasado 26 de marzo se efectuó una
marcha por la paz con un aproximado de 700,000 ciudadanos pronunciándose por una
salida honrosa a esta situación, el asesinato de policías desarmados y en licencia de trabajo
nos anuncia que éstas personas antisistema no tienen ningún propósito de cambiar su
modelo de vida. Parece el agotamiento de la seguridad nacional, parece que ya no existen
propuestas políticas y todo fracasa en este momento histórico; la saga de iniciativas sociales
ciudadanas, religiosas, humanitarias, internacionales etc., no llegan a nadie ni a nada y día
con día se agrede a la institucionalidad. En este panorama deprimente: ¿por qué no
reformamos la constitución? si el sistema jurídico no funciona. ¿Por qué no abolimos las
leyes que favorecen a los delincuentes?. Si la defensa civil no rinde frutos ¿por qué no se
avanza hacia los modelos superiores?; al final si se intenta destruir la institucionalidad ¿por
qué no se autoriza la legítima defensa, cambiando los conceptos fundamentales de derechos
de los ciudadanos en general y se niegan los derecho a los agresores del sistema
democrático?. El problema tiene solución, siempre y cuando prevalezca el orden
constitucional como lo demuestra la historia nacional e internacional. No obstante
si agotados los modelos jurídicos, las propuestas pacíficas, o los estados de excepción etc.,
y no pasa nada, entonces debemos esperar la fiesta de la sangre en nuestros
barrios. Siempre es posible una solución política antes que una solución armada, pero el
asesinato de policías envía el mensaje desafiante para medir fuerza con las instituciones
legales, ya hemos vivido este panorama en otros tiempos, pero ahora se trata de la defensa
del sistema político contra el crimen organizado y el narcotráfico, otras naciones nos
preceden en esta acción como México y Colombia, me parece que la orgía de sangre es
inevitable por el agotamiento de las propuestas pacíficas…
El asesinato de policías e inocentes ciudadanos, nos conduce al abismo de la irracionalidad,
creo tenemos muy poca esperanza y no existen soluciones… excepto un milagro sin armas.
09ABRO15

http://www.cesarramirezcaralva.com/

Amparo constitucional y perspectivas en recuerdo de votos

La Sala Constitucional de la Corte Suprema de Justicia, admitió un amparo de cuatro candidatos a diputados para la Asamblea Legislativa por el Departamento de San Salvador, ellos pertenecen a los partidos políticos: PCN, PDC, GANA y CD.

El amparo en esencia cuestiona la decisión del TSE al declarar firmes los resultados electorales y la publicación de los mismos en los medios de comunicación, al igual que la entrega de credenciales el día 14ABR015, acción sin precedente en la historia electoral desde los Acuerdos de Paz en 1992.

La resolución ordena que este recuento en el departamento de San Salvador debe ejecutarse "a más tardar" el 21ABR015, condición improrrogable que inyecta presión a cualquier equipo del TSE, puesto que aún está por resolverse ¿qué tipo de recuento implica: actas, contabilidad de votos cruzados o por banderas etc.? ¿el método: el procedimiento de abrir todas las cajas o solo algunas?.

Ahora resulta que las elecciones no han finalizado, que nada está escrito en forma definitiva y todo lo publicado tiene una sombra de duda, esta situación casi es una tragicomedia, con el extremo insospechado que los resultados podrían variar la aritmética conocida con un aparente equilibrio de fuerzas conservadoras y liberales. Posiblemente la cantidad por los nuevos datos altere los cocientes y residuos de los candidatos, en este caso cuatro, pero algunos estudiosos afirman que pueden ser más.

El extremo de esta situación plantearía una nueva elección, mientras una condición más moderada solo mínimas variables, como sea el recuento de sufragios tiene por condición lo siguiente: "público, transparente y supervisado por el Fiscal General de la República en atribución prevista en el artículo 193 ordinal 1° de la Constitución". Si la justicia se evaluara por el oportuno tiempo de administración de cada caso, éste sería un clásico extemporáneo; pero existe otro más tardío como la Saga Inconstitucional del Candidato a Presidente del ciudadano Elías Antonio Saca, recordemos que el fallo sucedió después del proceso electoral, cuando las demandas se hicieron públicas casi un año antes, un procedimiento oportuno habría evitado mucho gasto público y el ruido político que desorientó a muchos votantes; mientras el caso de los diputados electos del uno de marzo, parece que el resultado es el mismo: incertidumbre, imagen negativa, pobreza democrática, etc. quizás es el momento de aceptar que el voto cruzado, excede la capacidad real de nuestro sistema electoral. A pesar de todo para algunos es un mensaje de esperanza, lo cual es significativo puesto que si 158 actas no fueron contabilizadas, ello implica un plan siniestro para alterar los resultados y eliminar a un Partido Político y su candidato… al final: en democracia un amparo constitucional tiene la última palabra.

16ABR015

Debilitar la gobernabilidad por cualquier medio

El amparo constitucional de los candidatos a diputados encendió una discusión inédita en la nación: el recuento de votos ordenado por la Sala Constitucional de la Corte Suprema de Justicia versus la decisión del TSE al declarar firmes los resultados de las elecciones a diputados y alcaldes; un organismo colegiados firma y publica los nombres de los designados a cargos públicos, pero horas después su nominación es calificada de "provisional". La constante de estos fallos constitucionales, son coincidentes con un clima de negación de inversiones del Sector de la Iniciativa Privada, las fuerzas conservadoras niegan empréstitos incluso para la seguridad nacional, mientras fundaciones y gremios aliados predican a sol y sombra que el Estado no funciona, en otra vertiente los poderosos medios de comunicación siembran la imagen negativa contra funcionarios públicos día tras día divulgando insinuaciones de corrupción e ineficiencia; estas líneas de comunicación negativa apuntan a la destrucción de las instituciones democráticas. El panorama configura el asalto al poder por medios legales o ilegales, no son situaciones aisladas, son una constante de "desinformación" articuladas durante años, estas acciones se construyen por medio de noticias, eventos, foros, opiniones, rumores, etc., para aislar a los gobernantes y propiciar un golpe técnico constitucional e instaurar un retorno del poder oligárquico en el poder ejecutivo, pero olvidan que los gobernantes han sido electos por el pueblo en elecciones libres.

Existe un factor de punta de lanza en esta conspiración perversa, el tema de la seguridad nacional junto a elementos del antiguo ejército, mantienen una plataforma desestabilizadora de largo plazo; en este vértice los grupos del crimen organizado parecen unirse contra la democracia al coincidir en el tema de debilitar a las instituciones del Estado, cometiendo actos terroristas contra civiles, policías o soldados desarmados, jueces, profesionales, escolares etc., actos que en lugar de conducirnos a la unidad nacional, son utilizados por los grupos conservadores para agredir el orden constitucional y lanzar improperios contra los funcionarios públicos. Se trata de restar toda la base de apoyo popular al gobierno democrático aunque no estemos en campaña política, se pretende constituir un poder paralelo al Estado por medio de estructuras de facto constitucional en niveles que la Carta Magna no refiere por ejemplo: impedir que los militares retirados ocupen cargos públicos, legislar la militancia de abogados e impedir su incorporación a cargos de primer nivel, impedir procedimientos jurídicos para juzgar a sus miembros por faltas a la ética, fallar tardíamente en el caso electoral de un candidato con impedimento constitucional, impulsar el voto cruzado a pocas semanas del evento electoral, propiciar un recuento de votos que crea incertidumbre en el sistema democrático y siembra un precedente constitucional sobre el TSE como máxima autoridad electoral, etc. Este mapa desestabilizador tiene por objetivo estratégico provocar un golpe técnico desde la Asamblea Legislativa bajo cualquier excusa, sea por la seguridad nacional o una mayoría calificada en la Asamblea Legislativa y paralizar al Poder Ejecutivo, etc… Me parece que defender el modelo democrático comienza con la denuncia de esta conspiración oligárquica y llamar a la opinión pública para que se pronuncie contra éstos mecanismos perversos en nuestra nación.

23ABR015

¿Ciudadanos apolíticos en el TSE?

Existe una propuesta ciudadana para crear el Instituto Electoral, destacando el siguiente planteamiento: "los miembros de ambas instancia deberán ser salvadoreños de nacimiento, mayores de 40 años y no tener filiación partidaria, entre otros requisitos"… me parece que éste último es el leitmotiv, una condición que yace en repertorio de la misma sinfonía que vivimos desde los acuerdos de paz. La filiación partidaria… es la línea de pensamiento que apunta a la opción ideológica de los candidatos, y estos ciudadanos solicitan una reforma constitucional sobre los art. 208 y 209, no obstante para llegar a ellos se deben reformar los art. 2,3,4,5,6, y principalmente el art.7 cn. "Los habitantes de El Salvador tienen derecho a asociarse libremente y a reunirse pacíficamente y sin armas para cualquier objeto lícito. Nadie podrá ser obligado a pertenecer a una asociación. No podrá limitarse ni impedirse a una persona el ejercicio de cualquier actividad lícita, por el hecho de no pertenecer a una asociación"…. De tal forma que la solicitud parece muy extraviada, puesto que toda persona tiene derecho a una filiación partidaria. No obstante si la Sala Constitucional califica una calidad partidaria a un ciudadano no hay defensa posible, extraña norma no escrita.

Es mi opinión que la acción antes enunciada tiene por objetivo otro elemento tácito, éste es que las personas no posean una ideología "extraña", una opción política por ejemplo: "antioligárquica", etc. que éstas personas sean "políticamente puras"… es decir leales al dogma libertario de la democracia excluyente y del capitalismo salvaje del Siglo XX. Para ellos el Tribunal Supremo Electoral deberá estar dominado por elementos conservadores, puesto que cualquier otro es sospechoso de ser comunista, éste factor simplemente se denomina: "desconfianza política"… La desconfianza política genera odio, violencia, expresiones inaceptables en el orden de los derechos humanos, es una condición de parálisis multifuncional, ese criterio nos ha acompañado desde el Siglo XX, es una extraña visión maniquea capitalista (los elegidos –líderes- y los oyentes –servidores-), la desconfianza política pretende denigrar a una persona o causar su muerte civil. Un día deberíamos de escribir un balance sobre todas las "muertes civiles" a causa de infundios divulgados por los medios de comunicación… no son pocos.

La desconfianza política puede superarse, evidentemente el marco teórico de los Acuerdos de Paz enuncia una nueva sociedad, bajo el objetivo de construir líneas fusionadas entre los actores políticos, acciones que deberían conducirnos a la cooperación y superación de los horizontes del pasado represivo y oligárquico, ese trabajo conjunto al final generaría la confianza de elevar nuestra sociedad hacia la democracia y no enfilarla al pasado que nos condujo a una guerra civil.

La generación de confianza en todo caso se iniciará por la tolerancia política, realidad que aún parece un sueño, la confianza política es sinónimo de concebir la opinión política en término horizontales unas con otras, lado a lado, no superiores a ninguna, sino con mucho respeto incluso de las minorías. A nadie se le puede negar el derecho constitucional de asociación y optar por cargos públicos, así como la defensa de los Acuerdos de Paz con su singular opción política.

30ABRO15

Ausencia de Asamblea Legislativa

La lectura de nuestra realidad debería calificarse de "estado de calamidad política", debido a la ausencia "ejecutiva de la Asamblea Legislativa", éste es un terreno pantanoso provocado por diversos elementos desde la campaña electoral, pero algunos argumentos que dieron origen a esta situación son: el voto cruzado, la contabilidad del voto por rostro, inclusión de nuevas reglas en el evento electoral que dispararon la incertidumbre del ejercicio del sufragio, los fallos de las empresas contratadas, una tormenta mediática que denigró al Tribunal Supremo Electoral con objetivos siniestros y al final un amparo que debilitó el funcionamiento del Estado salvadoreño. ¿Ésta situación contribuye al crecimiento democrático?, ¿o justifica una práctica permanente que deteriora la gobernabilidad?...El argumento fanático: "los fallos de la Sala Constitucional deben cumplirse" invoca un sentido de fatalismo ineludible, es un límite peligroso y la historia nos ilustra sobre casos ejemplares, puesto que ese límite puede rebasarse con el argumento ancestral de la disolución de los poderes del Estado y la fundación de un nuevo modelo constitucional, como ha ocurrido en otras naciones. Esa es la triste historia latinoamericana del siglo XX, donde las constituciones protegían a los dictadores, ahora en el siglo XXI, parece que los fallos desequilibran al Estado en su conjunto, con interpretaciones más allá de los preceptos constitucionales al ordenar procedimientos que pertenecen a otras instituciones. En este momento la ausencia ejecutiva de la Asamblea Legislativa implica una parálisis de acción del primer órgano del Estado, porque mientras no se conozcan a los 24 diputados, la Asamblea carece de formación orgánica, en otras palabras vivimos en un limbo constitucional, donde solo están activos dos poderes: Ejecutivo y Judicial... así cada día incursionamos en una historia sin precedente, excepto cuando sucedían las asonadas militares del siglo XX.

Cuando la Asamblea Legislativa no se reúne en la capital de la República, para iniciar su período y sin necesidad de convocatoria el día primero de mayo de la elección de sus miembros como lo ordena el art. 122 Cn. un abismo jurídico se precipita en la mente de los ciudadanos, puesto que si el Estado es Trino: Ejecutivo, Legislativo y Judicial... ¿cómo denominar nuestra realidad?.

Al afirmar: "los fallos de la Sala Constitucional se cumplen", se expresa la máxima invocación hacia un polo del espectro político, cuidado con ello, puesto que la historia no es lineal, la actual situación llama a reflexionar y no repetir esta triste historia. El momento conceptual es muy parecido a un golpe técnico, ¿de qué otra manera calificar la ausencia de un poder del Estado?. Si el día de mañana el TSE entrega los resultados finales de los 24 diputados electos por San Salvador, este tiempo contará como el antecedente jurídico de un fallo de la Sala Constitucional que quebrantó el mandato del Art. 122 Cn., puesto que la Asamblea Legislativa no se constituyó, ni inició su período el primero de mayo de su elección constitucional. Algunos comentaristas afirman que esto no afecta en nada a la República, quizás no se dan cuenta que el Estado está conformado por tres poderes, no únicamente por dos.

07MAY015

Resultados electorales e interpretaciones

Con el recuento de votos y la declaración de los resultados firmes por la Sala Constitucional, habilitando de esta manera a los veinticuatro diputados originales publicados por el Tribunal Supremo Electoral, termina un episodio de incertidumbre sobre el proceso electoral en su conjunto y nuestra democracia; éste es un capítulo que demostró esencialmente que la desconfianza política es el centro de gravedad de todo discurso partidario y en consecuencia daña a la nación. Desconfianza política significa interpretar todo acontecer social, económico, político etc., bajo un signo ideológico, así se justifican acciones que impiden la gobernabilidad y la paz social. El daño causado a la imagen del Tribunal Supremos Electoral por infundios políticos acompañado de comparsas de fanáticos, junto a una guerra mediática contra sus miembros buscaba deteriorar la institucionalidad del máximo organismo electoral, condición peligrosa con alcances tan profundos que repercutirían en los Acuerdos de Paz de 1992.

Ahora la novedad es el hallazgo de veinte mil votos nulos pero con el último informe han sido declarados válidos. Según las declaraciones de un magistrado del TSE (TV 12MAY015), la causa de tal cantidad de votos obedece a directrices de los partidos políticos hacia sus representantes para anular conscientemente al adversario, de tal forma que existe una organización "anti-voto" en beneficio de un partido, en consecuencia un delito electoral; el magistrado incluso develó que ésta práctica incluye a todos los institutos políticos… ¿es correcta ésta afirmación?... ¿o en existen pruebas de un Partido que usa éstas acciones como forma habitual en cada evento electoral?, quizás nunca conoceremos el fondo de éstas declaraciones.

De ser exacta esa afirmación: ¿ésta es democracia que deseamos? ¿éste es el respeto a la voluntad popular? Creo que el ejercicio de estas acciones puede provocar severas crisis en futuros eventos electorales, las lecturas de las JRV pudieron ser influenciadas por las extenuantes jornadas superiores a 24 horas, así como la dificultad del conteo del voto cruzado o factores externos, estos elementos podrían ser atenuantes, no obstante la segunda lectura de los votos nulos o impugnados por un consejo superior –sin precedente- permitió impartir la calificación adecuada a cada uno. A pesar de todo, los resultados fueron los mismos.

Me parece que la verdadera vencedora –en términos sociológicos- de esta contienda es la desconfianza política, el perdedor final es el pueblo salvadoreño.

Hace mucho tiempo que nuestra utopía se reduce a eliminar la ideología, que es muy diferente a eliminar la filiación partidaria, la pertenencia a un instituto político es un derecho constitucional, mientras la ideología –conjunto de pensamientos que nos llevan a la acción- es una visión del mundo, lo cual es también necesaria para orientar a la sociedad, pero sucede que en ninguna parte de la Constitución se niega a nadie una ideología o pertenencia partidaria y en nuestro caso, ese parece ser el factor que impide el concepto de nación. ¿Podríamos renunciar a una ideología y eliminar la desconfianza política? La respuesta es sí, es la única forma de abrir un camino a la paz social.

14MAY015

Monseñor Romero en el Siglo XXI

Vivimos en una nación privilegiada por la realidad histórica, cada quién tiene un lugar con memoria participativa de las últimas décadas, la diferencia entre unos y otros es… dónde le encuentra la Historia; mientras los defensores de antiguas estructuras sociales con sus pensamientos conservadores y maniobras represivas son perseguidos por la justicia internacional, las víctimas celebran los fallos de Cortes Internacionales que no olvidan a sus familiares o amigos, de esa forma mientras Monseñor Romero recibe un reconocimiento mundial de la Iglesia católica, sus asesinos son mencionados por una especie de memoria negativa, al igual que todos aquellos que en su momento pidieron su muerte y celebraron su asesinato; no obstante, millones de cristianos celebran su vigencia en todas la iglesias del mundo porque la humanidad se dignifica con su ejemplo. En éste Siglo XXI como hace miles de años el Jesús Histórico se atrevió a cuestionar las estructuras de poder, con metáforas liberadoras de la materialidad que aún en nuestro tiempo son subversivas, esa proclamación por la justicia, la verdad o la vida, probablemente continuará como signo contradictorio hasta el fin de los tiempos, puesto que la desigualdad continuará porque no existe un modelo terrestre que logre eliminar las diferencias: financieras, tecnológicas, industriales, científicas etc. entre las naciones del primer mundo y resto del planeta. El modelo que vivimos genera mucha miseria, pero también virtudes, de esa manera la guerra civil dividió a la nación, acá parecía que las familias con miembros activos en uno y otro bando jamás se reunirían de nuevo, incluso la Iglesia institucional se dividió, algunos apoyaban las reformas, mientras otros rechazaban cualquier cambio social, incluso democrático.

Ignacio Ellacuría escribió: "…el caso de monseñor Romero, hoy reivindicado en su pastoral por Juan Pablo II, quién se caracterizó por su condena frontal contra la injusticia y la represión institucionalizada sin que por ello fallara en sus críticas a los movimientos revolucionarios, a los que alaba su entrega a la liberación popular, pero a quienes reprochaba sus posturas ideologizadas y algunas de sus prácticas poco humanas" (pág 298 Veinte años en El Salvador); Ellacuría indicaba el liderazgo de Romero en una Iglesia en medio de la violencia irracional, de ahí su enérgica condición sacerdotal que le convierte en obispo mártir, mientras la sociedad contempla la represión abierta contra sacerdotes, masacres a civiles, centenares de miles de refugiados, etc. El ejemplo de aquella Iglesia fue intentar construir el Reino de Dios en la tierra, Monseñor Romero se esforzó al máximo en esa realidad, al igual que miles de salvadoreños en las organizaciones populares que dieron sus vidas por un mundo mejor, esa coincidencia cristiana y revolucionaria florece en la democracia que vivimos, la cual confirma la sabiduría popular por los cambios sociales; ahora que el papa Francisco y el Vaticano reconocen en monseñor Romero un mártir de la fe, un nuevo horizonte histórico permite esperar que a nadie se le asesinará por intentar construir el reino de Dios en la Tierra; vivimos una feliz coincidencia entre cristianos y los viejos revolucionarios ahora convertidos en demócratas, que parece ser la victoria del pueblo junto a Monseñor Óscar Arnulfo Romero, confirmando su vigencia histórica.

21MAY015

http://www.cesarramirezcaralva.com/

Gobernabilidad y legitimidad en democracia

Cuando los grandes empresarios afirman que el desarrollo de la nación necesita: "inversión y seguridad", compartimos estos argumentos en toda la línea de su extensión, puesto que no son exclusivos del sector privado sino de todos, pero recordemos que pagar impuestos conduce a mayor inversión social del Estado y la seguridad actual es el producto de 20 años de la administración de gobiernos conservadores, por lo tanto si existe evasión de impuestos tampoco se puede aumentar la calidad de la policía, ni las estructuras de inteligencia de Estado o aumentar sus modelos preventivos; estas afirmaciones son la constante de una visión pro-oligárquica que justifica la desigualdad social, enviando el mensaje a la población: "todo tiempo pasado fue mejor", ahora nada funciona y la economía tiene tan mala salud que necesita cuidados intensivos porque está en coma… etc. Un breve repaso de las noticias de los grandes medios nos conduce a un panorama desolador, existe una apología del crimen, el morbo de las notas rojas, un cuadro dantesco que cultiva la desesperanza construyendo el temor y la ausencia de valores en las poblaciones etc., fabricados desde los puntos comunicacionales de los grandes poderes económicos, los cuales viven "aún" en guerra contra todo avance democrático. La gobernabilidad es un concepto que implica entre otros: un elemento de la desigualdad tolerada por la sociedad, en ésta visión se acepta que económicamente no se puede distribuir la riqueza de una nación equitativamente, pero al mismo tiempo esta visión es muy diferente entre los grupos oligárquicos a los grupos de la clase media o burgueses; de igual forma en el fondo se encuentra la "distribución de la justicia", de nuevo el enfoque cambia radicalmente entre unos y otros, por ello no es de extrañar que las baterías de los grupos de los extremadamente ricos riñan contra la gobernabilidad democrática puesto que todo avance educativo es un gasto innecesario, reformas en salud o infraestructura son un derroche al erario público, la legitimidad del gobierno es cuestionada desde la misma elección presidencial hasta la recién pasada de diputados y alcaldes, con un claro objetivo: dañar la gobernabilidad y legitimidad de la democracia.
El 24 de mayo en el canal 21, tres dirigentes políticos del partido ARENA externaron sus opiniones sobre el pasado evento electoral, con las conocidas diatribas contra el Tribunal Supremo Electoral, aquella podría ser una entrevista más en nuestro panorama televisivo, no obstante uno de ellos afirmó: "que el gobierno actual era ilegítimo, puesto que debieron abrirse todas las urnas electorales de aquél evento"… esta afirmación apunta a dañar la imagen de gobernabilidad, así como la transparencia del proceso electoral y la legitimidad institucional, ¿acaso será la constante de los próximos años?. Se deben reconocer los esfuerzos de gobernabilidad orientados hacia la formación de consensos, el diálogo entre sectores, las iniciativas incluyentes en la seguridad nacional, la construcción de la estabilidad social, el respeto a las instituciones etc., además afirmar que la gobernabilidad y la legitimidad son los elementos de una sociedad justa, la cual en esencia es democrática jamás oligárquica.
28MAY015

Diálogo permanente entre partidos políticos

Seguro que recordaremos los meses entre junio 2014- junio 2015 por los esfuerzos en salir adelante de nuestro subdesarrollo histórico, bajo la gestión de la nueva administración por sus resultados visibles.

La democracia es el sometimiento de la minoría a la mayoría al amparo de la Constitución de la República dentro de un proceso legal, de tal forma que todo el ruido mediático negativo parece ser la orquestación de un partido de oposición para intentar cogobernar la nación.

Cuando el esfuerzo principal de la clase política no construye alianzas, es improbable que las metas de la nación prosperen, de ahí la necesidad de abrir espacios al diálogo permanente.

El diálogo entre los sectores nacionales es el instrumento para salir del retraso heredado por décadas de malas administraciones y contribuir significativamente por el cambio social. La herencia negativa es de tal magnitud que dos o tres generaciones no serán suficientes para eliminar el subdesarrollo, si en realidad el proyecto de nación es aceptado por las minorías, no existirá más beligerancia puesto que permitirá escuchar propuestas concretas en realidades verificables.

El diálogo en estos momentos parece una ficción, si la clase política falla en este objetivo, difícilmente saldremos adelante en el proyecto de nación.

Si el objetivo (del principal partido opositor) es un cogobierno, sus mensajes no ayudan en ningún sentido para la creación de alianzas, ni al diálogo político de la nación… En toda democracia el diálogo es el mecanismo idóneo para la gobernabilidad con proyectos de largo plazo como la seguridad nacional… ¿será posible encontrar acuerdos para el control de los grupos irregulares? o ¿éstos grupos solo son mecanismos de presión?, que coincide con la denuncia de calificarles de "mecanismos diabólicos" por la Iglesia Católica.

Necesitamos construir una sociedad con nuevos valores, pero los puentes de entendimiento deben combatir a los enemigos de la sociedad como son los grupos irregulares que coaccionan a los sectores más pobres, debemos encontrar respuestas sobre ellos: ¿cómo se financian? ¿cómo se arman? ¿es nuevo el fenómeno o una conveniencia política?, si no existe un acuerdo de diálogo entre partidos políticos, ningún plan concluirá en resultados alentadores; no obstante el control de los grupos irregulares armados es impostergable.

El diálogo entre la clase política es un objetivo estratégico permanente, las alianzas por la seguridad son una obligación histórica, las cuales no se podrán lograr por campañas negativas, la democracia funciona si la minoría se somete a la mayoría, en este caso los últimos tres eventos electorales demuestran la voluntad popular que no desea retornar al pasado oligárquico.

04JUN015

Dr. Javier Urrutia y las investigaciones científicas

Hace muchos años compartimos seminarios selectivos de personal sobre el desarrollo nacional, eran iniciativas democráticas en los años noventa del siglo pasado. En aquellos años nuestra sociedad era un laboratorio político en movimiento, pero la ayuda internacional apoyó formatos educativos novedosos, que marcaron la vida de algunos profesionales los cuales ahora comparten muchas de sus experiencias en universidades locales.

Por circunstancias docentes dos décadas después coincidimos en la Universidad Dr. José Matías Delgado donde el Dr. Urrutia comparte sus hallazgos científicos desde el Centro de Investigaciones en Ciencias y Humanidades. En esas aulas hemos departido algunos temas académicos, debido a que fui seleccionado para desarrollar el tema de Sociología de las Comunicaciones en la Academia Sabatina de Jóvenes Talentos, de tal forma que el diálogo sobre temas como: medicina, historia, literatura, química o bioquímica eran recurrentes; en otras ocasiones mencionó a sus ilustres maestros (ya fallecidos): Dr. Pompilio Vázquez y el Dr. Luis Edmundo Vázquez… sus charlas junto a sus argumentaciones bioquímicas son genuinos productos de su investigación científica. Con atención he escuchado y leído las tesis del Dr. Urrutia sobre: "Úlceras diabéticas en miembro inferior usando alimentos sometidos a congelación lenta", sus postulados son novedosos, así como su reciente invitación a un congreso de principios bioquímicos realizado en Colombia hace unas semanas; en nuestra sociedad se considera que los descubrimientos científicos solo existen en el primer mundo, el resto del planeta solo debe comprar la tecnología y los dictados comerciales para que un día lleguemos su nivel, de ahí que los hallazgos de otras naciones son minimizados en toda la extensión de la palabra. El 5 de junio con gran ruido mediático, la Alcaldía de Santa Tecla anuncia el hallazgo de una clínica clandestina, un suceso que rápidamente es replicado en todos los medios posibles, aumentado el morbo en los siguientes días con declaraciones que orientan a la opinión pública hacia delitos contra la salud pública, incluso involucran a la Fiscalía General de la República…como una novela policial.

En los siguientes días la expectación y el morbo crece con rumores e infundios, toda una orquesta mediática con "agenda negra" se perfila contra ciudadanos e instituciones, pero en poco tiempo ese flujo de difamaciones cae de golpe por dos motivos fundamentales: el primero que las instalaciones se entregan el 1° de mayo de 2015 y el segundo: la clínica sellada y clandestina, no es tal, sino un laboratorio de experimentos biológicos del Dr. Urrutia.

Este caso como otros emblemáticos, muchos infundios son lanzados en alta frecuencia y a todo volumen en las programaciones mediáticas e informáticas, creando una imagen negativa contra los ciudadanos que no pueden responder a las mentiras políticas. En estos días el buen nombre de un investigador es dañado, ¿por qué no se repara su imagen, ahora que conocemos la verdad?… esas personas al menos deberían divulgar sus obras de investigación y pedir perdón ante la ciudadanía.

11JUN015

¿Los abogados de la oligarquía?

Artículo 1° Constitución de la República: El Salvador reconoce a la persona humana como el origen y el fin de la actividad del Estado, que está organizado para la consecución de la justicia, de la seguridad jurídica y del bien común. En consecuencia, es obligación del Estado asegurar a los habitantes de la República, el goce de la libertad, la salud, la cultura, el bienestar económico y la justicia social." Bajo esta perspectiva debemos observar la decisión de la Sala Constitucional que impide generar seguridad, justicia y favorece la destrucción del orden social… por la admisión de la demanda contra $900 millones aprobado por la Asamblea Legislativa en las sesiones finales del período recién pasado, deja sin efecto la autorización de esa deuda paralizando todo acto administrativo del Ministerio de Hacienda. Con esta acción la Sala Constitucional ¿es el abogado de la oligarquía?, puesto que defiende los intereses de un grupo caracterizado por su lucha contra el progreso de los sectores populares. Múltiples opiniones han sido vertidas a partir de ese momento, pero todo parece una acción ideológica de ARENA para impedir el desarrollo de un buen gobierno, es un acto perverso que afecta a la nación, puesto se identifica como enemigo al Estado salvadoreño, el cual como hemos observado en el artículo 1° constitucional, tiene por objetivo: "la organización para la consecución de la justicia, de la seguridad jurídica y del bien común"… ahora resulta que el enemigo es una administración o un grupo de personas y no la pobreza, el subdesarrollo, el crimen organizado, los grupos irregulares, el lavado de dinero, el peculado o los delitos de cuello blanco, etc… se está confundiendo al enemigo principal, lo cual hace perder la perspectiva hacia donde se dirige todo el sabotaje de la derecha oligárquica, convirtiendo esta acción en un apoyo manifiesto a los delincuentes, al narcotráfico y otros que se benefician de la pérdida de control territorial y los bajos salarios de los organismos de seguridad nacional… Parece que existen dos naciones: una que aspira a la democracia y otra pro-oligárquica, una que defiende el orden legal, mientras la contraparte se empeña en destruir todo avance social hacia el desarrollo humano por considerarlo "comunista"… Estas acciones y las del futuro, se repetirán al infinito, las consecuencias recuerdan la historia de otras naciones, el resultado general será la violencia y más violencia, puesto que la pobreza, el subdesarrollo y el apoyo directo o indirecto del crimen organizado y sus congéneres afecta a las grandes poblaciones y no favorece en nada a la democracia. ¿En realidad son genuinos actos constitucionales? ¿o es la creación de acciones que conducen a la nación hacia la destrucción de la gobernabilidad? ¿es coincidencia que muchos amparos constitucionales se orienten y coincidan con los intereses de la oligarquía? nunca antes en la historia nacional esta alianza entre los grandes capitales y los defensores jurídicos con todos sus aliados ha sido tan manifiesta, lo cual es preocupante y el peor escenario es la ruptura constitucional que nos puede conducir de nuevo al pasado. Con un poco de imaginación las soluciones van de la mano del diálogo y concertación hacia el beneficio del pueblo. Existen incluso fuerzas internacionales que intentan intervenir en la nación, en algunos casos muy parecidas al neo-nazismo o neo-imperialismo que hacen pinzas con el viejo orden pro-oligárquico… a pesar de todo el pueblo salvadoreño vencerá cualquier fuerza negativa como lo demuestra nuestra historia insurgente.

18JUN015

Yo apoyo a la Asamblea Legislativa

Al menos la Asamblea Legislativa ha sido electa por el pueblo en elecciones libres, según el artículo 121 y 123 constitucional, esto le otorgan facultades para legislar, es una condición que en estos momentos se encuentra paralizada por la Sala de lo Constitucional al frenar la emisión de bonos a favor del Estado por $ 900 millones; el Estado se encuentra no solo atado para sus proyectos preventivos en la Seguridad Nacional y la defensa del pueblo salvadoreño, sino que también para el desarrollo de sus funciones en salud, educación, etc. Es una discusión viciada de ideología y argumentos partidarios, donde la voz de la oligarquía aviva día con día la hoguera informativa saturada de medias verdades, fabulosas mentiras y una grotesca manipulación de los eventos sociales e históricos que impiden establecer un diálogo político entre las instituciones de nuestra nación, si el objetivo de la política es: "hacer el bien a la nación", hace tiempo que esa afirmación no tiene ningún valor objetivo para las fuerzas pro-oligárquicas, tal es el caso de paralizar al Estado, evadir impuestos, acompañar campañas negativas dentro y fuera de la nación y abandonar con sus acciones a policías y soldados que a diario arriesgan sus vidas, ante el ataque de los grupos terroristas.

El elemento fundamental de la verdad social reside en la justicia, no obstante la administración de ese derecho jurídico está tan viciado por los fallos que solo parecen favorecer al gran capital (los apellidos ilustres nunca pierden los casos) mientras los ciudadanos que cometen faltas son acusados y condenados por robarse una gallina, ésta desigualdad se extiende al conjunto social, en el fondo es similar a la analogía: "tigre suelto y burro amarrado" en este caso: la ciudadanía está atada ante los ataques terroristas. En la permanente desinformación acá nada funciona, todo va por mal camino, el deprimente panorama por arte de magia desaparecerá cuando "los dueños de la nación" retornen al Poder Ejecutivo, sometan a la Asamblea Legislativa y decreten leyes contra toda reforma constitucional que perpetúen un siglo más sus privilegios decadentes; mientras tanto el subdesarrollo, pobreza, salud, educación, delincuencia no son importantes, puesto que el objetivo es destruir o sabotear la gobernabilidad por todos los medios y sin límites económicos…. Triste posición política.

¡Yo apoyo a la Asamblea Legislativa! y su decisión a favor de los bonos para el Estado, puesto que estos dineros apoyarán los urgentes proyectos para su funcionamiento; ahora algunos de estos opositores celebran este freno de la Sala Constitucional puesto que favorece sus perversos objetivos hacia la ingobernabilidad de la nación, sin percatarse que estas acciones solo favorecen a los grupos terroristas; cuando anuncian en sus camisas, calcomanías, banderas, etc. "Yo defiendo la Sala", pienso en los policías, soldados, ciudadanos y estudiantes que habrían salvado sus vidas con los recursos financieros necesarios… esa frase finalmente se convierte en un apoyo a los terroristas.

¡Yo apoyo a la Asamblea Legislativa! en su aprobación de los bonos para el Estado y la Seguridad Nacional.

25JUN015

http://www.cesarramirezcaralva.com/

Políticamente correcto (para la derecha pro-oligárquica)

En nuestro panorama social a partir del año 2009, la derecha pro-oligárquica considera elementos conceptuales que les parecen adecuados para sus intereses, entre ellos: tergiversar la realidad nacional, generar opinión negativa, gremiales incondicionales –que consideran inteligente "evadir/eludir impuestos"-, deformar logros democráticos en: economía, política, cultura; interpretar la constitución de acuerdo a sus intereses, dejar de invertir en el país, crear grupos de choque –disfrazados de reivindicaciones artificiales-, impulsar amparos constitucionales para impedir la gobernabilidad y el desempeño de un buen gobierno, promover redes informáticas denigrantes para sus opositores, oponerse a cualquier reforma constitucional, negar empréstitos para el Estado, divulgar estudios apocalípticos de nuestro futuro en pensiones, seguridad social y un largo etc., es tan catastrófica su visión que no podemos vivir un día más en el país, pero ellos continúan acá con sus empresas generando beneficios y sus magníficos ingresos no son reportados al fisco. Esta condición "políticamente correcta de la derecha", incluye recientemente el pronunciamiento de misiones internacionales afines, quizás nuestras embajadas deberían hacer acciones recíprocas, puesto que el conjunto de esta desinformación implica el ocultamiento de la realidad de los trabajadores, los asalariados, el abandono del campo, la migración forzada, apología de la delincuencia puesto que sustituyen esa realidad con falsas noticias en los medios de comunicación día con día, estas declaraciones tienen como objetivo crear el imaginario de una derecha pro-oligárquica salvadora, con familias y personalidades superiores que desprecian a toda etnia, odian a los ciudadanos que no opinan como ellos y por esa condición excluyen a todo credo, religión o pensamiento diferente; sus grupos orgánicos son muy parecidos al neonazismo, solo falta que pronuncien que el problema son los salvadoreños políticamente incorrectos, en el mejor estilo nazi (el problema judío): Judenfrage. Extraño parecido con algunos voceros derechistas que afirman que se opondrán "por todos los medios" a las victorias populares. En El Salvador quizás todos somos judíos, por eso generamos tanto odio a los agentes neonazis. Para esta derecha no han existido delitos de cuello blanco, ni peculado, lavado de dinero, desviación de fondos a damnificados, tampoco contratos inconstitucionales que generaron pérdidas catastróficas, tampoco retardo en la aplicación de justicia, menos aún el daño a la imagen del TSE… con razón consideran al actual gobierno: "ilegal"… Otras naciones han vivido esta ofensiva, casi es la antesala de eventos dramáticos como la España el siglo pasado, Honduras y Paraguay, donde la realidad es sustituida por el lenguaje degradante a su favor, ocultando sus verdaderos intereses para regresar al pasado. Para estas fuerzas derechistas pro-oligárquicas es políticamente correcto el aumento de la ingobernabilidad, no ocultan su alegría por negar los empréstitos para el Estado sino que condicionan su apoyo para aprobar los fondos que servirán para la seguridad del pueblo, es una especie de extorsión política, puesto que al final parecen pronunciar: "que importa si mueren" (policías, soldados, estudiantes, ciudadanos, niños o niñas) ¡nos conviene!…. estas acciones son absolutamente equivocadas porque dañan al pueblo y como los nazis solo les espera otra severa lección de la Historia.

02JUL015

http://www.cesarramirezcaralva.com/

Pedagogía del peculado culposo (CEL-ENEL)

La pedagogía es un sistema que incluye distintas disciplinas que nos permiten comprender a la educación, de esa forma une: sociología, psicología, política, historia y podríamos incluir a las comunicaciones en su intervención masiva. No es casualidad que el emblemático tema CEL-ENEL despierte tanto interés tanto en su aspecto político como en su relación de jurisprudencia. Peculado es: "en el campo del Derecho, la malversación de caudales públicos, un delito consistente en la apropiación indebida del dinero perteneciente al Estado por parte de las personas que se encargan de su control y custodia. Comparte raíz con "peculio" (del latín *peculium*), caudal o dinero que un señor o un padre dejaban a su sirviente o hijo para que se sirviera libremente de él. También puede referirse a: disposición que hace un funcionario de los bienes materiales para el desempeño de sus funciones para sí o para otros. El peculado solo puede ser cometido por un funcionario con bienes dispuestos bajo su cuidado." (Wikipedia), finalmente esa condición extraña de "delito culposo" según algunos estudiosos no existe en la Constitución de la República, sino que se interioriza en una protección por acciones "dañosas" hacia la vida, provocando daños a terceros o desprotección en general etc.
La trayectoria de este juicio obedece más a un criterio de búsqueda de la verdad que a una persecución política, es legítimo preguntarse sobre los bienes del Estado y su administración, de la misma manera que solicitar justicia sobre el futuro de la nación, el resultado es conocido por la opinión pública, pero la pedagogía del peculado culposo implica un precedente manifiesto de mala administración sin culpables y con mucho dinero perdido.
En viejos textos podemos entender que existen tres especies de culpa (CC art. 42): Culpa Grave, negligencia grave, culpa lata... mientras si produce acciones penales, usualmente son debidas a inobservancia de las leyes, reglamentos, órdenes o resoluciones obligatorias... ¿se observaron todos estos requisitos?... en esas acciones punibles los estudiosos agregan: "sin prever que tal resultado ocurriría creyendo poder evitarlo por su propia acción o confiado en el azar"... ¿previeron o se lanzaron al azar? Los exfuncionarios al considerar el daño al Estado por $ 1,842 millones como sostenían los fiscales (ENE015) –pero luego los redujeron a $148 millones-... no obstante todo ese monto desapareció, junto a la acusación el mes de julio de 2015.
Si bien el objetivo no significa apoyar a gritos el clamor de la plebe: "crucifícale, crucifícale", sino comprobar que "todos somos iguales ante la ley", el fallo de la Justicia en este caso refleja una pobre interpretación humanitaria, así como una parcialidad increíble a favor de los intereses de la oligarquía. Hemos ganado la certeza que se debe reformar todo ese mecanismo diabólico al servicio de los dueños de la nación con sus apellidos ilustres, ha ganado como siempre el imperio del capital y sus aliados, pero al menos este juicio público nacional e internacional ha develado el rostro de sus feroces

defensores… Mañana cuando exista otro hombre o mujer valiente que denuncie el robo de la oligarquía… esperaremos que la justicia al menos se comporte con honor.
09JUL015

Peculado culposo II

En el famoso caso CEL-ENEL se demostró el verdadero rostro de los personajes que saben hacer los contratos, vender bienes del Estado, pasar sobre la legislación de la Asamblea Legislativa, otorgar ventajas a una empresa italiana involucrada en escándalos internacionales por transacciones sospechosas, etc. y salir inmunes… Después de años de litigio, el fallo es conocido: Peculado Culposo… ahora resulta que todo este procedimiento fue: una persecución política", e incluso juran que: "no existió delito" ¡que formidable declaración!, casi podemos pronosticar que en los siguientes meses se iniciará un nuevo juicio por: difamación, daños colaterales, deterioro de la imagen personal, degradación prolongada de la salud con inducción a la depresión, insomnio, anorexia, puesto que a sus clientes les provocó: paranoia, alucinaciones y quizás adicciones involuntarias… etc.
De éste proceso en su conjunto, podemos observar que la corrupción no es una sola persona, ni dos, tampoco media docena, son muchos más que poseen ese grado de organización para cometer ilícitos, casi una Escuela para el crimen, pero no se debe confundir con otros similares de baja ralea, sino de la estirpe oligárquica, esos calificados como delitos de: "cuello blanco" ¿de qué otra forma calificar esta saga?. Durante el proceso el monto inicial por daños al Estado era de miles de millones de dólares, luego se redujo a unos cuantos cientos de millones, para el mes de julio de éste año… ya no existía esa cantidad… tampoco acusados. Nuestra sociedad parece ciega y rudimentaria en estos aspectos, podemos anotar muchas anomalías de este evento, entre ellas la falta de información sobre los proyectos de la nación, al final el dinero del pueblo o del Estado termina pagando todos los platos rotos; esos proyectos sean privados o gubernamentales en el caso CEL-ENEL eran en su conjunto desconocidos, existió un secretismo cómplice en muchos niveles gubernamentales, ¿Quiénes conocieron esa ruta crítica?... en realidad solo una pequeña élite administrativa, no obstante muchos años después, casi diez años o más la nación se entera de un acontecimiento sospechoso, tardíamente entran en acción los elementos de investigación fiscal y eso connota enormes vacíos del sistema judicial… en realidad la opinión pública ignoraba la magnitud y alcance de estos proyectos.
Objetivamente al primero que debe informarse es al pueblo pero eso nunca sucede, excepto cuando el daño está consumado… el resultado parece perpetuar que los apellidos ilustres son intocables, pero son tan corruptos como los del gallinero, además la justicia no es igual para todos… quizás nunca lo será. La inacción de la población muestra la desmoralización hacia el futuro de nuestra sociedad, es un signo peligroso, un pueblo sin valores y reprimido en sus aspiraciones es fácilmente manipulable, en ese camino perdemos todos, incluso los

que ahora son intocables. El resultado final fue Peculado culposo, si ese fue el veredicto entonces deberían ser encarcelados los exfuncionarios; no obstante el As bajo la manga era que ya había prescrito… una verdadera lección de corrupción, para mientras el pueblo pagará una deuda "legal" durante los próximos cinco años…
16JUL016

Los nuevos golpes de estado (desarmados)

Así se estila en el Siglo XXI con formas legales: declarar ilegítimos los procesos electorales, negar la institucionalidad del máximo organismo electoral, realizar reformas electorales días antes del evento ciudadano, aceptar recursos de amparo para retrasar perversamente el resultado consultivo, impedir que la Asamblea Legislativa se constituya en la fecha indicada por la Constitución, destituir exmilitares en cargos públicos, negar impuestos a los grandes capitales, impedir el financiamiento del Estado por préstamos internacionales, etc… podemos imaginar –solo pensarlo- que pronto los amparos constitucionales podrán declarar la amnistía como incorrecta y declarar que muchos de los actuales políticos están inhabilitados y abrir un surco de cuestionamientos sobre todo el proceso de postguerra, declarar inconstitucional al SITRAMSS, la conformación de la Asamblea Legislativa, el proceso de elección de los magistrados de la CSJ, la democratización de los medios de comunicación, etc… pero hablemos de realidades: Honduras, Paraguay, Guatemala o las referentes de Ecuador, Venezuela, ¿son casos aislados?, existen coincidencias que no pueden ser ignoradas, entre ellas la formación de grupos de presión que atentan contra la institucionalidad, esos grupos son dirigidos hacia objetivos específicos: Asamblea Legislativa, Gobernación, bloqueos de calles, ocupaciones ilegales de templos religiosos, destrucción de propiedad privada, etc… piden imposibles y es fácil adivinar hacia dónde van los golpes. Como estos elementos no son suficientes ahora las fuerzas pro-oligárquicas se pronuncian por la construcción de una ¡comisión internacional contra la corrupción! Similar a Guatemala y Honduras, o sea se pronunciarán contra la "elusión/evasión" de impuestos, harán un recuento histórico de los escandalosos peculados "culposos", de la desviación de fondos a damnificados, de aquellos otros delitos "prescritos" en ANDA, ISSS, pasaportes vendidos a mafias internacionales, etc. ¿o eso no es corrupción?… si agregamos a este coctel maléfico los rumores: que el gobierno constitucional es "ilegítimo", estados de sitio, atentados terroristas, cartas de treguas (magnificadas al extremo), incluso la restricción a las mujeres de pintarse el cabello de color… y por supuesto sus implementos femeninos y la apología de la violencia por los grandes medios oligárquicos que adoran provocar inseguridad e ingobernabilidad, ¿Qué es?… así el conjunto de infundios se asocia con pronunciamientos de una misión internacional que acompaña toda esa fiesta sangrienta; un hombre neonazi que interviene en nuestra política interna descaradamente, como Hitler proclamando la democracia antes de la iniciar la segunda guerra mundial, que vergüenza. En toda esta sinfonía diabólica el partido conservador pro-oligárquico acompaña estas acciones día a día, "llorando por su finca perdida", magnificando la negatividad e incluso conferenciando con los grupos de choque, recordemos la invasión de esos antisociales a la Asamblea atendidos en televisión por sus diputados… La duda asalta el pensamiento de los ciudadanos, ¿tanta manipulación

y violencia es un accidente? … No lo creo, como no creo en ninguna de las mentiras de Hitler que aún repiten los neonazis, al menos tenemos la historia del siglo pasado y esa muestra el camino, esa implica el llamado a la acción contra estas oscuras fuerzas pro-oligárquicas, el retorno a la organización popular y la movilización contra la agresión interna y externa, quizás a la clandestinidad de la resistencia popular. Si esta condición es extrema, peor es esperar el destino cruzados de brazos y observar el fin de la democracia.
23JUL015

http://www.cesarramirezcaralva.com/

Acciones contra terroristas

Si tomamos como ejemplo las acciones efectivas de otras naciones, quizás aplaudiríamos sus procedimientos ante la ofensiva de estas fuerzas irregulares organizadas en las denominadas maras, para el mundo occidental es completamente normal que una fuerza SEAL (USA) o AFEUR (Colombia) actúen en defensa de sus ciudadanos y también vele por sus intereses, no existe un partido en esas naciones que nieguen fondos para la defensa de su nación, ni una Sala Constitucional que bloquee los empréstitos para el aumento de salarios a policías o soldados, allá parece que la justicia protege a los soldados, mientras acá nuestro modelo de justicia protege a los terroristas. ¿Acaso no sabemos dónde están los antisociales?... claro que sí.
Los terroristas pueden clasificarse entre los que halan el gatillo y los que planifican las acciones depredadoras contra el pueblo, ¿acaso es coincidencia que los empresarios alineados al capital oligárquico decretaran un paro unilateral? Mientras en las calles asesinan a media docena de trabajadores del transporte público independiente; que horroroso evento, si no es complicidad es chantaje contra el Estado. Mientras el partido pro-oligárquico hace coincidir sus maniobras desestabilizadoras para demostrar su "fuerza" al llamar a negociar, construye una alianza entre: oligarquía y terroristas; como si esto fuera poco, un pequeño grupo de soldados en una acción sin precedente desfila unas cuadras solicitando: ¡aumento salarial!, solo falta que soliciten a la Sala Constitucional su derecho a un sindicato de soldados pro-oligarquía dentro de la Fuerza Armada, ese acto no solo quiebra la línea de mando sino que se comete el delito de sedición.
"El golpe de estado desarmado" está en pleno desarrollo, se unen: las fuerzas legales e ilegales, ARENA con sus bloqueos en la Asamblea Legislativa, la Sala Constitucional negando empréstitos para contener a los terroristas, mientras los sicarios ejecutan las ordenes de sus amos políticos, confabulados además en la línea de empresarios y sus aliados pro-oligárquicos que solo desean recuperar su finca para continuar sus robos al Estado.
La muerte de media docena de inocentes transportistas es un acto terrorista, también lo son todos aquellos que se oponen al Estado Salvadoreño, lo son todos aquellos y aquellas que celebran las muertes de esos valientes trabajadores bajo un argumento político, el asesinato

de los transportistas es una acción cobarde, desesperada, con violencia irracional e indiscriminada que provocará tarde o temprano reacciones indescriptibles contra otros inocentes. El partido ARENA no quiere aceptar al gobierno legítimo y constitucional de Sánchez Cerén, no quiere cambiar su modelo oligárquico y sus corruptelas: peculado, robos, fraudes, nepotismo, etc., son ellos los culpables de la violencia, porque durante décadas no hicieron nada por evitar el baño de sangre actual, porque violencia es robo, ¿no recuerdan los millones perdidos por una directora del ISSS señalado por la Corte de Cuentas?, esos documentos se extraviaron y su tiempo de justicia prescribió, como el caso CEL-ENEL… eso es violencia; ese dinero no llegó a los pacientes, ni hospitales, ni a la policía, ejército, escuelas etc. creando condiciones para que estos grupos se desarrollaran, eso es violencia. Imitemos a Estados Unidos en sus acciones antiterroristas, así dignificaremos a la humanidad con la justicia que se merecen.
30JUL015

El Papa Francisco recuerda a Ghandi

El reciente llamado por la paz de nuestra nación desde el Vaticano con fecha 09 de agosto de 2015, evoca la proclama de Gandhi "La pobreza es la peor forma de violencia", la cual arrastra no solo la diferencia material sino ese enjambre de exclusiones espirituales que nuestra sociedad acepta como "naturales"; observando la agresión terrorista de las bandas de criminales autodenominados "maras" sus objetivos no tienen en absoluto un solo llamado a la paz, al contrario pretenden imponer con sus asesinatos la esclavitud (extorsionista, los tributos del pirata, los impuestos del sicariato) a los trabajadores, por ello asesinan a: policías, soldados, estudiantes, choferes de autobuses en una saga interminable de terror, esa violencia pretende destruir nuestro modelo cultural y la República; pero están absolutamente equivocados, porque la historia demuestra que así como el fascismo, las tiranías o cualquier forma de opresión social destruye a los promotores de ese efecto perverso, esa maligna condición degradante del Ser Humano será derrotada. Algunos personeros del partido de pro-oligárquico no solo celebran la violencia que favorece sus intereses golpistas, sino que extorsionan al gobierno constitucional ahogando el financiamiento a los policías y soldados, propician una alianza estratégica entre el terrorismo y sus intereses políticos, puesto bloquean el proyecto de seguridad nacional perjudicando a los más pobres de la nación. Son golpistas de nuevo tipo, ese que intenta abolir la República y crear una nueva Constitución para regresar al pasado oligárquico… ese es el rostro del Partido Oligárquico neogolpista. La pobreza es la falta de educación, las drogas, la multiplicación del mal en el sistema carcelario ahogado por falta de recursos económico, pero el partido golpista niega desde la Asamblea sus votos para obtener recursos para el Estado, esa condición también es pobreza espiritual. Para solucionar nuestra pobreza necesitamos educar a los niños, así combatiremos la basura terrorista de las maras; la educación es nuestra esperanza, quizás la última. Hablar de educación también es ejecutar justicia, luchar contra el mal, defender lo nuestro ante el satanismo criminal que invoca el odio y desprecio contra nuestra religión cristiana, lo cual no puede solo resolverse por amor, también necesitamos la espada vengadora que defienda la paz. La educación necesita de la ayuda internacional, necesita solidaridad de las naciones y no del chantaje de algunos personeros neonazis representantes del pueblo alemán, también es

posible que en El Salvador defendamos las fronteras de la nueva humanidad contra el crimen organizado, ese parásito que provoca el drama y la muerte del emigrante en los desiertos de México y Estados Unidos… El llamado del Papa Francisco es tan nuestro como la imagen de la Virgen María auxiliadora de los cristianos, que evoca de la misma manera la defensa de la familia desde las trincheras visibles en la sociedad salvadoreña… las sociedades cristianas también están llamadas a combatir al mal… se debe combatir la corrupción generadora de pobreza, el enemigo es el terrorismo, ese organismo no debe tener derechos, ni normas, ni tampoco ningún respeto a sus personas porque su accionar no es humano, no son seres racionales… no lo son al ejecutar a niños, mujeres, ancianos, estudiantes, policías, soldados sin defensa alguna, al menos el Papa Francisco entiende nuestro drama… otros celebran nuestra desgracia.
13AGO015

De las comunicaciones optimistas

En el siglo pasado durante las dictaduras militares el Estado policial imponía el silencio a fuerza del asesinato, la tortura, la desaparición de todos los ciudadanos con aspiraciones democráticas etc. durante el conflicto civil las expresiones elementales como los derechos humanos fueron calificadas de "expresiones comunistas", todos los llamados al diálogo e incluso las plegarias no sirvieron de nada hasta que las armas otorgaron a las fuerzas beligerantes un sitio para la paz; se debe destacar que algunos exmilitares que ahora lloran por los acuerdos de paz e incluso los descalifican, fueron incapaces de ganar la guerra y eliminar en los campos de batalla a sus enemigos, esa incapacidad no elimina su voz llena de odio por la democracia que se impone día con día; así: primero el silencio policial, luego la represión a las expresiones populares, finalmente después de la guerra a nadie se le persigue por su opinión, excepto que los espacios están limitados a intereses de poder. Veinte años de ejercicio democrático han construido espacios de expresión a pesar de los medios de comunicación social derechistas. La cultura de comunicación social ha sufrido grandes cambios promovidos por la fuerza de los capitales emergentes – ocupo éste término para diferenciarlo del capital oligárquico- la inversión de éstos capitales se inicia en radios y canales de televisión privada que no responden a la línea ideológica y orgánica de la derecha en el poder, en esta confrontación silenciosa las empresas "progresistas" enfrentan el cerco económico que les niega el soporte de las franjas de publicidad gubernamental por medio de licitaciones amañadas, tráfico de influencias, información privilegiada y todo el arsenal de la inteligencia del peculado con las regalías a terceros, esa lucha desigual fue: capital oligárquico versus capital emergente, que concluyó en crisis cuando se inició la ruptura del "monopolio del negocio Estado-Empresa Privada", en el momento de perder las elecciones en 2009. Esas administraciones derechistas connotaron un lance sorpresivo, cuando los capitales emergente especialmente en el espectro radio eléctrico e industrial, deciden ampliar sus negocios internos y regionales, en franca rebelión a la oligarquía, por lo tanto se dividen dramáticamente favoreciendo nuevas alianzas capitalistas; las comunicaciones dan un giro dramático, la opinión publica abandona el temor al fantasma del comunismo, a la imagen de Fidel Castro, a la invasión de Hugo Chávez y fantasma del llamado Socialismo XXI… seis años después la derecha persiste en manipular a la opinión pública con los mismos infundios del pasado, excepto que ahora usa escuadrones de presión terroristas, acciones de grupos irregulares, impulsan el Golpe de Estado desarmado, bloquean los bonos del Estado para financiar a la Seguridad Nacional, etc., su objetivo es retornar al poder, así observamos que comunican a la nación y al mundo que solo ellos puede salvar a la nación… como si el mundo desea regresar a la edad de piedra. Después de todo, las comunicaciones también deben externar la esperanza por una nación diferente, sin actos terroristas, asesinatos de soldados, policías o niños y niñas que van a sus escuelas.

20AGO015

http://www.cesarramirezcaralva.com/

Terroristas: MS-13 y Barrio 18

En el momento que la Sala Constitucional califica a estos grupos delincuenciales bajo ese concepto, la ciudadanía aplaude esta resolución, a pesar que llega con mucho retraso, pero abre las puertas para nuevas reformas que dignificarán la lucha contra estos organismos antisistema. Durante años el pueblo ha soportado: la impunidad, el sigilo, la ventaja contra ciudadanos indefensos, etc., configurando la imagen de complacencia tanto de la justicia como de las máximas autoridades constitucionales. Antes de esta conceptualización estos sujetos se han burlado de la sociedad salvadoreña, han pisoteado los sentimientos de los familiares de policías, soldados, maestros, estudiantes, abogados, jueces, profesionales etc., con tal desprecio que el retardo de su calificación involuntariamente construyó un refugio para estos delincuentes.

Los terroristas no sustentan los valores del Estado Social y Democrático de Derecho como son: la libertad, justicia, mucho menos el valor de la dignidad. Su objetivo constante ha sido destruir la Seguridad Nacional, además combaten: la tolerancia o la igualdad puesto que en conjunto buscan crear la pérdida de la paz social. Sus acciones han coincidido decididamente con movimientos desestabilizadores en todo nivel, incluso recién se anuncia que han pretendido atentar contra la vida del Fiscal General de la República, es un atropello a la comunidad-legal de nuestra sociedad; han fundado con su violencia el "no-derecho" condición que les ha llevado por su propia historia al nivel de "no-personas", una estatus extremo que en su nueva realidad de terroristas significa que son visibles para la justicia nacional e internacional, además pierden toda condición jurídica: "no se presumen inocentes", "no tienen ningún fundamento legal", "no tienen derecho a ningún proceso justo", "su vida es una declaración en su contra", etc., ningún Estado puede tratar con sus enemigos porque eso significa a corto plazo un suicidio, en general son fuente de peligro; estos conceptos han sido expuestos por académicos como Guillermo Portilla Contreras, experto en Derecho Penal, en su artículo: "terroristas como no-personas del Derecho". En nuestra realidad las actividades de los terroristas están fuera del Marco Constitucional, acción visible durante muchos años, deberíamos preguntarnos ¿por qué se demoró tanto esta resolución? El ejemplo para las siguientes acciones es una brecha inaugurada por otras naciones que sufren este flagelo: ¿cómo tratan otros pueblos a quienes atentan contra sus ciudadanos, policías, soldados, profesores, niños o niñas?... Una condición me parece justa a partir de este momento, todo es legítimo para la defensa del Estado y la sociedad, mientras que para los grupos terroristas nada puede ampararles, se han esforzado tanto para esta caracterización que solo sus voceros o apologistas tan terroristas como ellos podrán defenderles.

En algunas de sus reflexiones el profesor Portillo Contreras, anotó: "no se trata de la creación de un orden de derecho, sino de mantener un orden" puesto que no se trabaja con personas sino con enemigos peligrosos. Quizás la única puerta abierta que les queda a los terroristas es abandonar su estilo de vida, pagar sus penas y aceptar el orden de la democracia.

287AGO015

Terrorismo en dictadura y democracia

Es conocida la calificación de terrorismo en los años setentas, ochentas, bajo el concepto "Seguridad Nacional de las Américas" aquello era simplemente una acusación de pertenencia comunista, así fue calificado Monseñor Romero y los sacerdotes jesuitas, ese argumento fue la espada justiciera de la extrema derecha, no solo para asesinar a personalidades opositoras sino a más de setenta y cinco mil salvadoreños, eso es un crudo terrorismo de Estado, fue un "cheque en blanco" para aniquilar a cualquier opositor; no obstante ¿qué sucede cuando existen elementos antisociales que cometen tropelías inimaginables contra la población civil en democracia? : incendiar un autobús con los pasajeros dentro e impedirles salir, asesinar a policías y soldados desarmados sin posibilidad de defensa, eliminar a custodios de penales, madres, niños, niñas, profesores, agregando el horroroso crimen de catorce internos de sus propias filas en el penal de Quezaltepeque… todos son actos repudiables en una sociedad decadente sin respeto por la vida humana.

El 06 de julio de 2006 en un artículo de opinión publiqué en este periódico: "Terrorismo es un acto desesperado de diversa naturaleza, que no lucha dentro del sistema institucional (derecho, democracia etc…), sino que actúa al margen de la ley. Las características del terrorismo pueden tener diversos rostros: de izquierda, derecha, religioso, Estado, bandas racistas, fascistas, comunistas etc., su actuación es una agresión alevosa y con ventaja contra minorías o entidades legales, así su accionar es una constante agresión a las leyes y las normas institucionales, su principal connotación es la acción violenta indiscriminada, connotando su angustia al no poder incorporarse al sistema democrático, ni ser parte de las soluciones correspondientes a la nación", fue escrito por el atentado contra miembros de la policía nacional civil en el trágico evento de la Universidad Nacional, los culpables de ese acto ahora purgan sus penas; no obstante nueve años después somos testigos de un irrespeto a la vida sin precedente por las denominadas maras, comparables únicamente con los escuadrones de la muerte, que solo produjeron luto en nuestra sociedad.

Los grupos terroristas en nuestro caso, carecen de reivindicaciones políticas, no tienen ninguna caracterización de exclusión social-política, tampoco existe ninguna proclama que solicite una inclusión dentro de la sociedad, ni su auto conversión al orden constitucional, por el contrario afirman ser víctimas del modelo económico, sus estructuras, su educación, etc… el momento es grave, vivimos el punto de "no retorno" ante la violencia generalizada, tampoco existe una solución inmediata para este problema. Si este tiempo significa el agotamiento de un proceso de iniciativas pacíficas, en los siguientes meses o años veremos florecer la violencia como hace treinta años en la guerra civil, nada podrá asombrarnos ante el paso de la muerte por las calles de las ciudades, el campo, los barrios o las montañas; lo hemos visto todo, así como hemos contemplado la bondad humana a pesar de esos actos criminales.

No obstante, existe aún esa puerta de salida que permita salvar vidas, esa vía que significa aceptar el orden democrático en nuestra nación y su legalidad.

03SEP015

Doctora asesinada por pandillas

Con dolor y profunda pena he leído la siguiente noticia: la doctora Shandy Carolina Díaz, de 28 años, fue asesinada a balazos por organizaciones terroristas, las cuales sin mediar palabra le dispararon en forma cobarde (05SEP015 Usulután). Me uno a su familia y condeno este atropello contra la vida de una ciudadana dedicada a su trabajo… ¿Qué clase de seres acribillan a una doctora en medicina? ¿acaso no saben el esfuerzo, dedicación, voluntariado o los sacrificios que deben realizar los médicos para salvar la vida de otros? su vocación humanitaria es a toda prueba, su ejercicio profesional es una continuación de su servicio vocacional por la nación.

Este acontecimiento nos llena de pesar y nos llama a la acción.

Cuando un terrorista asesina a una doctora se olvida que un día algún médico puede atenderle en un quirófano, lo mismo a un familiar, hermano etc. y con mucha razón el cuerpo médico podría negarse a brindarle atención por temor a ser víctimas de un atentado si el procedimiento solicitado fracasa. Éste atentado contra los medicos viola el derecho a la salud de toda la población, porque inaugura el temor en la atención hospitalaria, ¿acaso los medicos tendrán que definir su filiación a una organización terrorista para no morir acribillados?. Cuando una banda de terroristas asesina a una doctora se autoexcluye de cualquier Sistema de Salud y crea la brecha de los médicos que por cualquier motivo asistan a estas organizaciones aún en intervenciones genuinas. Esta acción es un acto irracional, desesperado, una acción de violencia indiscriminada contra una miembro de la sociedad civil, es una violencia desproporcionada hacia una persona indefensa, en pocas palabras un acto terrorista de fanáticos delincuentes, un hecho incalificable; ni siquiera en los conflictos internacionales acontecen estos eventos horrorosos, puesto que los médicos tienen normas y acuerdos internacionales con organismos como la Cruz Roja Internacional o la Media Luna Roja. Durante la guerra civil los Escuadrones de la Muerte cometieron actos similares, muchos médicos perdieron la vida o desaparecieron, ya sabemos que estos cuerpos siniestros eran dirigidos por organismos de ultra derecha sin ningún respeto a los derecho humanos; los Escuadrones de la Muerte no respetaron las normas internacionales en defensa de los hospitales o personal de salud, pero aquellos tristes eventos sucedieron en

los años ochenta y noventa del siglo pasado, ahora observamos de nuevo esa brutalidad
irracional que nos recuerda la peor época del conflicto armado.
Existe la percepción de impunidad rampante de esas estructuras, ellos pretenden destruir
nuestro orden constitucional. A menos que estas estructuras terroristas construyan sus
propios hospitales con su personal de la misma naturaleza, el cuerpo médico de la nación
tendrá derecho a negar la asistencia médica el día de mañana, por la simple razón que ellos
asesinan a sus colegas, de igual forma no concurrir a brindar asistencia médica a estas
organizaciones será un derecho de autodefensa.
Debemos extirpar ese cáncer que ahora apunta sus armas contra el gremio médico…
asesinar una doctora indefensa es un crimen de lesa humanidad.
10SEP015

http://www.cesarramirezcaralva.com/

Constitución e intereses populares

Los antecedentes de la nuestra constitución salvadoreña aparecen mencionados por primera
ocasión en el momento insurreccional de 1814, de la misma manera el concepto de nación
en las cartas insurgentes de 1811 que contienen conceptos de la Constitución
Norteamericana… en las referencias contrainsurgentes de 1814 aparecen menciones claras
de nuestro proyecto **constitucional e intereses populares**; en el libro El Salvador
Insurgente 1811-1821 Centroamérica, pág. 289, 336, se enuncian dos bases principales: "1°
la soberanía había de residir en el pueblo 2° que tres individuos de ella llamados cónsules
formasen un tribunal ejecutivo, siendo general en jefe el primero, ministro de gobierno el
segundo e intendente el tercero", así el proyecto de constitución contiene la vocación de la
nación, unido a la insurrección popular… la mención de la constitución es referida por las
autoridades españolas, que denuncian el proyecto independentista: *"las constituciones
aprobadas y derogadas eran el espíritu de la insurrección que avanza a largos pasos; los
planes del 1814 han sido más malignos que los de 1811; y si en las primeras conmociones
se fijaron en puntos determinados, en la última se avanzaban a meditar una constitución
formal de independencia" pág 336*. Debemos anotar que ésta constitución era la insurgente
salvadoreña, no la proclamada por el Imperio Español, ni la de Cádiz de 1812; luego llega
la constitución de las Provincias de Centroamérica 1823 y finalmente en el 12 de octubre
de 1824 como Estado Independiente… "La segunda Constitución lleva la fecha del 18 de
febrero de 1841, cuando ya había desaparecido la Federación Centroamericana y El
Salvador se había constituido en república independiente. Después de esta carta magna
siguieron las constituciones de 1864, 1871, 1872, 1880, 1883, 1885 (que nunca fue
aprobada ni entró en vigencia), 1886, 1939 (reformada en 1944), 1945, 1950, 1962, hasta
llegar a la de 1983, que es la vigente" según Wikipedia.
Si la Constitución es la máxima norma de un Estado, usualmente coincide con la vocación
de la nación… en ocasiones existen una paradoja como las rupturas constitucionales del
Golpe de Estado sucedido en diciembre de 1931 que instauró un directorio militar y
posteriormente llamó a Estados Unidos para que reconociera su legalidad constitucional
en 1932; por maniobras del martinato se configuró un poder autoritario desde 1939 a 1944
por reformas arbitrarias e impopulares, las cuales culminaron con una insurrección popular;

si agregamos los eventos de la guerra civil de los años ochenta con otra guerra civil, obtenemos una "nueva legalidad", en este caso la Constitución coincide con los intereses populares.

Podemos afirmar que la Constitución es la lectura del derecho, la política y las instituciones que coinciden con los intereses de la nación. No obstante parece que ahora nos enfrentamos a una nueva paradoja por las lecturas de la Sala Constitucional la cual se divorcia de los intereses populares, ejemplo: el caso de la aprobación de los $900 millones para la seguridad nacional, el voto cruzado, intervención en el TSE, etc. además la admisión de la demanda inconstitucional contra el SITRAMSS… esperemos que la Sala apoye los intereses populares para enfrentar al terrorismo y contribuya por la dignidad del transporte colectivo de la nación.

17SEP015

Telefónicas e impuestos contraterrorismo

La utilidad anual de algunas empresas telefónicas supera decenas – ¡centenas!- de millones de dólares, estos datos son posibles encontrarlos en las memorias anuales e informes públicos tanto en la Bolsa de Valores local o internacional. Según SIGET hasta 2014 el número capacidad instalada de líneas fijas 2,668,691; la cantidad de líneas en funcionamiento 953,773; se debe destacar que las líneas de telefonía pública es cero, al igual que los teléfonos públicos –ya no existen los teléfonos públicos-; en otros aspectos las líneas móviles en operación 9,193,342 – cifra mayor que la población nacional-con la modalidad de pos pago 878,398 y los de prepago 8,314,944; las telecomunicaciones son un espectro de servicios no únicamente las líneas telefónicas, asociados se encuentran: internet, datos, televisión digital, cable etc. pero veamos su información financiera: Total de egresos Tráfico Internacional $25,777,588.60 Activos $1,723,850,528.14; Activos fijos $764,831,644.30 etc., Pasivos $586,385,379.39 Patrimonio $1,005,325,531.52 Capital $1,005,325,531.52 agreguemos el tráfico en telecomunicaciones: tráfico nacional fijo 346,539,457.59 y tráfico nacional móvil 1,941,916,582.99; para realizar una breve contabilidad revisemos los cargos (tarifas) por instalación de servicio fijo, Básico residencial etc., veamos: cargo (tarifa) por instalación de teléfono fijo $22.28; cargo (tarifa) básico o cargo de acceso mensual residencial $5.38 y sus tarifas por minuto 0.03764; tarifas por minuto de llamadas de una línea móvil pos pago a una línea móvil de otra red $0.16022 etc… existe un catálogo de tarifas que cualquier persona interesada puede verificar, pero nos interesa objetivar la cantidad de llamadas cobradas por minuto de diversos servicios, así multiplicamos millones llamadas por las cantidades indicadas… Debemos anotar que las empresas telefónicas son empresas público-privadas, no son absolutamente empresas privadas, puesto que existe una correspondencia con la población que demanda un servicio, similar al agua, transporte, puertos, aeropuertos, seguridad nacional etc., las telefónicas viven por una concesión del Estado para explotar el espectro de telecomunicaciones, por lo tanto existe un deber hacia la demanda pública, a pesar que el Estado posea participación mínima en esas empresas, puesto que existen en el espacio nacional y su vigencia tiene un período de tiempo, que algún día terminará.

Acá no se trata de satanizar a las empresas telefónicas, ni acusarlas de nada, se trata de una correspondencia hacia los usuarios y al pueblo salvadoreño en general; si las ganancias son extraordinarias, "retornar" un porcentaje de sus ingresos no significará un daño a sus ganancias anuales porque el destino final es la Seguridad Nacional contra el terrorismo; esa seguridad nacional que implica eliminar las señales de los centros penales, por cierto… llamado que no se atiende a pesar del clamor popular de eliminar esas señales. Desde los centros penales se ordena por teléfonos móviles: paros al transporte colectivo, asesinatos a policías, masacres, e incluso la colocación de coches bombas etc.
Se trata de una correspondencia solidaria para la policía, soldados y pueblo en general, que por cierto debería medirse como retorno a la sociedad por los bienes que explotan…En todo caso, se trata de la Seguridad Nacional contra el terrorismo, la misma que protege su inversión y utilidades en general.
14SEP015

http://www.cesarramirezcaralva.com/

¿Colusión de telefónicas?

Aquél 22 de julio del 2008, entró en vigencia el impuesto por llamadas internacionales que ingresaban al país e inmediatamente se reflejaron en las facturas del mes de agosto; en aquellos tiempos el presidente Antonio Saca sancionó la ley con 40 reformas.. etc. De esa manera el 24 de julio de 2008 el grupo parlamentario de ARENA, impulsó enmiendas a la Ley de Impuestos Específicos a las Llamadas Telefónicas Provenientes del Exterior (El impuesto de cuatro centavos por cada minuto de llamada internacional) que terminan en El Salvador, con cambios a *"petición de las compañías telefónicas y de la Superintendencia General"*. Las compañías locales debieron trasladar los fondos por el cobro al Ministerio de Hacienda, en aquél momento se esperaban recaudar aproximadamente $9.2 millones para el Estado; dichas reformas fueron publicadas con dos semanas de anterioridad en el Diario Oficial. Ahora siete años después, el impuesto para hacer llegar fondos al Estado es considerado un atropello, a pesar que los fondos tienen como objetivo la Seguridad Nacional, esa seguridad que implica la misma protección a las inversiones internacionales, a los trabajadores de las telefónicas, a sus instalaciones y propiedades, pero el argumento que en años anteriores fue aprobado, ahora se considera un anatema, ¿Cuál es la diferencia?: no es la derecha la que impulsa ese impuesto, en otras palabras es un lenguaje político, una opción ideológica que ayuda a un sector que no preside el Poder Ejecutivo y los intereses de las mayorías. Según los principios de la privatización de las telecomunicaciones se otorgaron concesiones a empresas internacionales con el objetivo de facilitar la competencia entre empresas, no obstante cuando las empresas telefónicas unen esfuerzos ese principio es letra muerta, puesto que se constituye en una colusión: "Es cuando las empresas en el oligopolio (es un mercado dominado por un pequeño número de vendedores o prestadores de servicio telefónico) se ponen de acuerdo para actuar coordinadamente a la hora de ofertar sus bienes y de poner sus precios, con lo que logran mayor beneficio total para cada una de ellas que cuando actúan por separado, lo que en ocasiones lleva a una situación parecida, desde el punto de vista de los consumidores, a la del monopolio. Poniendo como extremos el monopolio y la competencia perfecta, definimos el oligopolio como aquella situación de mercado en la que existen un pequeño número de productores" –wikipedia- de tal forma que esta concentración de los productores (de telecomunicaciones) deciden negociar en bloque y no individualmente; es sintomático el caso, quizás alarmante, estas empresas no solo evaden disminuir la potencia de las torres que amparan los centros penales sino que niegan ahora un impuesto para la seguridad nacional, favoreciendo a terroristas; recordemos que un "celular en la cárcel es más peligros que 10 AK 47 en la calle", el resultado es grave: la competencia se elimina, no existe diferencia entre compañías y por lo tanto el mercado de las telefónicas niega los principios de la privatización, concluyendo en una parálisis del sector en este caso a conveniencia de las propias empresas, pero no favorece a los nueve millones de usuarios de servicios móviles en su seguridad y que al final pagan a las transnacionales. Solución: acepten el impuesto, todos ganaremos…

01OCT015

Solución a la realidad nacional

No puedo evadir la imagen de Ignacio Ellacuría con un tema similar hace tres décadas, bajo el concepto principal del diálogo nacional; aunque la condición actual dista mucho del conflicto civil, algunas características lo recuerdan por la descomposición social que vivimos. Ahora las instituciones funcionan, aunque "tenemos lo que nos dejaron después de todo lo que se han robado"… un breve recuento de daños y déficit se puede encontrar en los juicios a exfuncionarios de las administraciones anteriores…

Nuestra cultura generacional y me refiero a las últimas cuatro décadas, ha vivido la violencia en todo tipo de géneros, nada nuevo nos pueden contar de sangre y muerte, todo lo hemos vivido, pero la violencia no solo es la represión, también ha significado la negación de la información, la democracia, educación, transparencia y si lo observamos con calidad de opinión: "la negociación". Todo problema en el pasado ha sido resuelto a balazos, los opositores más que otros sectores dan fe de ese acto criminal, pero ¿qué sucede con el pillaje? ¿los grandes fraudes financieros? ¿los robos al Estado de tiempos pasados? Eso también ha provocado muertes y no solo de una persona sino de miles, muchas personas sin medicamentos, educación, sin pensiones, obligados a emigrar a "cualquier costo", esa es violencia verificable por la cantidad de desaparecidos en el famoso camino a la frontera de Estados Unidos, las familias destruidas, las ruinas en muchos pueblos etc., aunque el conflicto se resolvió por el diálogo, es el momento de retomar esa buena práctica… los problemas tienen solución, y quienes deben conducir el proceso es la clase política por medio del diálogo.

¿Por qué deben existir ganadores y perdedores en un diálogo nacional sobre seguridad?

¿Por qué condenar el diálogo al fracaso antes de iniciarlo entre los actores políticos?

Me refiero a la clase política (como primera clave de solución) porque en un proyecto de nación todos participamos, el primer motor nacional son los partidos políticos; con solo abandonar la ideología y deponen puntos de honor, el panorama visible es desesperado en los temas de: seguridad, inversión privada, desarrollo nacional etc., que no deben postergarse.

Todos ganaremos con una solución de nación.

Aunque este razonamiento parezca ingenuo, no existe otro camino viable, porque nuestra realidad actual y la de muchos años anteriores, es la ausencia de "racionalidad política" éste concepto no ha sido incluido en una visión a futuro con deudas sociales impostergables: cambio climático, emigración, delincuencia, evasión de impuestos, narcotráfico, educación, salud, terrorismo etc.

Un diálogo nacional debe cambiar el horizonte en ésta época de inseguridad, el enemigo principal es: la pobreza, la delincuencia, la corrupción, la exclusión social, etc., para Juan Pueblo "el ciudadano" que se gana la vida trabajando honradamente, que sueña con vivir en paz y progresar, el diálogo a fin de cuentas fue una herramienta exitosa, demostró ser posible en el pasado, quizás Juan Pueblo sueñe como nosotros con un diálogo posible, con soluciones verificables, en una sociedad participativa e incluyente.

08OCT015

Irrenunciable impuesto a la Seguridad Nacional

La realidad nacional se impone con las muertes de policías, soldados, ciudadanos, niños y niñas frente a la impostergable condición de ingresos para superar el flagelo de la delincuencia organizada, el pueblo no soporta más esta incertidumbre social. Nuestra sociedad está amenazada por la delincuencia en todo sentido, nuestro horizonte es el pétreo rostro del ángel de la muerte, con escenas de vilezas indescriptibles, derramamiento de sangre gratuita, individuos degenerados cometiendo todo tipo de atropellos para mantener sus cuotas de extorsiones, amenazas o presencia en determinados lugares de la nación, sus actuaciones son abominables e infinitas en su esfuerzo por magnificar el daño social. La presencia de este flagelo es constante, es una infame coexistencia de familias honradas separadas por una estrecha calle de las bandas criminales, ¿Quién levanta su mano para oponerse contra un impuesto que beneficia a la familia salvadoreña? ¿Por qué una sala constitucional se opone en la aprobación del bono de $900 millones para defender a la nación? ¿Existe una alianza para obtener ventajas políticas utilizando la violencia a su favor, como en los movimientos golpistas "desarmados"?.

Mientras el pueblo acompaña a los héroes de nuestras fuerzas de seguridad que en inferioridad se enfrentan a los delincuentes, ellos celebran la "supuesta" incapacidad administrativa como si en veinte años anteriores hubiesen combatido el fenómeno del narcotráfico y la corrupción. No obstante a grandes males, grandes remedios, en busca de recursos para financiar la seguridad nacional la imaginación no debe atarse a elementos transitorios sino a una visión de largo plazo, el Estado tiene facultades para realizar concesiones, nacionalizaciones o transferencia de bienes privados que se consideren estratégicos para financiar esta lucha desigual contra el crimen organizado. La historia de otras naciones lo demuestran: Impuestos a bienes patrimoniales, capitales, contribuciones por ingresos superiores al promedio de los asalariados mayoritarios, contribuciones de grandes empresas etc., pero el pronóstico de ésta lectura política es deprimente; éste es el momento de una respuesta humanitaria y pragmática, debido a que si los daños por la inseguridad son calculados tan fielmente por el sector privado con montos de cientos de millones, ¿por qué no contribuir en impuestos para proteger sus inversiones, empleados e intereses estratégicos?.

Esta situación me recuerda a Orson Welles en su película ¿qué importa si mueren?... en nuestro caso los pobres y desprotegidos – porque los señores dueños del capital tienen ejércitos privados- parafraseando a ese genio en este razonamiento siniestro –según ellos- : "entre nosotros alguien tiene que morir"… quizás solo para demostrar fuerza… o al estilo italiano: "¿éste instrumental diabólico de la violencia es una extensión partidaria y perversa de sectores de poder, aferrados a su pasado violento obstinados en la desestabilización económica-política de la nación?..
No es justo negar el apoyo a la Seguridad Nacional sacrificando a muchos inocentes, también de abnegados policías y soldados, cuando la protección de la familia es la vocación de la nación… que incluye a todos sin excepciones.
15OCT015

http://www.cesarramirezcaralva.com/

Implicaciones de la corrupción

El tema es complejo y en ocasiones parece un verdadero sistema de valores que inducen en esencia a la apropiación indebida de bienes públicos, aunque no solo el dinero es un valor de cambio en las transacciones contra la sociedad, existen ilícitos que benefician a terceros insospechadamente ocultos; algunos casos parecen novelas policiales de tercera categoría, donde las confabulaciones exceden a los implicados que milagrosamente escapan a la justicia por medio de jueces, en otros casos por perjuros, o extrañas interpretaciones constitucionales que perdonan todo, al final, sin delito que perseguir el daño patrimonial es manifiesto en: salud, educación, seguridad e incluso la dignidad de la nación. Encontramos los siguientes conceptos en: "Corrupción y maltrato público". "Definición de Corrupción: es la acción o inacción de una o varias personas reales que manipulando los medios de un sistema, en beneficio propio y/o ajeno, tergiversan los fines del mismo en perjuicio del conjunto de ciudadanos para, por y a través de los cuales el sistema fue ideado para servir y beneficiar. Corrupto (actor del hecho) Es la persona real que por volición propia y/o ajena y con intención cognoscitiva premeditada, maneja uno o varios medios de un sistema público y/o privado para beneficiarse para sí y/o para otros de los resultados que este manejo tendencioso produce, en contra del universo de individuos para los cuales el sistema fue ideado para servir y beneficiar. Corruptor (actor e incitador al hecho) Es la persona real que con volición propia e intención cognoscitiva premeditada y alevosa induce, incita y/o coacciona a otra a corromperse e integrarse así al sistema de corrupción pública institucional". Se trata de observar el conjunto de actores en una sociedad, en nuestro caso los temas emblemáticos como CEL-ENEL, los fideicomisos estatales, la malversación de $11 millones del ISSS y otros incidentes anteriores en la misma institución cometidos por otro famoso personaje, la obra Diego de Olguín, etc. Pero estos fenómenos son enfrentados con leyes del siglo pasado, con prescripciones ridículas de 10 años, cuando los daños se prolongan por décadas, de tal forma que los implicados bajo conocimiento legal abrazan la impunidad.
Es muy sintomático ese modelo de violencia financiera, puesto que la corrupción también "asesina inocentes", el panorama es simplemente deplorable, en este escenario encontramos: corrupto y corruptor (no solo de dinero), funcionarios públicos y poderosos miembros del capital privado y al agregar el factor político concluimos en el patrocinio a

favor de un Partido Político, entonces la trama se vuelve siniestra. La sociedad solicita auditorías jurídicas de la Corte Suprema para abajo, así como a los funcionarios públicos y privados… ¿Aún existe alguien honorable? ¿Existe la regionalización de la corrupción? Los recientes casos de Guatemala y Honduras, son ejemplares, las personas implicadas en Honduras no son funcionarios públicos sino privados, mientras en Guatemala la implicación de Aduanas con autoridades de primer nivel y sectores privados es visible. En todo caso las reformas constitucionales deben ampliar la prescripción, no debe existir la confabulación intelectual de corrupción y límites constitucionales para evadirse legalmente, porque esa es la puerta legal que alienta el enriquecimiento ilícito a los delincuentes de cuello blanco.
22OCT015

Sobre la deuda pública

Debemos incluir la Historia Nacional sobre el tema deuda pública, de otra forma no entenderíamos el complejo marco económico nacional. Según El Portal de Transparencia Fiscal (GOES): La Deuda Pública está compuesta por las obligaciones monetarias que involucran toda forma, instrumentos, títulos y documentos que comprometan en una misma operación reembolso de capital, pagos de intereses, comisiones y/u otros cargos específicos relativos a la operación de que se trate, tanto directas como indirectas, contraídas por el Sector Público no Financiero, en moneda nacional y/o extranjera, cuyo vencimiento sea superior a un período presupuestario (1 año). La Deuda Pública puede ser de varios tipos: Directa (obligaciones, internas o externas, contraídas por el Estado, por medio del Ministerio de Hacienda); Indirecta (obligaciones, internas o externas, contraídas por las empresas públicas no financieras, instituciones autónomas no empresariales y municipalidades). La Deuda Pública Indirecta será garantizada cuando tenga el aval del Estado y no garantizada, si carece del mismo. Además la Deuda Pública puede ser Interna (obligaciones que surgen por emisiones y colocaciones de títulos y valores del Estado y Entidades Públicas en el territorio de la República de El Salvador y las obligaciones que contrae el Estado u otras entidades públicas no financieras con el BCR, Instituciones Financieras y otras personas naturales o jurídicas) o Externa (obligaciones monetarias representativas de crédito con otro Estado, organismo internacional o con cualquiera persona natural o jurídica sin residencia ni domicilio en la República de El Salvador)…. **En general la administración gubernamental durante décadas**, en nuestro caso una valiosa reflexión la encontramos en UCA Economía hoy Volumen 3 número 20 (s.f.) editorial (http://www.redicces.org.sv/jspui/bitstream/10972/1378/1/BEH201010.pdf), "Los periodos de gobierno que más han contribuido a este problema de crecimiento de los niveles de la deuda pública como porcentaje del PIB son la de Francisco Flores y la actual, de Mauricio Funes. Asimismo, en ambas la relación entre el monto de la deuda pública total y las exportaciones totales es cercana al 3. El último año de gobierno de Antonio Saca heredó a la actual administración una situación crítica de las finanzas públicas. Así, el último año de gestión de Saca significó un deterioro acelerado de las finanzas públicas, provocado por varias razones entre las que sobresalen: aumento de gasto debido a período preelectoral, disminución de ingresos debido a caída de la actividad económica, problemas de uso

inadecuado de los fondos públicos que van desde flagrante corrupción a ineficiencia del gasto. En resumen, la situación actual, aunque no novedosa, sí es crítica en relación a lo que va desde la firma de los Acuerdos de Paz".
Hacia finales de 2014 y 2015 las interpretaciones de la deuda nacional se convierten en un discurso apocalíptico e ideológico, con escenarios magnificados hacia el desastre, ¿acaso podemos olvidar la historia económica que nos condujo a este panorama?... pensemos en soluciones: diálogo político, modelos tributarios, Seguridad Nacional etc.; al final se trata de millones de salvadoreños que poco a poco pierden las esperanzas en su clase política, por su enorme incapacidad de encontrar soluciones posibles.
29OCT015

Treinta años para reconstruir el tejido social

La sociedad política fotografiada en la Constitución de la República presupone un marco jurídico con un pacto social de nuestra vocación nacional: leyes, ordenamiento institucional, territorio, democracia etc., no obstante el surgimiento de organizaciones criminales, grupos armados y terroristas que tienen únicamente como objetivo la ilegalidad en su accionar afectan al conglomerado social y han destruido el tejido social en: barrios, colonias, sistemas educativos, etc. un fenómeno originado "posiblemente" por la guerra civil del siglo pasado. La ruptura de los valores tradicionales en nuestra sociedad es muy profunda, con solo enunciar la evolución de nuestra democracia en los últimos treinta años, tenemos un modelo educativo autoritario orientado hacia la represión y siempre la represión, negando todo valor ciudadano. A partir de los Acuerdos de Paz apenas dos décadas, el funcionamiento institucional es visible por la presencia institucional de los derechos humanos; la sociedad ha aceptado las reglas democráticas y al menos el Golpe de Estado no ha retornado, como era la norma cada diez o quince años, al final el sistema se consolida en ese capítulo del Pacto Social histórico. La historia no es la misma con el surgimiento de las bandas terroristas y su trayectoria ilegal a partir de los años ochenta y noventa, hablamos entonces de varias décadas, éstas estructuras presentan un modelo "inconstitucional" que destruye todo el tejido social teórico republicano, similar a un cáncer social, éstas bandas reproducen sus antivalores donde se insertan legal o ilegalmente; ahora se organizan desde núcleos familiares –reales o aparentes- que reclaman los servicios sociales de la comunidad legal, de esta forma coexisten en barrios junto a familias tradicionales pero sus objetivos son anti-sistema. Ahora es posible observar una segunda o tercera generación de "familias-antisistema" incrustadas en diversas comunidades, pero con el signo inocultable de su asociación terrorista, sucede entonces que ésta sociedad-antisistema suma aproximadamente miles de presidiarios y otros tantos fuera de la cárcel agrupados en núcleos familiares extensos. En este fenómeno la causa de su multiplicación no es la ausencia de la democracia, sino el vacío de una política que debió evitar este flagelo… "si buscamos culpables, seguro los encontramos", pero la misión es una solución, en primer lugar debemos pensar en qué hacer los siguientes treinta años… ¿Acaso necesitaremos un nuevo modelo de gueto para familias terroristas? ¿Escuelas para niños antisistema?, ¿iglesias pandilleras para delincuentes de toda edad?... y muchas otras marginaciones históricas conocidas en el mundo en escalas horrorosas; los resultados son conocidos y han avergonzado a la humanidad por sus represiones violentas… ¿pero qué hacer ante esta realidad ineludible?

En primer lugar un marco antipandillas de largo plazo, -Helio Jaguaribe anotó en su artículo: Experiencias y perspectivas del desarrollo: "La racionalidad pública es la racionalidad de tipo instrumental y de tipo interaccional, con la cual son adoptadas decisiones públicamente relevantes."- al menos en las siguientes cinco administraciones gubernamentales, es urgente fortalecer la policía, ejército y la comunidad legal en democracia; tardaremos tres décadas para reconstruir el tejido social: barrio por barrio y familia por familia, si logramos la unión nacional sobre los intereses particulares.

05NOV015

Lavado de dinero y juicio intrascendente

El novedoso juicio contra el expresidente Francisco Flores tiene mucha resonancia por los ilícitos cometidos, es del dominio público que el Juez Miguel Ángel García resolverá el 3 de diciembre de 2015, sobre la presunción de los siguientes delitos: enriquecimiento ilícito, peculado y desobediencia a particulares. Los representantes de las organizaciones de la sociedad civil actuando en calidad de acusadores particulares, solicitaron incluir el delito de "lavado de dinero" lo cual ha sido rechazada por la FGR y la defensa del imputado. Sobre el lavado de dinero la Federal Financial Institucions Examination Council's (FFIEC) BSA/AML, reseña en su Manual de Inspección Antilavado de Dinero (AML)/Ley de Secreto Bancario (BSA) del Consejo Federal de Inspección de Instituciones Financieras (FFIEC) lo siguiente: "El lavado de dinero es un proceso que puede comprender diversas técnicas y estrategias. Pero el fin último es "lavar" el dinero a través de una serie de transacciones, estas transacciones están diseñadas para ocultar los rastros documentados que conducen al delito original. Las personas que lavan el dinero mueven el producto del delito, o dinero sucio, a través del sistema financiero mundial, en un esfuerzo por "limpiar" el dinero, de modo que parezca haber sido obtenida en forma legítima. El primer paso del lavado de dinero consiste en la "colocación" del dinero en instituciones financieras tales como negocios de servicios de dinero: bancos corredores de valores, casinos, etc., una vez que los criminales "colocan" el dinero en las instituciones bancarias, el mismo pasa "encubierto" al sistema financiero a través de transacciones financieras tales como: retiros bancarios, transferencias por cable y la compra de instrumentos monetarios. El último paso del lavado de dinero es la "integración" de tal dinero a la economía mediante la compra de artículos tales como: botes, casas, automóviles y comercios"… Si el juicio se enfoca únicamente en: enriquecimiento ilícito, peculado y desobediencia a particulares y se omite el lavado de dinero, podemos inferir el resultado del proceso jurídico, puesto que estos delitos son menores, tal cual fue el resultado del Caso CEL-ENEL, agregando que el imputado ha cumplido aproximadamente 2 años de arresto domiciliar, por lo tanto una condena sería mínima, además con medidas sustitutivas, "buen comportamiento", estado de salud, etc., en pocos meses terminaría el proceso legal y el beneficio de la libertad absoluta. Las denuncias sobre el desvío de fondos por organismos de la sociedad civil coinciden con los procedimientos de la BSA/AML, a pesar que las acusaciones parecen no incluirse en el actual juicio, el contexto general de este ilícito coloca al sistema judicial salvadoreño en la

frontera de la credibilidad: ¿funciona o no la institucionalidad?   El expresidente Mauricio Funes oportunamente denunció el mal procedimiento financiero por medio de la divulgación de un Reporte de Operaciones Sospechosas (ROS) (USA) que detalla la ruta de los millones donados por Taiwán al expresidente Francisco Flores. En conclusión si los crímenes financieros de esta naturaleza no son perseguidos por la justicia salvadoreña, el resultado del juicio es intrascendente...
12NOV015

El mal en el siglo XXI (diferencias religiosas)

Es un buen momento para considerar la maldad en su expresión masiva, puesto que la población actual en diversas regiones del mundo, padece de agresiones físicas o espirituales solo comparables a la segunda guerra mundial: millones de refugiados, crímenes contra la humanidad, desprecio a la vida, violencia sin control y fuera de los tratados internacionales en conflictos bélicos, olvido de los derechos humanos en poblaciones vulnerables etc. es sintomático que la religión se convierte en la arma esgrimida para cometer atropellos contra minorías de otras creencias; las escenas de la tragedia mundial son similares a la persecución nazi contra *"alemanes que profesaban el judaísmo"*, ahora grupos islámicos fundamentalistas exterminan a las minorías por no pertenecer a sus creencias extremistas y ortodoxas, como en los años cuarenta las víctimas son millones de ciudadanos inocentes. El concepto del mal no es el mismo a lo largo de la humanidad, si los nazis acusaban a los "alemanes judíos" en el siglo pasado, ahora los fanáticos musulmanes acusan a todas las religiones de infieles y satánicos, parece que repetimos viejas historias. En realidad las luchas interreligiosas son conocidas desde la antigüedad, un Dios debe imponerse a otros y las ciudades conquistadas deben perecer como sus dioses de barro, al igual que sus sacerdotes, así las creencias han sido construidas y destruidas bajo la interpretación de los gobernantes. El politeísmo da paso al monoteísmo en el transcurso de los tiempos, ésta situación no es amigable puesto que se impone a otras creencias por la violencia, esa misma violencia que tiene carácter fundacional en toda nuestra escala histórica, tanto para combatir las herejías como para someter a todo el que no piense como la religión dominante.   El origen de la violencia religiosa en el fondo es la intolerancia hacia las minorías, construida por proyectos políticos de los gobernantes o fuerzas emergentes que coinciden en la destrucción absoluta de cualquiera que no piense como ellos, a semejanza de los nazis el mal es colectivo, no era un solo Hitler sino millones de pequeños Hitler en cada nazi que asesinaba a un alemán judío, ahora miles de fanáticos islámicos comenten las mismas acciones sin distinción alguna de inocentes, los resultados de esta conflagración ya las conocemos, la sangre teñirá Medio Oriente y otros continentes, incluso nuestra pequeña nación vive eventos terroristas contra poblaciones civiles, cometidos por bandas criminales que realizan rituales satánicos y coinciden con los terroristas del Medio Oriente en la violencia indiscriminada contra ciudadanos indefensos, el mundo nos enseña el tratamiento a seguir, incluso internacionalizar nuestra defensa. Me parece que "el mal conceptual religioso" debe reconsiderarse, el mal no se encuentra en las religiones sino en las personas, el mal no se encuentra en una nación o una población, se encuentra en la mentalidad de los

gobernantes, sus clases poderosas, en los fanáticos que divulgan ideas supremacistas contra "los otros", el mal religioso debe ser abandonado bajo el sinónimo de ignorancia, puesto que la ignorancia es la causa que provoca la destrucción de los pueblos; el mal se encuentra en la pobreza, enfermedades, analfabetismo, corrupción, prostitución, drogas etc… Si continuamos en ésta concepción del mal religioso, ni Dios sobrevivirá, porque un Dios sin un planeta o un pueblo es el peor signo de maldad sobre la vida… que aún tenemos.
19NOV015

Delitos cibernéticos: terrorismo de imagen

El uso de la informática para dañar la imagen de personas, instituciones o cualquier iniciativa civil o política, es una herramienta subterránea y es un delito que cometen personas particulares o empresas privadas dedicadas por encargo de terceras personas, es necesario afirmarlo: **el terrorismo cibernético es un delito, tanto para los creadores como para los replicadores (influenciadores) dedicados a promover imágenes negativas**. El delito informático (es la herramienta que usa métodos, técnicas, masivas etc. en forma digital para desarrollar circuitos de internet, teléfonos móviles, usos de datos etc. con el objetivo de denigrar o beneficiar la imagen de una institución o persona, por medio repercusiones masivas de redes sociales así como en diversos medios de comunicación periodísticos, televisivos, radiales, etc., su objetivo es transformar la opinión pública con el objetivo antes citado. Para lograr estas proyectos se usan troles que son en esencia personajes anónimos tras una publicación provocadora que tiene la intensión de molestar, dañar o destruir a otra (institución, grupo o persona) buscando la reacción emotiva de los usuarios o lectores enfrentando a los receptores de dichos mensajes… en todo caso la desactivación de este mecanismo es simple, no responder a éstos personajes subterráneos cobardes y anónimos. Los recientes casos de empresas e individuos dedicados a estas operaciones demuestra la debilidad de la sociedad jurídica, que no posee una ley para proteger a los ciudadanos de estos ataques desde una computadora o una red de mercenarios cibernéticos. "Un delito informático o ciberdelito es toda aquella acción antijurídica y culpable, que se da por vías informáticas o que tiene como objetivo destruir y dañar ordenadores, medios electrónicos y redes de Internet" –wikipedia- añadiendo a esta condición la novedad que empresas "privadas" a sueldo se dedican a estos oficios disfrazados de marketing comercial o político, pero que usualmente son financiador por grandes capitales; similares a las antiguas entidades de propaganda negra que motivaban al fanatismo y la violencia. En la interfase –similar a los mediadores entre un trol y el receptor o las redes de amigos o amigas etc.- se encuentran los "influenciadores" que replican las notas, opiniones, imágenes, documentos, etc. de los troles, ellos según universidades extranjeras son sujetos que reciben dádivas, regalías o salarios por dicha acciones, de tal forma que se convierten en pequeños asalariados-mercenarios que en forma piramidal están al servicio de la cadena (negativa o positiva de opiniones), condición notoria usualmente en proyectos políticos o temas de interés nacional; incluso se usa para dañar negocios de empresas privadas para disminuir la oferta de potenciales compradores de productos comerciales. Los delitos informáticos que la Organización de Naciones Unidas (ONU) reconocen son: Fraudes cometidos mediante manipulación de computadoras, manipulación de datos de entrada, daños o modificaciones de programas o datos computarizados; además

otros organismos internacionales reconocen la pornografía infantil, suplantación de identidad, fraudes comerciales por uso de datos falsos, etc., como quiera que sea en nuestra nación es la jungla, aún es una región con vacíos sobre este tema, la Fiscalía General de la República debió intervenir en casos que han dañado la imagen de muchos ciudadanos, el ciberterrorismo es un delito, al igual que quienes financian y promueven estos mecanismos.
26NOV015

Homólogos de Ixión en la justicia salvadoreña

Ixión se encuentra en el Tártaro, ahí Hermes le ató con serpientes a una rueda ardiente que daba vueltas sin cesar, solo descansó de su tormento el tiempo que Orfeo estuvo en los infiernos, pues su maravilloso canto hizo que se parara la rueda… aunque el relato mítico tiene muchos más antecedentes, la extraodinaria imagen del castigo: "atado a una rueda que gira y gira" parece ser nuestra realidad por la impunidad que yace en algunos hombres y mujeres de nuestra sociedad; giramos entorno a la ambición por el dinero fácil contrayendo una enfermedad incurable, es evidente en las personas con cargos importantes, ellos parecen perder la razón y se emborrachan de poder, vanidad, soberbia… como Ixión girando infinitamente en ese clima de opio infinito, hasta que la justicia les desnuda, como en la mitología griega; Zeus descubre y condena la mentira de Ixión y provoca un ajuste de cuentas. Aunque la mitología griega parece una fantasía infantil, la sombra de Ixión el mentiroso, parece resucitar en algunos personajes en el caso de exjueces y exfiscales corruptos, por ejemplo: el testigo criteriado es identificado como Ades (Hades)… Hades en términos cristianos es la tumba, el pozo de suciedad y alude a los muertos, los cristianos asocian este concepto con el infierno que se parece al Tártaro griego, un sitio tenebroso del extenso Hades, usado como mazmorra de tormento y sufrimiento… este parece ser el destino de muchos personajes importantes de nuestra realidad en el siglo XXI; el testigo Ades (Hades) atrapa en sus declaraciones a una amplia red de "suciedad" que durante años vivió del delito, ellos son: fiscales, abogados de alcaldes y jueces quienes en colusión con: narcotraficantes, criminales, miembros de agrupaciones ilícitas, etc. dañan a la sociedad salvadoreña al usar la justicia en su beneficio, usan el sistema para delinquir, con sobornos, confabulaciones, arbitrariedades etc… Atónitos observamos este cuadro patético.
Lejos de la sátira, infundios, mentiras, del libelo o disimulo de esta corrupción, quizás es tiempo de combatir la impunidad para construir un precedente para las futuras generaciones, de solo pensar en el número de casos absueltos en esos juzgados, nos provoca el más severo repudio por algunos miembros del sistema judicial actual. En una palabra se llama impunidad: "es una excepción de castigo o escape de la sanción que implica una falta o delito", no se ejerce justicia porque el dinero se reparte entre los cómplices, los criminales son absueltos a cambio de sobornos, las condenas son eliminadas por decisión divina, como en tiempos griegos, similar a las historias escritas hace cuatro mil años… La red de corrupción nos ilustra sobre algunos delincuentes dentro del sistema judicial, quizás se debe auditar todo el modelo judicial puesto que conspira contra una nueva nación, estamos atados a esa rueda que gira y gira entorno a la corrupción y no existe ni un solo canto de

Orfeo para liberarnos del Tártaro, aunque (H) Ades ha cumplido su extraordinaria misión al atrapar en su seno a los mentirosos… habría que repetir la profecía de Jonas en Nínive, pronosticar el tiempo de vida que podrá soportar nuestra sociedad de continuar un sistema judicial corrupto… ¿cuatro, cinco, diez años?.. Al menos tenemos ese testigo criteriado llamado (H)Ades que atrapa a los homólogos salvadoreños de Ixión..
03DIC015

Traición al expresidente Francisco Flores

El artículo: "Lavado de dinero y juicio intrascendente" en relación al caso del expresidente Francisco Flores fue publicado el 12NOV015 en Colatino, dicho artículo finalizaba así: "El expresidente Mauricio Funes oportunamente denunció el mal procedimiento financiero por medio de la divulgación de un Reporte de Operaciones Sospechosas (ROS) (USA) que detalla la ruta de los millones donados por Taiwán al expresidente Francisco Flores. En conclusión si los crímenes financieros de esta naturaleza no son perseguidos por la justicia salvadoreña, el resultado del juicio es intrascendente"… cuatro semanas después expresamos que la Justicia comprendió la magnitud de proceso al aceptar el concepto de "lavado de dinero"; las ramificaciones de dicho evento se expanden al partido político patrocinador de este acto ARENA. La arista política de este juicio sin precedente es notable, puesto que no se trata de una sola personas, sino de un grupo de alto nivel profesional que ejecutaba la trama del lavado de dinero, en realidad las revelaciones de la Asamblea Legislativa ya tienen nombres y apellidos; excepto que recientes documentaciones señalan una sociedad panameña que realizó transacciones "legales", ahí existen nombres de testaferros destacando a una misteriosa mujer salvadoreña que recibió $967, 901.60, por medio de 154 cheques; no dudamos de esas fortunas galopando de mano en mano, sino de la calidad de sus socios partidarios, aquellos destinatarios que se beneficiaron con millones de dólares ahora no tienen el coraje de salvar a su amigo en desgracia y le dejan "morir solo"… en una vulgar celda policial.
¿Dónde están sus amigos?, valientes eran jurando fidelidad en los buenos tiempos ¿y ahora?, imagino que existe solución aún en estas penosas circunstancias, una de ellas es devolver el dinero, otra llamar a la solidaridad de esas añejas amistades que tanto le deben a su magnífica generosidad… bastaría con ratificar media docena de nombres y listo, las deudas se distribuyen, o ¿una sola golondrina morirá por todas en ese invierno carcelario?…. algunos eruditos del tema son explícitos, ya no es presunción del delito, es acusación de culpabilidad por el proceso de lavado de dinero y otros, prudentemente vaticinan un rosario jurídico: "auto de instrucción, acciones concluyentes o no, revisión en la Cámara respectiva, correcciones concretas sobre los actos cometidos, expediente completo de instrucción, juicio en tribunal de sentencia.. etc.", en general asistimos a un escenario inédito en nuestra realidad republicana: "funcionará o no la justicia", puesto que no se trata de una guillotina política, sino de un proceso visible por las leyes nacionales e internacionales, es un caso detectado por las autoridades norteamericanas en su Reporte de Operaciones Sospechosas (ROS) (USA), de otra forma nadie se tomaría tanto trabajo en investigar el destino de esos millones. Aún faltan los recursos de "inconstitucionalidad", que podrían transformar el panorama en una comedia infantil, al igual que otros eventos dramáticos: el milagroso anuncio de los amigos millonarios que retornan el dinero por arte

de magia, los nombres de los destinatarios individualizados del dinero de Taiwan, etc., ¿acaso ya no existe honor entre los caballeros del partido?, aún es presidente de una fuerza política, ¿porqué nadie pronuncia: Paquito cuánto necesitas? o te han traicionado como a César en el Senado de Roma.
10DIC015

http://www.cesarramirezcaralva.com/

Prescripción: ¿derecho a los bienes ajenos?

Prescribir: Der. Adquirir un derecho real por el transcurso del tiempo en las condiciones previstas por la ley. Un término que implica presuntos delitos que ahora tiene mayor relevancia mediática y política, esta lectura divide a la clase política así como a la opinión pública. Veamos como refieren los académicos: "La **prescripción** [es un instituto jurídico por el cual el transcurso del tiempo produce el efecto de consolidar las situaciones de hecho, permitiendo la extinción de los derechos o la adquisición de las cosas ajenas. En el Derecho anglosajón se le conoce como *statute of limitations*. Muchas veces la utilización de la palabra prescripción en Derecho no se limita a la acepción de prescripción extintiva o liberatoria, mediante la cual no se pierde el derecho de ejercer una acción por el transcurso del tiempo".
"El tiempo lleva a la consolidación de cierto derechos o a la pérdida de los mismos". – wikipedia- con estas modestas líneas nos encontramos ante diversos panoramas, tanto a nivel nacional como internacional, además existen delitos que no prescriben.
Nuestra constitución de 1983, en el Título VIII Responsabilidad de los funcionarios públicos, art. 240 Los funcionarios y empleados públicos que se enriquecieren sin justa causa a costa de la Hacienda Pública o Municipal, estarán obligados a restituir al Estado o Municipio lo que hubieren adquirido ilegítimamente, sin perjuicio de la responsabilidad en que hubieren incurrido conforme a las leyes. Se presume enriquecimiento ilícito el aumento del capital del funcionario o empleado, desde la fecha en que haya tomado posesión de su cargo hasta aquella en que haya cesado en sus funciones, fuere notablemente superior al que normalmente hubiere podido tener en virtud de los sueldos y emolumentos que haya percibido legalmente, y de los incrementos de su capital o de sus ingresos por cualquier otra causa justa. Para determinar dicho aumento, el capital y los ingresos del funcionario o empleado, de su cónyugue y de sus hijos, se considerarán en conjunto.
Los funcionarios y empleados que la ley determine están obligados a declarar el estado de su patrimonio ante la Corte Suprema de Justicia, de acuerdo a los incisos anteriores, dentro de los sesenta días siguientes a aquél en que tomen posesión de sus cargos. La Corte tiene facultad de tomar las providencias que estime necesarias para comprobar la veracidad de la declaración, la que mantendrá en reserva y únicamente servirá para los efectos previstos en este artículo. Al cesar en sus cargos los funcionarios y empleados aludidos, deberán hacer nueva declaración del estado de sus patrimonios.
La ley determinará las sanciones por el incumplimiento de esta obligación. Los juicios por enriquecimiento sin causa justa sólo podrán incoarse dentro de diez años siguientes a la fecha en que el funcionario o empleado haya cesado en el cargo cuyo ejercicio pudo dar lugar a dicho enriquecimiento… De tal forma que la constitución no solo fija un plazo, sino que determina la comprobación de la veracidad – ¡por otras instituciones!-… llama la

atención la selección de exfuncionarios con filiación política de un partido, mientras sus homólogos son ignorados, así nos encontramos con doble lectura del mismo texto, situación que permite legalmente a exfuncionarios y exfuncionarias la evasión legal por prescripción... ¡sorprendente!, ¿y si prescribir fue planificado?... En todo caso una nueva ley es urgente, a menos que se faculte el nuevo derecho a los bienes ajenos al prescribir el tiempo constitucional.

17DIC015

Dicen que la justicia es ciega

Sobre el lavado de dinero la Federal Financial Institutions Examination Council's (FFIEC) BSA/AML, reseña en su Manual de Inspección Antilavado de Dinero (AML)/Ley de Secreto Bancario (BSA) del Consejo Federal de Inspección de Instituciones Financieras (FFIEC) lo siguiente: "El lavado de dinero es un proceso que puede comprender diversas técnicas y estrategias. Pero el fin último es "lavar" el dinero a través de una serie de transacciones, estas transacciones están diseñadas para ocultar los rastros documentados que conducen al delito original. Las personas que lavan el dinero mueven el producto del delito, o dinero sucio, a través del sistema financiero mundial, en un esfuerzo por "limpiar" el dinero, de modo que parezca haber sido obtenida en forma legítima", éste fragmento fue publicado el 12NOV015 en Colatino; el 04DIC015 el juez Séptimo de Instrucción Miguel Ángel García apostilló sobre el lavado de dinero: "La acción típica de peculado (apropiarse de fondos públicos) preliminarmente atribuida al procesado no concluye con el hecho que haya desviado el destino original de los $10 millones", incluyendo de esa manera los siguientes delitos contra el expresidente Francisco Flores: peculado, enriquecimiento ilícito, desobediencia de particulares y lavado de dinero. El 18DIC015 la Cámara Primera de lo Penal aceptó un recurso de nulidad contra la sentencia emitida contra el expresidente Francisco Flores anulando los delitos de lavado de dinero y activos, decretando arresto domiciliar en lugar de la reclusión en bartolina policía. El resultado de éste proceso implica conceptos internacionales sobre la caracterización de "lavado de dinero", la meta es ocultar el dinero y la procedencia del mismo, en este escenario de no ser por la mención del Reporte de Operaciones Sospechosas (ROS) por los instrumentos legales de Estados Unidos, nadie se entera del mecanismo de las transacciones financieras de más de $10 millones del Gobierno de Taiwán a El Salvador, los cuales nunca se registraron en el erario público, según fuentes de cancillería el 10ENE014. El lavado de dinero tiene por objetivo desaparecer el dinero por medio de transacciones internacionales sigilosas... El Manual de Inspección Antilavado de Dinero (AML) anota: "El primer paso del lavado de dinero consiste en la "colocación" del dinero en instituciones financieras tales como negocios de servicios de dinero: bancos corredores de valores, casinos, etc., una vez que los criminales "colocan" el dinero en las instituciones bancarias, el mismo pasa "encubierto" al sistema financiero a través de transacciones financieras tales como: retiros bancarios, transferencias por cable y la compra de instrumentos monetarios. El último paso del lavado de dinero es la "integración" de tal dinero a la economía mediante la compra de artículos tales como: botes, casas, automóviles y comercios"…la procedencia de éstos fondos no eran legales, si tenían por objetivo la ayuda a los refugiados del terremoto de 2001 pero nunca llegaron a su destino, entonces estaba fuera de todo el marco jurídico nacional e internacional, por lo tanto es ilegal. Dicen que la justicia es ciega, pero acá distingue muy bien el color del dinero.

24DIC015

Justicia en 2016 desde el 2015

Los acontecimientos más sintomáticos de la sociedad salvadoreña acontecen por esa lucha de interpretación política que niega cualquier otra opción, es tiempo de evaluar el comportamiento y alejarlo del fanatismo político, religioso, jurídico o del sectarismo capitalista excluyente etc. para comprender la realidad social. Durante el primer trimestre del año las elecciones de la Asamblea Legislativa atraparon la mayoría de los instrumentos de comunicación social, llegando a la saturación de los espacios comerciales mucho antes del evento electoral, el famoso voto cruzado aprobado apenas semanas antes causó un desastre en la voluntad de los ciudadanos que se hicieron presentes en las juntas de vigilancia, luego existieron protestas por el recuento de votos e incluso un fallo de la Sala Constitucional para la revisión de voto por voto solo confirmó el resultado inicial; la derecha no logró la mayoría de diputados y la conformación de la Asamblea Legislativa presidida por el FMLN logró consolidar la gobernabilidad el resto del año 2015; de ésta condición leemos el agotamiento de las estrategias mediáticas tradicionales, la lectura jurídica de Sala Constitucional interviniendo incluso en áreas que no son de su jurisdicción, no obstante fueron acatadas por las otras instituciones. En el segundo trimestre existió la ausencia de la Asamblea Legislativa la cual no se reunió para iniciar su período y sin necesidad de convocatoria el día primero de mayo de la elección de sus miembros como lo ordena el art. 122 Cn. Así se creó un antecedente histórico: "la ausencia orgánica de la Asamblea Legislativa en democracia", otros casos como éste sucedieron con los Golpes de Estado del siglo pasado. Es difícil calificar este evento como avance o retroceso, pero no favorece la gobernabilidad ni tampoco la estabilidad republicana. El tercer trimestre el Caso CEL- ENEL caracterizado como "peculado culposo", el cual es cometido por un funcionario con bienes dispuestos bajo su cuidado (Wikipedia). Se consideró que los exfuncionarios dañaron al Estado por $ 1,842 millones -Fiscalía (ENE015)– pero luego el monto se redujo a $148 millones-… después el monto desapareció, también las acusaciones el mes de julio de 2015; parece que la Justicia se burla de nuestra inteligencia. Hacia el cuarto trimestre la lectura del juicio contra el expresidente Francisco Flores, el cual el 04DIC015 el juez Séptimo de Instrucción Miguel Ángel García apostilló sobre el lavado de dinero: "La acción típica de peculado (apropiarse de fondos públicos) preliminarmente atribuida al procesado no concluye con el hecho que haya desviado el destino original de los $10 millones", incluyendo de esa manera los siguientes delitos contra el expresidente Francisco Flores: peculado, enriquecimiento ilícito, desobediencia de particulares y lavado de dinero. El 18DIC015 la Cámara Primera de lo Penal aceptó un recurso de nulidad contra la sentencia emitida contra el expresidente Francisco Flores anulando los delitos de lavado de dinero y activos, decretando arresto domiciliar en lugar de la reclusión en bartolina policía. La aritmética jurídica nos indica de nuevo números negativos. Finalmente el bloqueo a la emisión de $900 millones para la seguridad nacional por un recurso inconstitucional, el cual permanece en latencia indefinida y además la negación a pagar impuestos por los grandes capitales y otras empresas etc no ayuda en nada a nuestro optimismo… el 2016 es predecible.

31DIC015